KB038944

학생권리와
학교사회복지

이 도서의 국립중앙도서관 출판시도서목록(CIP)은 e-CIP홈페이지(http://www.nl.go.kr/ecip)에서 이용

하실 수 있습니다. (CIP제어번호: CIP2009000394)

학생권리와
학교사회복지

이혜원·김성천·김혜래·노혜련·배경내·변귀연·우수명 지음
이상희·이지수·정익중·최경옥·최승희·하승수·홍순혜

한울
아카데미

머리말

우리나라 아동은 초등학교에 입학하면서 점점 더 많은 시간을 학교에서 보내야 한다. 그러나 아침에 일어나 학교에 가는 것이 결코 즐겁지 않은 학생이 적지 않다. 오죽하면 어른들은 이제 갓 초등학교에 입학해 희망에 부푼 아이들에게 "이제부터 고생문이 훤하다"라고 찬물을 끼얹기도 할까. 이들은 학년이 높아지면서 학부모 등쌀에 학교에서 학원으로 떠밀려, 새벽까지 힘겨운 시간을 보내야 한다. 더구나 학교에서 또래로부터 따돌림이나 폭력을 당하거나 교사로부터 체벌을 당해 마음속 깊은 상처를 경험하는 학생이 늘어나고 있다. 특히 1997년 경제위기 이후 교실이 붕괴되고 있다는 우려의 목소리가 여기저기서 들렸고 이에 대한 다양한 대안들이 쏟아졌다. 그러나 학교가 변하고 있다는 희망의 목소리는 여전히 들리지 않는다. 오히려 학생 자살이 2003년 232명에서 2007년 309명으로 급증하고 있다. 자살의 주요 원인은 학업 문제, 진로 문제, 또래 문제, 가족 문제로 나타났다. 학생들은 오늘도 또래나 교사에게 마음의 문을 열지도 못한 채 거의 하루 종일 교실에 앉아 불편함을 참고

견뎌야 한다.

이 책은 학교사회복지를 통해 학생의 건강하고 행복한 학교생활을 지원할 수 있는 희망을 찾아보고자 한다. 그런데 지금까지 출간된 학교사회복지 관련 책들은 미국 사회의 학교사회사업 가치관과 실천이론에 기반을 두어 실천모델을 소개하고, 이를 우리 사회에 접목시키는 데 치중하고 있다. 이러한 문제점을 보완하고자, 이 책은 우리나라 학생의 욕구특성을 파악하고 그 특성과 정체성 확립에 적합한 학교사회복지 실천이론과 통합적 실천방법을 제안하고자 한다. 우리 사회 학생들의 욕구와 문제의 대부분이 사교육에 의존하는 대학입시 중심의 교육제도에서 비롯되고 있으며, 이로 인해 학생은 물론 교사의 권리가 침해되고 또래 간 관계, 학생과 교사 간 신뢰관계가 왜곡되면서 교실과 학교의 응집력이 약화되어 학교폭력이 매년 증가하고 있다. 이러한 문제를 해결하고 예방하기 위해 우리 사회에서도 학교사회복지가 필요함을 설명하고, 특히 학생권리와 학교사회복지를 접목하여 구체적인 사례분석을 통해 실천방안을 제시함으로써 다른 책들과의 차별화를 도모했다.

이 책은 학생을 9세 이상 18세 미만 학령기 청소년으로서 자립을 준비하며 발달하는 존재로, 스스로 문제를 해결할 수 있는 나름대로의 능력과 책임감을 가진 권리의 주체자로 정의하고 있다. 특히 학생의 권리는 체벌, 징계, 학습권, 교내 종교의 자유, 표현의 자유 등과 같이 일반청소년의 권리와는 구분하여 논의되어야 할 이슈가 많다. 따라서 교사나 학교사회복지사는 물론, 학생들 자신이 이와 관련된 다양한 이슈를 올바르게 이해할 필요가 있다. 이를 위해 이 책은 사회복지학, 법학, 교육사회학, 사회학 등 저자들의 다양한 전공을 바탕으로 다학문적 접근을 통해 학생권리와 미디어, 그리고 인권교육에 관해서도 논의하고 있다. 이 책의 구성은 3부 14장으로, 16주의 학교사회복지론 교과목에서 활용될 수 있도록 고안되었다. 저자들은 14개 하위 주제를 통해 학생, 학생권리, 학교, 학교사회복지에 관한 이론을 단계적으로 설명했고, 우리나라 학교현장에서 학생의 욕구를 충족시키고 문제를 예방하기 위해 학생 권리와 학교사회복지가 어떠한 형태로 접목되어 실천되고 있는가를 있는 그대로 구체적으로 보여주고자 노력했으며, 이를 근거로 보다 적합한 우리나라 학교사회복지의 실천방향을 모색했다. 저자들은 분담된 역할에 나름대로 최선을 다했으나 처음 집필 목표를 충분하게 달성하지 못했음을 인정하며, 독자 여러분의 따뜻한 격려와 냉철한 지적을 통해 틈이 메워지고 거듭날 수 있기를 기대한다. 경제적으로 점점 어려워지는 상황에서도 이 책의 출판을 허락해주신 도서출판 한울에 깊이 감사드린다. 특별히 편집간사로서 끝까지 최선을 다해준 성공회대학교 사회복지연구소 최경옥 연구원과 학교사회복지 관련 TV시사 프로그램 목록을 작성해준 성공회대학교 대학원 이혜영 연구조교에게도 감사의 마음을 전한다. 우리 학생들의 학교생활이 매일 즐겁고 행복으로 가득하여 각자의 꿈이 실현되기를 소망한다.

2009년 2월
이혜원

차례

제1부 학생권리에 대한 이해

1장

학생권리의 발전과정과 이슈들

하승수 제주대학교 법학부 부교수, 변호사

1. 학생권리의 발전과정

1) 국제적인 발전과정

학생, 특히 초·중등교육 단계에 있는 학생의 권리[1])에 대한 인식은 기본적으로 아동·청소년의 권리에 대한 인식과 함께 발전해왔다. 아동·청소년의 권리에 대한 본격적인 인식은 20세기에 접어들면서 생성되었으므로, 학생의 권리에 관한 인식도 그 무렵부터 본격적으로 발전했다. 그러나 20세기 이전에도 일부 선구자들은 교육의 본질에 관한 고민의 연장선에서 학생의 권리에 관한

---

1) 학생과 관련해서 '학생권리'나 '학생인권'이라는 단어가 섞여서 쓰이고 있는데, 사실 같은 의미라고 볼 수 있다. 학생이 인간으로서 가지는 권리가 학생인권이기 때문이다.

논의와 실천을 해왔다.

루소(J. J. Rousseau)는 사춘기 이전에는 도덕적 교화나 사회적 교화를 피해야 한다고 주장했다. 그런 교육은 권위에 따라 움직이고 복종하는 성향을 길러 낼 수 있다는 이유에서이다. 또한 스위스의 위대한 교육자 페스탈로치(J. H. Pestalozzi)는 학생과 교사 간의 사랑과 관심의 인격적 연대가 중요하다고 역설했다. 1900년 전후에 스페인에서 활동한 교육자인 프란시스코 페레(Francisco Ferrer)는 학교에서는 체벌이나 보상과 같은 수단이 사용되어서는 안 된다고 주장했다. 그는 학교교육은 학생이 자유롭고 비판적인 정신과 인격을 형성하는 것을 목적으로 해야 한다고 보았다(에기디우스, 2003).

20세기에 들어서는 아동의 권리에 관한 국제적인 노력이 이루어졌다. 그래서 아동권리에 관한 제네바선언(1924년), 유엔아동권리선언(1959년), 시민적·정치적 권리에 관한 국제규약, 경제적·사회적·문화적 권리에 관한 국제규약과 같은 국제적인 선언이나 국제조약들이 잇따라 성립된다. 그러다가 1989년 '유엔 아동권리에 관한 협약(Convention on the Rights of the Child)'(이하 '유엔아동권리협약'이라 한다)이 유엔총회를 통과하게 되었다. 유엔아동권리협약에는 학생의 권리와 직접 관련된 내용도 포함되어 있다.

우선 유엔아동권리협약 제29조 제1항에서는 교육이 지향해야 할 목표에 대해 언급하고 있다. 이에 따르면 교육은 ① 아동의 인격, 재능, 정신적·신체적 능력의 최대한의 계발, ② 인권과 기본적 자유, 국제연합헌장에 규정된 원칙에 대한 존중의 진전, ③ 자신의 부모, 문화적 주체성, 언어와 가치 그리고 현 거주국과 출신국의 국가적 가치와 이질 문명에 대한 존중의 진전, ④ 아동이 인종적·민족적·종교적 집단과 원주민 등 모든 사람과의 관계에서 이해, 평화, 관용, 성(性)의 평등, 우정의 정신에 입각하여 자유사회에서 책임 있는 삶을 영위하도록 하는 준비, ⑤ 자연 환경에 대한 존중의 진전을 목표로 삼고 지향해야 한다.

또한 유엔아동권리협약 제28조 제1항에서는 초등교육이 의무적이고 무상으로 제공되어야 한다는 것을 규정하고 있다. 또한 중등교육과 고등교육에의 접근성을 보장하고, 학교에의 정기적 출석과 탈락률 감소를 장려하기 위한 조치를 취하도록 하고 있다. 제28조 제2항에서는 학교규율이 아동의 인간적 존엄성과 합치하고 이 협약에 부합하게 운영되도록 하고 있다.

2) 국내에서의 발전과정

과거에는 우리나라에서도 학생은 통제의 대상으로만 취급되었다. 그러나 1980년대 후반 이후 사회 전반의 민주화가 진행되면서 학생의 권리에 대한 인식도 변화하기 시작했다.

1989년 4월에는 전국교직원노동조합이 창립되면서, '학생권리 수호 선언문'을 발표하기도 했다. 이 선언문에서는 "학생들의 자연권·기본권·학습권·자치권 등의 제 권리가 보호될 때, 비로소 그들은 교육의 한 주체로서 굳건히 서 자주적 탐구와 공동토론을 통해 인격 성숙과 함께 이 시대의 학생상을 스스로 구현해나갈 수 있다. 학생들의 주체적 권리를 확보해내는 일이야말로 우리 모두가 되찾고 지켜야 할 가장 중요한 최소한의 교육조건이다"라고 선언했다. 이 선언은 학생을 통제의 대상이 아니라 권리의 주체로 인식했다는 점에서 의미를 갖는다.

1991년에는 대한민국도 유엔아동권리협약에 가입을 했다. 유엔아동권리협약에 가입하면서 대한민국 정부는 아동권리 실태에 대한 보고서를 유엔아동권리위원회(Committee on the Rights of the Child)에 정기적으로 제출하게 되었다. 대한민국 정부는 1994년 11월에 최초의 보고서를 제출했다. 그리고 민간단체들이 '어린이·청소년의 권리 연대회의'를 결성하여 1995년에 민간단체 차원의 보고서를 제출하기도 했다. 당시에 민간단체가 제출한 보고서에서는 학생권리의 실태에 대해 다음과 같이 표현하고 있다.

중·고등학교의 생활은 극히 통제되고 있어, 마치 상급학교의 진학만을 목표로 하는 병영처럼 되어버렸다. 학교는 규제 일변도로 운영되고 있으며, 학칙이 지나치게 엄격하고 비민주적이다. 학생의 지도과정에서 부당한 체벌과 폭력, 인격모독행위 등 교사들에 의한 인권침해 사례도 많이 발생하고 있다. 이른바 문제학생들을 상담과 대화를 통해 지도하기보다는 학교로부터 분리시키는 위주로 징계하고 있다. — 가혹한 징계와 학습부진 등의 이유로 인하여 중도탈락하는 학생들을 예방하고 지원하기 위한 장치가 없다.

이러한 학생권리의 실태를 개선하기 위해 국내 교육 관련 법률에서도 학생의 권리에 관한 내용이 담기기 시작했다. 1997년 12월 13일 제정된 교육기본법 제12조 제1항에는 학습자의 인권이 존중 및 보호되어야 한다는 조항이 포함되었다.

그리고 2001년 11월에는 독립된 국가기구인 국가인권위원회가 출범했고, 국가인권위원회는 학생의 권리와 관련된 권고를 내리기 시작했다. 2002년에는 국가인권위원회가 교육인적자원부의 학생생활규정(안)에 대해 권고를 내면서 체벌을 금지할 것을 권고하기도 했다. 2003년에는 교육행정정보시스템(NEIS)이 학생들의 사생활 정보를 과도하게 집적하고 관리하려는 것에 대해 국가인권위원회가 권고문을 내기도 했다. 2005년에는 초등학교의 일기검사 관행에 대해 국가인권위원회가 권고문을 내기도 했고, 두발규제 문제에 대해서도 권고를 냈다.

한편 유엔아동권리협약에 의해 설치된 유엔아동권리위원회도 대한민국에 대해 학생들의 권리를 존중하고 보장해줄 것을 권고하고 있다. 2003년 1월 유엔아동권리위원회는 학생의 표현·결사의 자유를 침해하는 교육부 지침과 학교 교칙을 개정할 것, 학교에서의 체벌을 금지할 것, 교사 등에게 유엔아동권리협약에 대한 체계적인 교육과 훈련을 실시할 것, 아동 잠재성의 최대한의 발전을 저해할 위험이 있는 아주 경쟁적인 교육시스템을 개선하여 경쟁성을 감소시키고 유엔아동권리협약 제29조 제1항에 언급된 교육의 목적이 반영되도록 정부의 교육정책을 개선할 것 등을 권고하기도 했다.

이러한 권고는 체벌, 두발규제, 과도한 경쟁 등 교육계의 뿌리 깊은 문제에 대해 인권의 시각에서 접근하려 노력했다는 점에서 의미가 있다. 그러나 국가인권위원회와 유엔아동권리위원회의 권고가 있음에도 실제 학생들이 겪고 있는 현실은 크게 변화하지 않고 있다. 오히려 경쟁이 더욱 격화되면서 학생들의 권리는 여전히 억압당하고 있고, 학생권리의 문제는 중요한 의제로 취급받지 못하고 있다.

2006년에는 학생인권 개선을 위한 「초·중등교육법 개정안(이른바 「학생인권법안」)」이 국회에 제출되었고, 이 법률안을 통과시키기 위한 운동이 벌어지기도 했다. 이 법률안은 0교시와 강제적 보충수업 금지, 체벌 금지, 각종 차별금지, 학생회 법제화와 학교운영위원회에 참여 보장, 정기적인 인권실태 조사와 인권교육 실시 등의 내용을 담고 있었다. 그러나 당시에 제출된 법률안은 국회를 통과하지 못했고, 단지 선언적인 조항만 신설되었다. 즉 2007년 12월 14일 초·중등교육법 제18조의4에 '학생의 인권보장'이라는 제목으로 헌법과 국제조약에 명시된 학생의 인권을 보장해야 한다는 조항이 신설된 것이다. 그러나 이 조항은 구체적인 내용이 없는 선언적 성격에 불과하다는 한계가 있다.

2. 학생권리의 의의

1) 학생의 지위

학생은 '학교에서 공부하는 사람'을 뜻한다. 근대 이전에는 공부를 반드시 학교에서 했던 것은 아니지만, 근대 교육제도가 확립된 이후에 학생은 학교에서 공부하는 사람을 뜻하게 되었다.

학교는 교육을 위해 교육에 제공된 인적·물적 시설이다. 현행 교육기본법에 의하면 학교에서는 유아교육, 초등과 중등교육, 고등교육을 한다(교육기본법 제9조 제1항). 그리고 학교를 설립한 주체에 따라서 국가가 설립·경영하는 국립학교, 지방자치단체가 설립·경영하는 공립학교, 법인 또는 사인(私人)이 설립·경영하는 사립학교로 구분할 수도 있다(초·중등교육법 제3조).

학교에서 공부하는 학생의 경우에는 학교와 학생 간의 관계가 문제가 된다. 이는 사립학교와 국·공립학교를 구분하여 살펴볼 필요가 있다. 사립학교에 다니는 학생의 경우에는 사립학교 측과 학생 사이에 재학 계약이 체결된 것으로 본다(대법원, 2006. 9. 8). 본질적으로는 계약관계로 보는 것이다. 그러나 질서를 유지하고 재학관계를 명확히 하기 위해 법률로 금지된 것이 아니면, 사립학교는 학사관리, 입학과 졸업에 관한 사항, 학교시설 이용에 관한 사항을 학칙으로 제정할 수 있다.[2] 그리고 대법원 판례에 따르면 학생은 그러한 사립학교의 학칙에 구속된다. 그렇기 때문에 사립학교와 학생이 대등한 지위에 있다고 보기는 어렵다.

---

2) 대법원(1998. 11. 10). 이 판례는 사립대학 학칙의 효력에 관한 것이었는데, 학칙은 그 내용이 법령에 위배되거나 학교교육의 본질에 반하는 등의 특별한 사정이 없는 한 당연히 학생에 대하여 구속력을 가진다고 판단했다. 한편 교육기본법 제12조 제3항에서도 "학생은…… 학교의 규칙을 준수해야 하며"라고 규정하고 있다.

한편 국·공립학교와 재학생의 관계는 공법관계(公法關係)이다(헌법재판소, 1992. 10. 1). 그리고 특별권력관계로 본다. 특별권력관계란 일정한 한도 내에서 행정주체가 국민을 포괄적으로 지배하고, 국민은 이에 복종하는 것을 내용으로 하는 공법상의 특수한 법률관계를 말한다(권영성, 2006).[3] 과거에는 이러한 특별권력관계에 대해서는 법치주의가 적용되지 않는 것으로 보기도 했으나, 오늘날에는 특별권력관계에도 법치주의가 전면적으로 적용되는 것으로 본다. 따라서 기본권의 제한이 가능하려면 최소한 법률에 근거가 있어야 하고, 기본권 제한과 관련된 헌법상의 원칙이 지켜져야 한다.

한편 고등교육법에 의해 설립된 대학교에 재학 중인 대학생도 학생의 범주에 포함될 수 있지만, 여기에서는 주로 초·중·고등학교 이하의 학교에 재학 중인 학생을 중심으로 그 권리에 대해 살펴보고자 한다.

2) 학생권리의 개념

학생의 권리는 학교에 재학 중인 학생이 가지는 권리를 말한다. 교육기본법 제12조 제1항은 "학생을 포함한 학습자의 기본적 인권은 학교교육 또는 사회교육의 과정에서 존중되고 보호된다"라고 하여 학생의 권리(인권)가 존중되고 보호되어야 한다는 것을 선언하고 있다. 그리고 초·중등교육법 제18조의4에서도 '학생의 인권보장'이라는 제목 아래 "학교의 설립자·경영자와 학교의 장은 헌법과 국제인권조약에 명시된 학생의 인권을 보장해야 한다"라고 규정하고 있다.

---

[3] 특별권력관계는 군복무 관계나 수감 관계처럼 법률에 의하여 강제적으로 성립되기도 하고, 공무원 복무 관계나 국립대학생의 재학 관계처럼 당사자 간의 합의에 따라 성립하기도 한다.

그렇다면 헌법과 국제인권조약에 명시된 학생의 인권이란 무엇인가? 헌법 제10조부터 제37조까지는 국민의 권리에 대해 규정하고 있는데, 학생도 이러한 헌법조항의 권리를 향유할 수 있다. 다만 선거권, 피선거권은 제한될 수 있다(홍정선, 1986). 따라서 학생에게도 인간으로서의 존엄과 가치, 행복추구권, 평등권, 신체의 자유, 사생활의 자유, 통신의 자유, 양심의 자유, 종교의 자유, 언론·출판의 자유, 표현의 자유, 집회·결사의 자유, 인간다운 생활권 등의 권리가 있다. 특히 교육과 관련해서 규정하고 있는 헌법 제31조 제1항에서는 모든 국민에게 '능력에 따라 균등하게 교육을 받을 권리'를 보장하고 있다. 그리고 제2항에서는 최소한 '초등교육과 의무교육을 받을 권리'에 대해 규정하고 있다.[4]

한편 학생의 권리가 보장되어야 하는 법적 근거로는 국제인권조약인 유엔아동권리협약도 있다. 유엔아동권리협약 제2조에서 규정한 '차별금지의 원칙', 제3조에서 규정한 '아동의 최선의 이익' 원칙은 학생에게도 적용되어야 한다. 또한 의견표명권(제12조), 표현의 자유(제13조), 사상·양심·종교의 자유(제14조), 결사·집회의 자유(제15조), 사생활 보호(제16조), 휴식·여가 향유, 놀이·오락·문화·예술 참여권(제31조) 등도 학생에게 보장되어야 한다.

3) 학생의 권리의 중요성과 교사의 교육권과의 관계

(1) 학생권리의 중요성

학습자의 인권이 존중되는 것은 교육의 본질에 관한 문제이다. 학습자의 인권이 존중되지 않는 이상 학습자의 잠재력과 자발성에 기초한 교육은 불가

---

4) 헌법 제31조 제2항에서는 "모든 국민은 그 보호하는 자녀에게 적어도 초등교육과 법률이 정하는 교육을 받게 할 의무를 진다"라고 규정하고 있다.

능하다. 또한 교육과정에서 학습자의 인권이 존중되지 않는다면, 교육을 통해 민주주의와 공동체의식을 가진 시민을 길러내는 것도 불가능하다. 교육과정에서 인권이 존중되지 않는데, 그러한 교육을 받은 인간이 타인의 인권을 존중하기를 기대하는 것도 무리이다(하승수, 2003).

그래서 유엔아동권리협약이나 우리나라의 교육기본법, 초·중등교육법에서 학생의 권리에 대해 강조하고 있는 것이다. 따라서 학생권리의 중요성은 아무리 강조해도 지나치지 않다.

(2) 교사의 권리와의 관계

교사는 자신의 전문적 소신에 근거하여 학생을 가르칠 권리가 있다. 이를 '교육권'이라고 부를 수 있다. 교사의 교육권은 학생의 학습권을 보장하기 위해 인정되는 권리이며, 교사의 교육권에는 수업내용, 교육방법, 교재의 선정, 성적평가 등의 전문적인 사항을 정하는 권리가 포함된다(하승수, 1999).[5] 교사의 교육권은 다른 주체의 권리 또는 권한과 충돌할 수도 있다. 학부모의 권리와 갈등을 빚을 수도 있고,[6] 수업내용이나 교육방법에까지 개입하려는 학교 설립자나 학교 관리자와 충돌할 수도 있다.

그러나 교사의 교육권과 학생의 권리는 서로 모순되거나 충돌하는 것은 아니다. 교사의 교육권과 학생의 권리가 조화롭게 실현되는 것이 교육이 지향

---

5) 구체적으로 보면, 교사는 여러 교과서 가운데 적당한 교과서를 선택할 자유, 교육목적과 교육과정을 교육의 본질에 입각하여 재해석·분석하고 이를 토대로 수업내용을 학사일정에 맞춰 적절히 분배할 자유, 단위시간마다 주제를 설정하여 여기에 필요한 다양한 교수와 학습방법을 개발하고 구사할 자유를 갖는다. 또한 교사는 자신이 가르친 학생에 대해 성적을 평가할 권한도 가지고 있다(노기호, 2005).

6) 그렇기 때문에 ILO와 유네스코의 '교사의 지위에 관한 권고' 제67조에서는 "……교원은 본질적으로 교원의 전문직상의 책임인 문제에 대한 부모의 불공정 또는 부당한 간섭으로부터 보호되어야 한다"라고 규정하고 있다(하승수, 1999).

해야 할 이상이기 때문이다. 즉 교사는 학생의 인권을 존중하면서 교육하고, 학생은 그런 교육을 통해 온전한 인간으로 성장해나가는 것이 가장 이상적인 모습이다. 학생의 인권을 존중하면서 교육하는 것이 불가능한 것은 아니고, 학생의 인권이 존중된다고 해서 교사의 교육권이 침해당하는 것도 아니다.

그러나 사회에서는 교권이라는 단어가 많이 사용되고, 학생의 권리를 보장할 경우에 교권이 침해되지는 않을까 하는 우려도 있다.[7] 그러나 교사의 교육권을 위협하는 주체는 주로 정치, 교육청과 같은 교육행정기구, 학교 관리자, 학부모라고 할 수 있다. 따라서 교사의 권리의 핵심은 그러한 주체에게서 교사의 자율성을 보장하고, 교사의 전문성을 존중받는 것이다(하승수, 1999). 학습자인 학생의 인권을 존중하는 것이 교사의 교육권을 위협하거나 침해하지는 않는다.

3. 학생권리와 관련된 이슈

1) 개요

학생의 권리와 관련해서는 다양한 이슈가 존재한다. 양심의 자유, 종교의 자유, 표현의 자유, 폭력(체벌, 학교폭력 등)에서 보호받을 권리, 두발 자유, 사생활의 비밀과 자유, 휴식권, 차별받지 않을 권리, 학생의 참여권과 자치활동 등은 계속 이슈가 되고 있다.

---

7) 교권이라는 단어의 의미는 정확하지 않다. 교권이 '교사의 권리'를 뜻하는 것이 아니라 '교사의 권위'를 뜻하는 의미로 쓰이기도 한다. 그러나 교권을 '교사의 권위'라는 의미로 사용하더라도, 교사의 권위가 학생의 권리를 억누르는 것에 토대를 두어서는 안 됨을 생각해야 한다.

또한 학생의 권리를 제한하는 학교규칙의 효력도 문제가 된다. 헌법에 따르면 국민의 기본권은 법률에 의해서만 제한할 수 있는 것이 원칙인데, 학생에 대해서는 학교규칙에 의해 여러 가지 제한을 가하고 그에 위반할 경우에는 징계를 하기 때문이다.

다음에서는 이러한 이슈에 대해 더 구체적으로 살펴본다.

2) 양심의 자유와 종교의 자유

대한민국 헌법 제19조는 양심의 자유를 보장하고 있고, 제20조 제1항은 종교의 자유를 보장하고 있다. 또한 유엔아동권리협약 제14조 제1항에서도 "아동의 사상·양심과 종교의 자유에 대한 권리를 존중해야 한다"라고 규정하고 있다. 이처럼 사상·양심의 자유와 종교의 자유는 학생에게도 당연히 인정되는 기본적 인권이다. 이는 성장과정에 있는 학생일수록 외부에 의해 생각과 판단을 강요당하지 않고, 스스로 올바른 선택과 판단을 내릴 수 있는 역량을 키워나가야 하기 때문이다(최윤진, 2007). 그리고 종교의 자유에는 종교를 가지지 않을 자유도 포함된다.

문제는 학교에서 이루어지는 특정한 종교를 위한 종교 교육이다. 대한민국 헌법 제20조 제2항에서는 "국교(國敎)는 인정되지 아니하며, 종교와 정치는 분리된다"라고 규정하고 있고, 교육기본법 제6조 제2항은 "국가와 지방자치단체가 설립한 학교(국·공립학교)에서는 특정한 종교를 위한 종교 교육을 하여서는 아니 된다"라고 규정하고 있다. 그에 따라 국·공립학교에서는 종교 교육의 문제가 이슈로 되지 않고 있다.

문제가 되는 것은 사립학교에서의 종교 교육이다. 특히 중·고등학교의 경우에는 본인의 의사와 무관하게 추첨에 의해 학교가 배정되고 있는데, 배정된 사립학교가 종교재단이 설립한 학교인 경우에 문제가 발생한다. 만약 그 학교에서 학생들에게 특정한 종교를 위한 종교 교육을 의무적으로 받게 하면, 종교를 가진 학생은 자신의 종교와는 맞지 않는 교육을 받아야 하고 종교가 없는 학생의 경우에도 원하지 않는 종교 교육을 받아야 한다. 이는 헌법이 보장하고 있는 종교의 자유(무신앙의 자유를 포함한다)와 양심의 자유를 침해할 우려가 있다(하승수, 1999).

사립학교에서의 종교 교육도 헌법과 국제인권조약이 보장하고 있는 학생의 기본적 인권을 침해하는 방식으로 이루어져서는 안 된다. 만약 학생의 신앙의 자유가 학교의 선교의 자유와 마찰을 빚을 경우에는 학생의 신앙의 자유가 더 우선적으로 보장될 수 있어야 한다(최윤진, 2007).[8] 따라서 사립학교도 원하지 않는 학생에게는 특정한 종교를 위한 종교 교육을 강요해서는 안 될 것이다.

3) 표현의 자유

표현의 자유는 사상이나 의견을 외부에 표현하는 자유로서 개인적 표현의 자유인 언론·출판의 자유와 집단적 표현의 자유인 집회·결사의 자유를 총칭하는 개념이다(권영성, 2004). 표현의 자유는 개인의 자아실현을 위해서나 민주주의 발전을 위해서나 매우 중요한 의미를 갖는 기본권으로 헌법에서도 이를 보장하고 있다.

---

8) 종교의 자유는 신앙의 자유(무신앙의 자유를 포함)와 종교행위의 자유로 나누어볼 수 있는데, 신앙의 자유는 인간 내면의 자유이므로 어떤 경우에도 제한될 수 없는 절대적 자유로 간주된다. 종교행위의 자유는 내면의 신앙을 밖으로 표출하며 신앙에 따라 행동하고 실천하는 자유를 의미하는데, 선교의 자유도 이에 포함된다. 만약 신앙의 자유와 종교행위의 자유가 서로 충돌할 때에는 신앙의 자유가 더 우선적으로 보호되고 보장되어야 할 권리라고 볼 수 있다(최윤진, 2007).

표현의 자유가 이처럼 중요한 권리이기 때문에, 미국 연방대법원은 1969년 팅커 대 데스 모인스 학교(Tinker v. Des Moines Independent Community School District) 판결에서 공립학교 학생들이 베트남전쟁에 반대하는 의사표시로 검은 완장을 두르는 것은 미연방헌법 수정 제1조에서 보장하고 있는 표현의 자유에 해당한다고 판결하여 학생에게도 표현의 자유가 있다는 것을 인정하기도 했다(강인수, 1988).

그런데 우리나라에서는 고등학생이 학교의 문제, 또는 사회적 문제에 대해 의견을 표현했다는 이유로 학교에서 징계를 당하거나 그러한 행위를 하지 못하도록 제지당하는 일들이 종종 발생하고 있다.

대표적으로 2004년 6월 종교재단이 설립한 사립학교에 다니는 고등학생이 예배를 거부하고 종교의 자유를 주장하며 1인 시위를 벌였다가 '제적'이라는 중징계를 받기도 했다. 서울북부지방법원은 이에 대해 "학생에게 종교와 표현의 자유 등 인권이 보장되어야 하고, 학교선택권이 보장되지 않는 상황에서 학생 의사에 반해 종교를 강요할 수는 없다"라고 하여 징계가 무효라는 판결을 내렸다(≪연합뉴스≫, 2005. 1. 21).

2006년에도 고등학생이 "빼앗긴 인권을 돌려주십시오"라고 쓰인 피켓을 들고 강제적 0교시 보충수업과 두발 제한 폐지, 체벌 금지를 요구하는 1인 시위를 했다가 징계를 받기도 했다(≪경향신문≫, 2006. 7. 4).

그러나 학생에게도 표현의 자유는 보장되어야 한다. 유엔아동권리협약 제13조에서도 표현의 자유를 보장하고 있으며, 표현의 자유는 단지 ① 타인의 권리 또는 신망의 존중, ② 국가안보, 공공질서, 공중보건 또는 도덕의 보호를 위해 필요한 경우에 법률에 의해서만 제한할 수 있다고 규정하고 있다. 따라서 학생의 표현행위를 자의적으로 억누르는 것은 이제 사라져야 한다.

한편 학생도 집회의 자유를 누릴 수 있어야 한다. 헌법재판소에 따르면 집회의 자유는 개인의 자기결정과 인격 발현에 기여하는 기본권임과 동시에 민주적 공동체가 기능하기 위한 필수적이고 근본적인 요소이다(헌법재판소, 2003. 10. 30). 이처럼 중요한 권리이기 때문에, 유엔아동권리협약 제15조는 아동에게도 평화적 집회의 자유가 인정되어야 한다고 규정하고 있다. 만약 학교에서 집회의 자유를 제한할 경우에도 필요최소한에 그쳐야 한다.

4) 폭력에서 자유로울 권리 – 체벌, 학교폭력 등의 문제

체벌이란 학생에게 육체적 고통을 느끼게 하는 행위를 말한다. 체벌은 당연히 학생의 인권, 특히 신체의 자유나 행복추구권에 대한 침해 행위이다. 그러나 체벌이 현실적으로 불가피하다는 입장도 존재한다.

그런 가운데 우리나라에서는 체벌을 여전히 자행하고 있고, 현행 초·중등교육법 시행령 제31조 제7항에서는 사실상 체벌을 허용하는 듯한 규정을 두고 있기도 하다. 즉 "학교의 장은 학생에 대한 지도를 하는 때에는 교육상 불가피한 경우를 제외하고는 학생에게 신체적 고통을 가하지 아니하는 훈육·훈계 등의 방법으로 행해야 한다"라고 하여, '교육상 불가피한 경우'에는 신체적 고통을 가하는 체벌도 할 수 있는 것처럼 되어 있다. 체벌 금지를 주장하는 입장에서는 이 조항을 삭제할 것을 요구하고 있다.

체벌을 금지할 것인지에 대해서는 우리나라뿐만 아니라 다른 나라에서도 논란이 진행 중이다. 미국의 경우만 하더라도 2001년 현재 27개 주와 콜롬비아 특별구에서는 체벌을 금지하고 있지만 체벌을 허용하고 있는 주들도 있다(송요원, 2004).

2002년에는 국가인권위원회가 교육인적자원부가 발표한 학생생활규정(안)에 대해 권고문을 내면서 체벌을 허용한 조항을 삭제하고 체벌을 금지할 것을 권고했다. 그러나 교육인적자원부는 교육계의 여론을 수렴한 결과 시기상조라는 의견이 많았다는 이유로 '체벌 금지'를 수용하기를 거부했다.

당시 국가인권위원회가 체벌을 금지해야 하는 이유로 든 것은 세 가지 정도이다. 첫째는 체벌은 학생의 신체의 자유를 침해하는 것으로 유엔아동권리위원회도 처벌적 태도보다는 대화·협력·건설적 방향으로의 행동이 필요함을 강조하고 있고, 두 번째는 교사는 학생을 통제하기 위해 체벌을 하지만 당사자인 학생은 거의 대개가 체벌 때문에 생긴 불안감, 우울증, 학교강박증, 적개심 등 부정적 감정을 버리지 못하며, 세 번째는 체벌은 통제와 권위에 수동적으로 반응하는 인간을 양성할 위험이 크고 교육공동체는 회초리를 들지 않고도 교육적 효과를 낼 수 있도록 노력해야 한다는 것을 들었다. 한편 유엔아동권리위원회도 우리나라에 체벌을 금지할 것을 권고하고 있다.

체벌과 관련해서는 '현재의 교육시스템에서는 체벌을 할 수밖에 없다'는 현실론이 존재하지만, 언제까지 그러한 현실론으로 인권침해를 정당화할 수는 없다. 그러나 다른 한편으로 생각해야 할 것은, 법으로 체벌을 금지한다고 해서 체벌이 곧바로 사라지지는 않는다는 것이다. 물론 상징적인 효과는 있을 것이다. 그러나 체벌이 금지된 일본에서도 체벌이 여전히 자행되는 것을 반면교사로 삼을 필요가 있다. 결국 체벌이 사라지기 위해서는 법의 정비와 함께 학교의 문화가 평화적이고 인권적으로 변해야 한다. 또한 교사의 의식이 변해야 한다. 평화교육, 인권교육의 확산도 필요하다. 그렇게 하여 교사와 학생의 관계부터 인격적인 관계를 회복하는 것이 필요하다.

한편 학생 간에 이루어지는 학교폭력이나 집단따돌림도 학생인권에 대한 중대한 위협이 되고 있다. 학교폭력에 대해서는 특별법도 제정되어 있지만, 실효성을 거두지 못하고 있다.

이러한 폭력으로부터 보호받을 권리는 인간으로서 가져야 할 가장 기본적인 권리라고 할 수 있다. 그러나 아직 우리 현실에서는 이러한 폭력이 존재하고 있고, 이를 어떻게 풀 것인지가 과제이다.

5) 개성의 자유(두발 자유의 문제)

사람은 누구나 스스로의 개성을 자유롭게 나타낼 권리가 있다. 이것은 헌법 제10조가 보장하고 있는 인간으로서의 존엄과 가치, 행복추구권에 근거를 둔 것이다. 헌법재판소도 개성의 자유로운 발현권이 행복추구권의 한 내용이라고 보고 있다(헌법재판소, 1991. 6. 3).

학생도 사람이므로 이러한 권리가 있다. 그리고 두발은 개성을 표현하는 가장 기본적인 방식이므로 두발의 자유도 최대한 보장되어야 한다. 그러나 인권운동사랑방이 2001년에 조사한 결과에 의하면, 93.7%의 학교에서 학생들의 두발을 규제하고 있었다.[9] 그리고 남학생의 경우 '스포츠형이나 상고머리'로, 여학생의 경우 '단발, 커트, 한 갈래로 묶는 머리'로 머리 모양까지 제한하는 경우가 많았다. 또한 전체 학교의 77%가 학생의 신발까지 규제하는 것으로 드러나기도 했다. 또한 교육인적자원부가 2005년 5월에 조사한 자료에 의하면, 전체 중학교의 92.6%와 고등학교의 91.1%에서 학생의 두발을 제한하고 있으며, 32개의 중학교와 44개의 고등학교에서 기계나 가위로 학생의 두발을 강제로 자른 사례가 있었다(조금주, 2007a).

이러한 규제가 학생의 권리를 과도하게 침해하는 것이라는 비판이 제기되어왔다. 그리고 국가인권위원회는 2005년 6월 27일 교육인적자원부와 각 시·도교육감에 대해 "두발의 자유는 학생의 기본적 권리이므로 각급 학교에서의 두발 제한과 단속이 교육의 목적상 필요최소한의 범위 내에서 이루어지도록 할 것"을 권고했다.[10] 또한 각급 학교가 두발 제한과 관련하여 만든 학칙이나

---

9) 두발규제란 중·고등학생의 머리 길이, 모양, 색깔 등을 학교규칙 또는 규정으로 제한하고 이에 위반할 경우에 일정한 제재를 가하는 것을 의미한다(손희권, 2005).

10) 국가인권위원회는 "학생의 장래 이익 보호나 교육적 목적을 달성하기 위해 구성원 간의 합의에 따라 두발의 자유를 일정 정도 제한할 수 있다"는 것은 인정했다. 다만

학교생활규칙이 학생의 인권을 침해하고 있다고 판단될 경우에는 감독기관이 시정을 요구하도록 권고했다. 특히 문제가 되는 강제 이발에 대해서는 해당 학생에게 인격적 모멸감을 줄 수 있는 인권침해이므로 재발방지를 위한 조치를 취할 것을 권고하기도 했다. 그러나 국가인권위원회의 권고 이후에도 많은 학교에서는 두발에 대한 과도한 제한이 계속되고 있다.

6) 사생활의 비밀

학생의 사생활의 비밀 또는 프라이버시(privacy)권도 문제가 되고 있다. 헌법 제17조에서는 "모든 국민은 사생활의 비밀과 자유를 침해받지 아니한다"라고 규정하고 있다. 유엔아동권리협약 제16조 제1항에서도 "아동은 사생활, 가족, 가정 또는 통신에 대하여 자의적이거나 위법적인 간섭을 받지 아니하며"라고 규정하고 있다.

이러한 사생활의 비밀과 자유는 사생활의 내용을 공개당하지 않을 권리, 사생활의 자유로운 형성과 전개를 방해받지 않을 권리, 자신에 관한 정보를 스스로 관리·통제할 수 있는 권리를 포함하는 개념이다. 이를 프라이버시권이라고 부르기도 한다(권영성, 2004).

그러나 우리나라에서 학생 사생활의 비밀은 관행적으로 무시되거나 침해되어 왔다. 가방검사, 소지품검사, 일기검사 등 각종 검사가 문제가 되어 왔다. 또한 학생의 사생활 정보가 수집되었고, 전산시스템이 발달하면서 이를 전산시스템에 집적함에 따라 정보누출의 우려도 높아지고 있다.

제한을 하더라도 "교육현장의 질서유지와 교육목적 달성을 위해 제한할 필요성이 인정되는 극히 제한된 경우에 한하여 교육당사자 간에 합의된 규정과 절차에 근거하여 교육의 실현을 방해할 수 있는 상태나 행위만을 규제"해야 한다고 봤다.

2003년에는 교육행정정보시스템(NEIS)이 학생 사생활의 비밀을 침해할 우려가 있다는 사회적 논란이 뜨겁게 일었다. 당시에 추진되던 교육행정정보시스템은 모든 교육행정기관과 초·중·고등학교를 인터넷으로 연결하여 단위학교의 행정정보는 물론 모든 교육행정기관에서 처리해야 하는 업무를 전자적으로 연계·처리하기 위한 시스템이었다.

이에 대해 국가인권위원회는 2003년 5월 12일 당시 교육인적자원부 장관에 대해 권고를 내렸다. 권고의 내용은 사생활의 비밀침해 등 인권침해 소지가 있는 일부 영역이나 항목은 입력대상에서 삭제하고, 개인정보 누출로 인한 인권침해가 없도록 보안체계를 강화하도록 하는 것이었다.

이런 논란의 과정을 거치면서 학생정보에 관한 법규정도 정비되었다. 현행 교육기본법 제23조의3에서는 학교생활기록 등의 학생정보는 교육적 목적으로 수집·처리·이용·관리되어야 하고, 법률로 정하는 경우 외에는 해당 학생(학생이 미성년자인 경우에는 학생과 학생의 부모 등 보호자)의 동의 없이 제3자에게 제공할 수 없도록 규정하고 있다. 또한 초·중등교육법 제30조의6에서도 학교장은 학교생활기록과 건강검사에 관한 자료를 당해 학생(학생이 미성년자인 경우에는 학생 및 학생의 부모 등 보호자)의 동의 없이 제3자에게 제공할 수 없도록 규정하고 있다.[11]

학생에 대해 학교가 수집하는 정보는 교육자와 피교육자 간의 깊은 신뢰관계를 전제로 하고 있고, 그 성격상 개인의 성장사나 병력(病歷) 등과 관련된

---

11) 다만 일정한 예외는 인정된다. 예외는 ① 학교에 대한 감독·감사의 권한을 가진 행정기관이 그 업무를 처리하기 위해 필요한 경우, ② 학교생활기록을 상급학교의 학생선발에 이용하기 위해 제공하는 경우, ③ 통계작성 및 학술연구 등의 목적을 위한 경우로서 특정 개인을 식별할 수 없는 형태로 제공하는 경우, ④ 범죄의 수사와 공소의 제기 및 유지에 필요한 경우, ⑤ 법원의 재판업무수행을 위해 필요한 경우, ⑥ 그 밖에 관계 법률의 규정에 의하여 제공하는 경우이다.

민감한 정보가 많다. 그리고 인격과 재능이 성숙하는 과정에 있는 인간에 대한 정보이기 때문에 성인이 된 후에도 타인에 의해 악용되지 않도록 철저하게 보호되지 않으면 교육의 본질이 훼손될 수도 있다. 따라서 그 보호의 필요성에 대해서는 더 이상 강조하지 않아도 될 것이다(하승수, 2003).

한편 국가인권위원회는 2005년 4월 7일 일기검사 관행을 개선하고 초등학교의 일기쓰기 교육을 아동인권에 부합하는 방식으로 개선하라는 의견을 당시 교육인적자원부 장관에게 표명했다. 이에 대해 교육계에서는 교권 침해라며 강하게 반발하기도 했다.

당시 국가인권위원회의 권고는 일기쓰기 교육을 하는 것 자체에 대해 문제를 삼은 것은 아니었다. 그러나 일기를 강제적으로 작성하게 하고 이를 검사·평가하는 것은 아동의 사생활과 양심의 자유를 침해할 소지가 있다는 것이었다. 즉 일기검사를 하게 되면, ① 사생활의 내용이 외부에 공개될 것을 예상하여 일기를 쓰는 아동이 자유로운 사적 활동을 영위하는 데에 방해가 되거나, ② 교사의 검사를 염두에 두고 일기를 작성하면서 아동의 양심 형성에 교사가 실질적으로 관여할 우려가 크며, ③ 아동 스스로도 자신의 느낌과 판단 등 내면의 내용이 검사·평가될 것이라는 불안감 때문에 솔직하게 일기를 쓰기 어렵게 된다는 것이었다. 따라서 일기쓰기 교육이 인권을 존중하는 방식으로 이루어지는 것이 필요하다는 것이었다. 이에 대해 교육인적자원부도 국가인권위원회의 권고를 수용하여 일기쓰기를 강제하고 이를 평가·시상하는 것은 지양하되, 일기쓰기의 교육적 효과를 감안해 지속적으로 지도할 것을 시·도교육감에게 전달했다.

7) 휴식권

인간에게 휴식권(쉴 권리)은 기본적 인권 중 하나이다. 헌법재판소도 휴식권을 포괄적 기본권인 행복추구권의 한 내용으로 보고 있다(헌법재판소, 2001. 9. 27). 유엔아동권리협약 제31조도 "당사국은 휴식과 여가를 즐기고, 자신의 연령에 적합한 놀이와 오락활동에 참여하며, 문화생활과 예술에 자유롭게 참여할 수 있는 아동의 권리를 인정한다"라고 규정하고 있다.

그러나 우리나라에서는 학생의 휴식권이 사실상 인정되지 않고 있다. 0교시 수업, 반강제적 야간자율학습으로 인해 인문계 고등학생은 하루의 절반 이상을 학교에 있어야 한다. 과도한 사교육으로 인해, 학교가 끝난 후에 다시 학원을 가야 하고 학습은 새벽까지 이어지기도 한다. 주말도 잘 인정되지 않는다. 이와 같은 장시간의 학습은 학생에게 적절한 휴식과 여가를 누릴 수 있는 권리를 박탈하고 있다.

그러나 우리나라에서는 이 문제가 학생인권의 문제로 다루어지지도 않는다. 교사나 학부모들은 이 문제를 학생권리의 문제로 인정하지 않는다. 미래를 위해 현재를 유보하라는 이야기만 할 뿐이다.

물론 이 문제는 구조적인 문제이다. 따라서 과도한 경쟁시스템이 완화되지 않는다면 학생들의 휴식권 문제를 풀기가 어렵다. 그래서 유엔아동권리위원회도 "아동 잠재성의 최대한의 발전을 저해할 위험이 있는 매우 경쟁적인 교육시스템을 개선하여 경쟁성을 감소"시킬 것을 권고했던 것이다.

어른에게 적절한 휴식이 필요한 것처럼 학생에게도 적절한 휴식이 필요하다는 것은 분명하다. 교육적인 측면에서 봐도 그렇다.. 정신과 육체의 균형 있는 발달을 위해서는 '쉴 시간', '놀 시간', '생각할 시간'이 반드시 필요하다. 그리고 타율적인 인간이 아닌 자율적 인간으로 성장하기 위해서는 스스로의 생활과 시간을 통제할 능력을 어릴 때부터 기를 수 있어야 한다(하승수, 2003).

따라서 이제는 학생들의 과도한 학습시간의 문제를 휴식권의 문제로 바라보고, 학생들의 휴식권이 보장될 수 있도록 과도한 경쟁을 완화할 수 있는 방안을 찾아야 한다.

8) 차별받지 않을 권리

헌법 제11조 제1항은 "모든 국민은 법 앞에 평등하다. 누구든지 성별·종교 또는 사회적 신분에 의하여 정치적·경제적·사회적·문화적 생활의 모든 영역에 있어서 차별을 받지 아니한다"라고 규정하고 있다. 이러한 법 앞의 평등원칙은 학생에게도 적용되는 것이므로 학생도 부당한 차별을 받지 않아야 한다.

차별금지의 원칙은 국제조약과 법률에도 담겨 있다. 유엔아동권리협약 제2조도 차별금지의 원칙을 정하고 있다. 즉 "인종, 피부색, 성별, 언어, 종교, 정치적 또는 기타의 의견, 민족적·인종적·사회적 출신, 재산, 무능력, 출생 또는 기타의 신분에 관계없이" 어떠한 종류의 차별도 금지하고 있다. 우리나라의 교육기본법 제4조 제1항에서도 "모든 국민은 성별, 종교, 신념, 인종, 사회적 신분, 경제적 지위 또는 신체적 조건 등을 이유로 교육에서 차별을 받지 아니 한다"라고 규정하고 있다.

헌법과 유엔아동권리협약, 교육기본법 조항의 취지를 종합하면, 학생은 성적이나 외모, 부모의 직업, 재산, 장애 등을 이유로 부당한 차별을 받지 않을 권리가 있다. 그러나 학교 현장에서는 차별이 없지 않다. 특히 학생의 인식을 조사한 결과에 따르면, 다른 차별에 비해 성적에 따른 차별이 심한 것으로 나타나고 있다(조금주, 2007b).

성적에 따른 차별은 학생들의 자치활동과 연결되어 나타나기도 한다. 학생회장이나 반장의 자격으로 일정 수준 이상의 성적을 요구하는 것이다. 그러나 2006년 12월 15일 국가인권위원회는 학급회장 자격을 학업성적 80점 이상으로 제한한 모 중학교의 '학급 정·부회장 선출규정'은 합리적 이유 없는 차별행위이므로 해당 조항을 삭제할 것을 권고하기도 했다.

한편 장애학생에 대한 차별도 문제로 되고 있다. 장애학생에 대한 차별은 장애학생을 배제하거나 거부하는 형태로 나타나기도 하고, 정당한 사유 없이 장애를 고려하지 않는 기준을 적용하여 장애학생에게 불리한 결과를 초래하는 형태로 나타나기도 한다. 그리고 정당한 이유 없이 장애학생에 대한 정당한 편의제공을 거부하는 형태로 나타날 수도 있다. 현행 「장애인 차별 금지 및 권리구제에 관한 법률」에 따르면 이 모든 것은 모두 차별에 해당한다. 2006년 1월 18일 국가인권위원회는 청각 장애학생이 출석한 수업에 수화통역이나 문자통역을 지원하지 않는 것은 차별행위라고 판단하기도 했다.

9) 학교규칙의 문제

법치주의의 원리상 학생의 기본권을 제한하기 위해서도 법률의 근거가 있어야 한다. 그런데 실제로는 학교규칙이나 학교생활규칙 등의 이름으로 학생들의 집회·결사의 자유, 복장, 두발 등을 제한하고 있다.

학교규칙의 제정근거는 초·중등교육법 제8조에 있다. 초·중등교육법 제8조는 "학교의 장(학교를 설립하는 경우에는 당해 학교를 설립하고자 하는 자를 말한다)은 법령의 범위 안에서 지도·감독기관(국립학교인 경우에는 교육과학기술부 장관, 공·사립학교인 경우에는 교육감을 말한다)의 인가를 받아 학교규칙(이하 "학칙")을 제정할 수 있다"라고 규정하고 있다. 그리고 학칙의 기재사항과 제정절차 등에 관하여 필요한 사항은 대통령령으로 정하도록 하고 있다. 이에 따라 초·중등교육법 제9조 제1항에서는 학칙의 기재사항에 대해 정하고 있는데, 그 내용을 보면 주로 학사운영에 관한 것이다.[12] 그런데 실제로는 학칙으로

---

12) 학칙의 기재사항은 ① 수업연한·학년·학기와 휴업일, ② 학급편제와 학생정원, ③ 교과·수업일수, 고사와 과정수료의 인정, ④ 입학·재입학·편입학·전학·휴학·퇴학·수료와 졸업, ⑤ 조기진급과 조기졸업, ⑥ 수업료·입학금 기타의 비용 징수, ⑦ 학생포상과 학생징계, ⑧ 학생자치활동의 조직 운영, ⑨ 학칙개정절차, ⑩ 기타 법령에서 정하는 사항이라고 규정되어 있다.

학생의 권리를 제한하고 있는 것이다.

이를 어떻게 볼 것인지가 법률적으로도 문제가 될 수 있다. 이에 대해 대법원은 "학칙은 그 내용이 법령에 위배되거나 학교교육의 본질에 반하는 등의 특별한 사정이 없는 한 학생에 대하여 구속력을 가진다"는 취지로 판결하기도 했다(대법원, 1998. 11. 10). 이런 대법원 판례의 입장을 따른다고 하더라도, 학칙의 내용이 만약 헌법이나 법률 또는 국제조약에 위반된다면 해당 규정은 무효라고 봐야 할 것이다.

유엔아동권리협약 제28조도 "당사국은 학교 규율이 아동의 인간적 존엄성과 합치하고 이 협약에 부합하도록 운영되는 것을 보장하기 위한 모든 적절한 조치를 취해야 한다"라고 규정하고 있다. 따라서 현행 학칙이나 학교생활규칙의 내용이 헌법이나 교육기본법, 초·중등교육법, 유엔아동권리협약에 위반되지는 않는지에 대해 정부 차원에서 전면적인 조사를 할 필요가 있다. 그리고 위반되는 내용에 대해서는 수정이 이루어지도록 감독해야 한다.

또한 앞으로는 민주적이고 합리적인 절차를 거쳐 학칙이나 학교생활규칙이 제·개정될 필요가 있다. 2006년도에 전국의 중·고등학생 1,160명을 대상으로 조사한 바에 의하면, 학교생활규칙을 제·개정할 때 학급회, 학생회와 협의한다고 응답한 비율은 35.6%에 불과했다(조금주, 2007a).[13] 자신들의 권리에 영향을 미치는 규칙이 제·개정되는 과정에서 학생은 소외된 것이다. 그러나 학생들에게 영향을 미치는 부분에 대해서는 학생들의 참여를 보장하고, 학생들의 의견을 수렴해야 할 것이다.

---

13) 당시에 교사 262명에 대해서도 조사를 했는데, 교사들은 67.6%가 학급회, 학생회와 협의한다고 응답하여 상호 간에 인식 차이가 크다는 것이 드러나기도 했다(조금주, 2007a).

10) 학생에 대한 징계와 적법절차의 원리

현행 법률상 학생징계에 대한 근거는 초·중등교육법 제18조 제1항에 있다. 이에 따르면, "학교의 장은 교육상 필요한 때에는 법령 및 학칙이 정하는 바에 의하여 학생을 징계하거나 기타의 방법으로 지도할 수 있다. 다만, 의무교육과정에 있는 학생은 퇴학시킬 수 없다"라고 규정하고 있다. 그리고 학생징계의 종류로는 ① 학교에서의 봉사, ② 사회봉사, ③ 특별교육 이수, ④ 퇴학처분의 네 가지가 있다.

학생에 대한 징계는 학생의 권리에 대한 중대한 위협이 될 수 있으므로, 학생에 대한 징계는 적법절차의 원리(due process)에 따라 신중하게 이루어져야 한다. 적법절차의 원리에 따르면 판정기관이 공정하게 구성되어야 하고, 징계대상자에게 변명의 기회가 보장되어야 한다. 이러한 적법절차의 원리는 본래 사법절차에 적용하기 위해 발달한 것이지만, 징계와 같은 행정절차에도 적용된다고 보는 것이 일반적인 견해이다(하승수, 1999).

그에 따라 초·중등교육법 제18조 제2항은 "학교의 장이 학생을 징계하고자 하는 경우에는 해당 학생 또는 학부모에게 의견진술의 기회를 거쳐야 하는 등 적정한 절차를 거쳐야 한다"라고 규정하고 있다.

그러나 이러한 규정이 잘 지켜지지 않은 사례가 있다. 그래서 국가인권위원회는 2005년 10월 18일 모 고등학교의 장에 대해 학생과 학부모의 의견진술 기회를 제대로 부여하지 않은 퇴학처분은 인권침해라는 권고를 내린 적도 있다. 한편 징계처분 중 퇴학처분을 받은 학생은 초·중등교육법 제18조의2에 따라 '재심청구'를 할 수 있다.[14]

---

14) 징계처분 중 퇴학조치에 대하여 이의가 있는 학생 또는 그 보호자는 그 조치를 받은 날부터 15일 이내 또는 그 조치가 있음을 안 날부터 10일 이내에 시·도학생징계조

4. 학생권리의 보장을 위해

앞서 살펴본 것처럼 우리나라에서는 학생권리의 보장 수준이 아직 미흡하고 그 때문에 많은 이슈가 제기된다. 이런 현실을 극복하고, 학생권리가 더 보장될 수 있도록 하기 위해서는 여러 가지 노력이 필요하다.

첫째, 교사, 학부모, 학생에 대한 인권교육을 확대해야 한다. 유엔아동권리협약에 우리나라가 가입한 것이 1991년의 일이니 벌써 17년이 지났다. 우리나라가 가입함으로써 유엔아동권리협약은 국내 법률과 동일한 효력이 있는 법규범이 되었다. 그리고 교육기본법이나 초·중등교육법에도 학생의 인권을 보장해야 한다는 조항이 들어가 있다. 그러나 여전히 교사나 학부모는 그런 내용 자체를 잘 모르고 있다. 유엔아동권리협약에 가입한 지 10년이 지난 2002년에 국가인권위원회가 부산교육연구소에 의뢰해 실시한 전국 초·중·고 교사 876명을 대상으로 한 인권의식 조사에서 응답자의 84%가 "인권교육을 받은 경험이 없다"라고 응답한 것은 우리나라의 현주소를 보여주는 것이다.

현재 많은 교사들은 학생의 인권을 침해하면서도 그것이 문제인 줄을 모른다. 학부모도 마찬가지이다. 인권에서 가장 위험한 상태는 다른 사람의 인권을 침해하면서도 그것이 인권침해인 줄을 모르는 상태이다. 이런 상황을 벗어나기 위해서는 인권교육을 확대하는 수밖에 없다. 교사 양성과정과 재교육과정 등에서 인권교육을 할 필요가 있다. 또한 지역사회를 중심으로 학부모를 대상으로 하는 인권교육도 해야 한다. 무엇보다 중요한 것은 학생에게도 인권교육이 필요하다는 것이다. 스스로의 인권과 타인의 인권을 소중하게 생각하고

정위원회에 그 재심을 청구할 수 있다. 시·도학생징계조정위원회는 제1항에 따른 재심청구를 받은 때에는 30일 이내에 이를 심사 결정하여 청구인에게 통보해야 한다. 심사결정에 이의가 있는 청구인은 그 통보를 받은 날부터 60일 이내에 행정심판을 제기할 수 있다.

지키려 하는 인간으로 성장하게 하는 것이야말로 교육이 추구해야 할 목표라고 할 수 있다. 이런 교육이 이루어질 때에 그 사회의 미래는 민주적이고 공동체적이 될 수 있다. 학생이 스스로의 인권에 대해 배우고, 아울러 다른 학생의 인권을 침해하지 않아야 한다는 것을 체득할 때에 학교폭력도 사라질 수 있을 것이다. 이러한 인권교육은 유엔아동권리협약에 가입한 문명국가라면 반드시 해야 하는 것이기도 하다. 유엔아동권리협약 제42조는 "당사국은 이 조약의 원칙과 규정을 적절하고 적극적인 수단을 통하여 성인과 아동 모두에게 널리 알릴 의무를 진다"라고 규정하고 있기 때문이다.

둘째, 법령과 교칙, 학교생활규칙 등이 인권에 관한 국내·외의 기준에 맞게 정비되어야 한다(하승수, 2003). 학생의 인권을 침해하고 있는 기존 관행들에 대해서 법이 침묵할 것이 아니라 적극적으로 개선하려는 노력을 해야 한다. 특히 문제가 되는 부분, 즉 0교시 수업, 반강제적 야간자율학습, 두발에 대한 과도한 규제 등에 대해서는 법률을 통해 금지할 필요도 있다. 체벌을 당장 금지하기가 어렵다면, 사회적 합의를 이끌어내기 위한 노력이라도 해야 한다. 과도한 경쟁시스템을 완화시키고 교육환경을 개선하기 위한 논의들도 함께 이루어질 필요가 있다. 그러나 지금도 금지되어 있는 감정적인 체벌, 과도한 체벌에 대해서는 보다 엄격하고 실효성 있는 통제가 이루어져야 할 것이다. 그리고 학생의 참여권과 자치활동을 보장할 필요도 있다. 국가인권위원회가 권고하고 있는 것처럼 교칙이나 학교생활규칙의 제·개정과정에 학생들의 참여를 보장해야 한다. 학생들이 이런 경험을 쌓는 것은 우리나라의 민주주의를 일상에 안착시키는 것이기도 하다.

셋째, 학생권리가 보장되기 위해서는 학생권리의 관점에서 교육정책에 대해 재검토할 필요가 있다. 근본적으로 교육의 목표에 대해 다시 한 번 생각해 봐야 한다. 더 이상 학생들에게 경쟁만을 강조하고 시험 대비 위주의 교육을 하는 것은 학생의 권리를 침해하는 것일 뿐만 아니라 교육의 본질을 왜곡시키는 것이고 학생의 잠재력, 더 나아가 사회의 잠재력을 말살하는 것이다. 우리 교육도 유엔아동권리협약에 따라 "아동의 인격, 재능 및 정신적·신체적 능력의 최대한의 계발", "인권과 기본적 자유 및 국제연합헌장에 규정된 원칙에 대한 존중의 진전"을 교육의 목표로 삼아야 한다(하승수, 2003).

참고문헌

강의석. 2004. 「학교 내 종교의 자유와 학생의 인권」. ≪민주법학≫, 제26호. 325~331쪽.

강인수. 1988. 『교육법 연구』. 서울: 문음사.

권영성. 2004. 『헌법학 원론』. 서울: 법문사

김유환. 2005. 「미국에서의 교육주체 상호 간의 법적 관계」. ≪교육법연구≫, 제8집 제1호. 105~144쪽.

노기호. 2005. 「독일에서의 교육주체 상호 간의 법적 관계」. ≪교육법연구≫, 제8집 제1호. 61~104쪽.

_____. 2008. 「교원의 교육권 보호법안 제정을 위한 이론적 고찰」. ≪공법학연구≫, 제9권 제2호. 257~285쪽.

박홍규·프란시스코 페레. 2002. 『꽃으로도 아이를 때리지 말라』. 서울: 우물이 있는 집.

삶과 교육을 위한 대화와 실천. 2004. 「목소리를 박탈당한 어린이와 청소년들을 변호하라!」.

손희권. 2005. 「중·고등학생 두발규제의 헌법적 검토」. ≪교육행정학연구≫, 제23권 제3호. 233~254쪽.

_____. 2007. 「교원의 교육권의 법리」. ≪교육행정학연구≫, 제25권 제4호. 47~72쪽.

송요원. 2004. 「학교 내에서 학생의 인권과 교원의 체벌 — 미국 법원의 판례를 중심으로」. ≪토지공법연구≫, 313~331쪽.

_____. 2007. 「학교 내에서 학생에 대한 수색·압수 — 미국 법원의 판례를 중심으로」. ≪토지공법연구≫, 제37집 제2호. 539~562쪽.

어린이·청소년의 권리 연대회의. 1997. 「유엔 어린이·청소년 권리조약 이행에 관한 민간단체 보고서」. 『아이들의 인권, 세계의 약속』. 서울: 내일을 여는 책. 199~226쪽.

에기디우스, 칼 크리스티안(Karl Kristian Aegidius). 2003. 「교육에서의 자유」. 송순재 옮김. ≪처음처럼≫, 제35호. 104~118쪽.

이상돈. 1986. 「미국에서의 중·고등학생의 표현의 자유와 알 권리」. ≪한국교육법연구≫, 제1집. 212~235쪽.

이성환. 2005. 「일본에 있어서의 교육권의 갈등과 그 조정」. ≪교육법연구≫, 제8집 제2호. 145~173쪽.

이소연. 2007. 「징계처리절차에서 발생하는 학생인권 침해 개선방안으로 청소년 법정 (Teen Court)의 가능성: 적법절차의 권리를 중심으로」. ≪법교육연구≫, 제2권 제2호. 57~74쪽.

이혜원 외. 2008. 『청소년권리와 청소년복지』. 서울: 한울.

조금주. 2007a. 「2006년도 중·고등학생 인권실태조사 결과 및 개선방안」. ≪청소년학연구≫, 제14권 제3호. 189~216쪽.

_____. 2007b. 「중·고등학생 인권에 대한 교육주체별 의식 차이 분석」. ≪청소년학연구≫, 제14권 제6호. 43~67쪽.

_____. 2008. 「외국의 중·고등학교규칙 내용 분석의 시사점」. ≪비교교육연구≫, 제18권 제1호. 63~91쪽.

조미숙. 2004. 「학생인권을 위한 사회복지적 접근에 관한 연구」. ≪청소년복지연구≫, 제6권 제1호. 37~52쪽.

조석훈. 2006. 「학부모 교육권의 내용과 한계」. ≪교육행정학연구≫, 제24권 제3호. 367~390쪽.

최윤진. 2007. 「학생의 종교의 자유에 관한 연구」. ≪민주주의와 인권≫, 제7권 제2호. 167~193쪽.

하승수. 1999. 『교사의 권리, 학생의 인권』. 서울: 사계절.

_____. 2003. 「NEIS를 계기로 본 학생인권」. ≪교육비평≫, 제13호. 124~141쪽.

홍정선. 1986. 「학생의 법적 지위에 관한 소고」. ≪한국교육법연구≫, 제1집. 117~137쪽.

대법원 1998. 11. 10. 선고 96다37268 판결.

대법원 2006. 9. 8. 선고 2004다18859 판결.

헌법재판소 1991. 6. 3. 89헌마204 결정.

헌법재판소 1992. 10. 1. 92헌마68 등(병합).

헌법재판소 2001. 9. 27. 2000헌마159 결정.

헌법재판소 2003. 10. 30. 선고 2000헌바67·83(병합) 결정.

인권운동사랑방의 인권교육자료실. http://www.sarangbang.or.kr/kr/main/kr~frame.html
≪경향신문≫, 2006. 7. 4.
≪연합뉴스≫, 2005. 1. 21.

2장

학생의 발달과 욕구특성 그리고 발달과업

변귀연 호남대학교 사회복지학과 교수

학생을 9세 이상 18세 미만 학령기의 문제를 해결할 수 있는 능력과 책임감, 자립심을 가진 권리의 주체자로서 교육과정에 등록할 수 있는 법적 자격이 있는 사람을 의미한다고 볼 때, 학생기는 크게는 아동기와 학생기로 나뉜다.

더 엄밀히 따져보면 아동기는 대략 학생이 일반적으로 유치원에 들어가는 연령인 5세부터 초등학교를 졸업하는 12세 정도까지의 시기이다. 실제로 유치원과 초등학교의 경험은 매우 다르다. 유치원은 사실상 학교교육을 받는 시기라고 보기 어려우나 가족 이외의 사회적 영향력이 새롭게 등장한다는 점에서 이 이전의 시기와 구별된다. 그러므로 아동기를 유치원 시기에 해당하는 아동기 전기와 초등학교 시기에 해당하는 아동기 후기로 구분하고 있으므로 학생기는 아동기 후기부터로 보는 것이 타당하다.

또한 청소년기는 아동에서 성인기로 전환하는 시기이다. 연령적으로 대략 12~22세까지이며, 12~18세의 청소년 전기와 18~22세의 청소년 후기로 구분한다. 이 책에서 다루고자 하는 학생은 급속한 신체적 변화와 인지적 발달을 경험하는 청소년 전기에 속한다고 볼 수 있다.

그러므로 이 책에서 언급하는 학생은 아동기(후기)에 속하는 학생 전기와 청소년기(전기)에 속하는 학생 후기의 발달적 특성을 지닌 것으로 나누어 설명하고자 한다.

1. 학생의 발달적 욕구특성

학생 전기(아동기 후기)에는 공식적 학교교육을 통하여 사회가 요구하는 기본적 기술을 습득하는 발달단계로서, 이 시기의 학생은 지금까지 경험한 부모와의 관계, 또래관계를 바탕으로 하여 아직 사회적 의무나 구속이 없는 상태에서 자신이 속한 사회에서 생활하는 데 필요한 기본적 기술과 능력을 습득하고 이를 사회에 적용할 기회를 갖게 된다. 학교는 학생에게 가족 이외의 외부로부터의 평가, 성공과 실패의 기회, 또래집단과의 경험 등을 제공하는 중요한 영향력의 원천이 된다.

또한 학생 후기(청소년 전기)는 아동에서 성인기로 전환하는 시기로 신체적 성숙이 급격하게 이루어지며, 부모로부터의 심리적 이유(psychological weaning)가 이루어지면서 자아정체감이 형성되지만 정서적 변화가 급격히 일어나는 질풍노도의 시기 또는 제2의 반항기이며, 사회적으로는 아직 주변인(marginal man)에 머물러 있는 양상을 보인다.

1) 신체적 운동, 성적 발달

학생 전기는 신체적 성장과 발달이 비교적 완만하게 진행되는 시기이며,

운동 능력이 크게 성장한다고 알려져 있다. 그러나 신체적 변화는 1세기 전보다 4세 정도 빨라졌는데 산업화, 교통과 통신의 발달, 건강과 위생, 영양 상태의 개선과 같은 환경 요인도 이에 영향을 미친다(김혜래, 2007에서 재인용).

따라서 일반적으로 알려진 수치, 120~145cm, 22~ 38kg보다는 몸무게와 신장이 크게 증가한 것으로 나타나고 있다. 이러한 신체적 성숙에서 나타나는 특징적인 발달 양상은 초등학교 입학 시기에는 남아가 여아보다 빠르지만 11~12세경에 여아의 신체적 성숙이 남아에 비해 더 우세하게 된다는 것이다. 이러한 현상은 신체적 급성장이 이루어지는 사춘기가 남아보다 여아에게서 약 1~2년 정도 먼저 시작되는 데에서 기인한다. 급성장의 발현과 기간에는 개인차가 있을 뿐 아니라 남녀 간에도 차이가 나타난다.

이 시기에 해당하는 학생의 신체구조를 보면 얼굴의 면적이 전체 면적에서 10% 정도로 줄어들고, 유치가 영구치로 바뀌며, 외모나 청결에 별로 관심이 없다가 점차 11~12세가 되면서 변화하는 양상을 보인다. 그리고 뼈와 근육의 성장이 균형 있게 이루어지는 것이 일반적이지만 뼈의 성장이 근육의 성장을 급격히 초월하여 근육성장기 골통(growing pain)으로 밤잠을 설치는 경우가 있다. 또한 뇌의 발달이 성인의 95% 정도에 이르게 되며 지적 발달을 뒷받침해준다. 폐의 발달도 10세까지는 비교적 완만하게 진행되다가 이후부터는 급격히 발달하여 운동기능의 왕성한 발달을 뒷받침할 수 있게 된다. 이러한 운동능력의 발달은 신체적 발달뿐 아니라 심리·사회적 발달에도 영향을 미쳐 운동능력이 학생의 자부심 형성에 중요한 역할을 하게 된다.

학생 후기에 경험하게 되는 많은 변화 중 제일 먼저 눈에 띄는 것은 흔히 사춘기(puberty)라고 하는 신체적 발달이다. 이 시기는 태아기 다음으로 급격한 신체적 성장이 일어나 '제2의 성장급등기(age of second growth spurt)'라고도 한다. 신장과 몸무게의 급작스러운 증가로 나타나는 성장 급등은 뇌하수체에서 분비되는 성장호르몬의 증가와 밀접하게 연관된다. 이 시기의 학생은 이마가 더 넓어지며 아래턱과 코가 길어지고 두개골은 성인의 그것과 같게 된다(성민선 외, 2004). 또한 심장의 무게가 거의 두 배로 늘어나고 폐의 급속한 성장과 기초대사의 변화 등이 일어나며, 남자아이의 경우 지구력과 근력이 증가한다. 이때 신체 각 부위의 성장이 동시에 이루어지지 않아 일시적으로 불균형의 모습을 보이기도 하며, 신체 급성장의 속도와 시기는 개인에 따라 큰 차이가 있다. 간혹 어떤 부모와 학생은 이런 사실을 이해하지 못하고 불필요한 걱정을 하기도 한다.

또한 학생 후기에 신체적 성장 급등과 함께 성적인 성숙이 나타나 테스토스 테론(testosterone)이나 에스트로겐(estrogen)이라는 호르몬이 뇌하수체에서 분비 되어 생식성의 성숙이 급격히 시작된다. 성선의 활동으로 남학생은 어깨가 넓어지고 여학생은 골반 부위가 넓어지면서 전형적인 남성과 여성의 신체로 변하게 된다. 성적 성숙은 일차성징과 이차성징으로 나타나는데 일차성징은 이차성징보다 조금 느리게 진행된다. 일차성징은 자궁, 난소, 고환, 음경, 정낭 등 성 기관의 발달과 함께 생식과 관련된 성적 징후가 나타나는 것이다. 이차 성징은 유방, 음모, 겨드랑이 털, 변성, 골격과 피부의 변화와 같은 신체적 특성이 나타나는 것이다. 남성의 경우 목소리가 굵어지고 후골(喉骨, Adam's apple)이 커지며, 여성은 유방이 발달하고 엉덩이의 곡선이 드러나게 된다. 성적 성숙은 보통 16~18세 무렵에 성인 수준에 도달해 대부분 20세에 이르면 성인 수준의 기능을 하게 된다. 신체적 발달과 마찬가지로 성적 성숙에도 성차가 있다(콜맨·핸드리, 2006).

2) 정서적 발달

학생 전기는 비교적 정서적으로 안정된 시기로서 정서적 혼란이나 흥분은 비교적 적은 편이며, 정서적 통제와 분화된 정서 표현이 가능해진다. 첫째로 사회적 행동과 밀접한 연관성을 가지고 있는 정서에는 공포감을 들 수 있다. 상상적이고 가상적인 것, 비현실적이고 초자연적인 것에 대한 공포가 많아진다. 예를 들면 학생 전기에는 괴물, 유령, 죽음 등에 대한 공포감을 많이 느낀다. 공포감은 불안정서와 관련되어 있는데, 이를 유발하는 것은 학생의 상상력이다. 이 시기에는 주로 부모와 교사의 기대를 충족시켜주지 못할 때 따르는 질책이나 벌, 성적 하락이나 운동능력 미발달로 인한 친구의 조롱 등에 대한 불안이 특히 많다.

둘째, 공포나 불안보다 더 빈번하게 나타나는 정서가 분노이다. 사회적 관계범위가 가정에서 학교로 확대되면서 욕구가 좌절되고, 행동에 장애를 받고, 놀림을 당하거나 꾸중을 듣는 경우가 많아지므로 분노의 감정이 더욱 빈번하게 발생한다. 이와 같이 분노의 감정이 높아지지만 스스로 감정을 잘 통제하고 보다 간접적인 방식으로 분노를 표현할 수 있게 된다.

학생 전기에 비해 학생 후기는 모든 학생이 방황과 갈등을 경험하는 것은 아니라 하더라도 질풍노도가 인생의 어느 시기보다 학생 후기를 비유하는 데 적합한 단어라고 할 수 있다. 의존성이 학생 전기의 대표적인 특성이고 독립이 성인기의 대표적 특성이라고 본다면, 질풍노도는 학생 후기의 신체적·성적 성숙으로 발생하는 전환기적 특성이라고 해석할 수 있다.

학생 후기에 나타나는 일반적인 정서적 특성과 경향은 다음과 같다(홍봉선·남미애, 2007).

① 감정의 기복이 심하고 사소한 일에 예민하게 반응해 화를 잘 내며, 심리적으로 불안정해 보인다.
② 지나치게 남을 의식해 수줍음이 많고, 종종 이를 감추기 위해서 과장된 행동을 보이기도 한다.
③ 어떤 일에 쉽게 열성을 보이고 호기심이 많으며, 모방성이 강해 우상을

만들어 맹목적으로 추종하는 경향이 있다.

이 외에도 학생 전기보다는 학생 후기에서 더 흔히 나타나는 증세로서 우울을 들 수 있다. 학생 후기는 성인기로 향해가는 변화가 많고 정서적으로 불안정한 격동의 시기이며, 성취해야 할 발달과업이 많은 데 비해 인지적으로 미성숙하므로 이에 따라 심리적 문제가 많이 발생한다. 기분이 울적하다든지 불행하다는 등의 감정은 사춘기를 전후해서 급격히 증가한다. 분리 불안, 공포증, 신체적 불편감, 행동적인 문제는 학생에게서 더 빈번하게 나타났지만 멜랑콜리, 정신증, 자살 시도와 같은 증상은 학생 후기에 많이 나타난다. 또한 학생의 우울은 다른 증상과 함께 나타날 가능성도 높은데, 이런 현상에 대해 맴퀴스트(C. P. Malmquist)는 가면우울(masked depression)이라는 개념을 제시하면서 학생 후기의 우울은 여러 가지 문제행동에 가려 분간하기 어렵다고 했다(김혜래, 2007).

학생 후기의 정서적 발달에 영향을 미치는 요인으로는 학생기의 신체적·성적 변화를 들 수 있다. 학생 전기에서 후기로 변하하는 과정에서 학생은 신체의 급격한 성장과 이차성징의 발달로 신체가 변화하면서 신체에 대한 관심이 증가하고 새로운 신체상을 형성해나간다. 신체상이란 개인이 자신의 신체에 대해 어떻게 지각하고 평가하며, 이에 따라 어떤 태도를 보이는가 하는 심리적 경험으로(김애순, 2004) 신체만족도와 같은 의미로 이해되며, 주체성, 자존심, 자기가치의 근본을 형성한다. 신체상 또는 신체만족도는 자기 개념 형성, 지위 획득, 원만한 인간관계를 이루는 중요한 요소가 된다. 낮은 신체만족도는 열등감, 수치심, 부정적 자기개념, 우울 등과 관련이 있으며, 이 때문에 학교생활 부적응을 나타내기도 한다. 신체적 성장과 성적 성숙이 정서에 미치는 영향에는 성차가 있다. 여자 학생의 신체적 자존감은 남학생의 신체적 자존감보다 평균적으로 낮은 경향이 있다. 여자 학생은 남자 학생보다 자기 신체에 더 많은 불만을 표출하고, 자기 실제 체형과 이상적 체형 간의 불일치를 더 심각하게 지각하며 식이장애(eating disorder)를 나타낼 위험도 더 크다.

성적 성숙은 초기 학생의 정서에 영향을 미친다. 일반적으로 조숙한 학생에게는 지도성이 기대되고, 이것이 결국 우월감이나 지도력을 획득하는 계기가 된다. 반면 여드름, 변성 등 외모에 불만이 있는 학생은 열등감을 느끼게 되고 소극적이 되며 대인 접촉을 기피하게 된다. 이차성징의 발달은 학생의 성에 대한 태도와 가치관의 형성에 영향을 미친다. 사춘기의 학생이 자신의 신체 변화로 나타나는 성 특징에 불만이나 당혹감을 느껴 자기의 성적 변화에 부정적·혐오적 태도를 지닌다면 훗날 이성관계나 결혼에 대해서도 부정적인 태도를 가지기 쉽다. 그리고 이런 성적 변화는 지도성, 열등감, 대인기피와 같은 성격이나 사회성의 발달과 관계가 깊다(유안진, 1999).

3) 인지적 발달

(1) 구체적 조작 사고에서 형식적 조작 사고로의 발달

피아제(Jean Piaget)는 최초로 사춘기 인지발달의 중요성에 주목한 학자이다. 피아제는 지능이란 "인간이 환경에 적응하도록 도와주는 삶의 기본적인 기능"이라고 정의하고, 모든 지적 활동은 기존의 사고방식과 새로운 경험 사이에 생기는 불균형을 균형 상태로 만들어 인지적 평형화를 추구하는 것이라고 했다. 그는 지능이 발달하는 과정을 '감각운동(sensory motor)기', '전조작(pre-operational)기', '구체적 조작(concrete operational)기', '형식적 조작(formal operational)기'로 구분한다. 그는 사춘기를 전후해 인간의 인지능력이 질적으로 변화하는데 형식적 조작에 기반을 둔 사고가 이 시기에 처음으로 가능해진다고 했다.

학생 전기에 발달되는 구체적 조작이 현실과 경험에 근거해서 논리적으로 사고할 수 있는 정신활동이라면, 학생 후기에 발달되는 형식적 조작이란 현실에 토대가 없는 가상적인 상황이나 대상을 개념이나 명제에 근거해서 논리적으로 추론하는 정신활동으로 학생 후기에 해당하는 11, 12세부터 가능하다고 했다. 구체적 조작 사고단계에는 개념적 능력을 획득하게 된다. 즉 다양한 사고를 통하여 행동을 대상에게 수행할 수 있게 된다. 구체적 조작 사고 단계에는 보존기술, 분류기술, 조합기술 등의 개념적 기술이 점차적으로 발달한다고 했다.

먼저 물체의 형태가 변화하거나 담는 그릇이 달라져도 질량이나 부피와 같은 물리적인 성질은 변화하지 않는다는 점을 이해하는 능력, 즉 물을 밥그릇에 담으나 컵에 담으나 양의 변화가 없다는 것을 아는 보존기술이 발달하게 된다.

분류기술은 대상을 그들이 공유하는 속성에 따라 분류하거나 위계에 따라 분류할 수 있는 능력, 예컨대 가족이나 친구를 좋아하는 순서대로 꼽는 행위, 생물이 동물과 식물로 나누어짐을 이해하는 것 등의 능력을 의미한다.

조합기술은 보존의 능력 중에서 숫자에 대한 보존능력을 획득한 후에 어린이가 갖게 되는 개념적 기술이다. 일정한 수의 사물이 있을 때 이것을 펼쳐 놓든지 밀집해 놓든지 또는 형태를 바꾸더라도 그 숫자는 마찬가지임을 이해하는 능력이다. 조합의 능력이 획득되어야 덧셈, 뺄셈, 곱셈, 나눗셈 등의 기초적인 연산이 가능하다.

이러한 개념이 습득됨에 따라 학생은 분류와 인과관계에 대한 추론을 할 수 있게 되고, 물리적 세계의 규칙과 대상 간의 관계를 지배하는 원리에 대한 통찰력을 갖게 된다. 또한 사회에 대한 인식도 변화하여 자기중심적인 사고에서 타인의 입장을 고려하고 이를 적용할 수 있을 만큼 인식이 성숙·확장된다.

학생 후기의 형식적 사고는 매우 논리적이고 합리적이며 추상적인 것으로 연역적 추론(deductive reasoning), 귀납적 추론(inductive reasoning)이 대표적이다. 형식적 조작의 가장 중요한 능력은 사실에 반해(contrary-to-fact) 가정을 할 수 있다는 것이다. 즉, 학생들의 사고의 중심이 현실(real)에서 가능성(possible)으로 이행하는 것, 그리고 문제해결이나 명제 논리학을 이해하는 데 가설연역적인 접근이 가능하게 된다는 것으로 설명된다(콜맨·핸드리, 2006).

형식적 사고의 발달은 다양한 추론 영역에서 발휘될 뿐만 아니라 자기의식(self-awareness)의 증대를 가져온다. 그리고 이 시기에는 자신과 타인의 생각을 객관화해 논리적으로 평가하는 능력이 발달한다. 이는 타인을 이상화해 '어른은 반드시 이런 모습으로 존재해야 한다'와 같이 당위적이고 이상적인 생각으로 이어져 기성세대에 대한 반항과 분노로 나타날 수 있다.

형식적 조작 사고의 발달로 문제상황에 대한 다양한 해결 방안을 체계적으로 모색하고 최선의 해결책을 찾을 수 있게 된다. 그리고 시간을 현재 경험 세계에 국한하지 않고 과거와 미래의 연속선상에서 인식하면서, 과거의 자신을 돌아보고 현재의 자신을 점검하며 미래의 자기 모습을 계획할 수 있는 능력이 생긴다. 학생이 자아정체성을 찾기 위해 고민하는 것은 이러한 형식적 조작 사고의 결과이다.

(2) 사회적 인지 발달: 자아개념과 자아정체감의 형성

학생 전기에는 어떤 행동을 하기 전에 상황을 평가하고 그 결과를 예상하는데, 학생 전기에 자신의 행동에 가장 큰 영향을 미치는 변인이 바로 자아개념이다. 자아개념은 개인이 자신의 것으로 동일시하는 개인적 특성에 대한 지각이나 느낌으로써 성장기 동안의 경험을 통해 형성된다. 특히 학생 전기에는 학교에서의 성공이나 실패 경험이 자아개념 형성에 중요한 영향을 미친다.

자아존중감은 자기 자신에 대하여 가지고 있는 개인적 가치감이나 긍정적 평가로서 자아개념을 구성하는 하위요인이다. 학생 전기의 자아존중감의 발달은 근면성과 열등감의 발달과 밀접한 관련성을 지닌다. 만약 학생이 새로운 것에 많은 호기심을 갖고 사회에서 필요로 하는 기본적 기술을 열심히 익혀나

가고, 그 과정에서 교사나 부모의 물질적 보상이나 칭찬을 듣게 되면 근면성과 높은 수준의 자아존중감이 발달하게 된다. 자아존중감의 수준이 높은 학생은 모든 일에 솔선수범하고, 다소 위험이 따르더라도 능동적으로 행동을 수행한다. 이에 반해 자아존중감이 낮으면 새로운 과제에 부딪혔을 때 불안을 경험하게 되고 솔선해서 행동을 수행하기 어려워진다(Ellison and Firestone, 1974).

흔히 학생 후기를 제2의 탄생기라고 한다. 학생 후기는 자신을 구성하는 신체적·성적·정서적·인지적·사회적 측면의 급격하고 놀라운 변화를 경험·인식하면서 새로운 자신을 찾고 만들어가는 시기로 학생 후기의 여러 측면의 발달 특징은 '자아정체성 찾기'로 통합된다.

자아정체감은 단적으로 말해 '나는 누구인가'라는 존재 인식이다. 자아정체감이란 시간과 주변 상황이 바뀌어도 동일한 존재라는 자기동질성과 자기연속성의 자기의식으로 연속성, 동질성, 독특성의 요소로 구성되어 있다.

학생 후기에 접어들면서 '나는 누구인가'라는 자아 인식은 신체적 자아에서 심리적 자아나 내적 자아로 이행된다. 즉 학생 전기에는 "나는 키가 크며 날씬하다"라고 자신을 외형적으로 묘사하지만, 학생 후기에는 "나는 배려심이 많고 사람들과 어울리는 것을 좋아한다"라고 심리적으로 자신을 표현한다. 이는 학생의 인지 발달과 관련이 있다. 학생 후기는 인지 발달단계 중 형식적 조작기로서 시간적으로 현재를 과거나 미래와 연결해 사고하려 하고, 경험하지 않은 미지의 세계, 추상적인 내면의 세계에 대한 관심이 커지며, 자신을 그런 영역과 연결해서 규정하려고 하기 때문에 가능한 것이다. 따라서 학생 후기에 하게 되는 자아 인식은 '나는 누구인가', '나의 성격은 어떤가', '나는 무엇을 잘 하는가', '남들은 나를 어떻게 생각하는가', '나는 무엇을 하며 살아야 하는가', '내가 생각하는 나와 남이 보는 나 중 어떤 모습이 진짜 나인가?' 등의 질문에서 출발한다. 에릭슨은, 학생 후기는 이런 새로운 질문을 제기하며 답을 찾으려는 탐색 과정을 통해 자신의 정체성을 재구성하게 되는데 이것을

<표 2-1> 마르샤의 자아정체성 지위

정체성 지위	위기 (탐색)	헌신	정의	특성
정체감 성취 (identity achievement)	○	○	개인이 다른 여러 정체성을 탐색(위기 경험)해 한 정체성에 헌신할 때	내적 자신감과 통합감, 성실성, 사회의 가치체계, 윤리, 관습을 수용하고 지키려 함
유예 (moratorium)	○	×	다른 여러 정체성의 탐색에 관여하지만 헌신을 하지 않는 상태	불안 수준은 높으나 정체성 달성의 계기가 됨
유실 (foreclosure)	×	○	정체성 탐색에 대한 시도 없이 헌신할 때	권위주의적 가치를 중요시하며 자율 수준은 낮음
정체성 산만 (identity diffusion)	×	×	정체감 위기도 느끼지 못하고 헌신도 없는 상태	무력감, 소외감, 부정적 자아개념

정체감 위기라고 했다. 에릭슨에 따르면 정체감 위기는 자기 자신을 바라보는 다른 방법에 대한 집중적인 분석과 탐색이며, 탐색은 학생 후기라는 전환기의 핵심이다. 에릭슨의 심리사회 발달단계에서 볼 때 정체성 위기의 출현은 '정체감 대 역할 혼란' 간의 갈등을 겪는 학생 후기에 발생한다. 에릭슨은 학생이 정체성 문제를 해결하지 못하는 주된 네 가지 요소로 친밀성, 시간적 전망, 근면성, 부정적 정체성을 들면서 대인관계에 대한 두려움, 미래에 대한 두려움, 자신의 능력에 대한 두려움, 부정적 정체성 선택에서 정체성 성취를 이루지 못하게 된다고 말했다.

마르샤(Marcia)는 에릭슨의 자아정체감의 초기 이론을 확장해 '정체감과 역할 혼란' 간의 균형은 하나의 정체성에 헌신하면서 이루어진다고 말했다. 마르샤는 정체성을 직업적 역할, 신념과 가치, 성적지향의 세 영역에서 측정하고, 위기(자기탐색)와 헌신에 따라 네 가지 정체성 지위로 구분했다(Marcia, 1966, <표 2-1> 참조).

정체감을 성취하는 지위에 도달한 사람은 다른 지위에 있는 사람에 비해 심리적으로 건강하며, 도덕적 판단 능력, 진로 계발 능력, 사회적 기술이 다른 정체성 지위에 있는 사람들보다 높다. 마르샤의 네 가지 정체성 지위는 발달의 연속성을 지니고 있는 것은 아니며, 어떤 한 지위가 다른 지위의 선행조건이 되는 것도 아니다. 단, 유예는 그것의 특징인 탐색이 정체성 문제의 해결보다 선행하기 때문에 정체성 성취로 발전할 가능성이 있다. 한편 마르샤 이후의 연구자들은 실제적인 성인의 정체성 형성이 학생 후기까지 일어나지 않는다는 것을 확인했다(콜맨·헨드리, 2006).

학생은 형식적 추론 능력을 획득하게 되면서 학생 전기의 자아중심성에서 벗어날 수 있지만 이와 동시에 역설적으로 새로운 형태의 자기중심적인 모습을 보이기도 한다. 엘킨드(David Elkind)는 타인의 사고를 고려할 수 있는 능력이 학생의 자아중심성을 형성한다고 하고 '가상청중(imaginary audience)'과 '개인적 우화(personal fable)'라는 두 가지의 특징적이면서도 서로 관련 있는 사고 패턴을 제시했다(콜맨·헨드리, 2006).

학생은 자신이 어떤 생각이나 문제에 봉착하게 되면 타인도 그것에 관심이 있다고 생각한다. 구체적인 예로 학생은 지나치게 외모에 관심을 두는데 타인들도 자기처럼 용모에 관심이 많다고 생각한다. 그래서 지각을 하더라도 머리를 감아야 한다든지 밤에 집 앞에 잠깐 나갈 때에도 우선 샤워를 하고 나간다든지 하는 행동을 보인다. 엘킨드는 이것을 '가상청중'이라는 개념과 연결시켰다.

학생 후기의 자아중심성과 관련해 다른 중요한 것 중 하나는 감정의 과도한 분화가 나타나는 '개인적 우화'이다. 학생은 자기 자신이 많은 사람에게 매우 중요한 존재이기 때문에 자신의 관심과 감정은 매우 특수하며 독자적인 것이라고 생각하고, 전능이나 불사에 대한 환상에 빠지기도 한다(콜맨·헨드리, 2006). 개인적 우화로는 오토바이 폭주, 무모한 운전, 혼전 성관계를 해도 자신에게는 위험과 불행이 일어나지 않는다는 신념을 들 수 있다.

가상청중, 개인적 우화와 같은 학생의 자기중심성은 학생 후기에 많이 보이고, 이후로 갈수록 차츰 감소하면서 사회중심적인 사고가 증가한다. 학생은 성장하면서 사회·문화·정치적인 영역으로 관심이 확대되고, 더 높은 도덕적 가치체계를 발달시키며, 이를 통해 자아정체성을 공고히 하게 된다. 이 시기에 증대되는 사회·정치적인 영역에 대한 관심이 이 시기의 일반적인 특성인지 자신의 진로 적성인지 혼란스러워하는 경우도 있어 자아정체성 확립과 진로 문제에 대한 적절한 지도나 개입이 요구된다.

(3) 도덕성 발달

학생 후기 자아중심성에서 사회중심적으로 사고가 발달하는 것은 도덕성 발달에도 영향을 미친다. 도덕성이란 상호 간의 복리와 행복을 위해서 무엇을 해야 하고 무엇을 하지 말아야 하는지에 대한 개인의 신념이나 판단이다. 일찍이 피아제는 학생 전기에서 학생 후기에 이르는 도덕성 발달과정을 도덕적 사실주의(10세 이전)와 도덕적 상대주의(11세 이후)로 구분했다. 이를테면 10세 이전에는 어떤 규범이나 규율이 절대적이라고 생각하기 때문에 행동의 결과만 보고 옳고 그름을 판단하지만, 11세 이후에는 규범이나 규율은 상대적이라고 여겨 행동의 결과보다는 의도나 동기, 상황적인 맥락을 고려해 도덕적 판단을 한다. 이것은 인지적 조망 능력이 자아중심성에서 벗어나 타인의 입장을 조망해볼 수 있는 탈중심화 수준으로 발달하기 때문이다.

피아제의 이론적 틀을 발전시킨 콜버그(L. Kohlberg)는 개인의 도덕 발달 수준은 도덕적 딜레마의 상황에서 보이는 행동이 아니라 도덕적 사고와 추리 능력에 근거해 평가되어야 한다고 봤다(김애순, 2005). 콜버그는 다른 연령의 학생을 대상으로 도덕적 딜레마 상황(예: 하인즈 씨 이야기)을 제시하고 무엇에 준해서 도덕적 판단을 하는지에 따라 도덕성 발달단계를 <표 2-2>와 같이 3수준 6단계로 구분했다. 이 도덕성의 발달은 인지 발달 수준에 맞춰 진행되며, 연령이 높아지면서 더 높은 수준으로 이행하게 되는데, 이후 성인기에 모든 사람이 후 관습적 수준으로 발달하는 것은 아니며, 성인 대부분은 관습적

<표 2-2> 콜버그의 도덕성 발달단계

		전 관습적 수준 처벌, 권위, 욕구 의존
제1수준	1단계	복종과 처벌 지향, 벌을 받는 행위는 나쁜 것으로 본다.
	2단계	도구적 쾌락주의: 보상을 얻기 위해 규칙을 따른다.
		관습적 수준 사회의 관습. 덕목, 법규, 규정의 수호
제2수준	3단계	착한 소년·소녀 지향: 좋은 행동이란 상대를 기쁘게 해주거나 도와주어 상대방에게서 인정을 받는 행동이다.
	4단계	법과 질서 지향: 좋은 행동이란 자신의 의무를 지키며 권위에 대해 존경심을 가지고 사회적 질서를 자기 목적으로 유지하는 것이다.
		후 관습적 수준: 법을 유동적으로 파악, 법을 초월한 상위 가치 추구
제3수준	5단계	사회계약 또는 양심 지향: 전기에는 전체에 의해 합의된 권리나 기준으로 생각한다. 후기에는 양심에 의한 내면의 결단에 중점을 둔다.
	6단계	보편적 윤리 지향: 추상적 윤리 원칙을 구축해 행동하려 한다.

자료: 김애순(2005)에서 재인용.

수준에 머물러 있다고 한다.

콜버그가 행동의 옳고 그름을 판단하는 '정의지향적 도덕성'을 강조했다면 길리간(Carol Gilligan)은 보살핌, 책임, 애착, 희생을 강조하는 '대인지향적 도덕성'을 개념화했다(김애순, 2005). 길리간은 콜버그의 단계 이론이 도덕성에 대한 남성적 관점에 기반을 둔 것이라며 강력히 비판했다. 길리간은 학생의 도덕적 사고에 더 밀접하다고 생각되는 학생의 성관계, 낙태와 같은 딜레마 상황을 제시하고 여성이 어떻게 도덕적 판단을 하는지를 근거로 '자기이익 지향(제1수준)', '배려·책임·자기희생 지향(제2수준)', '자기 권리와 타인에 대한 배려와 조화(제3수준)', 세 수준의 도덕 발달단계를 제시했다. 남성은 정의지향적 도덕성을 지향하거나 여성은 대인지향적 도덕성을 더 추구하며, 학생 후기에는 자기이익 지향보다 타인을 배려하고 책임지는 이타적인 부분이 크게 발달한다고 했다(홍봉선·남미애, 2007).

4) 사회적 발달

학생 전기에는 사회적 관계의 장이 가족에서부터 이웃과 학교로까지 확대된다. 이 시기에 학생은 학교나 이웃의 또래 친구와의 횡적인 대인관계 속에서 집단생활의 규범을 준수하고 상호 협력하며, 자신의 요구를 통제할 수 있는 기본적인 사회적 기술과 태도를 학습하게 된다. 학교는 학생의 인지발달에 치중하는 듯이 보이지만 학생의 사회적 발달에도 많은 영향을 미친다. 특히 저학년일수록 교사의 영향을 많이 받으며, 고학년이 될 수록 친구의 영향을 많이 받는다. 교사는 학생의 행동을 바르게 형성하고 발달시키기 위해 칭찬, 비난, 특권, 처벌과 같은 강화를 사용하며, 동일한 사회적 지위를 지니고 있는 학생의 사회적 지위를 차별화한다. 이러한 교사의 행동이나 지도방법에 의해서 학생은 사회적으로 바람직한 행동과 규범을 학습하게 되며, 자신의 사회적 지위에 따르는 사회적 정체감을 형성하게 된다.

또한 학생 후기로 성장하면서 성인과 자신의 관계를 수직적이라고 인식하는 한편, 또래와 함께 있을 때 상하관계가 아닌 수평적 관계, 평등한 대인관계 형태를 배우게 된다. 그래서 또래관계 속에서 더 큰 사회에 대한 동향을 전달하며 시야를 넓히고 성인의 권위에서 독립적으로 행동할 수 있는 능력을 신장하는 데 도움을 받는다. 학생은 또래들과 아는 사이, 친한 친구, 또래집단, 연애관계 등과 같은 복잡한 네트워크를 형성해나간다(콜맨·헨드리, 2006).

이 글에서는 생태체계적 관점에서 사회환경적 관계를 언급하기로 한다. 또래집단과의 관계, 연애관계, 부모와의 관계, 학교와 교육환경체계에 대해서도 살펴본다.

(1) 또래집단과의 관계

우정은 학생 시기의 매우 중요한 주제 중 하나이다. 학생 전기에도 또래관계는 유지되지만 학생 후기에 들어서면서 소규모 집단을 형성해 상호 친밀한 정서적 유대관계를 맺는다. 학생 전기에 해당하는 초등학교 3~4학년 경에 동성 친구 3~5명끼리 소집단을 형성해 이름을 붙이기도 하고 집단 내 규칙이나 약속을 만들면서 결속을 공고히 한다. 강하게 결속된 소규모 친구 집단은 같은 활동에 참여하거나 의견이나 감정을 교환하는 등의 친밀한 교류를 통해 상호 간에 필요한 정서적 지지원이 되며, 자신의 자아정체감을 형성하고 재확인하게 된다.

학생들은 집단정체감을 얻고자 한다. 이것은 동료 집단의 영향을 중요한 것으로 인정하고 집단에 소속되어 소속감을 얻으려 하기 때문이다. 소속감의 확인으로 같은 의상을 입거나 징표 등을 함께 착용하기도 한다. 그리고 또래의 관심과 의견에 예민하며, 그들에게서 많은 것을 배우고 자신의 발전에 유익한 기회로 활용한다. 그래서 이들은 상호 영향을 주고받게 되면서 자신들만의 문화, 즉 학생문화를 형성하게 된다. 집단에 소속되면서 집단규칙에 대한 동조압력을 받기도 한다. 이것은 또래에게 인정받고 싶은 욕구가 강하다는 것을 의미한다. 그러나 또래 압력이 반드시 부정적 행동을 유발하지는 않으며, 학생 전반기에는 문제행동을 억제하는 역할을 하기도 한다(콜맨·헨드리, 2006). 친구 집단에 대한 동조는 학생 전기와 후기 사이의 중반기에 높아져 그 이후에는 점차 감소되는데, 이것은 연애에 대해 관심이 증가하는 것과 맞물려 있다.

사회화의 형태는 성에 따라 차이를 보인다. 남자 학생은 무리를 지어 놀며 교섭을 하거나 집단과 협력하거나 경쟁하는 것을 배운다. 그리고 남자 학생은 활동중심적이며 수단적인 관계를 중시한다. 반면 여자 학생은 한 명이나 소수의 친한 친구와의 관계를 중시하며 정서, 친밀함, 소통의 측면에서 우정을 평가한다(콜맨·헨드리, 2006). 일반적으로 사회화 형태의 성 차이는 학생 후기

이후의 인생 발달단계에서도 비슷한 경향을 보인다.

또한 또래관계는 두 사람 간의 관계나 친구로 구성된 소규모 또래집단을 넘어 더 큰 집단인 학교, 이웃 등과 정기적으로 관계를 유지하는 것으로 범위가 확대된다. 이 큰 또래집단에는 종종 남녀 구성원이 혼합되어 있으며, 이 집단과의 관계는 학생 전기와 후기 사이의 중반기에 나타난다. 이 큰 또래집단의 주된 기능은 남성과 여성의 상호 교류를 촉진하기 때문에 이성의 행동을 배운다거나 연습할 수 있다는 데 있다. 큰 또래집단은 다수의 소규모 또래집단으로 구성될 수 있으며, 좋아하는 활동 등 흥미의 공유에 따라 유지된다면 큰 또래집단은 구성원 외부에서 규칙이 정해진다. 학교는 큰 또래집단이 형성되는 하나의 장으로, 특히 우리나라와 같이 학생끼리 흥미를 나눌 시간과 장소가 부족한 상황에서 사회적 만남의 장소를 제공하는 매우 중요한 기능을 한다.

(2) 연애관계

학생 후기는 이성에 대한 관심이 커져 연애관계를 형성하는 시기로 점차 집단적인 행동보다 이성과의 일 대 일 관계를 더 추구하게 된다. 학생의 외모나 재능, 활동성이나 능력 등은 이성에게 관심과 인기를 불러일으키는데, 이러한 인기는 집단에서 지위와 안정감을 획득하는 데 작용하며 리더십과도 연관된다. 하지만 역설적으로 매력적인 외모가 인기를 모으는 동시에 항상 만족스러운 대인관계를 보장하지는 않으며 오히려 고립 상태에 처하게 할 수도 있다. 인기 있는 학생은 능력과 자신감이 있는 것으로 여겨져 종종 질투의 대상이 되며, 도움이 필요할 때 또래에게서 도움을 얻기 어려울 수 있다.

(3) 부모와의 관계

학생 후기에는 대인관계의 유형에 분명한 변화가 일어난다. 또래는 마음이 통하는 친구로서 충고자, 지원자, 피드백의 제공자, 정보의 제공자로서 중요한 역할을 하게 된다. 전통적인 모델에서는 학생들의 사회적 네트워크가 부모에게 의존하는 관계에서 또래에게 의존하는 관계로 직선적인 변화를 겪는 것으로 예측되었다. 하지만 부모와의 관계와 또래와의 관계는 반드시 서로 배치되는 것은 아니며, 두 집단이 영향을 미치는 영역은 각기 다르다. 지금 일어나는 일과 유행, 여가활동에 대해서는 또래의 영향이 커지지만 이행시기, 교육 등 미래에 대한 내용에 대해서는 부모의 영향이 크게 나타난다. 즉 학생은 대인관계나 자신에 관한 문제에 대해서는 부모와 친구 모두에게 상담하지만 인생의 주요 가치에 대해서는 부모의 의견을 받아들인다는 것이다. 우리나라 학생이 향후 진로 설정을 하게 된 계기를 조사한 연구를 보며 아버지와 어머니, 친구의 영향력이 큰 것으로 나타났으며, 특히 어머니는 진로 결정에 가장 큰 영향을 미치는 인물이었다(김혜래, 2007). 학생 후기에 가족과 접촉하는 시간이 줄어드는 것이 반드시 친밀도나 관계의 질적 저하를 의미하는 것은 아니다(콜맨·헨드리, 2006). 발달과제에 잘 대처하기 위해서는 양쪽 관계가 모두 중요하다.

(4) 학교체계와의 관계

학교는 대부분의 학생이 가장 많은 시간을 보내는 곳이다. 학교에서 학생은 공부라는 직접적인 과제를 수행하고 또래관계와 교사와의 관계를 통하여 자기 스스로의 능력과 가치를 확인하고 자기의 생각이나 행동방식의 타당성을 확인하며, 협동심을 비롯한 유익한 사회적 기술을 배운다. 그래서 학교는 가정 다음으로 학생의 발달에 중요한 역할을 하는 곳이다. 경우에 따라서 학교는 교정기능을 수행하기도 해서 가정에서 어려움을 겪는 학생이 학교생활을 통하여 인지적·정서적 욕구를 채워 문제를 극복하기도 한다. 그러므로 학생의 발달에 학교의 정상적인 운영이 차지하는 비중이 얼마나 높은지는 쉽게 상상할 수 있다.

그러나 오늘날 학교는 학생의 건강한 성장을 위한 건강한 풍토를 성공적으로 제공하고 있다고 보기 힘들다. 우선 학생이 공부에 투자하는 시간이 너무 많아 다른 영역에서 자신의 재능과 소질, 취미를 계발하기 어렵다. 만약 자신의 재능을 다양하게 계발할 수 있다면 자기에 대한 태도가 긍정적으로 변화할 뿐 아니라 스트레스 상황에서도 적응력이 향상될 수 있고 진로를 선택하는 데도 다양한 가능성을 고려해볼 수 있다. 그렇지 못한 현재의 상황에서 학생은 공부를 못할 때 자신을 긍정적으로 받아들이기 어렵고 좌절의 상황에서 보통의 자신을 유지하기 어렵다. 나는 학생의 부적응과 비행이 이러한 학교 풍토에도 어느 정도 기인한다고 생각한다.

학교에서의 또 다른 문제는 앞의 문제점과 관련되어 있다. 즉 학생이 정상적인 방법으로 자기를 표현하고 인정을 받을 수 있을 만큼의 다양한 개성이 존중되지 않는 풍토라 할 수 있다. 결과적으로 학생은 공부나 오락, 연예, 혹은 폭력과 마약 등 한정적이고 부정적인 방식으로 서로에게 자기를 과시하려고 한다. 이런 풍토에서 학생은 자기를 있는 그대로 표현하려고 노력하기보다는 이러한 몇 가지 항목 중 어느 한 가지를 택하여 인정을 받고 소외당하지 않으려고 애를 쓴다. 이것의 가장 큰 원인은 다름 아닌 학생의 개성과 가능성을 존중하기 어려운 학교의 여건이다.

(5) 학생과 교육환경체계와의 관계: 과도한 학업의 부담과 압력

학생기에 부여되는 주요한 과제는 학업수행이다. 학생기의 학업수행은 성인이 되어 사회에 기여할 수 있는 직업인으로 성장하기 위해 기초적 또는 전문적 지식을 습득하는 준비작업이다. 고도로 분업화되고 전문화되어가는 현대 사회는 과거에 비해 습득해야 할 지식의 내용과 분량이 엄청나게 늘어났다. 이러한 현실은 학생이 소화하고 배워야 할 지적인 부담이 증대됨을 의미한다.

한국의 학생은 누구나 학업과 관련된 심한 스트레스 속에서 산다고 해도 과언이 아니다. 부모, 교사, 학교를 포함한 사회 전체가 학생에게 학업의 부담과 압력을 주고 있다. 이러한 학업부담 때문에 학생은 누구나 동경하는 자유로운 여가나 취미활동, 다양한 과외활동을 유보하거나 포기해야 하는 상황에서 살아간다. 이러한 학업능력과 학업수행이 중요시되는 우리의 교육현실은 학생의 자기개념과 가치관을 왜곡시킬 수 있다. 학업성적에 따라 학생의 가치가 평가되는 현실 속에서 학생은 지적인 능력에 과도한 비중을 두는 자기개념을 형성할 수 있다. 따라서 많은 학생이 학업성적에 과도하게 매달리고 집착하게 된다. 이런 학생 중에는 학업성적이 저하되면 자신의 인간적 가치가 추락한 듯이 심한 불안과 좌절감에 빠지는 학생이 많다.

2. 학생기 발달과업과 부모나 교사의 역할
─ 긍정적 자아개념, 정체성 발달과 정서적 분리

1) 학생기의 발달과업

아동권리협약(1898)은 아동의 생존권, 보호받을 권리, 발달권, 참여권 등을 상세히 규정하고 있다. 이 중 발달권은 아동권리협약 제28조 제1항에 "당사국은 아동의 교육에 대한 권리를 인정하며, 점진적으로, 그리고 기회균등의 기초 위에서 이 권리를 달성하기 위해 특히 다음의 조치를 취해야 한다"라고 명시하고 있다. 그 이하에서 초등교육의 무상 의무교육, 중등교육의 장려, 고등교육의 개방, 교육과 직업에 대한 정보의 제공 등을 강조하고 있다(국가청소년위원회·한국청소년개발원, 2005: 10~11). 우리나라에서 새로 제정한 청소년헌장(1998)에도 청소년은 자기 삶의 주인으로서 권리를 보장받고, 동시에 공동체성원으로서 책임 있는 삶을 살아갈 수 있도록 가정, 학교, 사회, 국가가 여건과 환경을 조성해야 한다고 규정한다. 이와 같이 우리 사회는 학생이 건강한 사회 구성원으로 성장하고 발달할 수 있도록 학생의 권리와 욕구를 중심으로 개입하는 권리옹호와 강점관점을 중요시하여 학생 후기의 발달과업을 제대로 수행할 수 있는 사회적 환경과 여건을 마련해야 한다.

이와 같이 학생은 이전 단계의 경험을 통해 새로운 차원의 자아를 추구하고 행동규범과 가치관을 형성하며 발달한다. 학생이 건강하게 발달하기 위해서는 반드시 수행해야 할 행동 양식이 있다. 하비거스트는 청소년의 발달과업으로 다음의 아홉 가지를 제시했다(성민선 외, 2004: 101~102).

① 자신의 체격을 인정하고 성 역할을 수용한다.
② 동성이나 이성 친구와 새로운 관계를 형성한다.
③ 부모와 다른 성인에게서 정서적으로 독립한다.
④ 경제적 독립의 필요성을 느낀다.
⑤ 직업을 선택하고 준비한다.
⑥ 유능한 시민으로서 갖춰야 할 지적 기능과 개념을 획득한다.
⑦ 사회적으로 책임 있는 행동을 원하고 이를 실천한다.
⑧ 결혼과 가정생활을 준비한다.
⑨ 적절한 과학적 세계관에 맞춰 가치체계를 형성한다.

또한 말레코프도 청소년시기의 발달과업을 다음과 같이 요약했다(Malekoff, 2004: 6).

① 가족에게서 분리되기: 또래와 권위적 인물과의 관계를 시험·실험하며 결과적으로 부모를 비롯한 성인에게서 정서적 독립을 성취하기, 자율

적 기능을 증가시키며 또래와 친밀감을 확대해나갈 수 있는 능력을
향상시키기

② 건강한 성적 정체성 형성하기: 자신의 신체와 신체적 상황을 받아들이
고 효과적으로 사용하는 방법을 익히기, 남성 또는 여성의 사회적 역할
을 성취하기

③ 미래를 준비하기: 직업의 선택과 기술 개발하기, 결혼과 가정생활과
같은 관계 대비하기

④ 도덕적 가치체계 개발하기: 자기 행동의 지침이 될 가치와 윤리체계
계발하기, 사회적으로 책임 있는 행동 성취하기

그러나 이 가운데 학생의 연령범위를 벗어나는 대학생에 해당되는 부분이
포함되고, 학생 전기에 해당되는 부분이 제외되어 있다.

또한 에릭슨은 학생 전기에는 능력을 습득하는 과정을 통해 근면성과 열등
감 사이에서 자아개념을 형성하게 되고, 학생 후기에는 자아정체감 혼란과정
을 거치면서 자아정체감을 확립한다고 강조한다. 피아제의 이론적 틀을 발전
시킨 콜버그(L. Kohlberg)가 도덕성 발달단계를 3수준 6단계로 구분하여 제시하
고 있는 부분을 종합하여 학생의 발달과업을 제시하면 다음과 같이 정리할
수 있다.

① 가정이나 학교생활을 통해 긍정적 자아개념을 형성한다.
② 사회적 규범을 학습한다.
③ 지적 기능과 개념을 획득한다.
④ 자아정체감을 확립한다.
⑤ 건강한 성적 정체성을 획득한다.
⑥ 동성이나 이성 친구와 새로운 관계를 형성한다.

⑦ 미래를 계획하고 진로를 준비한다.

⑧ 부모와 다른 성인들에게서 정서적으로 독립한다.

⑨ 도덕적 가치체계를 개발한다.

2) 부모나 교사의 역할

학생의 건강한 발달을 위해 부모나 교사는 어떠한 역할을 해야 하는가? 물론 우선적으로는 부모 자신의 기본적인 욕구가 충족되어야 자녀의 욕구에 시의 적절하게 반응할 수 있다. 적어도 부모의 갑작스러운 질병, 사망, 장애, 실직 등의 경우에도 소득을 보장받을 수 있는 사회보장제도를 마련하고 이를 실시하면서 부모의 역할을 보충하고 지지하며 때로는 대리할 수 있는 국가와 지역사회의 역할이 전제되어야 한다. 특히 학생은 부모의 갑작스러운 실직과 같은 경제적 조건의 변화에 가장 취약한 연령집단이며, 학생의 부정적 경험은 정신 건강이나 행동상의 문제, 학업성취도에도 영향을 미칠 수 있으므로 이러한 사회보장 조건을 마련하는 일은 매우 중요하다.

경제적 급여 외에도 자녀양육에 대한 부모의 책임, 바람직한 부모 역할, 자녀와의 대화기술, 아동학대와 방임의 영향과 예방, 사춘기 학생의 정신건강 등에 관한 부모교육이 필요하며, 가정 도우미 파견, 장애아동을 위한 보육, 가족상담, 가족치료 등도 요구된다. 이러한 국가와 지역사회의 역할을 기반으로 부모는 비로소 자녀를 건강하게 양육할 수 있다. 그런데 자녀의 욕구는 연령에 따라 다르다. 따라서 부모나 교사는 다음과 같이 학생의 발달단계에 따른 욕구를 제대로 파악하여 학생 특성에 적합한 역할을 유연하게 수행할 수 있어야 한다(이혜원, 2006). 이와 동시에 부모는 원칙적으로 자녀가 느끼는 감정을 있는 그대로 공감·인정하고 경청하며, 자녀 스스로 문제를 해결하도록 이끌면서 행동에는 분명한 한계를 정해줘야 한다(가트먼·남은영, 2007). 학생의 발달단계는 앞서 제시한 기준에 따라 구분하고자 한다.

(1) 학생 전기

① 격려자의 역할

부모의 역할은 자녀가 성장하면서 보호자에서 격려자로 변화한다. 자녀가 학령기가 되면 자신의 역량과 독립심이 발달하고 부모를 따르는 것이 점차 줄어들며 또래와의 관계가 깊어진다. 특히 초등학교 3학년부터 중학교 3학년까지는 반사회적 행동이 증가하는 경향이 있다. 더구나 학교는 아동에게 보상의 장소이기도 하다. 이러한 상황에서 학생이 직면할 수 있는 무력감, 실패, 좌절, 또래에게서의 거부 등에 대처할 수 있는 방안을 학생의 권리와 욕구를 중심으로 개입하는 권리옹호와 강점관점에 입각해서 조언하고 체득할 수 있게 해야 한다. 따라서 격려자로서의 부모 역할이 중요하다. 이 시기에는 부모의 신체적 양육보다는 정서적 양육이 중요하다고 할 수 있다. 부모와 자녀 간의 상호작용이 점차 신체적 측면에서 정서적 측면으로 바뀌면서 학생은 또래와 교사 등 다른 사람과 접촉하거나 관계를 맺는 범위도 더 확장된다.

② 학습경험을 통한 근면성 발달의 조력자의 역할

이 시기의 지지와 인정은 학생에게 반사회적 행동을 수정하고 근면성을 형성할 수 있게 한다. 그러나 학생이 계속해서 실패하고 좌절하는데도 부모의 지지와 인정을 받지 못하게 되면 학생의 열등감은 계속 증가하게 된다. 따라서 부모는 자녀가 다양한 일을 경험해보고 성취감을 느낄 수 있도록 많은 기회를 제공해줘야 한다. 또한 학생을 지도하는 교사는 개별학생에 맞는 현실적 학습 목표를 설정하고 학생의 현재 수준보다 약간 높은 수준의 과제를 부과하여 근면성의 동기를 조장하며, 학생이 과제수행을 통하여 성공감을 경험하도록 지원을 아끼지 말아야 한다.

③ 긍정적 자아개념 형성의 조력자의 역할

학생 전기의 자아개념과 자아존중감 발달에는 교사나 친구, 부모에 의한 평가가 매우 중요한 역할을 한다. 이 시기에 학생은 소속감, 자아존중감, 자기유능감 등 자아개념을 형성하게 된다. 이때 형성되는 자아개념의 발달 정도는 부모의 양육태도와 부모-자녀관계의 질에 달려 있다. 따라서 부모는 격려와 지지를 통해 자녀에게 건강한 자아개념이 형성될 수 있도록 지원해야 한다. 그리고 부모는 학생의 자아존중감을 고양시키기 위해 학생에 대한 세심한 주의와 관심을 가지고, 사회적 기준을 제시하고, 분명한 행동의 한계를 설정하고, 지나친 처벌을 삼가고, 학교에서의 성공을 부당하게 요구하지 않으며, 학생의 의견을 존중하며, 자녀의 발달수준에 적합한 훈육 방법을 모색해야 한다.

④ 긍정적 모델링 제공자의 역할

자녀는 초등학교에 입학하면서 다양한 행동과 태도를 보인다. 부모의 가치관에 대해 질문하기 시작하고, 또래와 그들이 존경하는 다른 성인의 행동을 더욱 흉내 내고 싶어 한다. 이때 부모가 조화로운 부부관계나 성실한 삶의 자세 유지 등의 모습을 보여 긍정적인 모델링이 될 수 있도록 노력하는 것이 필요하다.

(2) 학생 후기

① 상담자 역할

부모는 학생이 자신에게 부과된 의무를 독립적으로 잘 수행할 수 있도록 상담해야 한다. 상담자로서 부모는 애정이 많고 자녀를 지지하며 이해해주는 분위기를 유지하여 자기 자신을 노출하고 자녀와 서로 공개적으로 감정에 반응할 수 있는 의사소통체계를 유지해야 한다. 그리고 강압적인 힘과 권위는 제한하며 자녀의 독립성과 자립성을 인정해야 한다. 따라서 자녀에게 잔소리하거나 비난하는 것은 비생산적인 행동이다. 이 시기에 부모는 자녀를 거칠게 다루거나 공격하는 극단적인 자세를 피해야 하며, 무엇보다도 지지, 따뜻함, 믿음, 공정함, 유머 감각을 지녀야 한다(남명자, 2004).

또한 학생은 또래 친구와 관계를 맺는 것을 즐기고 좋은 관계를 갈망하는 한편, 거의 공통적으로 고독을 경험하며 또래와 관계를 맺고 유지하는 데 두려움을 느끼기도 한다. 학생의 사회생활은 또래 친구가 중심을 차지하므로 또래집단에게 수용되는 것과 우정은 매우 중요하다. 학생의 사회적 관계에는 타인의 욕구를 인식하거나 타인의 언어적·비언어적 표현에 대해 해석할 수 있는 기술이 요구된다. 사회적 기술이 부족한 학생은 위축되어 타인에게 적극적으로 다가서지 못하거나 상대에게 너무 집착하고 상대를 속박하려는 경향을 보이기도 한다. 학생의 사회적 네트워크가 붕괴하면 정신건강, 사회적 행동, 학업성적에 부정적인 영향을 미칠 수 있다. 따라서 집단은 사회성 기술을 배울 수 있는 보호 요인으로 작용할 수 있기 때문에 학생의 대인관계에서 사회적 기술을 발달시키기 위해서 집단을 활용한 프로그램을 제공하는 것이 도움이 될 것이다.

② 자아정체감 형성의 조력자 역할

이 시기의 학생은 부모의 규칙에서 또래의 규칙으로 전환하고, 의존성에서 독립성으로 전환해 궁극적으로는 자아정체감을 형성한다. 또래 규칙은 대체로 성인의 규칙과 대립한다. 이러한 규칙의 전환은 부모와 갈등을 초래한다. 특히 사춘기 학생은 또래에게 인정과 존중을 받기 원하는 반면, 아직까지 부모에 대한 충성심도 동시에 지니고 있으므로 부모에게서 오해를 받거나 부모를 불행하게 하는 것도 원치 않는다. 이때 부모의 규칙과 또래의 규칙 사이에서 심각한 갈등이 생기면 사회적 히스테리를 겪기도 한다. 학생은 부모나 가족에게서 떨어지려는 자립 본능 때문에 가족을 밀어내지만, 그러면서도 자신들이 새로운 활동을 하고 관계를 맺도록 허락해주며 위안을 줄 부모를 여전히 찾는 이른바 '밀고 당기는' 특성을 보인다. 그러나 부모는 자녀의 '밀고 당기는' 행동을 수용하기 어렵고, 자녀는 도움을 받지 않고 부모와 또래의 기대 모두를 만족시키려 노력한다. 즉 부모의 입장에서는 지금까지 최선을 다해 양육한 자신의 노력은 간과한 채 오히려 무시하고 반항하는 자녀에게 분노하게 되고, 그대로 방임할 경우 초래될 학업 부진을 막기 위해 권위주의적이고 지시적이며 방어적으로 자녀의 생활 전반을 통제하게 된다. 이에 반해 학생 자녀의 입장에서는 자신이 이제 성인에 가까울 정도로 심신이 성숙해 상당한 과업을 독립적으로 할 수 있는데도 학생 전기 때처럼 계속 간섭하고 통제하려는 부모의 태도에 반항하고 불복종하게 되는 것이다(이소희 외, 2005). 따라서 부모는 학생 후기가 부모에게서 독립하려는 욕구를 강하게 느끼는 시기이며 자아정체감을 확립하는 그야말로 제2의 탄생이라는 홍역을 치르는 시기임을 이해하고, 애정을 품고 자녀의 독립성과 자율성을 격려해야 한다. 이를 위해 부모는 양육의 1차 목표를 자신에게서 자녀를 한 걸음씩 떨어져 나가게 하는 것으로 설정하고 때로는 격려자로, 때로는 상담자로 역할을 수행해야 한다. 이 시기에 가장 중요한 부모의 역할은 자녀가 스스로 선택한 결정이 실패해 부모에게 돌아왔을 때 위로해주고 다시 나아갈 수 있도록 격려해주는 것이다.

③ 성 정체감 형성의 조력자 역할

사춘기 학생은 급속하게 불균형적인 성장을 하기 때문에 대부분 서투르고 불안정한 특성을 나타낸다. 개인차와 성차를 보이는 성장 시기의 차이는 개인의 정서와 사회성 발달에 영향을 미친다. 남학생의 조숙은 만숙에 비해 자아존중감과 사회성 발달에 유리하게 작용하는 반면, 조숙한 여자들은 만숙아에 비해 불리하거나 영향력이 없다고도 한다(김애순, 2005). 월등히 조숙한 여자아이는 동성의 또래 사이에서 인기가 없으며, 우울증세가 높거나 섭식 문제를 보이기 쉽고 일탈 또래를 사귀기 쉽다는 연구가 있는가 하면, 오히려 자신감이 높다는 연구결과도 있다(콜맨·핸드리, 2006). 조숙과 만숙의 영향력은 또래, 가족과 같은 사회의 시각에 달려 있다. 그렇지 않아도 자신의 신체가 급격하게 변화하는 모습에 민감하고 당황하는 학생에게 주위의 반응은 '신체 이미지'를 형성하는 데 크게 영향을 미치므로 학생의 외모에 대한 지나친 언급과 걱정은 자제하도록 도울 필요가 있다.

이 시기의 성적 성숙은 성적 욕구의 발달을 동반하며, 죄의식과 충동 조절의 문제를 초래한다. 학생이 성에 대해 관심을 보이는 것은 성호르몬의 분비가 왕성해지는 학생 후기에 지극히 당연한 일이지만, 많은 학생은 자신들의 성적 욕구에 대해 불안감, 수치심, 죄책감 등 부정적인 정서를 가지고 있다(홍봉선·남미애, 2007). 또한 학생 후기에 성적 충동을 제대로 조절하지 못할 경우 성병 감염, 임신, 성폭행 등의 문제를 일으킬 수 있다.

이때 부모는 자녀에게 일어나는 신체적·정서적 변화와 또래집단의 압력, 무엇보다도 부모에게서 독립하려는 자녀의 마음을 이해하고 수용하며 격려해야 한다. 그리고 부모는 자녀의 인격은 물론, 자녀 스스로 내리는 결정도 존중해야 한다. 이 시기 부모의 지원이 많으면 많을수록 학생은 사회적으로 더 유능하게 성장할 수 있다.

④ 진로 탐색의 조력자 역할

의존적인 학생 전기에서 독립적인 성인기로 이행되는 중간 단계인 학생 후기의 주요 과업 중 하나가 사회적 역할 수행에 필요한 자립 능력의 준비이다. 학생 후기는 발달단계상 진로 발달에 중요한 시기이며, 진로 선택은 발달단계의 연속선상에서 이루어진다(문미란·정진선, 2005).

진로 발달 이론가인 슈퍼는 생애단계의 개념이 진로 발달의 개념에 영향을 준다고 보고, 각 개인이 연령 단계에서 이루어야 할 직업적 발달과업을 제시했다. 그는 진로 발달단계를 '성장기(growth stage, 14세까지)', '탐색기(exploration stage, 25세까지)', '확립기(establishment stage, 45세까지)', '유지기(maintenance stage, 56세까지)', '쇠퇴기 또는 은퇴기(disengagement stage)'로 구분했다. 슈퍼는 학생 후기인 15~24세에 해당하는 탐색기에 개인이 학교생활, 여가활동, 시간제 일을 통해 자아검증, 역할시행, 직업탐색을 행하고, 선호하는 진로에 대해 계획하며 그것을 어떻게 실행할 것인지를 고려하는 것, 즉 진로를 구체화하는 것이 이 시기의 과업이라고 했다(정윤경·김나라, 2005).

최근 직업세계와 노동시장이 급격히 변화되면서 직업선택에 대한 준비가 학생 후기의 매우 중요한 과제로 점차 대두하고 있다. 특히 고도화된 산업사회와 복잡한 사회구조 속에서 직업선택의 준비기는 길어져서 단계적이고 체계적인 지도가 필요하다. 진로 발달의 관점에서 볼 때 초등학교까지는 진로의 인식 단계, 중·고등학교는 진로의 탐색·선택·준비 단계, 대학교는 진로의 전문화 단계에 해당한다. 학생 후기인 중·고등학교 시기에 진로를 탐색·선택·준비한다는 것은 학생이 체험을 통해 다양한 직업세계를 살펴보고, 이에 대한 자신의 흥미와 적성 등 현실적합성을 검토해보며, 합리적 의사 결정을 통해 진로를 선택하여 더 구체적이고 일관되게 진로를 준비하는 과정을 의미한다.

개인의 정체감은 새로운 경험을 쌓을수록 발달하는데 분화와 통합의 과정을 거치면서 자아정체감이 형성되고, 이러한 자아정체감은 직업정체감의 중요한 기초 요인이 된다.

따라서 학생 후기의 진로지도는 첫째, 개인적·직업적 능력을 강화하는 방향으로 초점을 맞춰야 한다. 둘째, 학생의 진로 프로그램을 계획할 때 생태체계적 변인이 상호작용할 수 있도록 구성해야 한다는 점을 잊지 말아야 한다. 학생의 진로 발달에는 어느 한 체계의 영향이 아니라 학생을 둘러싸고 있는 가족, 또래, 학교체계 등 다양한 변인 간의 상호작용 등이 영향을 미치기 때문이다. 따라서 학생의 진로 성숙에 미치는 자아정체성의 영향은 매우 크므로 직업정체감을 자아정체감의 한 요소로 보고 자아정체감 향상 프로그램에 진로지도 요소를 포함하거나 진로지도 프로그램에 자아정체감 향상을 위한 시간을 넣는 것이 바람직하다. 그리고 학생의 진로 성숙에 부모의 영향이 다른 어떤 변인보다도 크므로 부모와 함께하는 진로 대안 탐색 프로그램이나 진로 대화 방법과 같은 프로그램을 개발할 필요가 있다(김혜래, 2007).

참고문헌

가트먼·남은영. 2007. 『내 아이를 위한 사랑의 기술: 감정코치』. 서울: 한국경제신문·
국가청소년위원회·한국청소년개발원. 2005. 「청소년 인권정책 기본방향연구」.
김애순. 2005. 『청소년 갈등과 자기이해』. 서울: 시그마프레스.
김혜래. 2007. 「중학생의 진로결정 실태와 진로성숙도의 생태체계적 변인에 관한 연구」.
    ≪학교사회복지≫, 제13호.
남명자. 2004. 『부모의 양육태도와 아동의 성격장애』. 서울: 학지사.
문미란·정진선. 2005. 「중학생 청소년들의 직업성숙도에 영향을 미치는 변인: 개인, 가정,
    학교 변인을 중심으로」, 제2회 한국청소년 패널 학술대회 자료집.
성민선 외. 2004. 『학교사회복지의 이론과 실제』. 서울: 학지사.
유안진. 1999. 『아동발달의 이해』. 서울: 문음사.
이소희 외. 2005. 『청소년복지론』. 파주: 나남.
이혜원. 2006. 『아동권리와 아동복지』. 서울: 집문당.
이혜원 외. 2008. 『청소년권리와 청소년복지』. 파주: 한울.
정윤경·김나라. 2005. 「중학생의 희망진로 변화의 특성 및 영향요인」. 제2회 한국청소년
    패널 학술대회 자료집.
콜맨·핸드리. 2006. 『청소년과 사회』. 강영배·김기현·이은주 옮김. 서울: 성안당.
홍봉선·남미애. 2007. 『청소년복지론』. 서울: 공동체.

Ellison, C. W. and Firestone, I. J.. 1974. "Development of international trust as a function of self-esteem, target status and target style." *Journal of personality and Social Psychology*, 29. pp. 655~663.

Marcia, J. E. 1966. "Development and validation of ego identity statuses." *Journal of personality and Social Psychology*, 3. pp. 551~558.

Malekoff, Andrew. 2004. *Groupwork with Adolscents: Principles and Practice*(2nd ed.). The Guilford Press.

3장

학생의 인권과 학교의 통제

배경내 인권교육센터 '들' 상임활동가

모든 사회적 약자·소수자는 미성숙의 이미지를 가지고 있다. 그들은 미성숙하다는 이유로 때로 각별한 관심과 보호를 받기도 하지만, 인권과 자기 결정의 주체로서는 대접받지 못한다. '유배지'에 갇힌 채 목소리를 잃어버린, 보이지 않는 존재로 살아가도록 요구되는 것이다. 대표적인 사회적 약자·소수자인 아동[1]에게 유배지는 바로 학교이다. 학교는 아직 시민으로서 자격을 갖추지 못한 아동을 훈련시키는 특별한 공간으로 간주되면서 교육이라는 이름으로 학생의 인권[2]을 침해하는 일이 자주 발생한다. 학교가 교육권 보장을 위해

---

[1] 이 글에서 아동이라 함은 18세 미만 어린이와 청소년을 일컫는다. 글의 맥락에 따라 어린이와 청소년 일반을 일컫는 말로는 아동을, 학교와의 관계를 중심으로 서술할 때는 학생이라는 개념을 사용하기로 한다.

[2] 학생의 '권리'가 아니라 '인권'이라는 말을 쓰는 이유는 이 글에서 논의하는 권리의 내용이 학생이라는 신분에 따라 발생하는 것이 아니라, 학생 이전에 사람이라면 보편

존재하는 공간이라면, 교육권의 핵심 내용 가운데 하나인 학생의 인권 역시 마땅히 보장해야 할 것이다.

다음 글에서는 근대 아동기(childhood)의 출현과 전환, 통제기관으로서 근대 학교의 역할을 살펴보면서 학생인권이 보장되는 학교로 재구성하기 위한 과제를 제안하기로 한다.

1. 근대 아동기의 출현과 아동관의 전환

유아의 행위—가족, 공동체, 사회의 구성원으로서의—에 대한 존중은 종종 간과되거나 연령과 미성숙을 이유로 하여 부적절한 것으로 거부된다. ⋯⋯ 그들은 그들의 가족 내에서 무기력하며 종종 사회 내에서 목소리를 내지 못하거나 보이지 않는다(유엔아동권리위원회, 2006: 132).

현재 사람들은 비교적 긴 기간을 노동력에서 벗어나 부분적으로 의존적인 아동기를 보낸다. 이런 긴 아동기는 교육체제에 상응하는 몇 개의 단위들로 구분된다. ⋯⋯ 인생을 여러 기간으로 나누는 이런 식의 사회적 분화의 큰 장점은 그것이 인간의 성취라는 측면에서 각 기간마다 특수한 관심과 적응노력을 쏟을 수 있도록 해준 것이라고들 말한다. 이것이 어느 정도까지 사실이라는 것은 의심의 여지가 없다. 그러나 이 장점에 상당히 큰 손실이 뒤따른다는 점에 주목하지 않으면 안 된다. 즉, 이제 한층 더 좁은 기간으로 한정되는 장년기의 남성을 제외한 모든 연령층의 사람들은 권력과 물질적 혜택에 온전히 참여할 수 없도록 배제되어버린 것이다. ⋯⋯ 우리는 이전의 역사적 체제들에

적으로 누릴 수 있어야 하는 기본적 권리임을 분명히 하기 위해서이다.

존재한 덜 복잡한 연령 계서제보다 훨씬 중대한 결과를 초래하게 될, 아주 경직된 곡선형의 연령 계서제를 세워놓은 것이다(월러스틴, 1993: 134~135).

대부분의 사회에서 아동은 각별한 관심과 보호의 대상이다. 문제는 이들에 대한 사회의 관심이 높다는 것이 곧 이들의 인권이 잘 보장되고 있음을 의미하지는 않는다는 데 있다. 인권의 주체가 된다는 것은 자신의 운명과 삶의 방식을 스스로 결정할 수 있는 자기결정권을 바탕으로 자유롭고 인간다운 삶을 향유할 수 있음을 의미한다. 하지만 대개의 사회에서 아동은 미성숙한 존재로서 '자비로운 성인'에 의해 보호받아야 할 대상으로만 간주될 뿐, 자신에게 영향을 미치는 모든 문제에 대해 의견을 표하고 결정할 수 있는 존엄한 인격체로서 간주되지 않는다. "그게 다 너희를 위해서야"라는 말로 이들의 존엄성과 삶의 주인이 되고자 하는 갈망은 쉽게 묵살되고 사랑이나 보호, 교육이라는 이름으로 일상화된 통제와 검열을 정당화하고 있다. 가족과 학교를 벗어난 아동의 존재는 낯설고 위험한 것으로 간주한다. 이들의 인권은 부모와 교사, 정부가 관리하는 전당포에 저당 잡힌 채, 성인기에 도달한 뒤에야 비로소 꺼내 쓸 수 있는 것으로 간주되고 있는 것이다.

근대 세계는 '자유롭게' 계약을 체결할 수 있는 (법률적으로) '평등한 개인'들로 이루어진 사회를 만들어내고자 했다. 그러나 그 개인에서 아동은 예외적 존재로 간주됐다. 이 같은 사회적 관계와 관념의 배경에는 아동의 특수성을 규정짓는 '역사적' 관점이 깔려 있다. 아동은 미성숙하고 상처받기 쉬우므로 외부 세계에서 격리된 채 누군가에 의한 '보호와 대리 결정'의 그늘 아래 '성장하고 훈육되어야 할 과도기적 존재'라는 관념이 바로 그것이다. 이 관점이 '역사적'인 이유는, 아동에게 고유하게 존재하는 아동다움과 독자적인 인생의 단계로서의 '아동기(childhood)'라는 관념이 근대세계의 등장과 더불어 비로소 형성되고 강고해진 사회적·역사적 구성물이기 때문이다.

아리에스(Philippe Aries, 1962)는 중세 사회에서는 아동기라는 관념이 존재하지 않았으며, 성인과 아동이 뚜렷하게 분화되지 않았음을 보여준다.[3] 그러나 근대 사회로의 전환은 일, 놀이, 복장, 교육 등 모든 영역에서 아동과 성인을 구별짓는 관념과 문화, 제도를 낳으면서 근대적 의미의 '아동기'를 출현시켰다. 아동은 순진무구(innocence)하다는 관념이 강조되는 것에 비례하여 아동을 외부 세계로부터 격리시켜 '보호'해야 한다는 인식도 함께 성장했다. 아동을 보호해야 한다는 인식은 곧 아동이 알아서는 안 되는 비밀의 세계가 확대되어야 한다는 인식을 낳았고, 이에 따라 아동은 지식과 권력을 형성하고 사회에 참여할 기회에서 체계적으로 배제되어 성인들이 허용한 지식과 공간 안에 머물러야 했다.[4] 그 대표적 기관이 학교였다. 학생이라는 어휘가 아동과 동의어가 된 것도 근대 이후의 일이었다.

이처럼 근대 자본주의 세계에서 아동은 과거 어느 시대보다도 가족과 사회의 특별한 관심과 주목을 받는 존재가 되었지만, 역설적이게도 특정한 제도적 공간 내로 유폐되면서 사회적으로는 가장 보이지 않는 존재가 되었다. 미성숙하다는 이유로 성숙의 기회를 차단당한 존재는 미성숙해지는 법이다. 자기결

---

3) 이는 그러한 관념을 뒷받침할 수 있는 기반과 사회적 제도들이 존재하지 않았기 때문이다. 자본주의 이전 시대의 아동의 생활세계는 성인의 생활세계로부터 분리되지 않았다. 그 시대에 가족은 생산과 소비, 생산과 재생산의 통합된 단위였기 때문에 아동은 어려서부터 성인세계에 진입하여 경제활동에 참여했으며, 가족 내 재생산활동에서도 중요한 역할을 담당했다. 한 세대에서 다음 세대로의 기술이나 가치, 예의범절의 전수 역시 아동이 성인들의 생활세계에 일상적으로 참여하면서 이루어지는 것이었다.
4) 근대 인권론의 등장에 결정적인 영향을 미친 존 로크에게도 아동은 이성을 가진 존재이기는 하나 그 이성을 발휘할 능력은 갖지 못한 미성숙한 존재로 간주됐다. 그는 아동은 결코 자유롭게 사회계약에 참여할 수 없으며, 일정 연령에 도달하기까지는 부모의 보호와 지배하에 있지 않으면 안 된다고 보았다. 아동과 부권(친권)과의 관계에 관한 자세한 논의는 로크(1996)의 제5장 「부권에 대하여」를 참조.

정의 기회, 공적 영역에 참여할 기회를 박탈당한 아동은 무지(ignorance)와 무권력(powerlessness)을 특징으로 하는 기나긴 아동기를 보내야 했다.

이와 같은 근대적 아동관은 20세기 전반까지 지배적 위치를 차지하다가,[5] 1960년대 이후 중대한 도전에 직면하면서 또 한 번의 전환을 경험하게 된다. '68혁명'은 전후 자본주의의 위선과 의회민주주의의 한계에 도전하면서 반전평화, 여성해방, 흑인해방, 학생 자치 등의 요구를 폭발적으로 분출시켰던 과정이었다. 특히 프랑스 5월 혁명을 비롯하여 1968년을 전후하여 세계 각국의 대학을 중심으로 일어났던 학생운동은 억압적인 학칙과 불평등한 교수 – 학생관계, 교육자의 위선, '승인받은' 지식의 일방적 주입 등에 맞서 새로운 학교질서와 교수 – 학생관계, 새로운 교육과정과 학생 자치를 요구했으며 직접 새로운 모델을 제안하기도 했다. 이러한 학생운동은 중등학교에까지 영향을 미쳐 중고등학생도 직접 자신들의 독자적인 조직을 창설하고 동맹휴업과 거리 행진을 주도하면서 학교에서의 민주주의의 확장을 통해 궁극적으로 전체 사회의 민주주의를 확장하는 것을 목표로 운동을 전개해나갔다.[6] 1971년 11월 영국에서 발간된 ≪어린이의 권리(Children's Rights)≫[7] 같은 잡지를 비롯하여 학생들의 요구를 지원하는 담론들도 대거 쏟아져 나왔다. 당시 중고등학

---

5) 최초의 국제적 아동인권선언이라고 일컬어지는 '아동의 권리에 관한 선언'(제네바선언, 1924년 국제연맹총회에서 채택)의 전반적 기조가 '아동은 특별한 보호와 우선적인 돌봄을 필요로 한다'는 아동관에 기초한다는 사실은 이를 잘 말해준다. 이러한 인식은 지금까지도 강력한 뿌리를 내리고 있다.

6) 영국의 '학생행동연합(Schools' Action Union)'과 '전국학생연합(National Union of School Students)'의 활동 내용과 이에 대한 학교 측의 탄압, 교사들의 입장 등에 관한 자세한 내용은 Wringe(1981: 5~9)를 참고할 것.

7) 이 잡지의 편집과 집필을 주도했던 사람들은 존 홀트(John Holt), 난 버거(Nan Berger), 레일러 버그(Leila Berg), 크리스 시얼리(Chris Searle) 등이었으며, 섬머힐의 설립자 닐(A. S. Neil)도 편집진으로 참여했다.

생들이 제기했던 주요 요구를 살펴보자.

(1) 공장법이나 아동보호법과 같은 법률은 우리를 착취로부터 보호해주기는 하지만, 우리의 지위를 향상시키는 데는 아무런 역할을 하지 않는다. 법률도 '어린이와 청소년은 부모 아니면 국가, 즉 누군가의 재산'이라는 관점에 기초해 있다.

(2) 학교에 가지 않을 권리: 의무교육은 어린이와 청소년의 자기결정권을 침해하는 것이며 학교생활은 수감생활과 다름없다.

(3) 교육에서의 민주주의에 대한 권리: 학교운영에 학생이 의사를 표현하거나 참여할 수 있는 통로를 보장해야 하며, 나아가 학교규율의 제정과 커리큘럼의 결정에까지 학생의 참여가 보장되어야 한다.

(4) 결사의 권리: 학생에게는 처벌에 대한 두려움 없이 자유롭게 조직을 결성하거나 조직에 가입하고 동맹휴업과 같은 정치 활동에 참여할 수 있는 권리가 있다.

(5) 적법절차에 대한 권리: 학교에서도 학생의 시민적 권리가 보장되어야 하며, 학생들이 두려움 없이 학교나 교사에 대한 불만을 제기할 수 있고 그러한 진정은 신중하게 다루어야 한다. 특히 교장이나 교사에게 부정할 수 없는 권위를 부여하는 '부모대위설(친권이양론)'[8]은 변화되지 않으면 안 된다.

(6) 용모를 통한 자기표현의 권리: 부모에게 교복 착용의 동의서를 받아내는 일은 '온화한 형식의 갈취'이며, 학생 자신이 서명한 것도 아니기 때문에 도덕적으로 정당화될 수 없는 일이다.

(7) 표현의 자유: 교지, 동아리, 학회 활동 등에 대한 자의적인 검열을 폐지하고 표현의 자유를 보장해야 하며, 기숙학교에서 이루어지고 있는 사적인 편지에 대한 검열도 폐지되어야 한다.

(8) 체벌의 폐지: 체벌은 어린이와 청소년의 존엄성을 침해하고 모욕하는 일이므로 폐지되어야 한다.

(9) 신앙활동의 자유: 어린이와 청소년 자신의 양심에 반하는 종교 교육이나 예배는 거부되어야 하며, 학교뿐 아니라 부모에 의한 특정 종교의 강요도 거부되어야 한다. 나아가 종교적·정치적 이데올로기의 주입으로부터도 자유로울 수 있어야 한다.

(10) 지식에 자유롭게 접근할 권리: 어린이와 청소년은 모든 지식과 비밀에 접근할 수 있어야 하며, 여기에는 성(性), 사회에서 폭력이 수행해온 역할, 술이나 담배 등에 관한 지식도 포함된다.

그 외에도 특정 연령 이상이 되면 성적 자유를 인권으로서 누릴 수 있어야 한다는 주장이 제기되었고, 그 외에도 실수할 수 있는 권리(the right to make his own mistakes), 선거권, 후견인의 선택권, 자신의 학습을 통제할 수 있는 권리 등이 제기되었다.[9]

---

8) '부모대위설(친권이양론)'은 아동의 인권을 부모가 양도할 수 있다는 전제에서부터 출발한다. 학생들의 재학(在學)과 동시에 학교는 학부모의 교육권과 통제권을 위임받음으로써, 학교의 교육활동에 어긋나는 학생의 행동을 광범위하게 통제할 수 있는 재량권을 부여받고 있다는 논리이다. 이처럼 부모대위설은 부모의 권리 대 학교의 권리라는 구도 속에서만 학생의 문제를 파악하고 아동 자신의 인권, 그들의 의견은 전혀 고려하지 않고 있기 때문에 인권의 원칙과 상충된다.

이 같은 주장은 오늘날까지도 여전히 논쟁의 대상이 되고 있지만, 아동을 바라보는 전통적 시각에 도전하여 중대한 전환을 이루어내는 데 공헌했다. 점차 아동을 바라보는 데서의 강조점이 '보호'에서 '자율성'으로, '보살핌'에서 '자기결정'으로, '복지'에서 '정의'로 전환되기 시작했다(Freeman, 1992: 3). 각국의 법률이나 판결에서도 새로운 접근이 눈에 띄게 나타난다. 소송법이나 친권법 등에서는 아동의 최상의 이익을 고려하는 것은 물론 그들의 의사를 중요하게 고려할 것을 규정하기 시작했다. 자녀는 부모의 친권에 일방적으로 복종해야 하는 것이 아니라 친권의 행사에 관해 협의할 수 있어야 하며, 국친(國親) 사상에 기반을 두어 '아동 보호'를 명목으로 자의적으로 남용되던 국가 형벌권 행사에 제동을 걸고 절차적 엄격성이 요구되기 시작했다. 선거 연령도 18세 이하로 내려가기 시작했다. 학교 안에서도 학생은 자기결정권과 프라이버시권, 자의적인 압수·수색에서 자유로울 수 있는 권리, 표현의 자유 등 헌법적 권리를 보장받아야 한다는 판결이 잇따랐고, 탈학교운동이나 대안교육운동, 교육과정 사회학의 등장 등을 통해 학교교육의 민주화와 인권 보장을 추구하는 흐름이 확산되기 시작했다.

이런 흐름들은 아동의 권리를 법적 구속력을 갖춘 국제조약으로 보장해야 한다는 주장에 힘을 불어넣었고, 그 결과 1989년 유엔 '아동의 권리에 관한 협약(the Convention on the Rights of the Child)'(이하 아동권리협약)이 역사적인 탄생을 하게 된다. 아동권리협약은 18세 미만의 모든 아동이 누려야 할 권리를 성문화한 것으로서 유엔이 채택한 여러 인권조약 가운데 가장 많은 비준국을 보유한 영향력 높은 국제조약이 되었다. 이 협약의 기본 정신은 분명하다.

---

9) 존 홀트(John Holt)는 아동에게 투표권, 노동권, 재산권, 여행권, 후견인 선택권, 안정된 수입을 받을 권리, 자신의 학습을 통제할 권리, 술·담배 복용과 운전의 권리 등이 보장되어야 한다고 주장했다(Holt, 1974).

아동도 나이에 관계없이 사람이라면 마땅히 누려야 할 보편적 인권의 주체라는 것, 아동기는 성인기를 준비하는 단계로서의 의미만 갖는 것이 아니라 그 자체로서 가치를 지닌 시기라는 것, 아동 자신의 '최상의 이익'을 최우선적으로 고려한 사회적 지원이 이루어져야 한다는 것, 마지막으로 아동에게 가장 좋은 것이 무엇인지를 판단할 때 아동 자신의 의견을 존중하지 않으면 안 된다는 것이 바로 그것이다. 이는 그동안 전개되던 아동 인권운동의 주요 유산을 반영하고 있는 것이다.

2. 통제기관으로서의 학교와 학생인권

1) 근대 학교의 등장과 통제 기능

중세의 학교와 근대의 콜레주 사이의 본질적 차이는 규율의 도입에 있다(Aries, 1962: 333).

형식상 대의제도를 통해서 …… 만인의 의사가 통치권의 기본 절차를 구성하는 것이라면, 그 기반에 있어 규율은 힘과 신체의 복종을 보장해주는 것이다. …… 인간의 자유를 발견한 '계몽주의 시대'는 또한 규율을 발명한 시대였다(푸코, 1995: 323).

근대 이전의 아동은 어린 나이에 성인사회로 들어가서 사회 속에서 어른과 함께 노동하며 학습했다. 그러나 근대사회에 들어와서 핵가족과 학교교육의 출현으로 근대적 아동기가 출현하게 되었고, 아동의 사회적 위치 또한 달라졌다. 특히 학교는 전체 아동의 아동기를 지배한다고 해도 과언이 아닐 만큼 아동기를 구조화하는 핵심적인 제도로서 자리 잡았다. 학교의 존재는 아동은 성인세계와 분리되어 특수한 공간 내에 가능한 한 비슷한 연령끼리 있지 않으면 안 된다는 관념, 그리고 아동은 미성숙하고 불완전한 존재이며 성인에 의해 교육받고 훈련되지 않으면 안 된다는 관념을 생산·강화하는 데 기여했다. 성인세계로 진입하기 위해 필요한 요건이 점점 더 확대되고 아동기가 연장됨에 따라 아동은 점점 더 성인세계에서 오랫동안 효과적으로 분리되어 능력을 과소평가받게 되었으며, 나이에 따른 엄격한 분리와 구별이 생겨남에 따라 더 현명한 아동으로부터는 더 이상 배울 수 없게 되었다. 그리하여 그렇게 흔했던 조숙함은 사라지고 아동의 성장은 오히려 지체되는 경향이 나타났으며, 점점 더 오랜 기간 경제적으로 부모나 다른 보호자에게 의존한 채 살아가지 않으면 안 되었다. 그에 따라 아동은 온전한 사회의 구성원으로 대접받지 못했으며 권력과 물질적 혜택에 온전히 참여할 수 없도록 배제되어버렸다. 이제 사회로부터 소외된 아동은 학교라는 공간 내에서 현재를 반납한 채 오직 미래만을 위해 '제도화된' 아동기를 보내야 한다.

애초 근대 학교는 아동에 대한 체계적인 교육을 통해 권위에 대한 순종과 기존 질서에 대한 충성을 담보해내기 위한 제도적 공간으로서 출현했다. 근대적 의무교육제도는 보통선거권과 더불어 교육권 보장을 요구했던 노동운동의 노력에 빚지고 있지만, 통제의 유용한 수단이자 훈련된 노동력과 병사 양성기관으로서 학교의 역할이 주목받으면서 비로소 제도화될 수 있었다.[10]

_____

10) 애덤 스미스(Adam Smith, 1723~1790)는 비단 '자본의 경제학'뿐만 아니라 '자본의 교육학'을 내놓은 대표적 인물이다. 『국부론(An Inquiry into the nature and causes of the Wealth of Nations)』(1776)에서 그는 대공업 시대의 교육문제를 예견하면서 사회적 통제의 수단으로서 교육의 유용성을 주장하고 있다. "국가는 그들(하층민-인용자)을 교육시킴으로써 적지 않은 이익을 얻고 있다. …… 교육받고 지식을 갖춘 사람들은 무지몽매한 사람들보다 항상 더욱 예절바르고 질서를 지킨다. …… 그들은

근대 이전에도 학교는 존재했지만 근대 학교의 특수성은 단지 교육을 위한 것일 뿐 아니라, 감시하고 위계질서를 세우고 상벌을 부과하는 하나의 규율기관으로서 기능한다는 점에 있다. 푸코가 지적하고 있듯이 규율은 경제적 측면에서는 신체의 힘을 증대시켜 능력의 최대화를 도모하는 한편, 정치적 측면에서는 신체의 힘을 축소시켜 순종을 담보해낸다.[11] '진보'에 대한 믿음, 그리고 인간은 단계적으로 형성된다는 믿음(발달단계론)을 기반으로 아동의 신체가 가장 효율적으로 기능하고 발달할 수 있도록 세심하게 계산하여 조립하는 일은 정확한 명령 체계를 필요로 하기 때문이다. 이를 위해 학교는 분할(아동의 학년별 세분화와 난이도에 따른 학습 내용의 차별화),[12] 위계질서적인 감시, 상벌제도, 숙제나 시험의 부과, 학생 각자의 서열화, 시간별 목표 설정과 단계 편성, 시험성적의 기록화 등 '통제와 조작을 위한 기술'을 발달시켰다. 특히 학교는 모든 단계와 모든 순간을 통제하는 상설적인 처벌제도를 통해 아동을 "비교하고 구분하고 서열화하고 동질화하고 배제하는 것, …… 요컨대 규격화"하며 (푸코, 1995: 274), 시험을 부과하고, 시험 결과와 평소 학습태도에 대한 감시 결과를 기록하여 학생을 기록망 속에 가두는 역할을 수행했다. 이와 같은 분할과 감시는 학교가 요구하는 태도와 성향을 철저히 내면화하도록 유도하

정부정책에 대해 방자하거나 불필요한 반항을 더 적게 하게 된다"(스미스, 1992: 278~279).

11) "규율은 복종되고 훈련된 신체, '순종하는 신체'를 만들어낸다. 규율은 (유용성이라는 경제적 관점에서 보았을 때) 신체의 힘을 증가시키고, (복종이라는 정치적 관계에서 보았을 때는) 동일한 그 힘을 감소시킨다. 간단히 말하면 규율은 신체와 힘을 분리시킨다. 그것은 한편으로 신체를 '소질', '능력'으로 만들고 그 힘을 증대시키려 하는 반면, 다른 한편으로는 '에너지'와 그것으로부터 생길 수 있는 '위력'을 역전시켜 그것들을 엄한 복종관계로 만든다"(푸코, 1995: 207).

12) 이렇게 연령에 따라 학급을 구분하는 관행이 증가하면서 아동기와 청소년기를 구분하는 관념도 동시에 성장했다. 19세기가 되면 이러한 구분은 눈에 띄게 분명해진다.

는 통제의 과정이다.

규격화에서 '공식적인 지식체계'의 확립은 필수적이다. 학교는 '교과서'라는 독점적인 지식의 분배체계를 통해 공인된 지식을 학생들에게 전수하며, 참고서나 시청각 교재 등과 같은 교육상품을 선정하고 분배하는 과정에서도 이데올로기나 경제적 이해관계에 따라 지식의 내용을 선별한다. '시험'이라는 서열화 기제는 이러한 공식적인 지식의 권위를 정규적으로 학생에게 각인시키는 중요한 장치가 된다. 이미 정해진 답을 기술하고 평가받는 과정은 학생이 지식과 의미의 창조자가 아니라 학교가 공인하여 분배해주는 지식의 수용자일 뿐이라는 사실을 은연중에 강조하게 된다. 학교는 학습자가 가지고 들어오는 언어와 문화에 맞게 교육하는 것이 아니라 학교가 이미 선별해둔 언어와 문화를 학습자들에게 부과한다.[13] 학교가 분배하는 지식에 의문을 품고 비판하는 행위는 곧 학교의 권위에 대한 도전이기 때문에 경계의 대상이 된다. 이렇게 학교는 '정당한' 것으로 — 우리 모두가 '배워야만 하는' 것으로 — 생각되는 지식을 보존·분배하면서 특정 집단이 가지고 있는 지식에 문화적 정당성을 부여하고 있다(애플, 1985: 92).

학교는 명시적 교육과정뿐만 아니라 잠재적 교육과정[14]을 통해서도 지식

---

13) 브라질의 교육학자 파울로 프레이리(Paulo Freire)는 교육자들이 공인된 언어가 아니라 학습자들이 교실에 가지고 들어오는 언어를 중심으로 사용해야 하며, 그러한 언어가 형성되어가는 구조적 상황을 이해할 때만이 자유의 실천으로서의 교육과 교육적 대화가 가능하다고 주장한다(프레이리, 1995).

14) 잠재적 교육과정(hidden curriculum)이란 학교에서 계획적으로 의도한 것은 아니지만, 학교의 물리적 조건이나 제도, 행정조직, 학교 내 위계질서, 학교규율, 교사의 태도나 언어 등을 통하여 학교생활을 하는 동안 학생들이 은연중에 갖게 되는 교육적 경험을 의미한다. 학교가 제시하는 교과목과 같은 표면적·공식적 교육과정과는 달리 잠재적 교육과정은 학교의 문화적 풍토 속에서 은연중에 학생들에게 내면화되는데, 표면적 교육과정보다 더 강력한 영향력을 행사한다. 자세한 논의는 김종서(1987)를 참고.

과 의미를 통제하며, 그를 통해 학생에게 기존 체제와 불평등한 질서에 대한 복종의 태도와 성향을 형성한다. 학교의 일상적인 규칙이나 교사의 언어와 태도, 학교의 공간적 배치나 위계질서 등을 통해 학교는 복종이나 인내, 시간 엄수와 근면 등의 규범 또는 성향을 길러낸다. 학교 내 구성원 사이의 엄격한 위계질서는 복종의 태도와 침묵의 문화를 양산하고 유지시키는 핵심적인 요소이다. 학생은 학교생활에서 느끼는 불편함이나 교실수업에서 느끼는 의문들을 공개적으로 제기할 수 없으며 다만 주어진 환경에 적응할 것을 요구받는다. 이처럼 학교에서 강조되는 것은 학교가 요구하는 특정한 태도나 가치에 대한 복종이다. 결국 학교는 제재와 처벌의 장치의 힘을 빌려 학생의 신체와 정신을 통제하며, 이를 통해 장차 그들이 구성원이 될 사회의 미래까지 통제하는 셈이다.

2) 학생인권의 구체적 현실

······ 5개월간의 고등학교 생활은 제가 죄수처럼, 개돼지처럼 나의 의사와 무관하게 규제되는 생활로 점철되었습니다. 제가 처음으로 제 의지가 묵살되었던 것은 보충수업과 자율학습 신청서를 제출하면서였습니다. ······ 선생님은 위압적으로 "학교에서 하는 일이니까 잔말 말고 시키는 대로만 해라. 보충수업 받기 싫은 사람은 자퇴서를 쓰고 학교를 떠나라"라고 하셨습니다. ······ 저는 단지 상식에 따라 준수되어야 할 합리적인 학교운영이 더 이상 학교운영권자의 자의적이고 전제적인 독단에 의하여 좌우되지 않도록 해달라는 것입니다.[15]

---

15) 1995년 강원도 춘천고등학교 1학년 최우주 학생이 학교의 부조리한 억압에 대해 헌법소원을 제기하겠다며 교육당국에 건넨 민원의 일부. 당시 최우주 학생의 문제제기는 많은 이의 공감과 주목을 받으면서 청소년인권운동의 불을 지피는 직접적 계기가 된 바 있다. 최우주 사건에 대한 자세한 해석은 유윤종(2006. 5. 3)을 참고할 것.

1995년 최우주 학생이 지적한 학교의 현실은 학생인권에 대한 사회적 관심을 환기하는 데 크게 기여했고, 이후 학생인권 모임이 차례로 등장하는 계기가 됐다. 그러나 10년이 훌쩍 지난 지금까지도 한국 학교에는 '입시에서의 성공을 위해 모든 것은 희생되어도 좋다'는 식의 입시문화, 그리고 '순종 천국, 반항 지옥'의 권위주의적 통제질서가 굳건히 자리 잡고 있다. 서구 사회가 20세기 후반부터 교육에서도 민주주의와 인권을 보장하기 위한 본격적인 걸음에 나선 반면, 한국의 학교는 여전히 첫 걸음조차 제대로 떼지 못하고 있는 것이다.[16]

아동권리협약의 이행을 감시·촉진하기 위해 설립된 유엔아동권리위원회가 한국 정부에 지적한 내용 역시 학생인권의 현재를 잘 보여주고 있다. 유엔아동권리위원회는 1996년과 2003년 두 차례에 걸쳐 최종 권고를 발표했는데, 그 가운데 학생인권 관련 내용으로는 ① 교사, 법집행 공무원 등 어린이·청소년 가까이에서 일하는 전문가 집단에 대한 협약 내용의 교육이 제대로 이루어지지 않고 있는 점, ② 한국 교육의 경쟁적인 풍토가 어린이·청소년의 잠재된 능력을 개발하고 자유로운 사회에서 책임 있는 생활을 영위할 준비를 하는 과정을 가로막을 위험이 있는 점, ③ 학교생활에서 어린이·청소년의 참여를 증진시키고 기본적 자유를 더욱 효과적으로 누릴 수 있도록 하려는 노력이 부족하고 법률에 근거하지 않은 자의적인 기본권 제한이 이루어지고 있는 점, ④ 학생회와 교외 정치활동을 통제하는 교칙으로 인해 학생의 표현·결사의 자유가 제한되고 있는 점, ⑤ 학교에서 체벌이 공식적으로 허용되고 있으며 체벌 금지를 위한 관련 법률과 규칙을 개정하라는 국가인권위원회의 권고가 수용되지 않고 있는 점, ⑥ 대한민국의 높은 경제수준에도 불구하고 초등교육

---

16) 학교 내에서 인권침해가 이루어지는 과정과 그것이 낳는 결과에 대한 자세한 논의는 배경내(2000)를 참고할 것.

만이 무상이고 취학 전 교육과 중등교육의 무상화가 이루어지지 않고 있다는 점 등이 있다.[17]

(1) '학생다움'의 폭력

학교는 학생다움을 명분으로 두발, 속옷, 신발, 가방 등 학생 외모에 대한 각종 규제조치를 두고 있다.[18] 그러나 정작 학생다운 용모라는 것이 과연 무엇이고 인권을 제한할 만한 근거가 되기에 충분한가에 대한 사회적 성찰은 부족하다. 무리한 표준이 자유로움과 창조성의 싹을 잘라낸다는 사실도 잊혀가고 있다.

대표적으로 두발제한규정을 살펴보자. 학생의 머리 모양이나 길이, 색깔 등을 제한하는 두발규정은 학생이 자기만의 생활양식을 가꾸어나갈 권리와 자기를 표현할 권리를 심각하게 제한한다. 규정을 어겼는지 여부를 확인하기 위해 머리에 손을 대고 규정을 어겼을 경우 강제로 머리를 깎거나 체벌을 가하는 등의 행위는 학생의 신체의 자유를 건드리는 일이 된다. 이처럼 학생의 존엄을 위협하는 심각한 권리 제한 조치가 정당화되기 위해서는 목적과 수단의 정당성과 불가피성이 입증되어야 할 것이다. 그러나 학생다움이란 기준은 학교 — 주로 교장이나 학생부의 관점에 따라 — 가 정한 일방적 잣대에 지나지 않는다. 학교마다 두발규정에 차이가 있는 것만 보아도 학생다움이란 기준이 얼마나 모호한지를 방증한다.

학생다운 용모를 둘러싸고 대다수 학교가 엄청난 갈등에 휩싸이자 교육부에서는 학교 단위에서 학생, 교사, 학부모 3자의 의견을 물어 자발적으로 용의

---

17) 유엔아동권리위원회의 한국 정부에 대한 1차 권고는 어린이·청소년권리연대회의 (1997)에 전문이 수록되어 있으며, 2차 권고는 인권운동사랑방 홈페이지 자료실에 전문이 공개되어 있다.

18) 용의복장규정의 구체적 내용은 인권운동사랑방(2001. 10)을 참고하면 된다.

복장규정을 정하도록 한다는 지침을 내놓았다. 사뭇 민주적인 방안으로 보이지만 이 지침은 목적과 수단의 정당성이 입증되지 않은 상태에서 학생의 존엄을 다수결에 따라 제한할 수 있도록 하면서 더 큰 문제점을 야기하고 있다.

(2) 가로막힌 의사표현과 학생 참여

학교 안 민주주의가 얼마나 실현되고 있는지를 진단할 수 있는 리트머스 시험지는 바로 학생이 얼마나 자유롭게 자신의 의견을 표현할 수 있는가, 그리고 학생자치활동이 얼마나 활성화되어 있는가라고 볼 수 있다. 대대수 학교는 아직도 상명하달식의 수직적이고 비민주적인 의사결정구조를 가지고 있으며, 마치 '동맥경화증'에 걸린 듯 학생의 의견을 아래로부터 수렴하는 구조는 작동하지 않는다.

일상적으로 이루어지는 검열과 자발적 동의에 기반을 두지 않는 강제, 이를 가능케 하는 처벌의 위협은 학생의 자유로운 의사 표현을 가로막는 요인이 되고 있다. 형식적으로 일괄 동의서를 받아내 강제 보충수업과 야간학습을 강요하는 일, 학생이 자발적으로 시작한 서명용지나 전단지를 빼앗고 징계 위협을 가하는 일, 학생들의 불만사항을 다룬 학교 신문이나 잡지 내용을 삭제하거나 배포 중단시키는 일, 버튼을 달거나 학내 집회를 열어 여럿이 함께 공동의 요구를 전달하는 행위를 처벌하는 일 등은 학교의 흔한 풍경이다.[19]

---

19) 미국에서는 이미 1969년에 'Tinker v. Des Moines Independent Community School District' 사건을 통해 학교 안에서도 학생의 표현의 자유가 보장되어야 한다는 법리가 확립된 바 있다. 팅커를 포함한 3명의 학생이 베트남전 참전에 반대하는 의미로 검은색 완장을 차고 학교에 등교했다가 정학처분을 받은 사건이었다. 이에 대해 연방대법원은 "학생의 표현의 자유에 관한 권리가 학교운영에 실질적이고 구체적인 방해를 하지 않고 다른 사람의 권리를 침해하지 않는 한 보장되어야" 하며, 완장을 찬 상징적인 행위가 "학교 내에서 어떤 위험이나 격렬한 행동을 야기하지는 않으며, 소요에 관한 확실하지 않은 두려움 또는 우려로 표현의 자유를 제한해서는 안 된다"라고 판시했다.

학생자치기구 역시 뇌사 상태에 빠져 있다. 학급회의는 오래전부터 유명무실해진 채 자율학습시간으로 전용되고 있고, 학생회 역시 학교의 주요 행사, 교칙, 학교운영 등 주요 결정과정으로부터 배제되고 있다. 특히 대다수 학교가 마련해두고 있는 학생회칙은 학생회의 숨통을 조이는 역할을 하기에 충분하다. 학생회가 제대로 역할을 할 수 있으려면 자유롭게 모여 안건을 올리고 민주적 토론을 거쳐 결정된 내용은 집행할 수 있는 권한이 있어야 하고, 학교 운영위원회와 같은 공식자리에 참석해 학생의 의사를 전달할 수 있어야 한다. 자치활동을 위해 필요한 시간과 공간, 물품, 예산 등을 지원받아야 하는 것도 당연하다. 그러나 품행단정, 성적 제한, 교사 추천 등 학생대표의 출마 자격에 서부터 제동이 걸린다. 학생회가 구성되어도 대의원회의 소집에서부터 안건 제출, 결정사항 집행 등 모든 단계에서 학교의 사전 승인을 받아야 한다. 학교의 눈치를 보느라 알아서 행동반경을 좁히고 학생회 활동을 입시 경력 쌓기 정도로 생각하는 학생회도 많다. 그러다 보니 학생회가 학생자치기구라기보다는 학교의 심부름꾼이나 중간 관리자 역할을 떠맡고 있는 경우가 허다하다.

이렇듯 학교가 학생들의 입에 재갈을 물리고 참여까지 배제한 탓에 많은 학생들이 알아서 입조심하는 문화에 익숙해져 있고 참여에는 아예 관심조차 없다. 뭔가 불만이 있더라도 '뒷담화를 까는' 정도에 그칠 뿐, 공식적인 자리에 서 자신의 생각을 공개적으로 밝히는 용기 있는 학생은 찾아보기 힘들다.

학생 출판물에 대해 학교당국이 배포를 금지시키거나 삭제를 요구한 조치가 합헌인가의 여부가 쟁점이 된 소송도 여러 건 있다. 재판부의 의견은 두 가지로 갈린다. 학생의 출판물에 대한 어떠한 사전승인도 위헌이라는 입장은 출판물의 내용이 외설적이거나 큰 혼란을 야기할 경우에만 사후적으로 간섭할 수 있는 권한이 있다고 본다. 다른 하나는 입증할 만한 근거가 있다면 사전에 학교가 간섭할 권한이 있다는 입장인데, 이때에도 그 과정이 적법한 절차에 따라야 하며 금지와 허용의 한계규정이 모호할 경우에는 출판의 자유에 대한 침해를 최소화할 것을 요구했다.

학생회에 대한 불신과 졸업할 때까지 참고 견디는 수밖에 없다는 식의 체념이 팽배해 있다. 그렇게 학생들은 침묵의 문화, 체념의 문화에 길들여진다. 학교생활에서 자유로운 의사 판단과 소통 능력, 민주주의를 학습할 수 없는 이유이다. 그렇다 보니 학생에게는 자율이 소용없다는 편견이 굳어지고 미성숙한 학생을 대신하여 교사나 학교당국이 '대리 결정'하는 것이 당연시되는 악순환이 반복된다.

(3) 정당성 없는 징계(선도)

학교는 다수가 일정한 목표를 위해 공동으로 생활하는 곳인 만큼 일정한 규칙이 필요한 것은 사실이다. 그런데 그 규칙이 자발적으로 준수되기 위해서는 두 가지 조건이 필요하다. 하나는 그 규칙의 내용이 학생의 존엄을 과도하게 제한하지 않는 정당한 것이어야 하고, 또 다른 하나는 규칙을 정하고 집행하는 절차가 정당해야 한다는 것이다. 그러나 대다수 학교가 마련해놓은 징계(선도)규정은 두 가지 요건 중 하나도 충족시키지 못하는 경우가 많다.

대다수 학생은 입학하는 학교에 어떤 규칙이 있는지 모른 채 학교생활을 시작하고, 교칙 개정에 참여하는 경험을 한 번도 하지 못한 채 졸업한다. 학생의 의사를 물어보지도 않은 채 일단 정해진 규칙이니 따를 것을 강요하고 지키지 않으면 처벌을 내리는 것이다.

징계 사유 자체가 인권기준에 비춰볼 때 말이 되지 않는 경우도 허다하다. 대다수 학교에서 유사한 징계규정을 두고 있는데, 매우 불합리하고 모호한 기준을 제시하고 있을 뿐만 아니라 정당한 권리 행사까지 처벌 대상으로 삼고 있음을 알 수 있다. 불량서클의 기준, 사회 윤리에 어긋난 이성교제의 의미, 교직원의 정당한 지도의 범위, 학교의 명예 등에 대해서는 자의적 잣대의 적용이 열려 있어 자칫 학생에게 불리하게 작용할 수 있다. 상대적 약자인 학생이 집단적으로 의사를 표현하는 일, 정치에 대한 의견을 표현하는 일, 교외

학교가 제시하는 징계 사유들

- 불량 서클에 가입한 자
- 무단가출한 자
- 음주 또는 약물을 복용하여 물의를 일으킨 자
- 집단행동을 선동했거나 모의에 가담한 자
- 인터넷상에서 상대 비방, 명예훼손, 거짓 정보 또는 과장된 정보를 제공하는 행위를 한 자
- 교직원의 정당한 지도에 반항하거나 불손한 언행을 한 자
- 이성교제가 청소년 사회 윤리에 어긋난 자
- 무허가 집회를 주도하여 물의를 일으킨 자
- 학교장의 허락 없이 정당이나 정치관련 단체에 가입한 자
- 교내에서 정치 선동을 한 자
- 사회적으로 물의를 일으켜 학교의 명예를 심히 손상시킨 자

활동에 참여하는 일 등은 징계의 사유로 애초 규정할 수도 없는 일이다. 약물 복용에 대해서는 치료와 교육적 지도가, 가출에 대해서는 학생의 가정환경에 대한 보살핌과 지원이 이루어져야 할 대상이지 처벌의 대상이 될 이유가 없다.

이런 모호한 조항은 학교에 비판적 의견을 표현하거나 인권 보장을 요구한 학생에 대한 보복수단으로 악용되기도 한다. 2004년 부산해사고등학교의 한 학생은 두발 자유를 촉구하는 전단을 돌렸다는 이유로 퇴학을 당했고, 같은 해 서울 대광고등학교의 강의석 학생은 학교에서 종교예배를 강요하는 일을 중단하라고 교육청 앞 1인 시위를 했다는 이유로 퇴학을 당한 바 있다. 학생 선동, 학교 질서 문란, 학교 명예 실추, 학교 허락을 받지 않은 사실 유포 등이 징계의 이유였다. 징계규정을 자의적으로 악용해 학생의 인권은 물론 학습권까지 박탈한 사례들이다.

규칙을 집행하는 과정도 문제이다. 교사마다 다른 기준을 들이대거나 규칙에도 없는 이유를 들어 처벌을 가하는 일도 있다. 징계절차에서 학생이 변론권과 재심요구권이 제대로 보장받지 못하는 경우도 많다. 현재 초·중등교육법 18조 2항에서는 징계 시 "해당 학생 또는 학부모에게 의견 진술의 기회를 부여하는 등 적정한 절차를 거쳐야 한다"라고 규정하고만 있어 학생의 변론권 보장이 매우 미흡하다. 그러나 이마저도 학교 현장에서도 제대로 지켜지지 않는다. 학생의 의견 진술은 학생부실에서 강제로 작성을 강요받는 진술서와 반성문으로 대체되는 경우가 많다. 징계(선도)위원회를 개최할 때 미성년자라는 이유로 학생의 참여를 보장하지 않는 것은 물론이고, 학부모가 참석하기 힘들 경우 대리인을 지정해 변론할 수 있는 기회마저 보장하지 않기도 한다. 재심에 대한 요구는 학교의 권위에 대한 도전으로 읽혀 더 무거운 징계를 부르는 요인이 되기도 하고 재심 기회를 부여할지 여부도 학교장의 결정에 달려 있다.

더 일상적으로 이루어지는 징계는 체벌이다. 현재 초·중등교육법 시행령에서는 '교육적 체벌'을 허용하고 있다. 그로 인해 주로 잘못에 비해 과잉 체벌은 아니었는지, 교사의 감정이 개입되지는 않았는지, 어떤 도구를 사용했는지 등을 따져 그 체벌이 허용될 만한 체벌인지 여부를 판단한다. 그런데 이런 식의 구분은 체벌의 본질을 가리는 효과를 낳는다. 그러나 유엔아동권리위원회는 체벌의 금지를 명시적으로 요구하고 있다. 2006년 대구에서 일어난 '체벌 200대 사건'처럼 도가 지나치거나 손찌검이나 발길질을 했기 때문에만 체벌을 문제 삼아서는 안 된다. 단 한 대로도 학생의 존엄성은 침해될 수 있다. 게다가 아무리 소수의 교사만이 부당하고 심한 체벌을 한다고 해도 단 한 사람의 피해자도 없게 하려면 체벌을 교사의 인격에만 맡겨두지 말고 엄격한 금지법을 도입해야 한다. 모든 남편이 폭력을 행사하기 때문에 가정폭력특별법이 마련된 게 아니고 모든 보호자가 아동을 학대하기 때문에 아동학대를 금지하는 아동복지법이 마련된 게 아니며 모든 경찰·검찰이 피의자를 고문하기 때문에 고문을 금지한 형법조항이 마련된 게 아닌 것과 같은 이치이다. 사실 체벌의 가장 나쁜 영향은 폭력에 관용적인 태도를 양산한다는 데 있다. 경우에 따라 폭력이 정당할 수 있다는 생각이 만연해 있는 한, 학교폭력(학생 간 폭력)을 포함한 다른 형태의 폭력도 뿌리 뽑기 힘들다.

(4) 가중한 학습 부담과 건강권 침해

현재 학교는 입시에서의 성공만을 위해 달리는 폭주기관차와 마찬가지로 학생을 과도한 경쟁으로 몰아넣고 입시 관련 지식만을 편파적으로 가르치고 있다. 0교시, -1교시와 같은 변칙 수업에서부터 각종 경시대회 참가를 종용하고 가혹한 '입시 규율'에 순응하지 않거나 못하는 학생들을 벌주고 차별하고 낙오자라는 딱지까지 붙인다. 학생을 문제 푸는 기계, 입시 기계 정도로밖에 생각하지 않는 학교에서 학생이 배움의 내용과 형식 등을 결정하는 과정에 참여할 수 있게끔 보장할 리가 없다. 최근 지방자치단체가 너도나도 설립하고 있는 공립형 인재 기숙학원, 우후죽순 생겨나고 있는 우열반과 성적 우수자만 출입하는 면학실, 국제중학교, 고교선택제, 전국 일제고사 등으로 살벌해지는 교육전쟁은 학생을 한낱 상품으로 만들어버린다. 스트레스, 우울증, 정서장애 등 학생의 정신질환 발생률이 급증하고 자살률 또한 급증하고 있는 현실은 이와 같은 교육의 폭력성과 무관하지 않다.

그러면서도 학교에서는 금연지도나 비만치료 등 학생 건강을 위한다는 목적으로 학생의 의사를 무시한 강제가 함부로 등장한다. 흡연을 하다 걸린 학생에게 금연침을 강제로 놓는다든지, 학생에게 비만이라는 딱지를 함부로 붙여 강제로 운동을 시키는 등의 행위는 보살핌을 가장한 폭력이다. 아무리 좋은 동기에서 출발한 것이라고 해도 당사자의 의사는 최우선적으로 존중되어야 한다. 무엇보다 학교가 학생의 건강을 위한다면 가장 먼저 학습 부담부터 낮추어야 하고 학습시간을 제한해야 할 것이다.

(5) 학교 안 소수자에 대한 차별

학생인권 중에서도 학교 안 소수자가 겪고 있는 차별 문제는 제대로 주목받지 못하고 있다. 학교는 성별, 장애, 성 정체성, 종교, 출신국가, 가족형태 등에 따른 소수자들이 학생 가운데 함께 존재하고 있다는 점에 제대로 주목하지 않는다. 학생들이 가진 차이를 고려하지 않은 학교의 정책, 특정 정체성을 용납할 수 있는 것인 양 취급하는 차별적인 태도 등은 학교생활을 감당하기 힘든 것으로 만들 수 있다.

성폭력이나 성차별적 교육과정에 노출되고 사회가 정한 여성다움을 강요받은 여학생,[20] 장애 유형에 맞는 다양한 교육지원은커녕 방치되고 운동회나 수련회 등 교실 밖 활동에서 아예 제외되기도 하는 장애학생, 단일민족의 신화를 되풀이하여 소외를 경험하는 이주민의 자녀, '부모와 자녀'로 이루어진 가족형태만이 정상적이라는 관념에 기반을 둔 교육과 가치관 때문에 움츠러들게 되는 한 부모 가정이나 시설생활 학생, 이성애만이 정상이라는 관념 때문에 자기의 성 정체성을 탐색하거나 떳떳하게 밝힐 수도 없는 10대 성소수자 등의 존재는 학생인권에서 함께 이야기되어야 한다.[21]

---

20) 켈리(Kelly, 1985)는 중등학교에서 가르쳐지고 있는 과학교과가 어떠한 구조와 형식을 통해서 성차별주의에 기초한 문화를 재생산하고 있는가를 밝히고 있다. 이 논문에서 켈리는 과학교과 영역에서 남성의 수적 지배가 두드러진다는 것, 과학교과가 구성되고 제시되는 일련의 과정 또한 남성 중심적으로 혹은 남성에게 유리하게 짜여 있다는 것, 학교에서 이루어지는 다양한 관계의 상호작용이 학교 밖에서의 삶의 구조에서 습득된 성역할 분리 관념과 성차별주의에 의해 영향받아 여성에게 억압적으로 이루어지고 있다는 것, 과학 자체가 남성적 세계관을 반영하고 있다는 것을 근거로 제시하면서 학교교육이 성적 불평등 재생산에 기여하고 있음을 밝히고 있다.
21) 학교 안 소수자들이 경험하는 구체적 차별 사례는 성공회대인권평화센터(2007)를

누구나 존재 그대로를 존중받을 권리가 있다. 학교가 '정상'으로 생각하는 삶에서 벗어난 삶을 살아가는 학생은 보살핌을 받아야 할 학교에서부터 존재 자체를 부정당하고 외려 차별, 배제, 폭력의 피해자가 될 수 있음에 유의해야 한다.

3. 학생인권 보장을 위한 학교의 재구성 원칙

당사국은 학교 규율이 어린이·청소년의 인간적 존엄성과 합치하고 이 협약에 부합하도록 운영되는 것을 보장하기 위한 모든 적절한 조치를 취해야 한다 (유엔아동권리협약 제28조 제2항).

교육권(the right to education)이 학교에 취학하기만 하면 성취되는 것이라는 생각은 가장 일반적이면서 강고한 오해이다. 교육권은 결코 학교교육에 대한 권리로 제한되지 않는다. '어떤 교육인가'라는 질문을 놓쳐서는 안 되는데 세계인권선언이나 아동권리협약 등이 교육의 목표 조항을 함께 두고 있는 이유도 여기에 있다.[22] 교육목표와 함께 가장 핵심적인 교육권의 내용은 '배울

참고할 것. 이 지침서는 국가인권위원회의 용역을 받아 인권운동사랑방, 인권연구소 '창', 성공회대인권평화센터가 공동으로 연구·개발한 것이다.

22) 세계인권선언 제26조 제2항. 교육은 인격의 완전한 발전과 인권 및 기본적 자유에 대한 존중의 강화를 목표로 해야 한다. 아동권리협약 제29조 제1항. 당사국은 아동교육이 다음의 목표를 지향해야 한다는 데 동의한다. (a) 아동의 인격, 재능 및 정신적·신체적 능력의 최대한의 계발, (b) 인권과 기본적 자유 및 국제연합 헌장에 규정된 원칙에 대한 존중의 진전, (c) 자신의 부모, 문화적 주체성, 언어 및 가치 그리고 현 거주국과 출신국의 국가적 가치 및 이질문명에 대한 존중의 진전, (d) 아동이 인종적·민족적·종교적 집단 및 원주민 등 모든 사람과의 관계에서 이해, 평화, 관용, 성(性)의 평등 및 우정의 정신에 입각하여 자유사회에서 책임 있는 삶을 영위하도록 하는 준비, (e)

권리(the right to learning)'이다. 배울 권리는 다시 4A, 곧 ① 유용성(availability),
② 접근성(accessibility), ③ 수용성(acceptability), ④ 적응성(adaptability)으로 구성된
다. 유용성은 양적으로 활용할 수 있는 충분한 교육시설과 교육과정이 마련되
어 있어야 함을, 접근성은 교육기회에 대한 물리적·경제적 접근이 차별 없이
보장되어야 함을, 수용성은 교육의 형식과 내용이 학습자가 수용할 만한 것이
어야 함을, 적응성은 교육 내용이 변화하는 사회적 조건과 학습자의 욕구에
부합할 수 있어야 함을 의미하는 것이다[유엔사회인권위원회 일반논평 13(6)].

이에 비추어볼 때, 학생인권 보장은 교육권 실현을 위해 핵심적인 요소임을
알 수 있다. 학생인권이 보장되지 않는 교육은 접근성에 커다란 제약 요인으로
작용할 뿐 아니라 학습자가 수용할 만한 교육이 될 수 없다. 학생인권이 보장
되지 않는 교육이 국제기준으로 합의된 교육의 목표를 달성할 수 없음은 물론
이다. 학교는 아동의 삶에서 가장 중요한 인격적·사회적 환경이다. 깨어진
교사와 학생 사이의 신뢰를 복원하고 학교교육을 통한 폭력의 악순환을 끊기
위해서도 학생인권을 기준으로 학교를 재구성하는 일은 필수적이다.

학생인권이 보장되는 학교를 만드는 일은 통제기관으로서 출현하고 강화
되어온 근대 학교를 전면적으로 재구성하는 힘겨운 작업이다. 그만큼 학교의
재구성을 위한 기본 원칙을 분명히 설정할 필요가 있다. 유엔아동권리협약,
유니세프 '권리에 기반을 둔 아동친화적 학교의 특성 체크 리스트' 등을 참고
하여 뽑은 10가지 기본 원칙은 다음과 같다(www.unicef.org).23)

학생 역시 권리의 존엄한 주체임을 재확인하는 일은 기본 전제가 된다.
학생을 독립된 인격체이자 인권의 주체로 인정하고 국제인권기준과 헌법적

자연 환경에 대한 존중의 진전.

23) 이 10가지 원칙은 성공회대인권평화센터(2007)의 2장에 서술되어 있기도 하다. 필자
는 이 지침서 개발에 공동연구진으로 참여했다.

1. 권리의 존엄한 주체로서의 학생
2. 참여와 결정을 훈련할 수 있는 학교
3. 차이를 존중하고 차별에 맞서는 학교
4. 감당할 만한 교육
5. 자유의 행사를 통한 책임 있는 삶의 영위
6. 총체적 삶에 대한 돌봄이 있는 학교
7. 인권의 상호불가분성을 존중하는 학교
8. 네트워크와 연대가 꽃피는 학교
9. 교사의 권한과 역량 강화
10. 권리를 회복할 권리에 대한 보장

가치가 결코 교문 앞에서 멈춰서는 안 된다는 점을 확인하는 일이 첫 출발이 되어야 하는 것이다. 동시에 학생은 학교 안에서 의사결정과정에 참여하고 변화를 성취할 수 있어야 한다. 단지 참여할 기회만 주면 그만인 것이 아니라 실제로 원하는 변화를 성취할 수 있는 권한을 가질 수 있어야 한다.[24] 또한 학교는 학생의 다양성을 사랑하고 차별에 맞서야 하는 동시에 학생에게 육체적·정신적·경제적·문화적으로 감당하기 어려운 고통을 주는 교육과도 맞서야 한다. 책임 있는 삶을 꾸려나갈 힘은 질서에 대한 강박이나 강압적 지도를 통해서가 아니라 자유를 행사하는 경험에서 기를 수 있다는 점, 학교에 오기 전과 학교를 떠난 후에도 학생에게 영향을 미치는 요소에 관심을 기울여야 한다는 점, 학생에게 보살핌과 지원을 제공하는 과정에서도 그들의 자유와

---

24) 장식에 불과한 참여, 이름뿐인 참여, 결과를 이미 조작해둔 참여는 진정한 의미의 참여가 아니다. 유엔아동권리위원회(2006)는 "아동의 의견을 듣는 것처럼 가장"하지 말고 "적정한 비중을 부여"할 때 실제적인 변화를 가져올 수 있다고 말한다.

의사가 존중되어야 한다는 점도 놓쳐서는 안 될 원칙이다. 이런 방향으로 학교를 재구성하기 위해서는 시스템의 마련이 뒷받침되어야 한다. 이를 위해 마지막 세 가지 원칙이 필요한 것이다. 학교 안팎의 자원을 적극 활용하고 지역사회에 열려 있는 태도를 취해야 한다는 점, 교사를 학생인권의 옹호자이자 변화의 촉매자로 초대하려면 그들이 충분한 권한과 역량을 갖출 수 있도록 지원해야 한다는 점,[25] 그리고 권리가 침해당한 학생이 권리를 회복할 수 있는 절차를 마련하고 절차의 활용을 지원해야 한다는 점이 그것이다.

4. 학생인권 보장을 위한 정책과제

학교의 재구성을 위해서는 인식의 개선만으로는 충분하지 않다. 구체적인 정책적 뒷받침이 뒤따르지 않는다면 학교의 변화는 더딜 수밖에 없다.

1) 학생인권에 관한 법적 기준 마련

오랜 관행으로 굳어진 학생인권 침해를 예방하기 위해서는 법률 수준에서 학생인권의 내용과 학교·교육당국의 의무를 명시하고 제도적으로 보장하는 것이 중요하다. 현행 교육기본법, 초·중등교육법에 포함된 학생인권 관련 조항은 구체적 내용을 확보하지 못한 선언적 규정에 불과하여 학교의 변화를 재촉하기에는 미흡하다.

2006년 3월 최순영 의원 등의 발의로 두발규제 금지, 체벌 금지, 학생의

---

25) 2000년 세계교육포럼에서 채택된 <다카 행동계획(Dakar Framework for Action)>은 "어떤 교육 개혁도 교사의 능동적인 참여와 주인됨 없이는 성공할 수 없다"라고 말한다.

학교운영위원회 참여 보장, 강제 보충·야간학습 금지 등이 포함된 「학생인권 법안(초·중등교육법 일부 개정안)」이 등장했지만 2년간에 걸친 입법 노력에도 2007년 12월 선언적인 문구만 포함된 상태로 초·중등교육법이 개정되고 말았 다.26) 2008년 교육과학기술부의 '4·15 학교자율화' 조치로 인해 학생인권과 관련한 주요 결정 권한이 교육청과 개별 학교 단위로 이양됨에 따라 학생인권 을 자의적으로 제한하는 조치가 더욱 확대될 위험에 놓여 있다. 법률 수준에서 학생인권의 내용이 구체적으로 명확히 규정되어야 한다.

2) 학생인권지침 채택과 홍보

학생인권에 관한 모든 내용을 법률에 담을 수는 없다. 더 세부적인 규정은 지침 형태로 채택하고 보급할 필요가 있다. 그래야 학생인권을 둘러싼 끊임없 는 논란의 늪에서 빠져나올 수 있다. 2001년 국가인권위원회가 설립된 이후 학교생활규정에 관한 개정 의견서를 발표하고(2002. 9. 9)27) 개별 진정사건에 대한 결정을 내놓았고, 교육부 차원에서도 간혹 관련 지침을 내놓은 적이 있기는 하다. 그러나 내용이 매우 미흡할 뿐 아니라 다양한 학생인권 문제를 포괄하지는 못했다. 학교 현장의 혼란과 갈등을 최소화하고 학생인권 침해를 예방하기 위해서는 국가 차원에서 세부지침이 채택될 필요가 있는 것이다. 이를테면 학생의 사생활을 침해해서는 안 된다는 조항은 법률에, 대표적 사생 활 침해 조치인 소지품검사가 정당화될 수 있는 요건과 지켜야 할 절차 등은 세부지침에 담을 수 있다. 국가인권위원회 주도로 교육당국과 협력하여 국제

---

26) 초·중등교육법 제18조의4(학생의 인권보장): 학교의 설립자·경영자와 학교의 장은 헌법과 국제인권조약에 명시된 학생의 인권을 보장해야 한다.

27) 이 의견은 교육부 예시안을 기본으로 의견을 덧붙이는 방식이었기 때문에 전반적인 가이드라인이라고 보기에는 매우 미흡하고, 누락된 인권침해 사안도 많다.

인권기준에 맞는 학교의 재구성을 위한 지침을 제정·공표해야 할 것이다.

3) 학생인권 사건에 대한 적극적 개입

학교 안에서 일어나는 학생인권 문제는 대체로 밖으로 알려지기 힘들다. 학생이나 관련자가 불이익을 감수하면서까지 교육당국에 민원을 제기해도 객관적인 사건 조사도 이루어지지 않거나 제때 제대로 된 해결책이 나오지 않는 경우도 허다하다. 이런 조건에서도 용기 있게 문제를 제기한 학생의 입장을 충분히 고려하여 교육당국은 적극 개입하여 신속히 문제를 해결해야 한다. 그럴 때 학생인권에 대한 관심도 환기될 수 있고 학교의 변화도 촉진할 수 있다. 이를 위해서는 학생인권에 관한 당국의 명확한 의지 표명과 함께 관리·감독의 강화 방안, 학생인권 민원의 처리 지침 등이 마련되어야 한다.

4) 인권교육의 활성화

인권교육은 자유와 권리의 주춧돌이다. 학생을 권리의 존엄한 주체로 다시금 바라보기 위해서는 학생 자신은 물론 교사, 학부모, 학교 관리자 등에 대한 교육이 뒤따라야 한다. 특히 교사 양성 과정과 재교육 과정에 인권교육이 포함되어야 한다. 학교 관리자와 경영자, 학교에 대한 감독 책임자 등에 대한 체계화된 교육과정도 마련되어야 한다.

참고문헌

국가인권위원회. 2002. 9. 9. 「교육부 학교생활규정(안)에 대한 국가인권위원회의 의견」.
김영지 외. 2001. 『청소년 권리신장 정책프로그램 활성화 방안 연구』. 서울: 한국청소년개발원.

김종서. 1987. 『잠재적 교육과정의 이론과 실제』. 서울: 교육과학사.

로크, 존. 1996. 『통치론: 시민정부의 참된 기원, 범위 및 그 목적에 관한 시론』. 강정인·문
　　지영 옮김. 서울: 까치.

배경내. 2000. 『인권은 교문 앞에서 멈춘다』. 서울: 우리교육.

_____. 1998. 「학생인권침해에 관한 연구: 고등학교를 중심으로」. 연세대학교 교육학과
　　석사학위논문.

_____. 미간행. 「근대 자본주의 사회와 아동: 아동 인권의 완전한 실현을 위한 조건의
　　탐색」. 미간행 논문.

배은주. 1993. 「중학교에서의 학생통제에 관한 연구」. 서울대학교 석사학위논문.

성공회대인권평화센터. 2007. 『인권 친화적 학교문화 조성을 위한 지침서』.

서경환. 1990. 「학생의 권리: 미국 헌법과 한국 헌법의 비교법적 연구」. ≪법과 사회≫,
　　제3호. 법과사회이론연구회 편. 서울: 창작과비평사.

신현직. 1990. 「교육기본권에 관한 연구」. 서울대학교 박사학위논문.

아이작, 캐서린. 2002. 『우리는 참여와 행동을 통해 민주주의로 간다』. 조희연 옮김.
　　서울: 아르케.

스미스, 애덤. 1992. 『국부론 下』. 김수행 옮김. 서울: 동아출판사.

애플, 마이클. 1985. 『교육과 이데올로기』. 박부권·이혜영 옮김. 서울: 한길사.

양돌규. 2006. 「민주주의 이행기 고등학생운동의 전개과정과 성격에 관한 연구」, 성공회
　　대 대학원 석사학위논문.

어린이·청소년권리연대회의. 1997. 『아이들의 인권, 세계의 약속』. 서울: 내일을여는책.

월러스틴, 이매뉴얼. 1993. 「자본주의 문명」. 『역사적 자본주의/자본주의 문명』. 나종일·
　　백영경 옮김. 서울: 창작과비평사.

_____. 1996. 『자유주의 이후』. 강문구 옮김. 서울: 당대.

유엔아동권리위원회. 2006. 「일반논평 7: 초기 유년기에서의 아동권리의 이행」. 『인권조
　　약 감시기구의 일반논평 및 일반권고 5: 아동권리위원회』. 서울: 국가인권위원회.

유윤종. 2006. 5. 3. 「<기획: 청소년인권운동, 길을 묻다 ①> 사회를 흔든 "학생인권"
　　함성 — 새로운 청소년인권운동의 발원지, 최우주 씨 헌법소원 사건」. ≪인권오름≫.

이수광. 2000. 「학생인권 신장 방안 연구」. 강원대학교 박사학위논문.

이용교. 2004. 『청소년 인권과 인권교육』. 서울: 인간과 복지.

인권운동사랑방. 2001. 「인권을 찾자 교칙을 찾자 캠페인 결과 보고서 — 244개 중·고등학

교 교칙 분석」.

임희숙. 2001. 「참여 민주적 시민사회의 형성을 위한 시민교육의 방향」. 숙명여자대학교
철학과 박사학위논문.

전명기. 2002.10. 「청소년의 참여 그리고 권리」. ≪오늘의청소년≫, 173호.

천정웅·김영지·임지연. 1997. 『청소년참여의 세계적 동향』. 서울: 한국청소년개발원.

최원기 외. 2003. 『청소년의 시민권 증진 방안 연구』. 서울: 한국청소년개발원.

최윤진. 1992. 「학생청소년 권리의 내용과 그 제한근거에 관한 고찰」. 『청소년의 권리와
사회적 불평등』. 서울: 한국청소년연구원.

최윤진 편저. 1998. 『청소년의 권리』. 서울: 양서원.

푸코, 미셸. 1995. 『감시와 처벌』. 오생근 옮김. 파주: 나남.

프레이리, 파울로. 1995. 『페다고지: 억눌린 자를 위한 교육』. 성찬성 옮김. 서울: 한마당.

피스 차일드 인터내셔널. 2000. 『깨어나 일어나』. 인권운동사랑방 인권교육실 옮김. 서울:
사람생각.

하승수·김진. 2000. 『교사의 권리 학생의 인권』. 파주: 사계절.

한국청소년개발원 편. 1999. 『새로운 천년과 청소년 권익증진의 과제』. 서울: 한국청소년
개발원.

한국청소년단체협의회 편. 2002. 『청소년운동 그 전망과 과제』. 한국청소년단체협의회.

헌트, 린. 1999. 『프랑스 혁명의 가족 로망스』. 조한욱 옮김. 서울: 새물결.

화이어스톤, 슐라미스. 1983. 『성의 변증법』. 김예숙 옮김. 서울: 풀빛.

Aries, Philippe. 1962. *Centuries of Childhood: A Social History of Family Life*(translated
by Robert Baldick). New York: Vintage Books.

Freeman, Michael D. A. 1992. "Introduction: Rights, Ideology and Children." in
Freeman, Michael D. A. et al.(eds.). *The Ideologies of Children's Rights*. Martinus:
Nijhoff Publishers.

Holt, John. 1974. *Escape from Childhood*. E. P. Dutton.

Kelly, Alison. 1985. "The construction of masculine science." *British Journal of Sociology
of Education*, Vol. 6(2).

Wringe, C. A. 1981. *Children's rights: A Philosophical Study*. Boston and Henley:
Routledge & Kegan Paul, London.

유엔아동권리협약(The Convention on the Rights of Child) 제28조 제2항.

유엔사회권위원회 일반논평 13(6).

www.unicef.org/lifeskills/files/CFSchecklist.doc

제2부 학교사회복지에 대한 이해

4장

학교사회복지의 개념과 실천기준

이혜원 성공회대학교 사회복지학과 교수

1. 학교사회복지의 개념과 필요성

> 학교사회복지실에서는 선후배관계라 하더라도 어느 누구도 누구에게 명령할 수 없는, 명령보다는 제안하고 권유하는 그런 구조를 만들어가고 서로가 도움이 필요한 존재라는 것을 공유하며 …… 외로운 학생이 오거든요. 외로운 학생이 함께 모이게 되면서 서로 역동을 만들어 가는 것 같아요(학교사회복지사 B).
>
> 또 중요한 것이 한 학생을 둘러싼 또래집단이나 제일 친한 급우가 학교사회복지실에 오거나 따로 만나거나 해서 제가 알고 있는 범위를 좀 넓히게 되면, 그것이 나중에 자원이 되더라고요. 해당 학생과 연락이 끊겼을 때 친구를 통해서 연락이 되거나 그래서 그 학생에 대해 충분히 파악하게 되는 것, 그 학생을

　학교사회복지의 개념을 어떻게 보느냐에 따라서 그 필요성과 실천기준, 그리고 학교사회복지사의 역할이 달라질 수 있다. 학교사회복지라는 용어는 학교와 사회복지의 합성어로서 장애인복지나 의료사회복지 등과 같이 사회복지 대상의 욕구에 맞춰 보다 효과적으로 개입하기 위해 세분한 하나의 영역 또는 분야를 의미한다. 즉 학교사회복지는 학생의 욕구를 충족시키고 문제를 예방하여 건강하고 행복한 학교생활을 지원하기 위해 학교와 함께 사회복지를 실천하는 전문 활동을 의미한다. 이러한 관점에서 우리나라 학교사회복지사협회는 학교사회복지를 학교에서 일어나는 학생의 문제를 개인의 문제만이 아닌 개인을 둘러싼 환경과의 상호작용의 결과로 보고, 이러한 문제를 학생－학교－가정－지역사회의 연계를 통해 예방하고 해결함은 물론, 모든 학생이 자신의 능력을 최대한 발휘할 수 있도록 최적의 교육환경과 공평한 교육기회를 제공하여 궁극적으로 교육의 목적을 달성하고 학생의 복지를 향상시킬 수 있도록 지원하는 교육기능의 한 부분이며 사회복지의 전문분야라고 정의하고 있다(www.kassw.or.kr). 한편 미국 사회사업가협회(이하 NASW)는 학교사회사업을 학교에서 학생의 신체적·심리적·사회적 발달을 지원하기 위해 학생 개인은 물론 가족, 학교, 지역사회의 자원을 연계하여 그 영향력을 상호조정하고 통합하는 활동으로 정의하고 있다(www.socialworkers.org).

　이를 이해하기 위해서는 사회복지(social welfare)와 사회사업(social work)[1]을

---

1) social work가 사회사업으로 번역되는 것은 두 가지 이유로 부적절하다. 첫째, 社會事業은 일본에서 1930년대부터 비전문적 자선사업의 의미로서 사용하던 용어를 그대로

이해하고 개념 간 차이를 구별할 수 있어야 한다. 모든 인간은 스스로 자신의 욕구를 충족시킬 수 없거나 문제를 해결할 수 없을 때 외부로부터 도움을 받지 않을 수 없다. 이러한 외부의 도움을 사회적으로 체계화하고 제도화한 것이 바로 사회복지이다. 그런데 사회복지가 인간의 욕구를 충족시키고 문제를 해결하기 위해 존재한다 하더라도, 모든 욕구와 문제가 그 대상이 되는 것은 아니다. 사회복지는 사회적으로 충족이 필요하다고 인정된 욕구와 해결이 필요하다고 인정된 문제, 즉 사회적 욕구와 문제를 우선순위에 따라 접근해야 한다. 프리들랜더와 압테(Friedlander & Apte, 1980)는 사회복지를 국민의 욕구를 충족시키고 사회의 통합을 위해 필요한 자원을 확보하여 지원하는 법률·급여·프로그램·서비스체계라고 정의하고, 사회사업을 인권의 가치와 과학적 지식, 관계기술을 바탕으로 개인과 집단이 자립할 수 있도록 제공하는 직접적 서비스라고 정의하고 있다. 미국의 사회사업은 국민에게 직접 제공되는 영국의 개별사회서비스(Personal Social Service)에 해당한다. 영국의 사회복지제도는 전체 국민의 생활을 요람에서부터 무덤까지 '사회적 위험'으로부터 보장하기 위해 국민보험·국민부조·개별사회서비스로 구성되는 사회보장제도, 교육제도, 최저임금제도, 보건환경제도를 포괄한다. 이를 표현하면 <그림 4-1>과 같다. 따라서 사회복지는 전체 국민의 기본 욕구를 충족시키고 권리를 증진하며 사회 문제를 해결하고 예방하기 위해 지원하는 정부와 민간의 활동이며, 사회사업보다 더 넓은 의미를 가지고 있다.

직역했기 때문이다. 중국은 이 용어를 社會工作으로 번역하여 사용하고 있다. 둘째, 우리나라 대학교에서 한때 사회사업학으로 불리던 학문영역이 기존의 사회사업학에다 사회정책학을 보강하여 보다 제도적 개념의 사회복지학으로 개명되었으며, 사회복지사는 현재 법적 용어이다. 따라서 지금에 와서 다시 사회사업이란 용어를 사용하면 과거의 자선사업으로 회귀하는 셈이 된다(김상균 외, 2007). 한편 영국은 social work보다는 personal social service라는 용어를 사용하고 있다(www.dh.gov.uk).

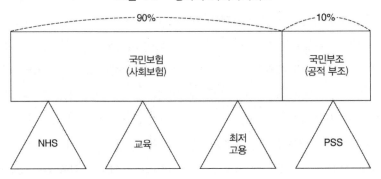

<그림 4-1> 영국의 사회복지제도

NHS＝국민보건서비스(National Health Service)
PSS＝개별사회서비스(Personal Social Service; 우리나라의 사회복지서비스)

한편 학교사회복지와 유사한 개념으로서 교육복지, 학생복지, 아동복지, 청소년복지가 있다. 우선 교육복지는 교육과 사회복지의 관계를 어떻게 보느냐에 따라 다양하게 정의될 수 있다. 이 책은 사회정의와 교육평등을 실현하기 위해 사회복지와 교육을 연계시켜 통합적으로 운영하는 영국의 포괄적 사회복지제도[2])에 근거하여, 교육은 사회복지제도를 구성하는 기초영역으로서 전체 국민의 교육적 욕구를 평등하게 충족시킴과 동시에 교육적 가치를 구현하도록 지원하는 모든 활동을 의미한다. 따라서 교육복지는 학교사회복지와 마찬가지로 사회복지의 한 영역이지만, 초·중등학교 학생뿐만 아니라 전체 국민의 평생에 걸친 교육권을 보장하기 위해 모든 교육현장에서 전개되는 교육 관련 서비스를 지원하는 활동을 포괄하기 때문에 학교사회복지보다 더 넓은 개념이다. 한편 학생복지, 아동복지, 청소년복지는 각각 학생, 아동, 청소년의

2) 정부는 2003년 교육복지투자우선지역지원사업을 준비하면서 영국의 교육우선지역 (Education Action Zone)과 슈어스타트(Sure Start) 사업(보건복지가족부 드림스타트 사업과 어린이재단·중앙일보 위스타트 사업과 유사함)을 참조했다.

발달 특성과 욕구에 따라 차별적 접근을 하는 사회복지실천분야로서 대상인구별 특성에 따라 분류되어 정의되는 개념이다(이혜원·우수명, 2005).[3]

그런데 세계 최초로 학교사회사업을 도입하여 체계적으로 발전시켜온 미국 사회는 1970년대 이후 빈곤과 실업의 급증으로 인한 사회계층 간 양극화, 이혼의 증가로 인한 가족기능의 약화, 아동학대와 방임, 재학대의 증가 그리고 학생의 중퇴·임신·가출·학교폭력·범죄 등 사회 문제가 더욱 심각해지면서 1980년대에는 이러한 문제를 최소화하고 예방할 수 있는 제도적이며 통합적인 학교사회복지가 필요하게 되었다. 특히 가정에서 학대와 방임을 받고 있는 아동은 심한 불안과 위축으로 인해 학교에 와서도 또래와 어울리지 못하고, 학습활동이나 사회활동에도 흥미와 의욕이 없어 학습부진, 소외, 무단결석, 행동장애, 약물사용, 비행행동을 유발할 가능성이 많다(Byrne and Taylor, 2007).

이와 같이 생태체계이론에 근거하여 학교와 사회적 환경 간 상호관계가 중요하게 부각되면서 학생의 학교생활에 일상적으로 영향을 미치는 가족·학교·지역사회의 환경에 대한 연구가 많아졌고, 이러한 연구 결과 학생들의 역량강화를 위한 학교환경의 개선과 학교의 사회적 역할을 강조하게 되었다. 「위기에 처한 국가(A Nation at Risk)」(1983) 보고서는 미국의 교육문제를 분석하면서 학생의 개인적 요인보다는 가족적·경제적·사회적 요인이 상호작용하면서 기초학력을 저하시키고 또래관계불안, 공격성, 무단결석 등을 초래한다고 보고했다(Hare, 1995). 즉 빈곤가정이나 이혼가정의 학생은 비록 학업성취능력이 있어도 부모의 부부갈등, 양육기능의 약화, 의사소통의 제한, 가족응집력의

---

3) 유엔아동권리협약(1989)은 아동을 18세 미만의 자로 규정하고, 국내 아동청소년복지법은 청소년을 19세 미만으로 규정하고 있어 아동과 청소년은 연령상 거의 일치하고, 이들의 약 50%는 학령기이다. 더구나 학령 전 아동의 조기개입이 학령기 아동과 청소년의 신체·심리·사회적 발달을 통합적으로 지원하기 위해 필요하다는 사실이 검증되고 있다. 따라서 아동과 청소년복지 대상이 결국 학교사회복지의 대상과 중첩된다.

저하, 부모자녀관계의 왜곡 등으로 인해 학습부진, 무단결석, 학교폭력 등을 초래하게 된다고 설명했다. 이러한 결과는 결국 학생의 가출, 중퇴를 촉발하게 되며, 학교 밖 청소년들은 다시 강력범죄와 같은 사회 문제를 초래하여 사회보장제도에 의존하는 빈곤층 인구로 전락하는 악순환을 되풀이하게 된다고 분석했다.

따라서 학교가 교육의 목적을 달성하기 위해서는 교육기능 외에 학생의 심리적·사회적·경제적·문화적 욕구를 충족시켜주고 부모의 양육기능을 강화하며 지역사회 문제도 예방할 수 있는 통합적 학교사회복지를 제도화해야 한다고 주장했다(이혜원 외, 2007). 즉 학교사회복지가 학생들의 일상생활 속에서 학교의 교육 목적과 연계되어 늘 지속적이며 통합적으로 기능할 필요성이 1980년대 이후 미국 사회에서 더욱 강조되고 있다.

우리 사회에서도 1997년 경제위기 이후 빈곤과 실업 그리고 이혼이 계속 심화되고 이로 인해 부모의 양육기능, 가족응집력, 의사소통 등 가족기능이 약화되거나 해체되면서 학령기 아동의 결식, 기초학력저하, 학습부진, 대인관계불안, 학대와 방임, 공격성, 또래 따돌림, 학교폭력, 가출, 우울증, 자살 등 복합적이며 다양한 문제가 급증하고 있다. 예컨대 빈곤가정아동의 대다수는 공부방마저 끝나는 오후 7시부터 10시 이후까지 방임되고, 학생들은 아침식사를 먹지도 못하고 숙제는커녕 준비물도 제대로 챙기지 못한 채 위축된 마음으로 학교로 간다. 이러한 상황인데도 관련부처와 전달체계가 분절적으로 운영되면서 기관 간 갈등, 서비스 효과성 및 효율성 저하 등이 초래되었으며, 보다 근본적으로는 정부의 예산 부족, 관련법규의 실효성 미흡 등이 아동학대와 방임을 증가시키는 요인이 되고 있음이 지적되고 있다(이봉주·김세원, 2005; 이은주, 2007; 한국아동복지학회, 2008). 특히 「장애인 등에 대한 특수교육법(2007)」은 장애학생의 발달권과 보호권을 보장하기 위해 방과 후 활동 등 일상생활지원, 가족지원, 지역사회자원을 연계하는 사례관리 등 가족복지와 통합된 학교사회복지의 필요성을 요구하고 있다(이정효, 2003).

이와 같이 미국의 1980년대 사회적 배경과 유사한 점이 많았던 우리나라의 1990년대 사회적 배경은 학교사회복지를 도입하는 초기부터 학교사회복지 통합모형을 지향하게 되었다. 그런데도 중앙정부는 학교사회복지예산을 책정하지 않았고, 서울시 교육청, 삼성복지재단, 사회복지공동모금회 등 다양하게 분산된 재원과 운영주체의 요청에 따라 학교사회복지 통합모형 가운데 특정한 하위영역의 기능만이 각각 부각되어 실천되었다(이혜원 외, 2007). 그러다가 경제위기로 교육과 지역사회 환경이 급격하게 변화하면서 교육인적자원부가 교육복지사업예산을 책정하여 2003년부터 지역사회 교육전문가를 학교에 배치하게 되었고, 보건복지부는 2006년 12월 학교사회복지예산을 책정하여 학교사회복지사를 학교에 배치하기 시작했다. 그 결과 2008년 10월 전국 363개 학교에서 학교사회복지사(학교사회복지사 파견사업 96명과 교육복지투자우선지역 지원사업 267명)가 학생은 물론 학교와 가정, 지역사회의 활용 가능한 모든 자원을 연계하고 조정하여 학생의 건강한 발달과 가족의 행복을 통합적으로 지원하는 학교사회복지서비스를 지속적으로 제공하고 있다. 또한 이들보다 더 많은 학교사회복지사가 사회복지기관, 지역아동센터, 단체에서 드림스타트, 위스타트, 우리아이희망지원네트워크 등 다양한 사업을 통해 지역사회 학교와 연계하여 학생들에게 방과 후 멘토링, 방과 전 조식, 주말 문화체험, 방학 중 진로탐색과 급식, 부모의 양육기능강화 등을 지원하고 있다.

따라서 사회적 배경은 학교사회복지의 대상을 요보호학생에서 일반학생으로 확대시켰고, 실천관점에서도 학생 개인의 심리치료와 인간유지를 강조하는 의료모델에서 학생 개인의 잠재적 역량과 가족의 양육기능 강화를 통해 능동적 변화를 추구하는 발달모델로 전환시켰으며, 유엔아동권리협약의 영향으로 학생의 권리와 욕구를 중심으로 개입하는 권리옹호와 강점관점을 중요시하게 되었다. 이를 통해 학교는 지역사회복지관, 정신보건센터, 건강가정지원센터, 아동보호전문기관 등과 같은 인근 관련 조직과 연계하여 학교 에서 또는 학교 부근에서 학생과 그 가족에게 성교육, 약물남용예방, 비만예방, 요리교실, 치과진료 연계, 심리상담, 가족기능강화, 부모교육, 보육, 취업훈련, 장애영·유아 조기개입, 교사자문 등을 제공했다. 따라서 학교사회복지사는 종래의 직접적 심리치료자의 역할 외에 지역의 다양한 자원을 연결하고 관리하는 정보제공자, 교육자, 옹호자, 연계자, 조정자로서의 역할을 수행하는 사례관리자로서의 기능이 강화되었다.

이러한 관점에서 영국의 교육복지서비스(Education Welfare Service)는 적합한 한 예로 학교에 다니는 아동과 청소년의 사회복지에 초점을 두고, 가족을 지원하는 사회복지서비스로서 학교, 가족, 지역사회 관련 서비스를 통합하고 조정하여 무단결석아동의 학교출석 지원, 퇴학아동 지원, 방과 후 보호와 교육, 홈스쿨링 지원, 특수교육 지원, 학교부적응아동 학교 밖 활동 지원, 학부모 활동 지원, 부모·가족·교사상담, 교사교육 등을 가족, 학교, 사법기관, 지방교육청, 지방자치단체와 협력하여 제공하고 있다(Hampshire County Council, 2008; 손병덕, 2008에서 재인용). 최근 조사연구는 교육과 사회복지실천이 통합된 서비스가 급증하는 무단결석을 줄이고 있음을 검증했다(National Audit Office, 2005). 이에 학교사회복지의 필요성이 사회적으로 점차 인식되면서, 영국 정부는 1989년 아동법에 교육과 사회복지실천을 통합하는 사회복지사의 교육감독명령 개입을 의무조항으로 규정했다. 이에 근거하여 사회복지사 1명이 지방자치단체 소재 7개 초·중·고등학교를 담당하며, 전국에 약 4,600명이 배치되어 있다(Eastsussex Council, 2008; 손병덕, 2008에서 재인용). 이들은 해당 학생, 가족, 학교와 긴밀하게 협력하여 당면 문제와 방안 분석, 관련 조직과 정보교환·협의, 현재 상황을 개선할 수 있는 대안교육 조언, 학교와 가족 간 관계 증진, 가족기능 강화, 출석전략 지원, 교내 잠재위기학생 무단결석 예방지원, 학생의 장애 등 다양한 욕구 사정 후 개입 등의 업무를 수행하고 있다.

2. 학생권리와 학교사회복지 — 유엔아동권리위원회의 체벌에 관한 권고

학생은 교육과정에 등록할 수 있는 법적 자격이 있는 사람을 의미한다. 이들 가운데 학생을 우리나라 초·중·고등학교에 재학 중인 9세 이상 18세 미만의 학령기 아동으로 제한하고, 제1부의 내용과 유엔아동권리협약의 원칙[4]에 근거하여 학생을 자신의 문제를 스스로 해결할 수 있는 능력과 책임감 그리고 자립심을 가진 생존권·보호권·발달권·참여권의 주체자로 정의하고자 한다.

그런데 학생은 발달단계에서 신체적·심리적·사회적으로 미성숙하기 때문에 부모나 교사 등 성인과 똑같은 권리를 갖는다는 사실이 언뜻 납득되기 어렵다. 그러나 앞에서 고찰한 바와 같이 인간의 권리는 그 형태와 종류를 막론하고 인간의 존엄성 사상에 근거하며, 학생의 권리도 출생과 더불어 인간으로서 당연히 누리는 권리의 천부성과 보편성에 근거한다. 특히 천부성은 권리의 소유자가 성인과 같이 힘을 소유하거나 청구행위를 할 수 있는 자만이 권리를 가진다는 고전적인 권리설을 부정하는 것이며 학생도 권리의 주체임을 정당화시켜주는 근거가 된다. 또한 보편성은 정도의 차이를 인정하지 않는 것으로 학생의 연령이나 능력이 성인의 것과 비교하여 차이가 있음에도 성인과 똑같은 권리를 행사할 수 있는 권리의 주체임을 정당화하는 근거가 된다. 따라서 성인에게 주어진 권리는 학생에게도 그대로 적용될 뿐만 아니라 발달과정에 있는 이들의 미성숙함과 의존적 특성을 반영하여 보호권과 발달권이 부가되는 것이다(이혜원, 2006). 따라서 학생의 권리란 학생으로서 본래 가지고 있는 발달 특성과 욕구를 정당하게 보장받고 인간답게 살 권리이며, 동시에

---

4) 유엔아동권리협약(1989)은 아동의 권리 증진을 위해 제2조 무차별의 원칙, 제3조 아동 최선의 이익 원칙, 제6조 아동의 생존·보호·발달보장 원칙, 제12조 아동의 의사존중 원칙을 각각 규정하고 있다.

학생 자신이 행사할 수 있는 권리를 의미한다.

보다 구체적인 학생권리는 제1장에서 살펴본 바와 같이 학교의 특성을 반영하여 체벌, 징계, 학습권, 교내 종교의 자유 등 학령 전 아동의 권리와는 구분하여 논의될 이슈가 많다. 이들 가운데 특히 체벌은 학생권리에 대한 명백한 침해 행위인데도, 우리 사회에서는 아직도 "학생들은 매로 다스려야 된다"는 잘못된 신념으로 인해 가정은 물론 학교에서조차 사라지지 않고 있다. 이와 관련하여 유엔아동권리위원회(2003)는 우리 정부의 제2차 아동권리협약 이행보고서(2000)를 심사한 결과, 무엇보다도 체벌이 학교에서 공식적으로 허용되고 있는 사실을 크게 우려하면서 체벌 관련 모든 법률조항의 폐지는 물론 이에 관한 교사와 부모 등 한국 사회의 태도를 변화시키기 위해 아동학대와 체벌 현황 및 부정적 결과에 대한 인식을 제고할 수 있는 캠페인 등 다양한 형태의 홍보와 대중교육을 확대할 것을 강력하게 권고했다. 이를 위해 가정, 학교 등 모든 기관에서 체벌을 명백히 금지하도록 관련 법률과 규칙을 개정해야 한다는 국내 국가인권위원회의 권고를 우선 이행할 것을 촉구했다. 이와 함께 유엔아동권리위원회는 우리나라 중등학교에서 두발, 용의복장, 학생회 임원의 피선거권, 학생회 활동 등을 통제하는 교칙으로 인해 학생의 표현과 결사의 자유가 침해되고 있음을 지적하면서 교육부 지침은 물론 교칙을 개정할 것을 권고했다. 또한 성적 위주로 인한 학생 간의 지나친 경쟁의식을 감소시키고, 사교육에 치중된 교육제도를 개선하기 위해 공교육에 대한 지원을 강화할 것을 제안했다. 이러한 국제사회의 지적이 있는데도 2008년 12월 제3·4차 국가 보고서를 제출해야 하는 시점까지 우리 사회에서 학생들의 참여권이 상당 부분 제한되고 있음은 물론 체벌이 사라지지 않는 궁극적인 이유는 무엇인가?

수희: 매일 누군가는 맞고 있어요. 생활이에요, 생활……(인문고1, 여).

교사: 대부분 체벌을 해야 한다고 생각하시죠. 체벌을 갖고 모든 걸 해결해야 한다고 생각하는 건 문제지만, 인생의 선배이자 어른이기도 한 선생님들이 애들을 옳은 길로 인도하는 과정에서는 체벌도 필요하다는 생각을 하는 거죠……. 가끔은 학생들에게는 무서운 모습을 보여줄 필요도 있고…… (ㅇ여고).

정훈: 체벌이라는 게 기본적으로 교사가 학생들한테 권력을 휘두르는 거잖아요. "난 너희를 이렇게 때릴 수 있는 만큼 권력을 가지고 있다"라는 걸 가르치는 거죠. 시간이 오래 걸리더라도 말로 가르쳐야지 선생님이죠. 체벌은 없어져야 돼요(인문고2, 남).

아름: 학교에선 그러잖아요. 너네한테는 자율을 줘봤자 제대로 쓰지도 못 한다고. 그러니까 강제로 시킬 수밖에 없지 않냐고요. 근데 우리한테 그런 기회를 준 적도 없잖아요. 안 해보니까 못 하는 거죠(인문고2, 여).

수인: 학교폭력이다, 왕따다 그러면서 애들만 잘못하는 것처럼 떠들잖아요. 근데 학교에서 제일 폭력을 많이 휘두르는 게 바로 선생님들이잖아요. 애들이 학교에서 매일 보는 게 때리고 무시하고 그런 거니까. 애들도 따라하는 거죠. 선배들이 후배들 엄청 잡고 때리고 그러잖아요. 후배 때는 나중에 선배 되면 안 그래야지 하지만, 막상 선배 되고 나면 똑같이 후배들 잡고 때리고 그렇게 되는 것처럼요(상고2, 여).

자료: 배경내(2000: 56~76).

이 장에서 정의한 학생의 개념에 근거하면, 학생은 기본적으로 인간으로서 발달단계에 있는 아동이라는 자연적 신분과 함께 동시에 교육을 위해 학교와 계약관계를 맺은 사회적 신분을 이중적으로 가지고 있다. 그러나 우리나라 학교와 학생의 현실을 살펴보면, 학생은 '인간'으로서의 보편적 권리의 주체자로서보다는 '지도받고 보호받아야 하는 대상'으로서의 수동적 존재로서 부각되어왔다. 즉 학생은 그 사회적 신분을 유지하고 있는 동안은 성인인 교사와 부모의 지도를 받아야 하는 수동적 존재로서 인식되고 있으며 상당 부분 자연적 신분인 인간으로서의 기본 권리를 유보하도록 강요되어왔다(윤철수·안정선·진혜경, 2005). 이러한 관점에서 체벌이 학교에서 교육의 수단이라는 명목으로 오랜 기간 관행처럼 묵인되어왔으며, 또 다른 배경에는 입시 위주의 교육이라는 변명이 자리 잡고 있다. 즉 체벌은 학생들을 대학입시공부에 몰입할 수 있도록 교사와 부모의 명령에 순종하는 '입시형' 인간으로 만들어 통제할 수 있는 효과적인 방법으로 인식되고 있기 때문이다. 더구나 교육현장은 군사부일체라는 유교문화에 근간을 두고 있는 학교 분위기로 인해 21세기에도 인권 문제에서 자유로운 성역으로 인식되기도 한다. 따라서 "19세기의 학교에서 20세기의 선생님이 21세기의 학생을 가르치고 있다"라는 비난에서 자유롭지 못하다. 앞 지문에 제시된 사례와 같이 교실 속 학생과 교사와의 관계는 수평적 평등관계보다는 수직적 지배종속관계가 더 일반적이며 개방적 의사소통보다는 폐쇄적 의사소통체계가 더 일반적이다. 특히 체벌에 대한 현행의 법률적 접근방식은 체벌 자체에 대해 문제를 제기하기보다는 체벌의 방법과 절차 등을 중심으로 체벌에 대한 개별사례에 접근하려는 경향이 지배적이다(정철호, 2006).

그러나 체벌은 근본적으로 폭력이라는 속성을 가지고 있어서 교육이라는 목적에 과연 조화될 수 있을지에 대해 의문을 제기하지 않을 수 없다. 한국형사정책연구원(1999)은 체벌이 특정 학생의 인격을 수단으로 본보기 효과를 도모하면서 학생의 권리를 침해하고 있으며, 체벌의 즉각적 통제효과를 경험한 교사들은 학교의 사소한 문제에까지 우선적으로 체벌을 남용하려는 경향이 있음을 보고하고 있다. 이 조사결과, 특히 직접적이고 강도 높은 체벌을 경험한 학생은 체벌을 받는 과정에서 '문제아'라는 낙인감과 부정적 자아정체감을 인식함으로써 공격성이 학습되고 폭력친화적 문제행동이 증가하게 된다

「별별 이야기」[5](국가인권위원회, 2005)는 여섯 편의 주제로 구성되어 있다. 이들 가운데 「사람이 되어라」(박재동 감독)는 우리 사회 학생들의 일상적인 학교생활 속에서 성적에 의한 차별과 체벌이 학생의 권리를 어떻게 침해하고 있는가를 영상을 통해 보여주고 있다. 입시 준비에 바쁜 고3은 모두 동물의 형상을 하고 있으며, 이들은 사람이 되기 위해 공부를 한다. 대학을 가야만 사람의 모습을 할 수 있다고 믿기 때문이다. 고릴라 모습을 하고 있는 원철이는 일명 곤충박사이다. 동물들을 채집하고 연구하는 것이 재미나기만 하다. 하지만 아버지는 원철이를 걱정하면서 "그런 건 나중에 해도 돼. 공부 열심히 해서 먼저 사람이 되어야지"라며 훈계한다. 그러던 어느 날 원철이는 자신이 기르던 풍뎅이를 따라 숲에 가서 풍뎅이의 친구들인 장수하늘소를 만나 깨달음을 얻고 나름대로 사람이 된 모습으로 학교에 나타난다. 그러나 원철은 대학을 가지 못했다는 이유로 교사에게 "누구 마음대로 사람이 되었느냐?"며 오히려 많은 학생들 앞에서 체벌을 받게 된다. 이와 같이 학력차별이 낳은 입시 위주 교육의 문제점을 우화적으로 폭로한다. 특히 원철이가 풍뎅이의 도움으로 학교를 벗어나 자연 속에서 온갖 곤충들을 스스로 연구하고 다양한 대상들과 함께 소통할 수 있는 사람이 되었는데도 원철의 이러한 사람됨을 거부하는 선생님과 아버지는 사랑과 교육이란 이름으로 미성년자를 멋대로 길들이는 우리의 병든 현실을 새로운 시각에서 조명함으로써 우리 자신을 깊이 돌아보게 만든다.

자료: 유지나(2005), 이혜원(2006)에서 재인용.

는 사실이 검증되었다. 따라서 체벌은 폭력을 재생산하고 학생과 교사 간 신뢰관계를 왜곡하고 저하시키는 결과를 초래할 수 있다는 점에서 우리나라 학교 현장에서 학생의 지위를 새롭게 정립하고 학생의 권리를 증진하여 학생과 교사 간 신뢰를 회복하고 강화할 수 있는 방안을 새롭게 모색할 필요가 있다. 이 책에서는 새로운 방안으로서 학교사회복지에 접근하고자 한다.

3. 학교사회복지의 실천기준

지금까지 고찰한 학교사회복지에 관한 선행연구와 제1부에서 살펴본 유엔 아동권리협약에 근거하여, 이 책은 학교사회복지를 사회복지의 한 분야로서 학교를 실천현장으로 하여 학생 – 가정 – 학교 – 지역사회의 상호작용에 의해 초래되는 문제를 해결하고 예방하여 모든 학생의 권리가 증진되고 자신의 능력을 최대한 발휘하여 삶의 질을 향상하고 자립을 준비할 수 있도록 도와주고, 이를 통해 학교가 교육의 목적을 달성할 수 있도록 지원하는 활동으로 정의하고자 한다. 여기서 중요한 것은 학생이 인식하는 문제가 해당 학생과 가정·학교·지역사회환경 간 상호작용에서 비롯된 것이라고 보는 생태체계적 관점(Allen-Meares, 2004)과 학교사회복지가 학생의 생존권·보호권·발달권·참여권을 보장하고 증진하는 활동이라고 강조하는 관점이다. 따라서 학교사회복지사의 주요 역할6)은 모든 학생의 욕구를 중심으로 학생의 최선의 이익을

---

5) 「별별 이야기」는 인권이라는 이슈를 유쾌한 풍자로 엮어낸 여섯 편의 옴니버스 애니메이션이다. 이 영화는 장애아동차별, 이주노동자차별, 성차별, 외모차별, 학력차별 등 별의별 이유로 차별당해 지친 이야기를 통해 차이에서 오는 우리의 차별과 편견에 대하여 보다 객관적인 입장에서 볼 수 있고 생각할 수 있는 기회를 제공하면서 친근하게 다가가는 인권교육의 역할을 하고 있다(유지나, 2005; 이혜원, 2006에서 재인용).

위해 가정 - 학교 - 지역사회 간 상호작용에 개입하면서, 부모와 교사는 물론 지역사회 관련 전문직과의 연계와 협력을 통해 자원을 최대한 활용하여 학생이 정말 원하는 것을 지원하는 것이다.

학교사회복지사는 담당역할을 수행하기 위해 공통된 실천기반으로서 소위 '3H', 즉 가치체계(Heart), 지식체계(Head), 기술체계(Hand)를 필요로 한다. 특히 가치는 이들이 학생에 대해 가져야 하는 신념과 믿음이며 이들의 실천이 추구하는 방향이 된다. 즉 가치체계는 학교사회복지실천의 목적과 원칙 그리고 개입을 결정하는 기준이 되며, 다른 전문직 활동과 구별되는 특성이 되기도 한다. 따라서 학교사회복지 가치체계는 학교사회복지사가 어떤 목적과 원칙을 갖고 어떤 관점에서 어떻게 학생과 가족을 만나야 하는지를 결정하는 기본 준거 틀을 제시한다고 할 수 있다.

○○이는 3학년에 복학한 남학생으로 오랜 기간의 방임, 왕따와 학교폭력으로 인해 학교 적응의 어려움, 정신건강의 어려움을 가지고 있다. 어머니는 오래전 가출했고 아버지마저 재혼하여 할아버지와 함께 생활하고 있다. 더구나 학교 또래들의 무시와 괴롭힘, 그리고 동네 중학생들의 폭력에 시달리고 있다. 학교사회복지사는 ○○이를 위해 지역사회 복지관, 동사무소, 정신보건센터와 연계하고 담임교사와도 늘 정보를 공유하며 체계적이며 지속적인 사례관리를 통해 특별지원을 제공하고 있다.

…… 그런데 어느 날 학교사회복지사는 개입 과정에서 당사자인 ○○이의 생각과 의사는 전혀 묻지도 고려하지도 않았음을 깨닫게 되었다. 즉 특별지원과 관련된 지역사회 사회복지사들, 담임선생님 어느 누구도 ○○이의 생각을

---

6) 학교사회복지사의 역할은 이 책의 7장에서 구체적으로 설명하고 있다.

중요하게 생각하지 않았다. 이는 곧 강점관점, 임파워먼트를 입으로만 실천하며 ㅇㅇ이 안에 내재되어 있는 강점과 회복력을 믿지 못하고 결국 ㅇㅇ이의 의사를 반영하지 않은 결과이다……

자료: 정연정(2008).

학교사회복지의 가치체계는 크게 세 가지 수준으로 구분할 수 있다(Costin, 1986; Johnson, 1992; 김기환, 1996에서 재인용). 첫째 수준은 궁극적 가치로서 학교 사회복지가 지향하는 이상적이고 관념적인 목적을 의미한다. 이 책은 학교사회복지의 궁극적 가치를 인간의 존엄성과 자아실현의 가능성을 믿으며 사회 자원을 공평하게 나누며 사회적 정의와 통합을 추구하는 인권의 가치와 사회복지의 가치에 기초하고자 한다. 둘째 수준은 궁극적 가치를 실현하기 위한 구체적인 접근단계의 가치로서 학교사회복지의 원칙을 의미한다. 이 책은 학교사회복지의 구체적 가치를 유엔아동권리협약의 원칙에 기초하여 설명하고자 한다. 셋째 수준은 조작적 가치로서 궁극적 가치와 구체적 가치를 달성하기 위한 목표지향적 실천행동의 기준을 의미한다. 이 책은 학교사회복지의 실천행동기준을 NASW(2002)의 사회복지 실천윤리와 학교사회복지 실천기준(Standards for School Social Work Service)에 기초하여 제시하고자 한다.

1) 인권의 가치와 사회복지의 가치

(1) 인권의 가치(UN Centre for Human Rights, 1993)

인권은 사람이 사람답게 살기 위해 필요한 것으로서 당연히 인정된 기본적 권리, 즉 천부인권을 토대로 한 자연법사상에 근거하여 사람이 태어나면서부터 갖는 고유한 권리를 의미한다. 인권과 자유는 인간의 존엄과 가치를 추구하는 욕구에서 비롯된다. 따라서 인권은 인간의 인성과 지성, 양심을 사용하게 함으로써 성숙하게 하고, 동시에 심리적 욕구와 사회적 욕구를 만족시켜준다. 기본적 자유를 부정하는 것은 개인적 비극일 뿐만 아니라 지역사회와 국가 차원에서도 갈등과 폭력의 씨앗을 뿌림으로써 사회적·정치적 불신과 문제를 초래하게 된다. 세계인권선언은 그 첫 번째 문장에서 "인권과 인간 존엄에 대한 존중은 세계의 자유와 정의 그리고 평화의 기초이다"라고 규정하고 있다 (UN, 1987; 이혜원 역, 2005에서 재인용).

① 생명

생명의 가치는 인권과 관련된 모든 일에서 가장 우선적인 것이다. 즉 인간이 가지고 있는 생명의 가치는 그 뒤를 따르는 다른 모든 가치의 근원이다. 사회복지사는 인권 침해에 저항해야 할 뿐만 아니라 생명을 보장하고 증진하는 모든 활동을 적극적으로 지지하고 옹호해야 하며 클라이언트를 원조할 때 무엇보다도 생명의 가치를 우선적으로 고려해야 한다.

② 자유

"모든 인간은 자유롭게 태어났다"는 원칙에 근거하여 억압으로부터 해방될 자유, 노예와 노역으로부터의 자유, 고문과 비인간적 처벌로부터의 자유, 임의의 체포·구금·추방으로부터의 자유, 사생활·가족·가정에 대한 간섭으로부터의 자유, 이동과 거주의 자유가 세계인권선언에 명백하게 규정되어 있다. 즉 모든 인간이 자유롭게 태어나서 억압으로부터 해방될 자유가 있음은 곧 모든 인간이 살아가는 데에 자신에 관한 것을 스스로 선택하고 결정할 수 있는 자유를 가지고 있음을 의미한다.

③ 평등

모든 인간의 평등은 세계인권선언 제1조에 규정되어 있다. 평등은 정의의
원칙에서 초석이 되며, 차별하지 않음을 의미한다. 차별은 인간의 기본적이며
보편적 권리를 박탈하는 것이다. 사회복지사는 차별하는 이유를 파악하고
차별을 당하는 클라이언트를 옹호하고 지원하기 위해 무엇보다도 자신의 신
념, 태도, 행동에서 끊임없이 자신을 인식하고 평가해야 한다.

④ 정의

정의는 법 집행에서의 공평함을 의미한다. 따라서 전체 사회 구성원의 안전
과 권리가 보장되고, 모든 개인의 존엄성이 법률적·사회적·경제적으로 보장될
때 비로소 정의가 실현될 수 있다. 유엔은 국제법률을 통해 정의의 원칙을
규정했다. 이러한 원칙을 준수하는 국가들은 국민의 인권을 제대로 보장하고
있다. 사회복지사는 특히 사회적 소수자의 인권을 보장하기 위해 정의의 원칙
을 준수해야 한다.

⑤ 연대 책임

연대 책임은 인간의 아픔과 고통을 이해하고 공감하는 것뿐만 아니라 고통
을 받는 사람과 함께 그 고통의 원인을 확인하고 분명한 입장을 취하는 것을
의미하며, 개인적 차원을 넘어 가족·집단·지역사회·인종·민족으로 확대될 수
있다. 따라서 사회복지사는 모든 폭력·고문·추방·자유침해의 희생자들을 확
인하고, 그들의 문제에 개입하여 그들의 역량을 강화함과 동시에 그들의 소외
감을 경감시켜서 사회복지실천의 효과성을 최대화해야 한다.

⑥ 사회적 책임

사회적 책임은 고통을 받는 사람들을 대변하여 실천하는 활동이며 연대

책임의 당연한 결과에 따라 행동으로 옮기는 것을 의미한다. 즉 그들을 위해 싸우고, 그들의 주장을 옹호하고, 그들을 도와준다. 이러한 사회적 책임 원칙은 바로 사회복지사가 전문직으로 존재하는 이유이다.

⑦ 점진적 변화 · 평화 · 비폭력

지금까지 언급한 여섯 가지 가치는 인권을 지지하는 기초적 가치일 뿐만 아니라 인간관계의 질을 결정하는 요소이기도 하다. 이들 외에 평화는 단순히 갈등이 없는 상태만을 의미하는 것이 아니라 하나의 또 다른 가치이다. 그 이유는 인간은 자신 속에서의 조화, 다른 사람들과의 조화, 그리고 환경과의 조화를 성취하고자 노력하는 가운데 함께 발달하기 때문이다. 그렇지만 인간 관계에서 갈등은 피할 수 없다. 그 갈등을 해결하는 방법은 평화적이거나 폭력적이거나 건설적이거나 또는 파괴적이다. 이 가운데 평화적 접근은 더 시간이 걸리고 때로는 덜 즉각적으로 보상되나, 궁극적으로 더 효과적이다. 사회복지사는 인간관계의 갈등과 조직 간 갈등을 해결하기 위해 평화적 접근을 선택해야 한다. 그러나 자유·정의·사회정의를 추구함에서 저항은 피할 수 없다. 폭력은 폭력을 낳지만, 비폭력의 저항은 보다 더 바람직한 결과를 낳는다. 즉 중재와 조정이 상대에 대한 존중·이해와 일관성 있게 이행된다면 화해할 수 없을 것으로 여겨지는 차이점도 극복될 수 있으며, 결국 개방적이며 효과적인 소통을 할 수 있다.

⑧ 인류와 자연의 관계

지나친 소비주의와 극단적 빈곤은 사회적 취약계층은 물론 우리의 자연을 위태롭게 한다. 국제사회는 공식적·비공식적 환경교육과 환경정책을 통해 인류와 자연에 대한 손상을 멈추게 하고, 손상을 복구해야 한다. 사회복지사들도 인류와 환경에 대한 도전을 인식하고 관련 전문직들과 연대해야 한다.

(2) 사회복지의 가치

사회복지와 인권의 관계는 모든 사람은 인간다운 생활을 할 권리를 가지고 있다는 전제에서 함께 출발한다. 우리나라 헌법 제10조도 "모든 국민은 인간으로서의 존엄과 가치를 가지며 행복을 추구할 권리를 가진다. 국가는 개인이 가지는 불가침의 기본적 인권을 확인하고 이를 보장할 의무를 진다"라고 규정하고 있다. 이는 학생에도 적용된다. 따라서 학생을 포함하는 모든 국민은 이러한 권리를 국가에 요구할 수 있고, 국가는 이러한 권리를 보장할 의무가 있는 것이다. 이러한 관점에서 특히 학생의 생존권, 보호권, 발달권, 참여권을 보장하는 사회복지는 자선이나 혜택이 아닌 국민의 권리로서 사회적 당위성을 갖게 되는 것이다.

프리들랜더와 압테(Friedlander & Apte, 1980)는 사회복지의 가치를 ① 인간의 존엄성, ② 자기결정권, ③ 기회의 평등, ④ 사회연대의 책임으로 구분하고 있다. 즉 학생을 포함하는 모든 인간은 동등하게 존중받아야 하며, 자신의 행동과 태도를 결정할 권리가 있고, 다른 사람과 차별받음이 없이 공평한 기회를 보장받아야 하고, 이와 동시에 전체 사회의 구성원과 더불어 사회적 책임을 공유하고 사회정의와 사회통합을 실현하기 위해 노력해야 함을 의미한다. 자스트로(Zastrow, 1995; 엄명용 외, 2000에서 재인용)는 보다 직접적인 서비스를 제공하는 사회복지실천에서 일반적으로 중시되는 가치로서 ① 인간의 존엄성과 개인의 독특함 존중, ② 자기결정권에 대한 클라이언트의 권리 존중, ③ 비밀보장, ④ 기타 잔여적 정책이 아닌 제도적 정책의 지향, 클라이언트와의 전문적 관계형성, 사회·경제적 정의, 가족 단위의 서비스 초점, 사회적 책임성 등을 강조하고 있다. 이를 통해 앞에서 살펴본 인권의 가치와 사회복지의 가치가 생명(인간의 존엄성), 자유(자기결정), 평등(기회평등), 정의, 연대 책임, 사회적 책임 등 공통 기반을 공유하고 있음을 확인할 수 있다.

유엔아동권리협약(UN Convention on the Rights of the Child)은 1989년 11월 20일 유엔총회에서 채택된 국제적인 인권조약으로 아동의 생존, 보호, 발달, 참여의 권리 등 **아동 인권과 관련된 모든 권리**를 규정해 놓고 있습니다. 아동을 보호의 대상이 아닌 권리의 주체로 인식하겠다는 점에서 어린이 관련 인권 조약의 새로운 지평을 연 유엔아동권리협약은 2005년 현재 우리나라를 포함한 **192개국**의 비준을 받음으로써 전 세계적으로 가장 많은 국가의 비준을 받은 국제법이 되었습니다.

2005년 현재까지 협약을 비준하지 않은 나라는 미국과 소말리아로 2개국 뿐이며, 두 나라는 비준의사를 표현하고 있습니다.

아동권리협약을 비준한 나라의 정부는 생존의 권리, 발달의 권리, 유해한 것으로부터의 보호받을 권리, 학대받고 착취당하지 않을 권리, 참여의 권리, 문화적 사회적 삶에 대한 권리 등 협약에 명시된 모든 아동의 권리를 보장할 의무를 지고 있으며 협약의 이행상황을 처음 비준한 후 2년 후, 그 후에는 매 5년마다 유엔아동권리위원회에 보고해야 합니다. 비준국들은 각 나라의 다양한 전통문화나 국내법 체계, 경제적 여건 등을 이유로 협약의 일부만을 수용, 실천해서는 안됩니다.

자료: Save the Children Korea(www.sc.or.kr).

2) 유엔아동권리협약의 원칙

유엔아동권리협약은 제28조에서 교육은 아동의 권리를 인정하고 균등한 기회 제공을 기반으로 권리를 점진적으로 달성하기 위해 특별한 조치를 취해야 하며, 모든 학교 규율이 아동의 인격을 존중하고 이 협약을 준수하는 방향으로 운영되도록 보장하기 위해 모든 적절한 조치를 취해야 한다고 명시하고 있다. 그리고 이 협약은 제29조에서 학교교육의 목표는 아동의 인격·재능·잠재력을 계발하고, 아동의 권리·기본자유·유엔헌장원칙을 존중하고, 아동의 부모·문화주체성·언어를 존중하고, 아동과 모든 사람과의 관계에서 이해·평화·관용·성평등에 입각한 사회적 책임을 다 할 수 있도록 준비하는 것을 목표로 해야 한다고 규정하고 있다. 이러한 아동권리협약을 이행함에 중요한 네 가지 기본 원칙은 다음과 같다(이혜원, 2006).

(1) 무차별의 원칙(제2조)

아동은 성별, 종교, 사회적 신분, 인종, 국적 등 그 어떤 조건과 환경에서도 차별되어서는 안 된다. 즉 이 협약에 규정된 모든 아동의 권리는 어떠한 경우에라도 모든 아동에게 차별됨이 없이 보장되어야 한다.

(2) 아동 최선의 이익 원칙(제3조)

이 협약을 비준한 모든 국가는 아동에 관한 모든 정책과 활동에서 아동의 최선의 이익(the best interests of the child)을 최우선적으로 고려해야 한다. 여기서 아동의 최선의 이익은 곧 모든 행위에서 아동의 관점에서 아동에게 제공되는 최선의 이익을 의미한다. 이 원칙은 아동권리협약의 백미로서 네 가지 원칙 가운데 중심 원칙이다. 그렇다면 과연 누가 아동의 최선의 이익을 결정하는가? 이에 대해 가능한 아동 스스로 결정해야 한다고 답할 수 있다. 이것은 아동의 의사 존중 조항인 제12조와 연결되는 것으로 아동의 참여는 발달수준을 고려한 원칙에 의해 이행되어야 함을 의미하기 때문이다.

(3) 아동의 생존·보호·발달보장 원칙(제6조)

모든 아동은 생명에 관한 고유한 권리를 가지고 있으며, 당사국은 이러한 아동의 생존과 발달을 보장하기 위해 가능한 최선의 환경을 제공해야 한다. 이러한 원칙에 근거하여 아동권리협약에서는 아동의 권리를 기본적으로 생존권·보호권·발달권·참여권으로 분류하고 있다.

(4) 아동의 의사존중 원칙(제12조)

아동에게 영향을 미치는 모든 사항들은 아동의 관점에서 고려되고 결정되어야 한다. 그러나 일반적으로 아동의 의견존중 조항에 대한 완전 이행은 불가능하다. 따라서 이 원칙은 사회적 관습과 맥락에서 충분히 고려하여 그

범위 내에서 지켜지도록 노력해야 할 것이다. 이것이 지켜지기 위해서는 당사국이 국내의 법률적 조치나 제도를 상당 부분 보완할 필요가 있다.

우리나라는 1991년 이 협약에 비준한 이후 국내 아동·청소년 관련 법률들을 제·개정하면서 인권 관련 조항들을 포함시키기 시작했다. 1997년 12월 교육기본법은 제12조 제1항에서 "학생을 포함한 학습자의 기본적 인권은 교육의 과정에서 존중되고 보호된다"라고 명시하고 있다. 이 조항은 비록 선언적 의미만을 가지는 것이기는 하지만, 학생의 권리침해가 개선되지 않는 우리 교육의 현실에서는 상당한 의미를 갖는 조항이었다(이혜원 외, 2008). 그리고 2000년 1월 전면 개정된 아동복지법은 제3조 제1항에서 "아동은 자신 또는 부모의 성별, 연령, 종교, 사회적 신분, 재산, 장애유무, 출생지역 등에 따른 어떠한 종류의 차별도 받지 않고 자라나야 한다"라는 차별금지 원칙을 규정했고, 제3항에서 "아동에 관한 모든 활동에 있어서 아동의 이익이 최우선적으로 고려되어야 한다"라는 아동의 최선 이익 원칙을 명시했고, 제4조에서 "모든 국민은 아동의 권익과 안전을 존중해야 하며 아동을 건강하게 양육해야 한다"라고 규정했다. 보건복지가족부는 2008년 4월 아동·청소년 조직이 개편되면서 10월 27일 아동청소년통합법안을 입법예고했고, 한국아동복지학회와 한국학교사회복지학회를 중심으로 구성된 통합 TF팀은 이 내용에 유엔아동권리협약의 원칙을 강조했다.

3) 학교사회복지의 실천행동기준

(1) 사회복지의 실천윤리(NASW, 2002)

우리나라 사회복지사 윤리강령은 1967년 제정되었다. 이는 실천적 필요성보다는 '미국 따라하기'의 관행에 힘입어 때 이른 시기에 우리 사회의 문화적 특성에 관한 구체적 논의 없이 도입되었던 것이다. 그러다 우리 사회에서 장기간 방임되었던 인권침해, 차별, 불평등에 대한 변화의 목소리가 분출되면서 인권과 사회정의가 사회개혁의 지표가 되었고, 우리나라 사회복지사 윤리강령이 1992년과 2001년에 개정되었다. 그럼에도 미국 모방이라는 특색은 여전하다(김상균 외, 2007).

① 서비스: 사회복지사의 주요 실천목표는 욕구를 가진 사람들을 지원하고, 사회 문제를 해결하는 것이다.

사회복지사는 자신의 이익을 추구함이 없이 다른 사람들에게 서비스를 제공한다. 사회복지사는 자신의 지식, 가치, 기술에 기반을 두고 욕구를 가진 사람들을 지원하고 사회 문제를 발견하여 일반 시민들에게 그 문제 해결은 물론 예방의 중요성을 널리 알린다. 사회복지사들은 재정적 보상을 기대하지 않고 자신의 전문 기술을 제공하며 봉사할 수 있어야 한다.

② 사회정의: 사회복지사는 사회적 불의에 도전한다.

사회복지사는 특히 취약하고 억압받는 개인 및 집단과 함께 때로는 그들을 대신하여 사회변화를 도모한다. 이와 같은 사회복지사의 사회변화를 위한 노력은 주로 빈곤, 실업, 차별, 다른 형태의 사회적 불의(불공평)에 초점을 둔다. 이러한 활동은 억압과 문화적·민족적 다양성에 관한 민감성과 지식을 증진하기 위해 노력한다. 사회복지사는 필요한 정보·서비스·자원에의 접근과 기회의 평등, 그리고 의사결정에 관련된 보다 많은 사람들의 의미 있는 참여를 보장하기 위해 노력한다.

③ 인간의 존엄과 가치: 사회복지사는 인간의 고유한 존엄과 가치를 존중한다.

사회복지사는 모든 클라이언트와 관계할 때 인간의 개별적 차이와 문화적·민족적 다양성을 이해하고 인식하며 배려하고 존중하는 자세로 대한다. 사회복지사는 클라이언트의 책임감 있는 자기결정능력을 강화한다. 사회복지사는 클라이언트의 역량과 변화의 기회를 강화하고 클라이언트의 욕구를 확인하여 충족시킬 수 있도록 노력한다. 사회복지사는 클라이언트에 대한 책임감과 동시에 더 넓은 전체 사회에 대한 책임감을 동시에 인식하고 있다. 사회복지사는 사회복지 전문직의 가치·윤리원칙·윤리기준에 일관되고 사회적으로 책임 있는 실천방법으로 클라이언트의 이익과 전체 사회의 이익 간 갈등을 해결하기 위해 노력한다.

④ 인간관계의 중요성: 사회복지사는 인간관계의 중요성을 인식한다.

사회복지사는 인간과 인간 및 인간 간 관계가 변화의 중요한 수단이라는 사실을 이해한다. 사회복지사는 원조과정에서 인간을 협력자로 활용하고, 개인·가족·사회집단·조직·지역사회의 복지를 증진하고 회복하고 유지하고 관련된 사람들 사이의 관계를 강화하기 위해 노력한다.

⑤ 통합: 사회복지사는 신뢰하는 자세로 행동한다.

사회복지사는 끊임없이 사회복지 전문직의 사명, 가치, 윤리원칙, 윤리기준을 인식하고 이들과 일관된 방법으로 실천한다. 사회복지사는 솔직하고 책임감 있게 행동하고 그들과 관련된 조직의 한 부분으로서, 즉 그들이 가입된 협회의 회원으로서 윤리적 실천을 증진한다.

⑥ 역량강화에 대한 믿음: 사회복지사는 자신에게 주어진 역량으로 실천하고, 자신의 전문적 능력을 끊임없이 계발하고 증진한다.

사회복지사는 끊임없이 자신의 전문지식과 기술을 확충하고, 이러한 지식과 기술을 실천현장에 적용하기 위해 노력한다. 사회복지사는 사회복지 전문직의 지식 기반에 기여하기 위해 노력해야 한다.

(2) 학교사회복지 실천기준(NASW, 2002)

① 학교사회복지사는 사회복지전문직의 가치와 윤리를 준수해야 하며, 윤리적 의
사결정에 있어서 사회복지사윤리강령을 지침으로 사용해야 한다.

학교사회복지사는 사회복지서비스에 대한 학생의 권리를 포함한 기본적인
인권에 관하여 인식하고 전문적인 판단과 신념에 따라 행동하려는 의지를
보여야 한다. 또한 학교사회복지사는 윤리강령을 숙지하고, 변화는 지속적이
며 이러한 변화를 위해 이론·정책·실천을 끊임없이 연구하고 증진해야 한다는
사실도 인식해야 한다. 학교사회복지사는 지방교육기관의 필수 직원으로서
지방정부와 중앙정부의 입법, 규제, 정책을 숙지하고 준수해야 할 책임이 있
다. 상충하는 기대 속에 갈등이 발생하는 경우, 학교사회복지사는 윤리강령에
기초하여 의사결정을 해야 한다.

② 학교사회복지사는 책임을 준수하기 위해 자신의 시간과 에너지 그리고 업무량
을 조직하여 역할을 수행해야 한다. 이때 다양한 책임 가운데 우선순위를 정하여
조직 내 자신의 지위에 맞는 업무를 완수해야 한다.

학교사회복지사는 자신의 업무를 효율적이고 효과적인 방법으로 수행해야
한다. 실천을 위한 우선순위는 학교사회복지사와 담당 슈퍼바이저 간 협력을
통해 개발되어야 한다. 이때 우선순위는 학생의 욕구충족효과, 학교사회복지
사의 전문적 기술, 프로그램 욕구, 기타 자원의 활용가능성 등에 근거하여
설정해야 한다. 학교사회복지사는 의사소통을 증진하고, 정보를 수집하여 조
직하고, 신뢰를 얻기 위해 학교 당국의 정보·기술체계를 활용해야 한다.

③ 학교사회복지사는 지방교육청 담당자, 학교이사회 회원, 지역사회 공동대표들에게 학교사회복지서비스에 관한 이해를 증진시키고 이를 효과적으로 활용하기 위한 자문을 제공해야 한다.

학교사회복지사는 학생의 학습경험에 영향을 미치는 가족·지방교육청·지역사회 요인을 이해할 수 있도록 자문을 제공해야 한다. 학교사회복지사는 또한 징계, 출석, 비밀, 인종, 민족, 언어, 정신건강, 행동관리, 위기개입, 아동학대와 방임 등에 관한 이슈에 대해서도 자문을 제공해야 한다. 학교사회복지사는 전반적인 개입 목적과 목표 그리고 전문가로서의 과업을 항상 인식하고 있어야 하며 이들을 학교 등 지방교육기관 담당자들에게 이해시켜야 한다. 이를 통해 학교사회복지사의 전문적인 주요 활동과 역량이 지속될 수 있다.

④ 학교사회복지사는 다문화를 이해하고 학생의 학습경험에 대한 가족의 지원을 최대한 증진할 수 있는 환경에서 학생과 그 가족에게 서비스를 제공해야 한다.

최근 증가하고 있는 다양성은 학교사회복지사에게 문화적 차이에 대한 인식과 이해를 증진하도록 요구하고 있다. 학교사회복지사는 사회복지실천에서 문화적 역량을 위한 사회복지사협회의 기준에 일치하는 자기인식, 지식, 실천 기술 등을 포함하는 역량을 개발해야 한다. 학교사회복지사는 또한 학교에서의 인종적·민족적 장애요인을 인식하고 이러한 요인들이 학생에게 미치는 영향을 가능한 최소화하고 극복할 수 있는 전략을 개발하여 학교 분위기를 증진하도록 노력해야 한다.

⑤ 학교사회복지 서비스는 개별 학생의 강점과 역량을 강화하고 학생 자신의 학습 경험을 스스로 계획하고 실행함에 있어서 최대한의 참여기회를 보장하는 방법으로 가능한 많은 학생들에게 제공되어야 한다.

학교사회복지사는 실천 활동의 계획을 수립하고 목표를 설정할 때 개별 학생의 특성은 물론 자신에 관해 의사소통할 수 있는 능력, 대안 가운데 선택할 수 있는 능력, 그들 자신의 학습을 주도할 수 있는 능력 등을 고려해야 한다.

⑥ 학교사회복지사는 지역사회의 공식적·비공식적 자원에 접근하여 이를 효과적으로 활용할 수 있도록 학생과 그 가족의 역량을 강화해야 한다.

임파워먼트(이하 역량강화)는 가족이 자신들을 위한 옹호자로서 기능할 수 있도록 하기 위해 학생은 물론 그 가족의 강점과 구조를 활용한다는 원칙에 기반을 두고 있다. 이때 학교사회복지사는 지방교육기관과 지역사회 기관이 제공하는 공식적 서비스를 보충할 수 있는 비공식적 지원망을 개발하고 그 기능을 향상시키기 위해 지역사회 안에서 공식적 또는 비공식적 리더로서의 역할을 수행하는 사람들을 찾아내어 협력하는 것이 특히 중요하다.

⑦ 학교사회복지사는 사생활과 정보의 비밀을 보장해야 한다.

학교사회복지사는 비밀보장에 관한 지방정부와 중앙정부의 다양한 법률조항을 숙지하고 준수해야 한다. 클라이언트의 사생활 등 비밀 정보를 사용할 때 전문적 판단은 전문실천적·법률적·윤리적 기준에 근거해야 한다. 서비스가 제공되기 시작할 때에 해당 학생과 가족 그리고 전문가는 비밀보장의 한계와 요건에 관해 충분히 알고 있어야 한다.

⑧ 학교사회복지사는 다양한 상황에서 학생과 가족의 권리를 옹호해야 한다.

학생들에게 영향을 미칠 수 있는 이슈들은 제한된 교육기회, 징계, 교내 징벌적·독단적·배제적 정책과 절차, 제도적인 민족주의, 학생의 인종·성별·출신국가·성적지향·종교에 근거한 차별, 동성애혐오, 성차별 등이다. 따라서 이 민학생, 난민학생, 노숙학생, HIV/AIDS 학생, 약물남용 문제를 가진 학생, 기타 위기학생들을 위한 옹호가 필요하다. 학교사회복지사가 이러한 학생들을 위한 학교사회복지실천에 영향을 미칠 수 있는 법정결정(판례), 입법(법률조항), 원칙과 규제, 정책과 절차를 확실하게 숙지하고 있을 때 가장 효과적으로 옹호할 수 있다.

⑨ 학교사회복지사는 다학문팀 네트워킹의 구성원이자 리더로서 학생과 그 가족의 욕구를 충족시키기 위해 지방교육기관과 지역사회의 자원을 동원할 수 있도록 협력해야 한다.

학교사회복지사는 서비스의 제도적 장애를 제거하고 틈을 메우기 위해 다학문 접근팀의 리더로서 또는 구성원으로서 개입활동을 개시하고 지원한다. 학교사회복지사는 다학문팀의 목표 달성을 지원하기 위해 신뢰, 개방적 의사소통, 상호 존중, 지속적인 협력, 효과적 조정을 통해 주어진 역할을 수행해야 한다.

다학문팀에 학교사회복지사만이 기여할 수 있는 점은 바로 다학문적 접근의 과정에서 가족·학교·지역사회의 관점을 적용하는 것이다.

⑩ 학교사회복지사는 교육기관의 목적과 사명을 성취할 수 있도록 훈련 및 교육 프로그램을 개발하여 제공해야 한다.

학교사회복지사는 부모, 교사, 지방교육기관 직원, 지역사회 직원 등을 대상으로 훈련 프로그램을 개발하여 제공해야 한다. 이러한 프로그램은 다른 전문직과의 팀워크와 협력에 관한 내용을 포함해야 한다. 프로그램 내용은 학생들의 학교 적응과 성공에 영향을 미치는 예방·개입·치료요인들을 역점을 두어 다루어야 한다. 또한 학교사회복지사는 학교 관할지역의 학습기준을 지원해야 한다. 이러한 지원은 학생들이 학습활동을 준비하게 하는 것뿐만 아니라 사회성 기술과 행동 기술을 실제로 가르침으로써 가능하다.

⑪ 학교사회복지사는 학교사회복지 서비스를 계획하고 실행하고 평가하기에 적합한 정보를 관리하고 있어야 한다.

시의적절하고 정확한 기록은 학교사회복지 서비스를 자세하게 설명하고, 결과를 증명하고, 지방교육기관과 지역사회에 대한 신뢰감을 증진한다. 활동 보고서에 대한 분석, 프로그램 통계, 서비스의 결과를 평가하는 객관적 척도는 학생과 그 가족의 욕구를 보다 많이 충족시키기 위해 학교사회복지 서비스의 효과적 활용을 지원할 수 있다.

⑫ 학교사회복지사는 학생의 개별욕구를 객관적으로 사정하고, 문제행동의 원인을 발견하고 변화를 도모하기 위한 개입을 계획함에 직접적으로 유용한 정보를 제공해야 한다.

학교사회복지사는 반드시 생태체계적 관점에서 가정과 지역사회 속 학생과 환경과의 상호작용뿐만 아니라 학생들에게 초점을 두고 사정해야 한다. 사정을 위한 기능적 접근은 문제행동의 목적과 결과에 대한 이해를 증진시키고, 개입을 발전시키기 위한 정보를 제공한다.

⑬ 학교사회복지사는 사정 결과를 개입과 평가 계획에 반영해야 한다.

계획은 주요 관심사와 관련되는 사정에 기초해야 한다. 이러한 계획은 바람직한 결과를 성취하기 위한 목적·목표·개입, 평가방법, 결과기준 등을 포함해야 한다. 계획은 긍정적인 교육경험을 증진하고 학생, 가족, 다른 구성원, 학교, 적합한 지역사회자원 등을 모두 포함하여 최대한 활용할 수 있도록 설계된다.

⑭ 학교사회복지사는 체계변화자로서 지방교육기관과 지역사회에 의하여 아직 제기되지 못한 욕구영역을 발견하고, 이러한 욕구를 충족시켜 줄 수 있는 새로운 서비스를 새롭게 개발해야 한다.

학교사회복지사의 개입은 지방교육기관과 지역사회의 서비스와 자원이 부족하다는 사실을 일반 대중에게 적극적으로 알리는 활동으로부터 시작된다. 특히 지방교육기관의 서비스와 자원은 교육제도로부터 혜택을 받는 학생

의 능력에 영향을 미친다. 옹호는 지방정부와 중앙정부 차원의 각종 위원회와
자문위원에 대한 지도력을 갖추어야 한다.

⑮ 학교사회복지사는 학교와 지역사회의 비생산적 충돌을 해결하고 보다 생산적인
관계를 증진하기 위해 중재와 갈등해결 전략을 사용하도록 훈련되어야 한다.

부모와 학교 간 갈등과 곤경을 해결하기 위한 시도는 종종 공식적이며
비용이 많이 드는, 그리고 종종 반대되는 절차를 통해 도모된다. 학교사회복지
사가 긍정적이며 협력적인 관계를 형성하고 학생, 부모, 학교, 관련 직원들
사이에서 발생한 비생산적인 충돌의 결과를 원상태로 돌리기 위해서는 중재
기술과 갈등해결 기술이 효과적인 전략이다. 학교사회복지사들은 훈련과 경
험을 통해 이러한 역할을 수행하기에 적합하며, 이러한 과정에 관여하는 기회
를 모색해야 한다.
　　그러나 이러한 기준은 학교사회복지가 오래전부터 발달한 미국 사회의
기준으로, 우리 사회의 가치체계와 항상 일치하는 것은 아니다. 따라서 이러한
기준을 적용할 때 우리나라의 학교사회복지사는 우리 사회의 문화적 배경과
특성을 반드시 고려하여 신중하게 실천행동을 정하며 스스로 자신의 가치관
을 점검 및 공개하고, 지속적인 자기평가는 물론 주 1회 1시간 이상 정기적인
슈퍼비전에 기초하여 체계적·객관적 평가를 받아야 한다. 이를 통해 학교사회
복지사의 전문역량은 물론 인권감수성과 문화감수성도 강화될 수 있다.

어느 여고생의 죽음 2008년 7월 19일

지난 5일 안양 K정보고 3학년 여학생(신나래 양)이 안양 시내 한 아파트에서 투신자살했다. 이 소녀의 부모는 지난 10일 기자회견을 열고 딸의 죽음에는 학교교육의 병폐가 자리하고 있었다고 폭로했다. 경기도 교육청은 이 사건에 대한 조사에 나섰지만, 결론은 문제가 되었던 두 교사의 주장을 듣는 것에 그쳤다. 경기도 교육청은 지난 16일 부모가 문제로 지적했던 ▲ 기초생활수급자 조사와 공개거명, ▲ 공납금 미납자 공개와 학교에 남기는 사례, ▲ 여고생 생리대 소지품검사, ▲ 과잉체벌 등에 대해 조사결과와 함께 회신했다.

다음은 이 소식을 접한 한 학부모의 글이다.

"제가 초등학교를 다니던 1960년대부터 무심하거나 무서운 선생님들은 늘 있어왔지만 그 때문에 자살까지 하는 아이들이 있지는 않았지요. 지금도 기억 납니다. 초등학교 때, 학기 초 으레 가정환경조사라는 것을 했습니다. "엄마 아버지가 대학을 나온 사람 손 드세요" 하면 해당되는 아이들은 의기양양하게 손을 번쩍 들고, 자가용, 피아노에 손 번쩍, 신문 보는 집에 손 번쩍 등등 그런 식이었습니다. 가정환경조사서를 작성한 기억도 있고 가정방문도 있었지요. 한 10년 전 한국에서 출장 온 친지에게 들으니 강남에서는 간단하게 '화장실 1개, 2개, 3개 있는 집?' 하고 묻는다고 해서 놀란 적도 있었답니다. 화장실 수에 따라 집의 평수가 나와서 간단히 환경 조사가 된다고 하데요. 미국에 연수와 있던 지인은 아예 가정환경조사서 부모의 직업난에 '공무원' 대신 '민원실 근무' 하고 써 넣었더니 교사가 절대로 귀찮게 안 하더라고 천연덕스럽게 얘기하여 제 입을 못 다물게 한 일도 있답니다. 과연 지금도 한국의 학교에서 그런 환경조서를 작성하고 있는지 모르겠습니다만, 앞의 뉴스에 난 소녀의 자살을 보면, 기초생활 수급자에 속한다든가 공납금을 못 냈다든가 하는 극빈층 학생들의 프라이버시가 존중되지 않고, 체벌, 소지품검사라는 단어가 등장하니 인권이 존중되고 있지 않음을 알겠습니다.

미국에서 두 아들을 학교에 보내며 겪은 경험입니다. Pre-K(유아학교), K (kindergarten, 유치원), Elementary(초등학교), Middle & High school(중·고등학교)을 거치며 단 한 번도 가정환경조사 비슷한 것도 하는 적이 없습니다. 교사들도 학부모 본인이 굳이 밝히지 않는 한 학생의 부모의 직업을 묻는 일이 없습니다. 모든 교육은 무료입니다. 점심은 2달러 정도 내고 매일 사먹어야 하는데, 그것도 가족 수입이 일정액 이하이면 일정 양식의 서류를 제출하여 반액으로 할인을 받지요. 그냥 개인이 작성하여 오피스에 갖다 내는데 설사 다른 애들이 안다 해도 별로들 관심은 없는 것 같습니다. 낮잠도 자고 장난감 갖고 놀다 오는 Pre-K에서는 교사와 보조교사 두 명이 아이들을 돌보는데 장난감을 'share (사이좋게 나누어 놀라)' 하라 강조하여 가르칩니다. 유치원에서 6학년을 거치기까지(학교에 따라 다소 다르기는 하겠지만) 석차가 나오지 않습니다. 그런데 미국의 한국 어머니들이 때로는 초등 1, 2학년 자녀가 1등 했다고 자랑하여 속으로 웃을 때도 있습니다. 교사들은 공부 잘하는 아이나 집안이 좋은 아이라고 하여 우대하는 일이 거의 전무합니다. 비교를 당하지 않고 경쟁이 심하지 않은 교육을 받아서인지 아이들이 우월감도 열등감도 별로 없습니다.

한국의 교육제도의 특징은 한마디로 우수한 사람 골라내기이지요. 미국의 교육제도는 전인교육에 초점을 두는 것 같습니다. 한국에서 오는 친지들마다 한국에서의 자녀교육이 힘들다고 이구동성입니다. 부모는 학비 대느라 힘들고, 학생들은 공부하느라 힘들고, 교사들은 또 다른 이유로 힘들어 학생을 하나의 인격체로 다룰 틈이 없는지도 모르지요. 좁은 국토에 많은 사람이 살다 보니 경쟁이 치열할 수밖에 없는 것은 당연하구요. 하지만 장기적 안목에서 보면 교육처럼 중요한 부문이 없습니다. 좋은 인간을 길러내는 교육이 없이 돈, 출세, 권력만 지향하는 인간을 길러내면 그런 사람들의 사회란 얼마나 살기 힘든 곳이겠습니까? 한국은 자본주의의 본향인 미국보다도 더 물질만능주의가 심한 것 같습니다.

어려운 가정환경이 밝혀진 데 자존심이 상하여 세상을 등져버린 딱한 소녀의 기사를 접하고 한국의 교육에 대하여 두서없이 썼습니다. 좋은 선생님 한 분은 참으로 많은 좋은 인간을 길러내는 소중한 존재입니다. 돈 버는 직업으로서가 아닌 인간을 육성한다는 숭고한 가치를 교사가 지녀주기를 기대한다면 너무 무리한 주문일까요? 최소한 공정하고 사려 깊은 선생님은 되어줘야 할 텐데요. 한국 사회가 너무 바삐 성장 위주, 결과 위주로 돌아가니, 뒤에 처진 사람들을 그냥 짓밟고 가는 냉혹한 사회가 되는가 싶어 걱정스런 마음입니다. 이 글은 대부분의 사려 깊고 공정한 교사들을 도매금으로 비난하고자 하는 글이 아닙니다.

자료: http://blog.daum.net/jamierang/5372681

참고문헌

국가인권위원회, 2005. 「별별이야기」.

김기환. 1996. 「학생복지를 위한 학교사회사업의 필요성」. ≪한국아동복지학≫, 4.

김상균·최일섭·최성재·조흥식·김혜란·이봉주·구인회·강상경·안상훈. 2007. 『사회복지
　　개론』. 파주: 나남.

배경내. 2000. 『인권은 교문 앞에서 멈춘다』. 서울: 우리교육.

보건복지가족부. 2008. 『2007 청소년백서』. 서울: 보건복지가족부.

손병덕. 2008. 『영국의 교육복지 통합서비스』. 2008년도 한국학교사회복지학회, 한 국아
　　동복지학회 공동 추계학술대회 자료집.

엄명용·김성천·오혜경·윤혜미. 2000. 『사회복지실천의 이해』. 서울: 학지사.

윤철수. 2004. 「학교사회복지사의 역할 수행 과정과 의미: 현실기반이론 접근」. 가톨릭대
　　학교 박사학위논문.

윤철수·안정선·진혜경. 2006. 『학교교육과 복지』. 서울: 양서원.

유지나. 2005. http://blog.daum.net/bymephisto/4194427

이봉주·김세원. 2005. 「아동학대와 방임의 사회구조적 요인: 빈곤과의 상관관계를 중심으로」. ≪아동권리연구≫, 9-3.

이은주. 2007. 「빈곤아동의 아동방임 현황과 정책방향」. 「2007년 국가인권위원회 사회권 심포지엄 자료집」.

이정효. 2003. 「특수학교에서의 학교사회복지의 필요성에 관한 연구」. 대구대학교 석사학위논문.

이혜원·우수명. 2005. 「학교사회복지 관련 조직 간 네트워크의 특성에 관한 연구 I : 서울시 강서구 교육복지투자우선지역지원사업을 중심으로」. ≪한국사회복지학≫, 57-4.

이혜원 옮김(UN Center for Human Rights 지음). 2005. 『인권과 사회복지실천』. 서울: 학지사.

이혜원. 2006. 『아동권리와 아동복지』. 서울: 집문당.

이혜원·김혜래·홍순혜·노충래. 2007. 「통합적 학교사회복지서비스모형의 필요성과 실천방향」. ≪학교사회복지≫, 13.

이혜원·이봉주·김혜래·오승환·정익중·하승수·이지수·하경희·김성천·이상희·심한기·최은미. 2008. 『청소년권리와 청소년복지』. 서울: 한울.

정연정. 2008. 9. 18. 「어느 학교사회복지사의 고해성사」. www.kassw.or.kr

정철호. 2006. 「공교육체계에서의 학생체벌에 대한 법적 고찰」. ≪아동권리연구≫, 10-3.

통계청. 2008. 『2007 사망원인통계연보』.

한국아동복지학회 편. 2008. 『아동과 가족』. 서울: 도서출판 한울.

한국여성복지연구회 편. 2006. 『영화와 사회복지』. 서울: 청목출판사.

한국형사정책연구원. 1999. 『체벌의 실태와 영향에 관한 연구』. 서울: 한국형사정책학회.

Allen-Meares, P. 2004. *Social Work Services in Schools*(4th ed.). Boston, MA.: Allyn and Bacon.

Byrne, D. & Taylor, B. 2007. "Children at Risk from Domestic Violence and their Educational Attainment: Perspectives of Education Welfare Officers, Social Workers and Teachers." *Child Care in Practice*, 13(30), 185~201.

Eastsussex Council. 2008. www.eastsussex.gov.uk

Friedlander, W. A. & Apte, R. Z. 1980. *Introduction to Social Welfare*, 5th ed. Englewood Cliffs, NJ: Prentice-Hall.

Hampshire County Council. 2008. "What is the Education Welfare Service?"

Hare, I. 1995. "School-Linked Integrative Services." In R. L., Edwards & J. G., Hopps(Eds.). *Encyclopedia of Social Work*(19th ed), Vol.3, Washington, D. C. :NASW Press. pp.2100~2109.

National Audit Office. 2005. *Improving School Attendance in England*. London: The Stationery Office.

National Association of Social Workers. 2002. "NASW Standards for School Social Work Service." www.socialworkers.org

United Nations. 1987. *Human Rights: Questions and Answers*. Geneva: United Nations.

UN Centre for Human Rights. 1993. *Human Rights: A compilation of international instruments*. Geneva: United Nations.

Zastrow, C. 1995. *The Practice of Social Work*. California: Wadsworth.

www.kassw.or.kr

www.socialworkers.org

www.dh.gov.uk

www.eastsussex.gov.uk/educationandlearning/schools/attendanceandbehaviour/download.htm

www.sc.or.kr Save the Children Korea

학교조직에 대한 이해

김혜래 꽃동네현도사회복지대학교 사회복지학부 부교수

학교조직은 법령에 따라 국민생활에 필요한 교육을 체계적·계획적으로 실시하기 위해 발생한 하나의 사회적 체계로서 공식적 조직이다. 우리나라는 교육기본법 제9조에 유아교육, 초등교육, 중등교육, 고등교육을 하기 위해 학교를 두며, 학교는 공공성을 가지고 학생의 교육 외에 학술적·문화적 전통의 유지·발전과 주민의 평생교육을 위해 노력해야 하고, 학교교육은 학생의 창의적 계발과 인성 함양을 포함한 전인적 교육을 중시해야 한다고 명시하고 있다. 공식적 조직인 학교조직은 교육이라는 특정한 목적을 완수하기 위해 계획적으로 제도화되어오는 과정에서 교육의 전통, 교직의 전문적 특성, 학교에 대한 사회의 큰 기대 등의 영향을 받아 구조, 활동, 기능 등의 여러 측면에서 일반 조직과는 다른 특성을 가지고 있다. 우리가 학교조직의 특성을 파악하는 주된 목적은 학교조직의 성격과 본질을 올바르게 인식하여 학교사회복지의 활동 방향에 시사점을 얻고자 하는 데 있다.

1. 학교조직의 개념과 조직 유형

조직의 개념은 "두 사람 이상의 활동이나 힘이 의식적으로 조정되는 체제", "상호의 관계를 규정한 역할체계를 가지고 있는 인간의 집단", "특정의 목표를 성취하기 위해 의식적으로 구성되고 재구성되는 사회적 단위" 등으로 학자에 따라 다양하게 정의된다. 샤인(Schein, 1992)은 "업무와 기능의 분담을 통하여 그리고 권위와 책임의 위계를 통하여 공동의 명시적 목적이나 목표를 성취하기 위해 여러 사람들의 활동이 계획적으로 조정되는 것"을 조직이라고 했다. 즉 조직이란 둘 이상의 구성원이 공동의 목표를 가지고 목표 수행을 위해 역할을 분담하고 상호 협력하며, 이들의 활동이 규칙과 규정에 의해 조정되는 집합체라고 정리할 수 있다(주삼환 외, 2003: 55~66; 김경희·배연선, 2004에서 재인용). 이를 학교조직에 대입하여 학교조직을 정의하면, 학교조직이란 학생, 교사, 학부모 등 구성원들이 규칙과 규정에 따라 역할을 분담하고 협력적인 관계를 유지하면서 국민 생활에 필요한 교육을 목적으로 계획적으로 조정되는 사회적 단위라고 할 수 있다.

일반적으로 학교조직을 이해하기 위해 일반행정 조직이론을 적용한다. 하지만 학교조직은 교육을 체계적·계획적으로 실시하기 위해 발생한 하나의 공식적·사회적 체계로서 다른 조직과는 목적이 다르며, 여러 측면에서 일반 조직과는 다른 특성을 가지고 있다.

다양한 분류 기준에 따라 학교가 어떤 유형의 조직에 해당되는지 살펴보는 것은 학교조직의 특성을 이해하는 데 도움이 된다. 블라우와 스콧(Blau & Scott, 1962)은 조직의 수혜자가 누구냐에 따라 호혜조직, 사업조직, 봉사조직, 공익조직으로 분류하고 학교를 조직의 이용자가 주 수혜자가 되는 봉사조직으로 분류했다. 파슨스(Parsons, 1977)는 조직이 사회를 위해 수행하는 사회적 기여에 따라 조직을 생산조직, 정치적 목표지향조직, 통합적 조직, 유형유지조직으로 구분하고, 학교를 교육·문화 등을 통하여 사회의 계속성을 유지하는 유형유지조직에 포함시켰다. 칼슨(Carlson, 1975)은 조직이 구성원을 선택할 수 있는 정도에 따라 온상(domesticated)조직과 야생(wild)조직으로 구분하고 의무공립학교는 온상조직에, 사립대학은 야생조직에 포함시켰다. 또한 에치오니(Etzioni, 1961)는 상하복종관계와 관여도에 따라 강제적 조직, 공리적 조직, 규범적 조직으로 나누고 학교를 조직체 구성원이 그 조직체의 이념, 규범에 동의하고 스스로 내면화하지 않으면 유지될 수 없는 규범적 조직이라고 했다. 정리하면 조직유형으로 볼 때 학교조직은 봉사조직, 유형유지조직, 온상조직, 규범적 조직에 속하며 이에 상응하는 특성을 가지고 있다.

2. 학교조직의 특성

학교는 조직의 '원료(raw material)'가 도덕적 가치를 부여받은 인간으로 구성되어 있어 일반 다른 조직과는 달리 목표가 추상적이며, 투자효과를 장기적으로 봐야 한다는 특징을 가지고 있으며, 교육자와 피교육자로 구성된 조직구조상 이원성의 특징을 가지고 있다(성민선 외, 2004). 이렇듯 학교조직은 대상, 목표, 구성원에서 상당히 복합적인 속성을 가지고 있어서 하나의 개념이나 접근법으로 설명하기 어렵다.

일반적으로 학교조직을 이해하기 위한 관점은 구조적 관점, 인간자원 관점, 정치적 관점, 상징적 관점의 네 가지이다. 구조적 관점에서는 학교조직의 효율적이고 효과적 관리를 위해서 조직의 목적 및 환경의 요구에 적합한 조직의 구조와 이들 요소 간의 관계를 탐색한다. 인간자원 관점에서는 조직과 조직구성원 간의 상호작용을 강조하며 조직구성원의 동기, 태도, 집단응집성, 소외와 스트레스, 지도성, 직무만족, 의사소통, 조직풍토, 총체적 질 관리 등에 초점을 둔다. 이 관점은 조직의 욕구와 구성원 욕구 간의 조화와 통합을 강조하나 조직 상층부인 관리자의 이익, 조직의 목적 달성을 증진시키는 데 암묵적으로 기여한다는 비판이 있다. 정치적 관점에서는 학교를 구성원이 희소한 자원을 두고 서로 갈등하고 경쟁하는 장으로 보고, 구성원 간 갈등, 영향력, 권력, 정치적 관계 등을 조직을 이해하는 핵심 개념으로 본다. 그리고 상징적 관점에서는 공유된 가치, 문화를 강조하고 있는 학교조직문화를 통하여 학교를 이해하고자 한다(진동섭 외, 2005; 박상완, 2006). 인간자원 관점과 정치적 관점은 그 특성상 구성원의 행위에 초점을 두고 있으므로 학교조직의 특성에 대한 전반적 이해를 위해 구조적 관점을 통하여 학교의 구조적 특성을, 그리고 상징적 관점을 통하여 학교조직의 문화적 특성을 알아보고자 한다.

학교조직의 특성을 구조적 관점에서 설명하는 이론들은 복잡한 조직을 운영하고 경영하는 데서 과업의 분화, 업무의 조정과 통합, 공식적 구조의 중요성을 강조한다. 반면 상징적 관점은 구조적 관점에서 설명하지 못하는 조직의 또 다른 측면, 즉 조직 내 다양한 구성원이 공유하는 문화, 신념, 가치 등에 초점을 둔다. 조직의 구조적 요소는 조직문화에 영향을 미치고 조직의 문화적 측면은 구성원이 조직의 구조에 적응하고 이를 내면화하는 방식 등에 영향을 미치게 되므로 조직구조와 문화는 이분법적으로 이해되기보다는 상호 통합적으로 이해되어야 한다(박상완, 2006).

1) 구조적 특성

학교조직의 구조적 특성을 이해하기에 적합한 관점은 구조적 관점이다. 교직사회의 특성을 이해하는 틀로서 구조적 관점은 학교를 효율적으로 운영하기 위해 조직의 과업과 역할, 지위를 어떻게 나눌 것이며 이를 어떻게 조정하고 통합·통제할 것인가 등 조직의 구조에 주목한다(박상완, 2006). 또한 구조적 관점은 조직의 구성요소 간 결합 또는 연결을 중요시한다. 구조적 관점에서 볼 때 학교조직에는 전문적 관료제, 느슨하게 결합된 체계, 사회체계 등의 다양한 이미지가 혼재한다.

(1) 전문적 관료제

현대 사회에서 개인의 일생은 개인적 지위와 행위를 규정하고 형성하며 변화시키는 공식적인 조직에 의해 조정되고 있으며, 사회 구성원의 개인적 복지를 관리하고 증진시키기 위해 사회는 분명하게 짜인 관료제적 조직을 운영하고 있다. 관료제는 현대 행정조직의 가장 일반적인 조직형태로 행정관리를 위한 가장 이상적인 도구라고도 하며 인간의 기본적 자유를 해치는 권위적·독선적 도구라고도 한다(진동섭 외, 2005). 오늘날 학교조직도 그 규모가 커지고 업무가 복잡해지면서 관료제로 지적되고 있다. 일찍이 베버(Weber)는 관료제의 특징으로 분업과 전문화, 몰인정성 지향성, 권한의 계층, 규칙과 규정, 직업지향성 등을 들었다. 학교조직의 통제와 지휘가 최고행정가인 교장에게 집중되어 있고, 계층적 관계를 중시하는 피라미드형 조직을 이루고 있으며, 교무분장 위주의 학교구조 운영이 중심을 이루고 있는 것이 학교조직의 관료적 모습이다. 또한 학교급에 따라 초·중·고교로 분리되어 있고, 교과의 구분이 있으며, 교수와 행정이 분리되어 있고, 학교 구성원에 대한 각종 통제와 규칙이 존재하며, 계층적 구조를 가지고 있는 점도 학교조직이 고도로 발달된 관료제임을 보여준다(성민선 외, 2004).

그러나 학교조직은 다른 관료조직과 여러 면에서 상이하다. 권한의 계층상하위에 있는 교사는 고도의 전문가적 교육을 받은 전문가 집단이며, 교사는 그들의 책임으로 독립된 교실에서 아동을 가르치기 때문에 많은 재량권을 가지고 있다. 따라서 교사를 철저히 감독하거나 획일적 성취기준을 적용하기는 어렵다. 이런 면에서 볼 때 학교는 노동의 기능적 분화, 법적으로 규정된 의사소통 통로와 권위구조 등 관료제의 성격을 가지고 있다고 인정되면서도 베버의 순수한 형태의 관료제가 아니라고 지적된다(Bidwell, 1979). 즉 학교조직은 자유재량권이 크고, 직무수행에서 통일성과 표준을 정하기 어려우며, 교사가 전문가임을 인정하는 관료제와 전문직제의 혼합적인 조직형태로(성민선 외, 2004) 전문적 관료제라고 볼 수 있다. 조직관리의 핵심인 조정과 통제가 어떤 방식으로 누구에 의해 이루어지는가에 따라 학교조직의 관료제 특성은 달라진다. 학교의 관료제 모습은 학교장이 강력한 지도력을 발휘하는 단순구조형 관료제, 연구사나 장학사 등에 의해 교사업무내용의 표준화가 이루어지는 기계적 관료제, 학교운영이 분권화되어 있고 교사 간의 민주적 관계가 형성되어 있는 전문적 관료제로 구분된다. 베버가 말한 관료제의 이념형과 유사하게 전문화와 관료화의 수준이 다 같이 높은 형태의 조직이 이상적이다 (Hoy & Miskel, 1996; 박상완, 2006).

(2) 느슨한 결합조직

학교조직은 웨익(Weick, 1976)의 이완조직 또는 느슨한 결합조직(loosely coupled system) 개념에 해당된다. 느슨한 결합이란 각각 자체의 정체성을 보존하면서 물리적·논리적 독립성을 갖는 경우에 쓰는 말이다. 느슨한 결합조직은 환경 변화에 적응하기 위해 한 조직에서 이질적인 요소가 공존하는 것을 허용하고, 광범한 환경 변화에 대해 민감하며, 국지적인 적응을 허용하고, 기발한 해결책의 개발을 장려하고, 다른 부분에 영향을 주지 않는 한 체제의 한 부분이 분리되는 것을 용납하며, 체제 내의 참여자들에게 보다 많은 자유재량권과 자기결정권을 제공함을 특징으로 한다(진동섭 외, 2005).

학교는 구조와 행위에서 합리성·자율성·생산성이 강조되는 '지식 작업장'의 이미지와 모호성·자율성·전문성이 강조된 '느슨한 결합체계'의 상반된 이미지를 가지고 있다. 느슨하게 결합된 체계는 학교조직의 대표적 이미지로,

관료제만으로 이해할 수 없는 학교조직의 대안적 이미지이다.

학교조직의 이러한 이완결합의 모습의 한 예로 교장과 학교상담실의 경우를 들 수 있다. 교장과 상담실 교사는 서로 관련을 가지고 있으나 각자 어느 정도의 독자성과 독립성을 확보하고 있고 연결은 견고하지 않으며 상호작용은 긴밀하지 않고 영향관계도 미미하다. 교사의 수업에 대한 감독은 현실적으로 불가능하며 공식적인 수업평가도 형식적인 경우가 대부분이다. 학교조직에서 교사는 교장의 형식적인 지시와 통제를 받을 뿐 전문적 자율성을 인정받으며 학생들에 대해서 폭넓은 자유재량권을 받는다. 구조적 느슨함은 학교 내에서 교사의 수업과 학생지도와 관련해서만 사용되는 개념은 아니다. 각 학교들은 상부체계와의 관계에서 교육과정 운영과 학교경영 전반에 광범위하게 재량권을 행사하고 있다(성민선 외, 2004).

이렇게 학교는 느슨하게 결합된 측면도 있으나 앞에서 제시한 것처럼 엄격한 관료제의 특성도 가지고 있다. 예컨대 수업시간 운영, 학습 집단 구성, 인적·물적 자원의 활용에 대한 것 등은 대체로 엄격한 통제를 하고 있다. 특히 수업을 제외한 인사관리, 학생관리, 시설관리, 재무관리, 사무관리 등 행정관리에서는 엄격한 결합구조를 가지고 있다. 관료제와 느슨한 결합체제의 이미지는 서로 상반되거나 모순되는 학교조직의 특성을 보여주는 것으로 이해되지만 두 이미지는 학교조직에 대한 대상과 초점이 다른 것이다. 이런 의미에서 학교조직은 이중 조직이라고 할 수 있다.

코헨, 마치와 올슨(Cohen, March, and Olsen)은 학교조직을 느슨한 결합의 극단적인 형태인 무질서 속의 질서 혹은 조직화된 무질서(organized anarchy)조직의 범주 안에서 설명하고 있다. 조직화된 무질서조직으로서의 학교는 다음과 같은 특성을 가진다(진동섭 외, 2005).

첫째, 조직의 목표가 불분명하다. 교육조직의 목적은 구체적이지 못하고 분명하지 않다. 교육조직의 목표는 수시로 변하며 대립적인 목표가 상존하며 구성원마다 다르게 규정한다. 학교조직 목표의 모호성으로 인해 조정과 통제의 어려움이 있다. 학교교육은 학생의 전인적 성장·발달을 주요 목표로 하고 있지만 이와 같은 목표는 매우 포괄적이어서 구체적인 교육목표는 교사 개인 수준에서 명료화되고 실현된다(박상완, 2006). 둘째, 조직의 기술이 불확실하다. 교육조직의 기술이 불명확하고 구성원에게 잘 알려져 있지 않다. 교육조직에서는 아주 많은 기술이 활용되지만 그들이 학습자에게 어떠한 영향을 미칠지에 대해서는 분명하게 말할 수 없다. 셋째, 조직의 참여가 유동적이다. 조직구성원인 학생, 교사, 학부모, 지역사회 관계자의 이동이 잦아 교육조직에의 참여가 유동적이다. 넷째, 참여자들의 투입시간과 노력이 다양하다.

(3) 사회체계

학교조직을 전문적 관료제, 느슨한 결합체계로 이해하는 것은 학교 내 구성원 특히 교사조직 간의 결합의 세기와 성격을 중심으로 본 것이다. 1970년대에 이르러 조직의 내적 변인뿐 아니라 외부적 환경이 조직의 기능, 행위, 효과성에 어떠한 영향을 미치는가에 대해서 관심이 높아지기 시작하면서 학교조직에 사회체계 이론을 널리 적용하게 되었다(진동섭 외, 2005). 학교조직을 사회체계로 인식하고 접근하는 일의 차별성은 학교조직 구조에 대한 다른 접근이 주로 내부 구성요소를 중심으로 이루어졌던 것에 비해 학교조직의 구성요소 중 환경요인을 중요하게 다루었다는 것이다. 이 접근은 구성요소 간의 상호의존성과 복잡한 네트워크, 환경과의 역동적 상호작용에 중심을 두어 체계와 환경과의 상호작용을 중시한다.

사회체계론은 사회는 하나의 체계이며 사회의 구성요소는 유기적 관계를 가지고 있다고 보는 관점으로 사회 전체를 하나의 체계로 볼 뿐 아니라 사회체계의 각 부분들도 체제적 성격을 가지고 있다고 보며. 부분 간의 상호의존성, 각 부분의 총체성, 개인과 조직의 항상성 등의 개념으로 사회체계의 특징을 설명한다.

알렌-미어스(Allen-Meares) 등은 일반체계이론에 기초하여 조직을 체계 내에서 행정·운영과정이 서로 상호작용하는 인간지향적이며 다목적지향적으로 이루어진 연결망이며 조직의 하위체계는 상호작용하는 더 큰 체계의 일부분이라고 정의했다. 이렇게 체계이론은 하나의 준거 틀 속에서 학교의 구조와 기능을 이해하고 점검하는 것을 가능하게 한다. 그리고 일반체계이론의 전체성(wholeness)에 대한 논리는 다양한 학교체계 내의 상호관련성과 상호독립성을 설명할 수 있도록 해줌으로써 학교, 학생, 부모, 지역사회, 정부 간의 상호 독립적인 관계와 유형화된 상호작용을 점검하는 데 유용하다. 따라서 일반체계이론의 준거 틀은 개인을 환경과 관련해서 보는 것을 가능하게 한다(성민선 외, 2004).

사회체계로서의 학교의 가장 단순한 예는 단일 학교이다. 일반체계이론의 주요 가정은 모든 체계에는 목적이 있으며 목표지향적인데, 하나의 사회체계로서 학교는 체계 내에서 개인과 집단의 집합적 노력을 통하여 목적을 달성하기 위해 존재한다. 예를 들어 점수에 반영된 학생 성취와 학년말 수행 평가는 사회체계로서 학교가 보여주는 주요한 유목적성 목표이다(성민선 외, 2008). 또한 사회체계로서의 학교는 하위체계(보다 큰 전체의 부분)와 상위체계(환경적 맥락)로 구성된 사회체계이며 침투 가능한 경계를 가진 개방체계로서 학교는 환경과 역동적 평형상태에서 기능한다. 또한 학교는 내적·외적 투입과 산출을 모두 가지고 있다. 개방체계의 관점에서 학교조직을 연구한 김성렬은 학교체계는 교수체계(교사-학생), 관리운영체계(교장-교감-학급담임), 행정지원체계(교무행정부서), 부가적 지원체계(각종 위원회와 도서관 등)로 구성되어 있으며, 체계적 관점에 따라 투입요인에 학생, 교육목표·교육내용·교육방법, 교육정책과 교육행정, 인적·물적 자원을 포함시켰으며 산출요인에는 학생의 변화된 모습, 인력, 봉사활동 등이 속한다고 했다(진동섭 외, 2005). 사리(Sarri)와 메이플(Maple)에 의하면 사회체계로서의 학교는 생산하위체계, 지지하위체계, 유지하위체계, 적응하위체계, 관리하위체계라는 다섯 가지의 기능적 하위체계를 가지고 있다. 생산하위체계의 주요소는 교실이며 교과 학습활동과 특별활동, 봉사활동, 사회 교육활동이 생산하위체계에서 수행된다. 지지하위체계는 학생들에게 제공되는 보조서비스이며, 유지하위체계는 다른 하위체계의 지속적 운영과 활동의 유지를 보장해주는 행정적 구조와 과정으로 구성된다. 그리고 적응하위체계는 변화하는 환경 속에서 조직의 안정성을 보장하며 관리하위체계는 환경으로부터 정보를 입수하고 해석하며 체계의 활동을 지도하는 기능을 한다(Allen-Meares, 1996; 성민선 외, 2004에서 재인용).

학교조직은 내적 하위체계로 구성될 뿐 아니라 자체가 상위체계의 한 부분으로 내적·외적 상호작용 속에서 유지·성장한다. 샤인(Schein)은 고도로 상호의존성을 가진 학교와 같은 사회체계는 체계의 사명과 목적에 초점을 맞추는 외적 적응, 체계의 내적 기능에 초점을 맞추는 내적 통합이라는 주요한 두 가지 목표를 가지고 있다고 기술했다(알렌-미어스, 2008). 백승관(1992)도 학교조직과 이를 둘러싼 이해집단 간의 역동적 상호관계에 초점을 맞추고 학교조직은 이해관계집단의 다양한 욕구에 부응할 수 있어야 한다고 했다.

2) 문화적 특성

구조적 관점이 학교의 공식적·표층적 구조에 초점을 두고 학교조직을 이해하려 한 것이었다면 상징적 관점에서는 학교조직을 계층적 구조의 결합이나 목표, 정책이 아니라 공유된 가치와 문화에 의미를 두고 학교조직의 문화에 초점을 둔다.

문화는 사회 구성원의 행동과 사회체계를 형성하고 이들을 연결하고 조정하는 총합적 요소로서 그 사회를 구성하는 모든 구성원이 가지고 있는 신념, 사고방식, 가치관 등을 통틀어 말하며 이는 구성원의 행동에 끊임없이 영향을 미친다(임민수, 1998). 이러한 문화의 개념을 미시적인 조직체 수준인 학교조직에 적용하면, 학교조직문화란 학교 구성원들이 당연하게 받아들이고 공유하고 있는 가치, 신념, 관습, 규범, 전통, 지식과 기술 등을 포함하며, 조직구성원과 조직체 전체의 행동에 영향을 주는 기본요소라 할 수 있다.

호이와 미스켈(Hoy & Miskel, 1996)은 학교조직문화를 공유된 규범, 공유된 가치, 묵시적 가정의 세 가지 수준으로 제시했다. 공유된 규범이란 학교조직 구성원의 경험 표면 아래에서 일어나는 비공식적 기대이며 공유된 가치는 학교 교직원이 바람직하다고 생각하는 것으로 고객지향적, 혁신지향적(자율성과 전문성 존중), 인간지향적, 성취지향적으로 분류할 수 있다. 그리고 묵시적 가정은 인간관계, 인간본성, 실재와 환경의 본질과 속성에 대한 추상적 가정을 가리킨다. 문화를 구성하는 요소의 강도, 형태, 내용에 따라 학자마다 학교조직문화를 유형화한다. 하그리브스(Hargreves, 1993)는 학교조직문화를 분파된 개인주의, 분열적 문화, 동료적·집단적 문화, 편안한 협동성 문화, 협동적 문화로 범주화했다. 학교조직문화는 외부행동에 대한 행동 차원을 적극적 – 소극적, 내부 문제를 해결하는 과정 차원을 유연성 – 경직성으로 구분하고 차원에 따라 혁신문화, 합리문화, 집단문화, 위계문화로 나누어지며 이 문화유형을 토대로 중학생의 학업성취는 위계문화에, 고등학생의 학업성취는 합리문화에 영향을 받는다고 한다(정일환, 2003).

학교조직문화는 내부 구성원에 의해서만 형성·유지되는 것이 아니다. 학교조직문화는 조직이 속해 있는 지역사회의 문화, 학교조직의 구조적 특성, 학교 행정가의 신념과 철학 등이 원천이 되어 형성·유지·발전된다. 샤인은 문화를 "외적 적응과 내적 통합의 문제들에 대한 대처를 배워나가는 기존 집단에 의해 고안·발견·개발되며, 효과적이라고 여겨져 문제와 관련하여 인식하고 생각하며 느끼는 올바른 방법으로서 새 구성원에게 가르치기에 충분할 정도로 효력이 있는 기본적 가정의 한 패턴"이라고 정의한다. 더 단순하게 기술하면 "우리가 있는 여기 주변의 일들을 해나가는 방법"이 문화라고 할 수 있다. 문화는 외적 적응과 내적 통합이라는 체계-수준의 목표를 달성하기 위해서 겉으로 드러나거나 혹은 감추어질 수도 있고, 긍정적이거나 혹은 부정적일 수 있으며, 지지적이거나 혹은 비지지적일 수도 있다는 것이다(알렌-미어스, 2008). 학습조직을 "한 조직이 수행목표를 성공적으로 달성하기 위한 전략들을 성공적으로 계획·실행·평가하기 위해 피고용인과 이해당사자로부터 습득한 정보와 암묵적 지식을 존중하고 습득해서 사용하도록 조직의 능력을 지지하는 핵심적 조건과 과정의 집합"(Bowen, Rose, & Ware, 2006)이라고 정의할 때 조직의 경계를 단지 피고용인뿐 아니라 조직에 의해 서비스를 제공받는 사람까지 포함시켜 확대하고 있다(알렌-미어스, 2008). 이 정의를 하나의 학습조직인 학교의 경우에 적용하면 학생, 부모, 지역사회 이해당사자를 학교조직문화에 영향을 주고받는 범위로 확대할 수 있다. 학습조직으로서 기능하는 학교는 융통성 있게 움직이며, 집중을 배제하는 방식으로 의사결정을 하고, 시행착오 학습을 포용하며, 우선순위가 높은 소수 분야에서 달성 가능한 목표에 초점을 맞추며, 조직목표 맥락에서 새로운 업무 방법에 대해 개방적이어야 한다. 교장은 자신의 권위에 대한 도전을 수용하고, 학생, 부모, 지역사회 이해당사자들의 참여를 구하며, 교사와 학교 직원들부터 새로운 아이디어를 내도록 격려하면서 학습 문화를 개발하도록 학교의 분위기를 정착시켜야 한다(알렌-미어스, 2008).

3. 우리나라 학교조직

1) 우리나라 학교조직의 구조적·문화적 특성

한국의 학교조직은 관료지향과 전문지향의 양면을 공유한 이중 조직이면서 어느 하나의 조직 유형이라고 단정을 내릴 수 없는 다양한 이미지가 혼재하는 조직으로 다음과 같은 구조적 특성을 보인다(백승관, 1992; 진동섭 외, 2005; 박상완, 2006).

첫째, 학교조직의 고객은 학생으로, 학교는 인간봉사조직이다.

둘째, 우리나라 학교의 기능은 교수기능(교과담임교사), 관리기능(학급담임), 행정기능(부장 – 관료조직)의 세 가지로 나눌 수 있으며, 거의 모든 교사가 이 세 가지 기능과 업무를 동시 수행하면서 역할 갈등을 일으킬 가능성이 높다(진동섭 외, 1992).

셋째, 계층구조상 평형조직에 해당되며 수평적 교직 경력 구조를 갖는다. 학교에서 승진구조는 일반교사(부장교사) – 교감 – 교장으로 위계적 분화가 미흡하며 일반교사에서 교감으로 승진하는 데는 20년 이상의 장시간이 소요된다. 교과부장과 학년부장은 다른 교사들의 상급자가 아니고 대표자의 위치에 있다.

넷째, 학교의 교수기능조직과 상담실 등은 느슨하게 결합된 체계에 해당되며 관리기능과 행정기능은 관료제 특징을 가진다. 학교는 전문지향과 관료지향 중 어느 하나라고 말할 수 없으며 관료조직의 지원을 받는 전문적 관료제에 가깝다. 독립된 공간으로서의 학급구조 속에서 전문가로서의 교원들은 광범위한 자율성을 인정받고 있다. 각 교사들의 학급은 '침범할 수 없는 영역'으로 인정되고 있어 조직구조상 결합이 느슨하다.

다섯째, 학교는 목표와 기술이 모호하며 교사의 자유재량권의 폭이 큰 조직화된 무정부상태이다. 학교조직은 목표의 모호성에 따른 조정과 통제의 어려움이 있으며, 학교교육은 학생의 전인적 성장·발달을 주요 목표로 하고 있지만 이와 같은 목표는 매우 포괄적이어서 구체적인 교육목표는 교사 개인 수준에서 명료화되고 실현된다.

여섯째, 우리나라 학교조직은 개방체계라기보다는 폐쇄체계로서의 성격이 강하며(진동섭 외, 2005) 대체로 환경과의 역동적 상호작용이 부족하다(백승관, 1992). 백승관(1992)은 학교조직을 조직과 환경 사이의 상호작용이 역동적이지 못하고 조직 내부에서는 변화가 불가능하지만 외부의 압력에는 쉽게 변형되는 정제된 조직(capsuled organization)으로 개념화했다.

일곱째, 학생 확보 면에서 볼 때 한국의 공교육 조직은 대부분 칼슨의 온상조직에 속하므로 야생조직에 비해 조직의 생존과 성장발전에 신경 쓸 필요가 없다(진동섭 외, 2005). 이런 특성 때문에 자체적으로 조직의 생존과 발전을 도모할 수 없는, 주도성을 상실한 '환경순응적 조직'(백승관, 1992)이 될 가능성이 높다.

여덟째, 교육의 질이 교사의 헌신에 달려 있다는 점에서는 규범적 조직이나, 학생들이 의무적으로 참여해야 한다는 점에서는 강제적 조직의 특징을 가지고 있다.

아홉째, 학교는 모든 사회 구성원을 교육시켜서 사회의 기본적 유형을 유지하는 기능을 하면서 동시에 사회를 변화시키고 그 잠재적 유형을 파괴하는 기능도 수행한다.

요약하면 한국의 학교조직은 전문적 관료제로서 평형적 계층구조, 느슨한 결합체계, 조직화된 무정부상태의 특성을 가지고 있으며 폐쇄체계로서의 성격이 강하고, 정제된 조직, 인간봉사조직, 온상조직, 규범적 조직이자 강제적 조직, 유형유지조직인 동시에 변혁조직 등 다양한 구조적 특성을 보이고 있다.

또한 우리나라 학교조직은 위와 같은 구조적 특성과 함께 '개인주의적 공동체'라는 문화적 특성도 보이고 있다. 정수현(2000)은 교사들은 각자가 전문가로서 고유한 영역을 유지하려고 하면서도 동일한 학교조직의 구성원으로서 공동체의 일원임을 인식하고 있다고 했다(진동섭 외, 2005). 초등교원 대상의 면담조사를 통하여 학교의 조직문화를 탐색한 박상완(2006)도 우리나라 학교 조직문화의 특성을 다음과 같이 지적했다.

첫째, 개인주의적 문화와 협력문화가 공존하고 있다. 자신의 고유한 공간과 독립된 영역을 확고하게 가지는 동시에 가족적인 문화나 협력문화의 영향을 강하게 받고 있다.

둘째, 연장자·경력자 존중의 문화이다.

셋째, 전문가로서의 자존심과 자부심이 강한 전문직의식이 강한 집단이다.

넷째, 보수주의적 문화이다. 가르치는 일의 복잡성, 효과 측정의 어려움 등으로 과거 방식을 답습하고 반복 수행하는 경향이 있다.

다섯째, 구성원 간 인간관계가 중시되는 온정주의 문화이다.

2) 우리나라 학교조직의 실제

우리나라는 초·중등교육을 실시하기 위해 초등학교·공민학교, 중학교·고 등공민학교, 고등학교·고등기술학교, 특수학교 그리고 각종학교를 둔다(초·중 등교육법 제2조).[1] 우리나라 교육기본법 제2장에서 교육당사자에 학습자, 보호

---

[1] 공민학교는 해당 학교급의 교육을 받지 못하고 취학연령을 초과한 자에 대하여 국민생 활에 필요한 초·중등, 직업 교육을 목적으로 하는 학교이다(초·중등교육법 제4~5절). 특수학교는 신체적·정신적·지적 장애 등으로 인하여 특수교육을 필요로 하는 자에게 초등학교, 중학교 또는 고등학교에 준하는 교육과 실생활에 필요한 지식·기술 및 사회 적응교육을 하는 것을 목적으로 한다(초·중등교육법 7절). 각종학교에는 초중등학교 와 유사한 교육기관으로 외국인학교와 대안학교가 포함된다(초·중등교육법 제8절).

자를 포함시키고 있지만 일반적으로 학교조직이라고 할 때 교원조직을 일컫는다. 그러나 실제적으로 학교교육의 주체는 교사, 학부모, 학생이므로, 학교조직 구성원의 다양성을 반영하도록 학교조직의 실제를 교원조직, 학부모조직, 학생조직으로 나누어 살펴보고자 한다.

(1) 교원조직

학교는 하나의 조직체로서 조직운영에 필요한 다양한 업무가 있으며, 공식적 조직구조를 통하여 역할과 업무의 분화, 권위구조의 유지, 조직 목표달성의 효율화 등을 꾀하고 있다. 각 지방 교육청마다 각급 학교의 교원조직의 예시안을 제시하고 학교실정에 맞춰 교원조직 구성과 업무분장을 하도록 권고하고 있다. 또한 교육법에는 학교조직 구성원의 역할과 업무내용을 공식적으로 규정하고 있다(초·중등교육법 제20조, 초·중등교육법 시행령 32~42조). 학교조직은 시설, 회계 등의 업무를 제외하면 대부분의 업무를 교사들이 분담하여 처리한다. 학교조직 관리영역은 학교운영조직 관리와 교수-학습조직 관리로 구분되는데, 학교운영조직에는 교무분장조직과 각종 위원회조직이 포함되며, 교수-학습조직에는 학년조직, 특별활동조직이 포함된다(김경희·배연선, 2004).

학교라는 조직체계에서 하위체계의 상호작용관계는 법령으로 공식화된 역할기대에 의해 결정된다. 학교조직의 공식적 구조에서 나타나는 위계적 지위는 교장, 교감, 교사로 구성된다. 초·중등교육법과 초·중등교육법 시행령에서 법령으로 공식화된 교직원의 배치와 역할은 다음과 같다.

① 초·중등교육법에 의하면 학교장은 교무를 통괄하고 소속교직원을 지도·감독하며 학생을 교육하는 것이 임무로 규정되어 있다(초·중등교육법 제20조 제1항). 즉 교장의 영향력과 의지에 따라 학교조직 풍토와 학생에 대한 지도방침이 좌우될 수 있다. 따라서 학교장의 인식 정도에 따라 학교사회복지 활동의

폭이 좌우된다.

② 교감은 교장을 보좌하여 교무를 관리하고 학생을 교육하며 교장이 업무를 수행할 수 없을 때는 그 직무를 대행하는데(초·중등교육법 제20조 제2항), 43학급 이상의 초·중·고등학교에는 교감 1인을 더 둘 수 있다(초·중등교육법 시행령 제36조).

③ 교사는 법령이 정하는 바에 따라 학생을 교육하도록(초·중등교육법 제20조 제2항) 역할이 공식화되어 있다.

④ 각급 학교에는 교사 외에 실기교사·보건교사·전문상담교사와 사서교사를 둘 수 있다(초·중등교육법 시행령 제33~35조). 18학급 이상의 초등학교에는 보건교사 1인을 두어야 하며(초·중등교육법 시행령 제33조 3항), 전문상담교사는 학교에 두거나 시·도 교육행정기관에 교육공무원법 규정에 의하여 전문상담 순회교사를 둘 수 있다(초·중등교육법 제19조의2, 동법 시행령 제40조의2). 또한 급식시설과 설비를 갖춘 학교에는 영양교사를 둔다(초·중등교육법 시행령 제40조의3).

교원조직은 학교급, 학교 규모, 학급 규모, 교사의 수 등 학교상황에 따라 달라진다. 우선 학교급별로 보면 초등학교와 중·고등학교의 교원조직에는 차이가 있는데, 초등학교는 학급담임제 방식이고 중·고등학교는 교과담임제 방식이다. 이전의 교원조직이 교무담당과 생활지도 담당이라는 두 영역으로 분리되어 운영된 반면 최근에는 교육과정을 중심으로 하여 크게 교육과정 운영부와 교육과정 지원부 둘로 나뉘어 운영되는 추세이다. 교육과정 운영부는 주로 학년과 학과 중심으로 조직되며, 교육과정 지원부는 생활지도, 특별활동, 교무기획, 연구부 등 교육지원 업무를 중심으로 조직된다. 학교급과 학급 수에 따라 부서조직은 18학급 이상 중·고등학교의 경우 11~12개 부서로 조직된다. 학교 규모별로 보면, 대규모 학교에서는 업무분장이 세분화되고 각 개인에게 분담되는 업무량이 적은 반면 소규모 학교에서는 과도한 업무를 분담하

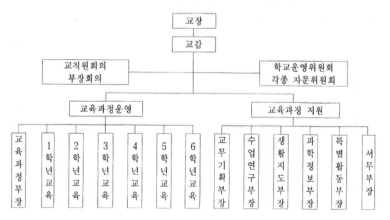

<그림 5-1> 초등학교의 교원 조직의 예

자료: 서울홍인초등학교(2002); 성민선 외(2004)에서 인용.

여 실행해야 한다(김경희·배연선, 2004). 이렇듯 교직조직의 구체적인 업무분장
은 학교급, 학교 규모에 따라 차이가 있다. 여기서는 초등학교의 업무분장의
예를 제시한다(<그림 5-1>).

교과담당과 학급담임업무를 제외한 학교의 업무는 학생관리에 관한 업무,
교과지도에 관한 업무, 학생생활지도에 관한 업무, 학생생활조장에 관한 업무,
학생, 직원의 보건·위생에 관한 업무, 학생의 교육적 서비스에 관한 업무,
문서관리에 관한 업무, 재정관리에 관한 업무, 물품과 시설관리에 관한 업무,
대외적인 업무, 기타의 업무이다(김경희·배연선, 2004). 이 중 학생관리에 관한
업무, 학생생활지도에 관한 업무, 학생생활조장에 관한 업무, 학생, 직원의
보건·위생에 관한 업무, 학생의 교육적 서비스에 관한 업무 등은 학교사회복
지활동과 관련이 있는 업무로 볼 수 있다. 이상의 업무들을 맡아 운영하는
부서는 학교의 상황에 따라 명칭은 다르지만 일반적으로 교육과정 지원부
중 생활지도부(학생부), 특별활동부, 진로상담부, 보건실 등이다. 생활지도부의

포상과 징계 등의 학생지도활동, 장학과 급식후원업무, 특별활동부의 특별활동과 봉사활동업무, 진로상담부의 진로지도, 상담활동, 아동학대예방과 개입, 보건실의 성차별과 성희롱예방업무가 학교사회복지활동과의 연계가 요구되는 활동이다. 아동학대와 학교폭력, 정신건강 등의 문제가 있는 학생의 경우 보건실에서 조기에 발견되는 경우가 많고, 성희롱과 성교육 관련 업무를 보건실의 역할로 교육청에서 규정하고 있으므로 보건실의 조직상 위치에도 관심을 가지고 협력할 필요가 있다(성민선 외, 2004).

교원조직에는 조직표의 업무분장뿐 아니라 각종 위원회조직도 포함된다. 생활지도부 관련 위원회로 폭력추방위원회, 장학위원회, 선도위원회, 학생생활평가위원회, 체벌에 관한 위원회, 학생복지심사위원회, 금연위원회 등이 있으며, 일반적으로 위원장은 교감이며 생활지도부장, 진로상담부장, 생활지도부의 담당 교사와 행정실장, 각 학년 부장이 위원으로 구성되어 있다. 이 외에 교육과정위원회, 학업성적관리위원회 등 교육과정운영과 관련이 있는 위원회들이 있고 전체 교직원회의, 부장회의, 교과협의회, 학년협의회에서 학교정책들이 논의되고 결정된다(성민선 외, 2004).

(2) 학부모조직

교원조직과 함께 최근 학교운영에 영향력이 큰 조직이 학부모조직이다. 학부모조직은 교육의 주체인 학부모가 교육의 주체이자 대상자인 학생의 권익을 보호하기 위해, 또 학교는 지역사회의 협조를 얻기 위해서 조직된다. 오래전부터 학부모조직은 육성회, 학부모회, 어머니회, 녹색어머니회, 학교급식위원회, 학교급식후원회, 명예교사회 등의 명칭으로 구성되어 학교행사와 재정적 후원을 담당하여 학교운영을 지원하는 기능을 해왔다. 그러나 1996년 교육개혁을 통해서 학교운영위원회의 조직을 법령화하면서 학부모조직의 권한과 역할이 대폭 확대되고 학부모가 명실공히 교육의 한 주체로서 학교의 전반적인 운영에 공식적으로 참여하게 되었다. 학교운영위원회는 학생 수에 따라 5인 이상 15인 이내에서 학부모위원(40~50%), 교원위원(30~40%), 지역위원(10~30%)으로 구성하도록 되어 있어(초·중등교육법 시행령 제58조) 순수한 학부모조직으로 볼 수는 없지만 학부모위원의 비율이 최대 50%에 달하고 다른 구성원의 비율에 비해 높아 대표적인 학부모조직이라고 할 수 있다. 학교운영위원회를 통하여 학부모가 학교운영에 관한 주요사항을 심의하고 공적으로 영향력을 행사하게 된 것이다. 학교운영위원회는 학교헌장과 학칙의 제정과 개정, 학교의 예산안과 결산, 학교교육과정의 운영방법, 교과용도서와 교육자료의 선정, 교복 등의 경비부담, 학교급식 등의 사항(초·중등교육법 제32조)에 대하여 심의 또는 자문하도록 규정되어 있다. 국·공립학교의 학교장은 학교운영위원회의 심의를 거치지 않고 앞의 사항에 대한 운영을 시행할 수 없도록 규정되어 있으며(초·중등교육법 시행령 제60조) 사립학교에서 학교운영위원회는 자문기관으로서의 역할을 하지만 학교장은 자문결과를 최대한 존중해야 하며 학교가 자문결과와 다르게 시행할 경우 관할청이 시정을 명할 수 있도록 하여 (초·중등교육법 시행령 제63조) 학교운영위원회의 역할을 보장하고 있다.

학교운영위원회는 지역위원까지 포함되어 있어 학교가 개방체계로 변화하는 데 큰 역할을 하고 있는 조직이다. 지역위원에는 학교소재지를 생활근거지로 하는 자로서 교육행정을 수행하는 공무원, 학교가 소재하는 지역을 사업활동의 근거지로 하는 사업자, 당해 학교를 졸업한 자, 기타 학교운영에 이바지하고자 하는 사회 구성원들이 포함된다. 따라서 학교운영위원회는 학교가 내적 통합과 외적 적응이라는 두 가지 학교조직의 목표를 달성하는 데 유용한 조직이다.

(3) 학생조직

초·중등교육법 제17조와 동법 시행령 제30조에 학생의 자치활동은 권장

보호되며 학교의 장은 학생의 자치활동을 권장·보호하기 위해 필요한 사항을 지원해야 한다고 명시되어 있다. 각 학교마다 학생들의 조직인 학생회가 구성되어 있으나, 학교상황에 따라 학생회 조직의 자율성과 권한을 보장해주는 정도에 차이가 있다. 전통적으로 교원조직의 힘이 컸던 학교조직에서 학생들은 단순한 피교육자였고 가부장적 가치관 아래 학생들은 일방적인 지시와 통제에 따라야 했다. 그러나 최근 들어 학생들의 인권에 대한 관심이 커지면서 학생조직의 활성화에 대한 요구가 커지고 있다(성민선 외, 2004).

참고문헌

김경희·배연선. 2004.「학교조직에서의 의사소통 형태와 유형에 대한 개념적 탐색」.《교육이론과 실천》, 제14권 제1호. 43~63쪽.

박상완. 2006.「교사평가에 관한 교원의 인식에 나타난 학교 조직의 특성」.《초등교육연구》, 19(1). 261~292쪽.

백승관. 1992.「학교 조직 효과성 준거 설정을 위한 연구」. 연세대학교 박사학위논문.

서울흥인초등학교. 2002.「학교교육계획서」.

성민선 외. 2004.『학교 사회복지의 이론과 실제』. 서울: 학지사.

알렌-미어스(Allen-Meares, P.). 2008.『학교 사회복지론』. 성민선·이혜원·홍순혜·정규석·김혜래·김영미·고윤순 옮김. 서울: 시그마프레스.

임민수. 1998.「학교조직의 변화와 학교행정가의 자질: 행정가의 철학과 상징적 지도성을 중심으로」.《교육발전논총》, 19(1). 241~255쪽.

정일환. 2003.「협동적 학교조직 문화형성에 관한 연구」.《한국정책과학학회보》, 제7권 제1호. 301~320쪽.

정수현. 2000.「학교현실에 관한 교사들의 인식 ― 교원평가에 대한 반응을 중심으로」. 서울대학교 박사학위논문.

주삼환 외. 2003.『학교행정 및 교육경영』. 서울: 학지사.

진동섭 외. 2005.『한국 학교조직 탐구』. 학지사.

교육기본법(일부개정 2008.3.21 법률 제8915호) http://www.klaw.go.kr
초·중등교육법(일부개정 2008.3.21 법률 제8917호). http://www.klaw.go.kr
초·중등교육법 시행령(일부개정 2008.10.20. 대통령령 제21087호) http://www.klaw.go.kr

Bidwell, C. E. 1979. "The school as a formal organization: Some thoughts." in G. L. Immegart, & W. L. Boyd(ed.). *Problem-Finding in Educational Administration: Trends in Research and Theory.* Massachusetts: Lexington Books.

Blau, Peter M. & W. R. Scott. 1962. *Formal Organizations: A Comparative Approach.* San Francisco: Chandler.

Bowen, G. L., R. A. Rose, & W. B. Ware. 2006. "The reliability and validity of the School Success Profile Learning Organization Measure." *Evaluation and Program Planning*, 29. pp. 97~104.

Carlson, R. O. 1975. "Environmental Constraints and organizational consequences: The public school and its client." In J. V. Baldridge and T.V. Deal(eds.). *Managing change in education.* Berkeley: McCutchan. pp. 187~200.

Etzioni, A. 1961. *A Comparative Analysis of Complex Organizations on Power, Involvement and Their Correlates.* Glencoe: Free Press.

Hargreaves, A. 1993. "Individualism and individuality: Reinterpreting the teacher culture." in J. Little, & W. McLaughlin(eds.). *Teacher's work.* N.Y.: Teacher College Press.

Hoy, W. K. & C. G. Miskel. 1996. *Educational Administration: Theory, Research, and Practice*(5th ed.). N.Y.: McGraw-Hill, Inc.

Parsons, T. 1977. *Social Systems and the Evolution of Action Theory.* Glencoe: Free Press.

Schein, E. H. 1992. *Organizational Culture and Leadership*(2nd Edition). San Francisco: Jossey-Bass Publishers.

Weick, K. 1976. "Educational organizations as loosely coupled systems." *Administrative Science Quarterly*, 21. pp. 1~19.

6장

학교사회복지의 통합적 실천방법

강점관점 사례관리

노혜련 숭실대학교 사회복지학과 부교수

어느 중학교에 근무하고 있는 학교사회복지사인 당신에게 중학교 1학년 담임선생님 한 분이 영희라는 한 여학생을 의뢰했다. 영희의 키는 145cm 정도로 그 또래에 비해 작았을 뿐 아니라 무척 마르고 왜소한 체격을 가지고 있었고 머리 모양은 덥수룩한데다 손톱을 물어뜯는 버릇을 가지고 있었다. 영희는 12세 되던 해 부모가 이혼을 하여 현재 할머니와 둘이 살고 있었다. 담임선생님은 학교에 입학한 지 8개월 정도가 되어가는데 입을 꼭 다물고 있어 학급학생 그 누구도 영희가 입을 벌리는 것조차 본 적이 없다고 하면서 상담을 통해 원인을 알 수 있기를 기대했다.

여러분은 영희에 대해 듣고 난 지금 어떤 생각을 하게 되는가? 영희를 돕기 위해서는 어떤 정보가 더 필요하다고 생각하는가? 영희에 대한 개입과 관련해서 어떤 생각을 하게 되는가?

1. 학교사회복지실천의 관점

학교사회복지를 제대로 알고 있는 사람이라면 누구나 학생을 잘 돕기 위해
서는 학생뿐 아니라 그 학생을 둘러싼 환경, 즉 가정, 학교, 지역사회의 개인
및 기관과 함께 일을 해야 함을 알고 있을 것이다. 학생의 문제를 해결하기
위해서는 생태학적 관점에 기반을 두고 통합적으로 접근해야 한다는 점을
알고 있을 테니까 말이다. 그리고 당신이 전통적인 사회복지실천교육을 받았
다면 아마도 그 무엇보다 먼저 영희가 가지고 있는 여러 가지 문제와 그 원인에
대해 더 자세한 정보를 얻고자 할 것이다. 왜냐하면 문제에 대한 효과적인
개입전략을 세우기 위해서는 우선 문제에 대한 정확한 사정이 이루어져야
한다고 배웠기 때문이다.

사실 영희와 관련하여 제공된 정보는 매우 제한되어 있다. 하지만 대부분의
학교사회복지사는 아주 적은 정보를 갖고도 영희가 말을 하지 않는 이유는
무엇일지에 대해서 나름대로의 추측을 하고 잠정적인 결론을 내리기도 할
것이다. 영희가 또래 친구들에 비해 작고, 마르고, 왜소할 뿐 아니라 청결하지
않기 때문에 친구들로부터 '왕따'를 당하고 있는 것은 아닐까? 혹시 부모의
이혼과 관련되어 무슨 충격적인 일이 있지는 않았을까? 할머니가 혹시 학대
를 하는 것은 아닐까? 혹시 입을 다물고 있는 것이 우울증 아니면 분노의
표현은 아닐까? 아니면 언어장애나 선택적 함구증이라는 병을 앓고 있는
것은 아닐까?

이와 같이 대부분의 학교사회복지사는 영희와 관련하여 주로 '문제'에 초점
을 두고 생각하게 될 것이다. 즉 누가 무엇을 잘못하고 있는지, 정확한 증상은
무엇인지, 고쳐야 할 부분은 무엇인지에 초점을 맞추면서 영희의 문제에 대해
내린 나름대로의 가설을 입증할 수 있는 정보에 대해서 궁금해하기 시작할
것이다. 또한 영희와 관련해서 들은 이야기를 선택적 함구증, 학교폭력('왕따'),

학교부적응 등과 같이 문제, 병리나 결함을 표현하는 전문적인 언어로 전환시키면서 그에 대한 치료개입 계획을 세우기 시작할 것이다. 그리고 예를 들어 영희가 선택적 함구증이라는 정신적인 문제를 가지고 있는 것 같다는 생각이 들면 학교사회복지사는 영희에 대해서 자신이 할 수 있는 것은 거의 없다고 생각하게 되고, 아마도 소아정신과 의사에게 의뢰를 해서 심리검사를 하고 정신과진단을 받아볼 계획을 세우기도 할 것이다. 그리고 그렇게 하면 일단 자신이 무엇을 해야 한다는 생각으로부터 자유로워지면서 마음의 짐을 덜 수 있게 되고, 선택적 함구증의 치료 이외에는 더 이상 할 일이 없다고 생각하기 쉬워질 것이다.

그럼 잠시 이 사례에 대해서 다시 한 번 생각해보자. 담임선생님께 영희가 수업시간에는 어떻게 지내고 공부는 어느 정도 하는지 물어봤을 때 공부도 반에서 중간 정도로 하고 수업태도도 성실하면서 예의바른 학생이라고 했다. 그리고 영희에 대해 특별히 다른 문제가 있다고 이야기하지 않았다. 학생을 데리고 와서 도움을 요청한다는 것은 담임선생님도 영희에 대해서 호감을 가지고 있고, 영희의 변화 가능성에 대한 희망과 믿음이 있음을 보여주고 있는 것이다. 그리고 공부를 중간 정도 한다면 수업을 이해하고 선생님이 지시하는 것을 따라가는 데는 일단 문제가 없다는 것을 의미한다. 그렇다면 영희가 말을 하지 않는 나름대로의 좋은 이유가 있을 텐데 그것이 무엇인지 궁금해질 것이다. 그럼 이 학생이 원하는 것과 필요한 것에 대해 더 잘 알아보기 위해서는 누구와 어떤 이야기를 나누고 어떻게 진행해야 할 것인가? 일단 영희가 8개월씩이나 입을 열지 않았다면 말로 대화를 시작하는 것은 불가능할 것이다. 그렇다면 현 시점에서 영희와 대화할 수 있는 다른 방법은 무엇일까 궁금해진다. 말을 할 수는 없으니 그림이나 글을 통해서 하는 것은 가능할까? 담임선생님이나 친구들을 통해 영희에 대해서 더 알아보는 것도 필요할 것이다. 말은 안 하지만 선생님이 성실하고 예의바르다고 한다면 분명히 다른 사람과의 관계에서 어떻게 행동해야 하는지 아는 학생이라는 것을 알 수 있다. 그렇다면 다른 아이들과는 어떻게 어울리고 있는지, 잘하고 있는 것은 무엇인지에 대해서 궁금해진다. 할머니는 이 상황을 어떻게 보고 있는지, 집에서는 어떻게 지내는지, 할머니와 영희의 가정형편은 어떤지, 혹시 부모와는 연락이 되고 있는지 등 궁금해지고 해야 할 일이 많아진다.

문제에 초점을 맞춰보기 시작하면 문제의 원인과 문제를 없애는 것을 중점적으로 생각하게 되기 때문에 앞서 살펴본 학생의 경우와 같이 특수한 치료개입이 필요하다고 생각할 때는 학교사회복지사가 할 수 있는 일이 매우 제한되게 느껴진다. 단순히 소아정신과 의사 등의 전문가에게 의뢰해서 먼저 진단을 받아야 한다는 생각만을 하고, 자신이 할 수 있는 역할에 대해서는 최소화해서 생각하기 쉽다. 그러나 학생이 그런 행동을 할 만한 좋은 이유가 있지 않을까 궁금해하면서 조금이라도 잘하고 있는 점은 무엇일까 알고자 하는 학습자의 자세로 접근하면 학교사회복지사가 할 수 있는 일이 더 많아지고 학생이 나아질 수 있을 거라는 희망도 조금씩 더 생기게 된다. 이 경우 선생님과 다른 친구에게 물어본 결과 학생은 예의바르고 공부도 성실히 할 정도로 능력도 있다는 것을 알게 되었는데, 그렇다면 학생이 입을 다물고 있는 이유는 정서적인 문제보다는 나름대로 다른 좋은 이유가 있을 것이라는 생각을 하게 될 것이다. 그리고 분명 이 학생은 지금 당면한 어려움을 해결할 수 있는 힘을 가지고 있을 것이라는 믿음을 갖고, 학생이 원하는 것에 대해 호기심을 갖고 학생을 만난다면 분명 해결책의 실마리를 함께 찾아나갈 수 있을 것이다. 이와 같이 학생의 문제에 초점을 맞춰 원인을 사정하고 그에 따른 개입전략을 수립하여 실천해나가는 전통적인 접근과는 달리 학생에게 자신의 문제를 해결할 수 있는 능력이 있다고 믿고 그가 원하는 것이 무엇인지 함께 알아가고 그것을 이루어내기 위해 필요한 강점과 자원을 발견하고 활용하도록 원조하는 실천이 바로 강점관점의 접근이다.

2. 학생들과 강점관점의 접근을 해야 하는 근거
─ 아동·청소년의 탄력성

그러면 학교사회복지사가 학생과 그들이 속해 있는 가족, 학교와 지역사회의 구성원과 함께 일할 때 강점관점의 시각을 가지고 해야 하는 이유는 무엇일까? 그리고 그렇게 하는 것이 전통적인 접근보다 바람직하고 효과적일 수 있다는 근거는 어디에서 찾을 수 있는가? 그 이유는 지금까지 청소년을 대상으로 이루어진 다양한 연구결과가 다음과 같은 사실을 밝히고 있기 때문이다 (Benard, 2002).

1) 대다수의 고위험 아동·청소년은 성공적으로 성장한다

지금까지 세계적으로 탄력성에 대해 이루어진 연구결과를 종합해보면 고위험 환경에서 자란 아동과 청소년 중 적어도 50%, 그리고 대개 70%는 성인이되어 성공적인 삶을 살고 있을 뿐 아니라 사회적 능력과 유대감, 문제해결능력과 자립심, 목적의식과 미래의식과 같은 강점을 가지고 있는 것으로 나타났다. 아동·청소년의 문제와 위험요인에 대한 집착과 특히 청소년을 무책임하고 예의 없고 거칠게 보는 태도는 청소년이 가지고 있는 능력에 대한 믿음을상실시킨다. 그러나 실제로 대다수의 청소년은 수많은 역경 속에서도 우리가생각하는 것보다 훨씬 잘하고 있다.

2) 모든 사람은 타고난 탄력성을 가지고 있다

탄력성이란 빈곤, 폭력, 음주와 약물 남용과 같은 스트레스, 충격과 역경속에서도 성공적으로 적응하고 변화할 수 있는 능력을 말한다(Truebridge, 2008).

그리고 탄력성에 관한 많은 연구는 개인이 가지고 있는 강점은 탄력성의 결과이지 원인이 아니라는 메시지를 강력하게 전달해주고 있다. 탄력성은 누구나 가지고 태어난 선물인 것이다.

3) 사람과 장소는 변화를 만들어낸다

탄력성에 관한 연구는 아동·청소년을 위험에서 회복으로 이끄는 주된 요인은 "전환점이 된 한 사람(turnaround person)"의 힘이었다는 것을 보여주고 있다. 베르너와 스미스(Werner & Smith, 1992)는 미국 하와이의 카우아이(Kauai) 섬에서 505명의 개인을 엄마의 뱃속에 있을 때부터 성인이 될 때까지 30년이 넘는 세월 동안 4회에 걸쳐 종단 연구를 실시했는데, 그 결과는 모든 아동·청소년에게 탄력성이 있다는 것을 입증해주고 있다. 또한 아동·청소년에게 전환점이 된 사람은 다양한 역할을 수행하고 있었다는 것을 발견했는데, 그들 중에는 이웃, 친구, 목사, 친척, 형제, 부모, 교사, 사회복지사 등이 포함되어 있었다. 이들은 아동·청소년과의 개별적인 접촉을 통해 지속적인 관심과 애정을 보여주고 가장 힘든 시간에 함께해준 성인이었다. 그리고 많은 연구결과는 전환점이 된 사람이 다음과 같은 세 가지의 보호요인을 제공해주고 있음을 보여준다.

(1) 애정과 관심을 갖는 관계

전환점이 되는 사람은 아동·청소년에게 신뢰와 무조건적인 사랑이 담긴 지지를 해준다. 그리고 아동·청소년을 자신과 똑같이 가치 있고 중요한 사람들로 존중하고 청소년의 행동이 아무리 나쁘더라도 그 이면의 아픔과 고통을 보면서 자신이 처한 상황 속에서 나름대로 최선을 다하고 있다는 것을 이해한다. 그리고 아동·청소년의 재능과 강점에 대한 관심을 보이면서 그가 중요한 사람이라는 메시지를 전달하고 믿고 있다.

(2) 긍정적이고도 높은 기대를 나타내는 메시지

전환점이 되는 사람은 아동·청소년의 가능성을 볼 수 있는 능력과 그의 타고난 탄성력에 대한 깊은 믿음을 가지고 있다. 그는 "넌 할 수 있어. 넌 네 꿈을 이루기 위해 필요한 모든 것을 가지고 있어. 내가 네 곁에서 함께 해줄 거야"라는 믿음과 도전의 메시지를 동시에 전한다(Benard, 2002: 217). 그리고 아동·청소년의 강점을 발견하고 스스로 그것을 볼 수 있도록 거울의 역할을 한다.

아동·청소년을 위한 사회복지실천을 효과적으로 하는 사람은 아동·청소년 중심의 자세로 일한다. 그는 실천의 시발점을 아동·청소년의 강점, 관심, 목표와 꿈에서 찾으면서 아동·청소년이 이미 지니고 있는 학습과 개인적 성장에 대한 동기와 열정을 활용한다. 그리고 전환점이 되는 사람은 역경과 편견을 경험한 아동·청소년이 자신의 삶에 대한 새로운 이야기, 성공적인 이야기를 만들어낼 수 있도록 돕는다. 그들은 아동·청소년에게 ① 현재 처한 역경을 자신의 탓으로 돌리지 않게 한다("네 아버지가 술을 마시는 것, 네 친구가 나쁜 이야기를 하는 것은 너 때문이 아니고 네가 어떻게 할 수 있는 것도 아니야"). ② 역경이 영원히 지속되는 것이 아님을 볼 수 있게 한다("이것도 시간이 가면 지나갈 거야"). ③ 실패가 늘 반복되는 것이 아님을 볼 수 있게 한다("넌 극복할 수 있어. 이것은 네 인생 경험 중 일부분일 뿐이야", Seligman, 1995; Benard, 2002: 218 재인용).

(3) 아동·청소년의 참여와 기여를 위한 기회의 제공

아동·청소년은 자신의 의견을 개진하고, 선택과 의사결정을 하고, 문제해결 과정에 참여하고, 자신의 상상력을 표현하고, 다른 사람과 함께 일하고, 다른 사람을 돕고, 지역사회에 기여할 수 있을 때 사회적 유능감이나 자신감과 같이 건강한 발달과 성공적 학습의 특징이 되는 태도와 능력을 개발할 수 있다. 빅브라더스/빅시스터스(Big Brothers/Big Sisters) 멘토링 프로그램을 종단적으로 평가한 결과 성인이 청소년에게 선택하게끔 한 여가활동에 함께 참여하면서 천천히 관계가 발전하도록 했을 때 그 관계가 가장 오래 그리고 정기적으로 지속되었다(Tierney, Grossman & Resch, 1995; Benard, 2002: 218 재인용).

아동·청소년에게 전환점이 되는 장소는 그들에게 선택하고 의사결정할 수 있는 힘을 제공하는 곳이다. 학급, 학교, 방과 후 교실, 학교사회복지실 모두 전환점이 되는 장소가 될 수 있다. 이미 학교사회복지실은 많은 학생에게 학교의 스트레스에서 해방될 수 있는 '오아시스'이자 편안한 안식처이다. 전환점이 되는 장소가 되기 위해서는 아동·청소년을 귀한 자원으로 바라보면서 그와 함께 힘을 공유하고, 통제와 경쟁보다는 상호성과 협동에 기초한 환경을 만들어야 한다. 아동·청소년들에게 깊이 있는 사고를 장려하는 질문을 하고 경험적인 프로그램의 기획에 아동·청소년을 참여시키고, 참여연구 전략을 활용하고 청소년이 프로그램과 집단의 규범과 계약을 설정하게 해야 한다. 그리고 아동·청소년이 또래상담과 자원봉사 등을 통해 다른 사람과 지역사회를 위해 기여할 수 있는 기회를 줘야 한다. 아동·청소년을 서비스 수혜자에서 자원이자 서비스 제공자로 보는 인식의 전환이 필요한 것이다.

4) 실천가인 우리가 어떻게 하느냐가 중요하다

실천가로서 우리는 아동·청소년에게 우리의 행동을 통해 그들에게서 기대하는 모습들을 직접 모델링하는 것이 가장 중요하다. 대부분의 학습은 주변 사람들의 행동을 보면서 이루어진다. 우리가 아동·청소년을 애정과 관심 있는 자세, 존중하는 자세로 대하고, 자신들의 강점을 발견하고 활용할 수 있도록 돕고, 적극적인 의사결정을 할 수 있도록 지속적인 책임을 부여하면, 그들은 자연스럽게 공감적 이해, 존중, 힘의 지혜로운 사용, 자기 통제와 책임감을 배우게 될 것이다. 실천가가 이러한 행동을 모델링하게 되면 애정, 관심, 존중과 책임이 행동규범이 되는 분위기를 만들 수 있게 된다. 우리는 가장 접근하기 어려운 아동·청소년을 관계를 통해 만나야 하고, 가장 힘이 없는 아동·청소년이 적절한 책임감의 수행과정을 통해 힘을 회복할 수 있도록 도와야 할 것이다.

5) 이 모든 것은 타고난 능력에 대한 우리의 믿음에서 시작된다

아동·청소년의 성공적인 성장과 변화를 만들어내는 힘은 바로 그 아동·청소년의 타고난 탄력성에 대한 깊은 믿음이다. 어떠한 접근이나 전략도 아동·청소년에 대한 기본적인 믿음이 없으면 소용이 없다. 그리고 아동·청소년의 능력에 대한 믿음을 갖기 위해서는 먼저 우리 자신의 탄력성에 대한 믿음이 우선되어야 한다. 우리가 과거나 현재 겪고 있는 모든 스트레스와 어려움에도 불구하고, 우리는 우리 자신의 직감과 공감의 능력, 효능감과 희망을 보고 믿어야 한다. 그래야만 우리의 언행 그 자체가 아동·청소년에게 교훈이 될 수 있을 것이다. 그리고 우리가 그렇게 하기 위해서는 함께 일하는 사람과 같이 서로를 위하고 보살필 수 있어야 할 것이다. 그래야만 학교와 같이 폐쇄적인 현장에서 경험하는 수많은 어려움을 극복해낼 수 있고, 그 안에서 학교사회복지실은 학생들을 위한 전환점이 되는 장소가 되고 학교사회복지사는 전환점이 되는 사람들이 될 수 있을 것이다.

3. 강점관점 사례관리의 개념

그러면 학교사회복지사가 영희와 만나면서 강점관점 사례관리를 한다는 것은 무엇을 의미하는 것일까? 우리나라 학생이 하루 중 가장 많은 시간을 보내는 학교에서 학생을 만나고 관찰할 수 있는 실천가로서의 학교사회복지사는 학생이 학교뿐 아니라 가정이나 지역사회에서 건강하게 생활하도록 도울 수 있어야 한다. 그리고 그렇게 하기 위해서는 가장 기본적으로 생태학적 관점에 기반을 두고 학생과 그 학생을 둘러싼 환경, 즉 가족, 학교와 지역사회 간의 상호작용을 중요시하고 학생의 문제의 해결을 위해 학생 개인뿐 아니라 환경체계에 통합적으로 접근해야 한다. 즉 학생이 원하고 필요로 하는 도움을 받을 수 있도록 다양한 서비스와 자원을 제공하고 연계할 수 있어야 하는데, 그러한 실천방법 중 하나가 사례관리이다(Petr, 1998).

사례관리는 1970년대 후반 만성 정신장애나 약물 문제를 가지고 있는 사람들과 같이 취약계층이 증가하고 그들을 위한 지역사회 보호와 서비스의 조정에 대한 필요성이 강조되기 시작하면서 개발된 사회복지실천방법이다(Rapp & Chamberlain, 1985; Rapp, 2006). 현재는 복합적 욕구를 가지고 있어 지속적인 도움을 필요로 하는 모든 사람들을 대상으로 지역사회 내 공식·비공식 자원을 연계·활용하여 통합적이고도 체계적인 서비스를 제공하기 위한 방편으로 주목받고 있으나(홍선미, 2004), 아직 합의된 정의가 없이 상이한 개념과 모델이 제시되는 실정이다. 그러나 모든 사례관리모델은 적어도 서비스 이용자를 필수적인 자원과 연결시키는 기능과 서비스 이용자에게 가능한 독립적으로 생활할 수 있도록 역량을 강화하는 기능을 수행하는 두 가지 측면에서는 공통점을 보이고 있다(Hepworth & Larsen, 1993). 그리고 사례관리를 실천하는 모든 실무자는 공통적으로 지역사회자원에 대한 지식, 서비스 이용자를 자원과 연계시키는 기술과 서비스가 적시에 전달되도록 하기 위해 사후 지도하는 기술을 공유하고 있어야 한다(Petr, 1998).

한편 강점관점 사례관리는 기본적인 사례관리의 과정을 강점관점 실천원리에 입각하여 수행하는 실천방법을 의미한다(Rapp, 2006). 사실 많은 사례관리

모델은 이용자 중심, 팀워크, 파트너십 등 강점관점 실천에서 강조하는 원리들을 지향하고 있지만(우국희·김영숙·임효연, 2007), 현실적으로는 단순한 서비스 연계의 기능만을 수행하는 한계를 보이고 있다(황성철, 1995). 따라서 사례관리가 단순한 서비스 연계에 그치지 않고, 진정 서비스 이용자의 개별적 욕구에 따른 맞춤형 서비스를 제공하고, 서비스 이용자가 문제해결과정의 주체가 될 수 있도록 하기 위해서는 강점관점 실천원칙을 기본으로 해야 한다.

강점관점실천은 1980년대 후반부터 서비스 이용자의 문제에 초점을 맞춘 전문가 중심의 의료적 모델이 가지고 있는 한계에 대한 비판과 반성의 결과로서 논의가 시작되어 현재 다양한 사회복지실천현장에서 적용되고 있다(Weick, Rapp, Sullivan, & Kisthardt, 1989). 전통적인 사회복지실천의 초점은 서비스 이용자의 문제와 그 원인을 밝히는 데 맞춰져 있고 서비스 이용자의 변화는 결국 사회복지사의 전문성, 즉 전문적 지식과 기술에 기초한 문제에 대한 사정과 개입에 의해 이루어진다는 믿음에 기초하고 있다(Blundo, 2001). 반면 강점관점 실천에서는 서비스 이용자의 변화는 결국 서비스 이용자 자신이 만들어내는 것이라고 믿고, 사회복지사가 하는 모든 노력은 서비스 이용자가 원하는 변화를 알아내고 그 변화를 이루어내기 위해 동원될 수 있는 서비스 이용자의 강점과 자원을 발견·육성하고 탐색·개발하는 데 초점이 맞춰져 있다는 점에서 현저한 대조를 이룬다(Saleeby, 2006). 강점관점실천을 학습하는 것은 인지행동 개입기술이나 구조주의적 가족치료 등과 같이 사회복지사에게 이미 익숙한 많은 실천관점, 기술, 모델이나 개입절차를 새롭게 추가해서 배우는 것과는 달리 우리가 만나는 서비스 이용자, 사회복지실천을 위한 지식기반의 특성과 사회복지실천과정에 대한 시각에 근본적인 전환을 필요로 한다. 그런데 최근 강점관점에 대한 관심이 고조되면서 기존의 질병과 전문가 중심의 관점에서 강점과 서비스 이용자 중심의 관점으로의 전면적인 전환 없이 단순히 강점에 대해서 생각하거나, 사정과정 중 강점에 대해서도 알아보거나, 사회복지대화

속에 강점의 언어를 포함시키는 것을 강점관점의 실천으로 착각하는 경우가 종종 있어 혼란을 가중시키곤 한다(Blundo, 2001).

강점관점 사례관리의 기본이 되는 강점관점 실천원칙(보건복지부·솔루션센터, 2006; Kisthardt, 2006; Saleebey, 2006; Weick, Rapp, Sullivan, & Kisthardt, 1989)과 그 실천원칙이 앞서 언급한 영희의 경우 어떻게 적용될 수 있을지 살펴보면 다음과 같다.

① 사회복지사는 모든 개인, 집단, 가족과 지역사회는 강점과 자원을 가지고 있다는 믿음을 갖고, 서비스 이용자의 문제해결과 삶의 질 향상을 위해 그 강점을 발견하고 활용하는 데 초점을 맞춰야 한다. 아울러 서비스 이용자가 경험한 충격, 학대, 질병과 고통은 부정적 영향을 미칠 수도 있지만 동시에 도전과 기회의 원천이 될 수 있음을 인식해야 한다. 따라서 학교사회복지사는 영희 자신과 영희가 속한 환경, 즉 영희의 할머니와 부모, 영희의 선생님, 반 친구들과 학교, 영희가 살고 있는 지역사회에 반드시 강점과 자원이 있을 것이라는 믿음을 갖고 영희와 만나야 할 것이다. 그리고 영희와 할머니에게 무슨 문제가 있고 왜 그런 문제가 있는지에 관심을 갖는 대신, 영희와 할머니가 이미 잘하고 있는 점, 영희와 할머니에게 도움이 될 수 있는 사람과 서비스 등을 발견·활용하고, 필요에 따라서는 개발해내는 데 초점을 맞춰야 한다. 또한 부모의 이혼과 같이 영희가 지금까지 겪어온 어려움도 영희에게 부정적인 영향만 준 것이 아니라 영희가 더 강하고 성숙한 사람으로 성장하는 데 기여했을 수도 있다는 믿음을 갖고 비록 고통스럽고 아픈 경험이라도 영희가 그것을 잘 극복해내고 앞으로 더 힘을 낼 수 있도록 원조하는 데 노력을 기울여야 할 것이다.

② 사회복지사는 개인, 집단, 지역사회가 배우고 성장하고 변화할 수 있는 무한한 능력을 가지고 있다고 믿고 그 성장과 변화에 대한 기대를 가지며 서비스 이용자가 가지고 있는 관심, 희망과 꿈에 초점을 맞춰야 한다. 그리고

모든 개인, 더 나아가 지역사회의 회복과 재기의 능력을 믿고 활성화시키는 데 초점을 맞춰야 한다. 학교사회복지사는 영희가 지금 학교에서 입을 다물고 누구와도 말을 하지 않는 어려움을 보이고 있지만 반드시 그렇게 하는 나름대로의 좋은 이유가 있을 것이고, 앞으로 변화할 수 있는 능력을 가지고 있다는 믿음을 가지고 있어야 할 것이다. 그리고 무엇보다 영희가 관심을 가지고 있는 것이 무엇이고 앞으로 하고 싶은 일이 무엇인지에 대해 알고자 하는 자세로 영희와 만나야 할 것이다.

③ 사회복지사는 모든 서비스 이용자에게 자신을 위한 최선을 결정할 능력이 있다는 것을 믿고 그가 원하는 것에 초점을 맞춰 실천해야 한다. 사회복지사는 서비스 이용자가 경험하는 문제나 해결방법에 대해 어떠한 가정도 하지 않고 오로지 그가 원하는 변화가 무엇인지 함께 알아내고 그것을 이루어내기 위해 활용할 수 있는 자원과 강점을 발견하고 동원하는 데 관심을 갖기 때문에 진정한 의미에서의 맞춤식 서비스를 제공하게 된다. 따라서 학교사회복지사는 영희가 말을 안 하는 이유와 그 해결방법에 대해서 어떠한 가정도 하지 않고 일단 영희가 원하는 변화가 무엇인지 알아내기 위해 모든 이용가능한 방법을 동원하여 영희와 의사소통하기 위해 노력해야 할 것이다. 또한 영희의 할머니, 선생님, 친구들과도 만나 영희가 처한 상황과 필요한 도움에 대해서도 알아내고자 시도해야 할 것이다. 이는 영희와 할머니가 원하는 것을 중심으로 실천이 이루어질 때 협력도 가장 잘 이루어질 수 있고 제공된 서비스에 대한 효과와 만족도도 극대화될 수 있기 때문이다.

④ 사회복지사는 서비스 이용자와 협력적 관계를 추구해야만 효과적으로 실천할 수 있다. 아무리 숙련된 실천가라 해도 서비스 이용자의 삶을 향상시키는 방법에 대한 결정적인 단서를 가지고 있는 것이 아니기 때문에 서비스 이용자의 지혜와 지식은 실천과정에서 그 무엇보다도 중요한 자원이 된다. 따라서 사회복지사는 질병, 장애나 개인력에 상관없이 모든 서비스 이용자는

문제해결능력, 결단력과 회복력을 가지고 있다고 믿고 그와 협력해야 한다. 따라서 학교사회복지사는 영희가 비록 말을 안 하는 문제를 보이고 있고 부모의 이혼 등 어려움을 경험했다 해도 자신의 어려움을 해결할 수 있는 능력을 가지고 있다고 믿고 영희와 만나야 한다. 결국 영희만큼 영희 자신에 대해서 잘 알고 있는 사람이 없다는 확신을 갖고, 영희의 어려움을 해결하기 위해서는 어떤 일들이 있어야 하고 그것이 가능하게 하기 위해서 영희와 영희 주변의 사람들 그리고 지역사회가 할 수 있는 일들이 무엇인지 함께 모색해나가는 것이 필요할 것이다. 또한 영희가 건강하기 위해서는 영희를 보살피는 할머니가 편안하고 건강해야 한다는 것을 기억하고 할머니가 영희를 더 잘 보살피기 위한 방법에 대해 함께 협력하여 강구해나가는 것도 매우 중요할 것이다.

⑤ 사회복지사는 모든 환경이 서비스 이용자를 위한 도움을 동원할 수 있는 자원으로 가득하다는 것을 알고 활용해야 한다. 지역사회가 아무리 열악한 상황에 처해 있다 해도 사회복지사가 그것을 장벽이 아닌 자원으로 보고 접근할 때 필요한 자원을 개발할 수 있다. 그리고 사회복지사는 원조과정에서 공식적인 서비스를 고려하기 전에 우선적으로 가족, 이웃, 친구, 친지, 다른 서비스 이용자와 같은 비공식적 자원을 먼저 찾아 활용할 수 있도록 도와야 한다. 그리고 사무실에서의 개입을 최소화하고, 서비스 이용자의 가정이나 일하는 장소로 직접 찾아가는 지역사회 중심의 실천을 해야 한다(Rapp, 2006). 왜냐하면 사회복지사가 서비스 이용자의 실생활을 직접 관찰할 수 있기 때문에 그들을 이해하는 데 도움이 되고, 서비스 이용자도 익숙한 환경에서는 더 편안하게 이야기할 수 있고 자연스럽게 협력관계를 이루면서 필요한 작업을 할 수 있기 때문이다. 학교사회복지사는 일단 왜소하고 덥수룩한 외관상의 모습이나 할머니와 함께 살고 있다는 정보를 통해 가장 먼저 영희와 할머니에게 다양한 물질적인 지원이 필요할 것이라는 가정에서 어떤 기관의 어떤 자원을 동원해서 연계시켜줄 수 있을지에 초점을 맞춰 생각할 수 있을 것이다.

물론 그러한 도움도 필요할 수 있으나 우선은 가정방문을 통해 영희와 할머니의 실제 살고 있는 모습을 보고, 할머니와도 편안하게 이야기하면서 진정 필요한 도움이 무엇인지 물어봐야 할 것이다. 그리고 자원을 연계시킬 때도 가능하면 이미 영희와 할머니에게 도움을 주고 있는 친척, 친구나 이웃은 없는지, 그 사람들이 그 일을 더 적극적으로 할 수 있기 위해서는 어떤 도움이 필요한지 먼저 살피고 난 후 공식적인 자원을 찾되, 그것도 가장 가까운 데 있고 쉽게 활용할 수 있는 것부터 찾아야 할 것이다.

4. 강점관점 사례관리의 기본이 되는 접근[1]

강점관점 사례관리는 문제해결과정에서 서비스 이용자가 주체가 되어 문제보다는 강점과 자원을 발견·동원하는 데 초점을 맞춘다. 아울러 가족 전체와 그 구성원의 욕구를 함께 고려한 서비스를 계획·제공하고, 서비스 이용자가 거주하는 지역사회와 가정으로 직접 찾아가 협력적 파트너십을 이루면서, 서비스 이용자가 처한 상황과 욕구에 따라 유연하고도 통합적인 서비스를 제공하는 것을 목표로 한다. 이러한 맥락에서 볼 때 강점관점 사례관리는 서비스 이용자 중심, 해결 중심, 가족 중심 접근을 토대로 서비스 이용자에게 직접 찾아가서 통합적 서비스를 제공하는 것을 기본으로 하고 있다. 다음은 각 접근에 대한 간단한 설명과 앞서 살펴본 사례에 대한 적용을 고찰한 내용이다.

---

1) 이 부분은 노혜련·유성은(2007: 80~82)에서 정리한 내용을 수정·보완한 것이다.

1) 통합적 접근

통합적 접근은 사회복지실천에 본질적인 개념, 활동, 기술, 과업 등에 공통적인 기반이 있음을 전제하고(양옥경 외, 2000), 서비스 이용자의 욕구충족과 문제해결의 필요성에 따라 개인, 가족, 집단, 지역사회, 더 나아가서는 제도의 변화를 위해 노력하는 것을 의미한다. 서비스 이용자가 처한 복합적인 문제 상황에서 벗어나도록 원조하기 위해서는 개인과 그를 둘러싼 여러 체계들을 포괄할 수 있는 서비스 전달이 필요하다. 통합적 접근은 개인의 문제와 행동에 초점을 맞추던 접근에서 벗어나 인간과 환경의 상호작용으로 인해 나타날 수 있는 문제해결을 위해 다양하고도 통합적인 차원에서 접근하는 것을 특징으로 한다. 학교사회복지사는 영희의 문제를 효과적으로 해결하는 데에 영희와 협력하면서 실천할 뿐 아니라 영희를 둘러싼 환경 즉 할머니, 친구, 학급, 선생님, 지역사회 주민 및 기관 등과의 협력을 통해, 다양한 자원과 서비스 연계와 네트워크 구축을 통해 통합적으로 개입해야 한다.

2) 해결중심적 접근

강점관점실천으로의 전환은 실천방법에서의 패러다임 전환도 의미한다. 초기에는 가족치료의 한 방법[2]으로 서비스 이용자의 문제해결을 위해 도움이 되는 방법이 무엇인지에 초점을 맞춰 귀납적으로 개발된 해결중심적 접근은, 서비스 이용자가 원하는 것에 대해 묻고 그가 원하는 것을 달성하는 데

---

[2] 해결중심적 접근은 이제 개인, 가족, 집단에 대한 상담뿐 아니라 조직(드용·버그, 2004)과 기업의 운영(잭슨·맥컬고, 2004), 학교교육(Mahlberg & Sjoblom, 2004) 등 중요한 인간관계가 이루어지는 모든 상황 속에서 적용되고 있다.

도움이 되는 강점과 자원을 함께 모색할 때 문제해결이 가장 효과적으로 이루어질 수 있다는 것을 발견한다. 실천에서 가장 중요한 것은 서비스 이용자의 문제해결능력에 대한 믿음이라는 점에서도 강점관점실천과 맥을 같이한다. 그리고 서비스 이용자가 자신이 원하는 해결책을 구축하도록 원조하는 데 사용할 수 있는 질문을 주축으로 한 구체적인 전략과 방법을 개발하여 강점관점실천을 현장에서 실현시켜나가는 데 크게 기여하고 있다(Weick, Kreider & Chamberlain, 2006). 해결중심적 접근은 크게 두 가지 실천 활동을 중심으로 이루어지게 된다. 첫 번째는 서비스 이용자가 원하는 해결책을 모색하는 과정으로 잘 형성된 목표(well-formed goal)를 발전시키는 것이고, 둘째는 이미 해결책이 조금이라도 이루어지고 있는 '예외상황'에 기초해 해결방법을 발전시키는 것이다(DeJong & Miller, 1995). 학교사회복지사가 영희나 할머니 등 영희를 돕기 위해 함께 일해야 하는 사람과 대화하면서 그들이 원하고 필요로 하고 할 수 있는 일에 대해 알고자 할 때 해결중심적 접근에서 활용되는 질문은 매우 유용한 도구로 활용될 수 있을 것이다. 그러나 동시에 영희를 포함한 모든 사람들에게 스스로 문제해결을 할 수 있는 능력이 있다는 믿음이 없는 상태에서 질문기법만을 사용하는 것은 강점관점 사례관리 실천이 될 수 없음을 명심해야 할 것이다.

3) 서비스 이용자 중심의 접근

서비스 이용자 중심의 접근은 인간의 성장과 변화에 대한 믿음과 서비스 이용자에 대한 존중, 공감적 이해와 긍정적 관심을 기본으로 한 실천가와 서비스 이용자 간의 관계를 토대로 이루어진다. 이러한 접근은 서비스 이용자의 주관적인 경험과 서비스 이용자가 긍정적이고 건설적이며 의식적인 선택을 할 수 있는 능력을 가지고 있다고 신뢰하고 존중하는 가운데 진행된다(양옥경 외, 2000). 서비스의 초점도 서비스 이용자가 원하는 것에 맞춰져 그가 원하고 가능한 방법으로 해결책을 모색하고자 한다. 강점관점 사례관리에서 가장 중요한 것은 서비스 이용자가 문제해결의 주체가 된다는 것이다. 따라서 영희의 경우에도 학교사회복지사는 영희와 할머니가 원하는 것이 무엇인지 함께 알아가고, 사례관리 전 과정에서 영희와 할머니와 관련된 모든 결정을 그들의 의사를 묻고 진행해야 할 것이다.

4) 가족중심적 접근

가족중심적 접근은 개인의 생활 속에서 가족의 중요성을 인정하고, 가족이 충분한 정보를 숙지한 후 내린 선택을 기초로 이루어지고, 가족의 강점과 능력에 초점을 맞춘다(Petr, 1998). 모든 사람, 특히 아동의 경우 개인적 차원의 원조만으로는 문제해결에 한계가 있다. 개인의 건강과 안녕에 가족갈등, 가족 구성원의 스트레스 등과 같은 가족환경은 대단히 큰 영향을 미친다. 따라서 개인, 특히 아동의 건강한 성장은 가족이 건강할 때 이루어질 수 있다는 것을 전제로 하여 서비스의 제공은 가족과 그 구성원의 강점을 기반으로 한 가족 전체에 초점을 맞춰야 한다. 영희의 경우 학교사회복지사는 영희가 현재 함께 살고 있는 할머니는 물론, 이혼한 부모가 영희와 어떤 관계 속에서 살고 있고 영희에게 도움이 될 수 있는 부분은 무엇이고 도움이 필요한 부분이 무엇인지 알아보는 것이 중요할 것이다. 그래서 영희에게 자원이 되는 부분은 극대화시키고 영희에게 더 좋은 지지원이 되기 위해서 필요한 도움을 제공해야 할 것이다.

5) 찾아가는 접근

찾아가는 접근이란 서비스 이용자가 기관에 찾아와서 자신에게 필요한 서비스를 요청하기를 기다리는 것이 아니라, 스스로 도움을 요청할 기력이나 용기가 없는 서비스 이용자에게 직접 찾아가 서비스를 제공하는 것을 의미한다. 즉 서비스 이용자가 거주하고 있는 지역사회로 나아가 서비스 제공과 연결을 시도하는 개입과정인 것이다. 이러한 접근은 서비스 이용자가 소속되어 있는 체계에 대한 이해와 개입을 통해 서비스 이용자를 지지하거나 문제에 대한 해결책을 찾는 것을 목적으로 한다. 서비스 이용자에게 직접 찾아가는 접근은 실천가가 서비스 이용자와 가족의 상황을 더 잘 이해하고 그들의 잠재된 강점을 발견할 수 있게 함으로써 가족생활에는 위기와 잠재적 자원이 모두 존재한다는 분명한 시각을 제공해준다(월시, 2002). 서비스 이용자의 가정을 직접 방문하는 것은 실천가가 그 가족을 위해 노력을 기울이고 있으며 그들이 그럴 만한 가치가 있는 존재임을 보여주기도 한다. 찾아가는 접근은 실천가가 지역사회 내에서 익숙한 존재가 되게 하고, 서비스 이용자들의 구체적인 욕구뿐 아니라 지역사회 내의 자원 및 그들의 생활과 환경에 대한 중요한 정보를 더 쉽게 발견할 수 있게 함으로써 진정한 의미에서의 서비스 이용자 중심의 실천이 이루어질 수 있게 한다. 영희의 경우에도 앞서 언급한 바와 같이 영희가 어떤 상황 속에서 생활하는지 파악하고 연로한 할머니와 이야기를 나누기 위해서도 가정방문을 하는 것이 필요할 것이다. 그렇게 해서 영희와 할머니가 필요한 도움을 더 직접적으로 이해할 수 있고, 할머니도 익숙한 환경에서 더 편한 마음으로 많은 이야기를 할 수 있을 것이다. 그리고 영희도 학교사회복지사가 직접 자신의 집에 다녀가 집안형편을 이미 알고 있다는 것을 알 때 더 솔직하게 자신의 이야기를 할 수 있을 것이다. 그뿐 아니라 지역사회 내에 영희와 할머니를 위해 활용할 수 있는 자원이 무엇이 있는지에 대해서도 직접 보고 탐색할 수 있는 좋은 기회가 될 수 있을 것이다.

5. 강점관점 사례관리의 사례

그러면 이제 앞서 살펴본 영희에 대한 강점관점 사례관리가 어떻게 이루어
졌는지 살펴보자.[3]

영희와의 첫 만남 — 학교사회복지실 문을 열고 들어온 영희는 고개를 바닥
에 떨어뜨린 채 목인사를 한 후 불안한지 계속 손톱을 물어뜯었다. 학교사회복
지사는 영희의 마음을 편안하게 해주려고 따뜻한 차를 주고 음악을 작게 틀어
주었다. 그리고 인사를 하면서 악수를 청하자 슬그머니 손을 내밀었다. 고맙다
고 인사를 하면서 영희의 손을 꼭 잡고 악수를 한 뒤 학교사회복지사는 자신이
누구이며 왜 영희와 만나게 되었는지 알려주었다. 그리고 말을 하지 않는
영희와 의사소통하는 데 도움이 될 수 있을 것 같아 스케치북과 색연필을
영희 앞에 놓았다. 그리고는 스케치북에 동그라미 2개와 '느낌'이라는 제목을
붙이고 '느낌 게임'을 할 것을 제안했더니 영희는 호기심 어린 표정으로 싫지
않은 듯 고개를 끄덕였다. 담임선생님이 학교사회복지실에 가보라고 했을
때의 기분을 예를 들어 설렘, 불안, 짜증, 우울 등의 단어로 써보라고 했을
때 영희는 종이에 '걱정'이라고 썼다. 그렇게 학교사회복지사는 감정에 대해
하나씩 물어가면서 영희에 대해서 조금씩 알아갈 수 있었다. 상담 마지막에
영희를 또 만나고 싶은데 영희는 어떠냐고 묻자 머뭇거리더니 종이에 '나쁘지
않음'이라고 적었다. 학교사회복지사는 영희와 다시 한 번 악수를 청하면서

---

3) 익명성의 보장을 위해 이름 등 이 사례의 신원에 관한 정보와 실천 내용이 부분적으로
   수정되었다.

다음에 만날 것을 약속했다.

영희와의 두 번째 만남 — 학교사회복지사는 영희와 반가움의 악수를 나누고 이번에도 스케치북과 색연필을 주었다. 그리고 만약 영희에게 기적이 일어나서 지금 가지고 있는 문제가 다 해결된다면 무엇이 달라질지 묻는 기적질문을 통해 영희가 무엇을 원하고 중요하게 생각하는지 알아보고자 했다. 영희가 그린 기적 그림에는 파랑새 한 마리와 한 명의 여자아이가 혼자 서 있었다. 학교사회복지사는 그림에 대해 이야기해달라고 하면서 빈 종이 한 장을 주었는데 영희는 "혼자 있는 아이도 나고, 파랑새도 나예요"라고 간단히 표현했다. 영희는 파랑새가 되길 원했는데, 그 이유는 어디든 날아갈 수 있는 새가 부럽기 때문이라고 했다. 학교사회복지사는 왜 하필이면 파랑색으로 새를 그렸냐고 물었더니 "파랑색은 바다에도 있고 하늘에도 있으니까"라고 답했다. 이어서 영희의 기분이 가장 나쁠 때가 1점이고 가장 좋을 때가 10점이라면 지금은 몇 점 정도인지 척도 질문을 통해 묻자 3점이라고 했다. 무엇이 조금 달라지면 1점 더 높은 4점을 줄 수 있을 것 같으냐고 묻자 영희는 '모르겠음'이라고 적었다. 학교사회복지사는 영희가 답하기 힘들어하는 것 같아 그것에 대해서는 더 이상 묻지 않았다. 그리고 학교사회복지사는 영희가 하루를 어떻게 지내는지 궁금해 영희와 함께 일과표를 만들어 예쁜 스티커를 주면서 일주일 동안 매일 즐거웠던 일, 화났던 일을 간단하게 적을 수 있게 하고, 그날에 대한 만족도를 스티커 개수(매우 불만족=1, 매우 만족=5)를 통해 표시할 수 있도록 했다.

영희와의 세 번째 만남 — 영희는 하루도 빼놓지 않고 잘 작성한 하루일과표를 가져왔고 학교사회복지사는 담임선생님이 영희의 성실함에 대해 칭찬했던 것을 이야기하면서 "영희가 정말 담임선생님 말씀대로 성실하구나, 정말 하루도 빼놓지 않고 다 써왔네. 선생님도 칭찬 선물을 줘야겠네~" 하며 준비해온 책 한 권을 선물로 주었다. 영희는 칭찬과 선물을 받아서 좋았는지 처음으로 환한 미소를 지어보였다. 하루일과표를 보니, 만족도 스티커가 거의 대부분 1개나 2개 정도밖에 붙어 있지 않았다. 그리고 하루 동안 즐거웠던 일은 오로지 자신이 좋아하는 국어와 미술시간에 대해서만 썼고, 할머니에 대한 불만이 그대로 표현되어 있었다. 예를 들어 "할머니의 잔소리가 싫다. 귀를 막아버렸다" 등의 글이 눈에 띄어 할머니와 영희의 관계가 매우 좋지 않다는 것을 알 수 있었다. 학교사회복지사는 조심스레 할머니에 대해 물었다. 역시 느낌 게임처럼 진행했는데 온통 '미움', '짜증', '화남' 등의 단어를 썼고, 마지막 장에는 '불쌍함'이라고 적었다. 영희에게 할머니가 싫으면서도 측은한 마음이 있음을 알 수 있었다. 학교사회복지사가 할머니와 가까워지고 싶은 마음이 전혀 없는 상태가 1점이고 가까워지고 싶은 마음이 가장 많은 상태가 10점이라면 지금은 몇 점 정도냐고 묻자 5점이라고 표시했다. 이번에도 일주일 동안 작성할 하루일과표를 만들었는데, 이번에는 할머니와의 관계에 대해 더 알아보기 위해 영희가 할머니에게 잘한 일, 할머니가 영희를 기분 좋게 한 일에 대해 적을 수 있도록 하고 할머니와 영희와의 관계에 대한 만족도 표시를 하도록 했다.

담임선생님과의 만남— 영희와 상담을 마친 후 학교사회복지사는 담임선생님에게 영희와 할머니와의 관계에 대해 물었다. 담임선생님의 말에 의하면 할머니는 영희가 부모에게서 버림받은 것에 대해서는 매우 측은하게 생각하고 있으나, 할머니 자신의 건강상태도 좋지 않고 경제적인 능력도 없기 때문에 영희를 양육하는 것에 많은 부담을 가지고 있다고 했다.

가정방문을 통한 할머니와의 만남— 담임선생님과의 면담을 마친 후 학교사회복지사는 할머니와 전화 통화를 하여 약속을 하고 가정방문을 나갔다. 영희네 집은 쪽방이었고 한눈으로도 경제적으로 어려운 처지에 있음을 알 수 있었다. 할머니와 1시간 정도 이야기했는데 세상살이의 버거움을 눈물로 대신했다. 그리고 현재 영희의 아빠는 연락이 두절된 상태이고 엄마는 이미 재혼을 한 상황임을 알 수 있었다. 또한 영희는 집에서조차도 말을 거의 하지 않는다고 했다. 말을 해도 잘 들리지 않게 옹알이하듯이 얘기를 한다면서 할머니 또한 답답함을 호소했다. 할머니는 심신이 많이 지쳐 있었고 관절염이 심해 거동조차 불편한 상황이었다.

학교사회복지사는 할머니와의 면담을 마친 뒤 동네에 할머니의 관절염 치료에 도움을 줄 수 있는 의료기관이 있는지 알아봤다. 마침 사정을 이야기하자 흔쾌히 치료해주겠다는 정형외과가 있어 할머니에게 알려주자 가까운 곳에서 무료로 진료와 물리치료를 받을 수 있게 되어 무척 기뻐했다.

영희와의 네 번째 만남 — 영희는 학교사회복지사가 할머니와 만났다는 말을 하자 무척 놀란 표정을 지으며 처음으로 입을 열어 "네? 할머니를요?"라고 말했다. 그런데 그 순간 학교사회복지사는 영희의 입 냄새가 너무도 심각해 놀라지 않을 수 없었다. 영희는 자신도 놀라워하며 입을 손으로 막고 고개를 숙이더니 엉엉 울기 시작했다. 학교사회복지사는 다가가 괜찮다고 이야기하면서 안아주었다. 그렇게 한참을 울고 나더니 영희는 작은 목소리로 말을 하기 시작했다. "선생님. 전 말하기 싫어요. 평생 말 안 하고 살 거예요. 6학년 때 친구들이 입 냄새가 심하다고 말하지 말랬어요. 매일 양치질을 하는데도 입 냄새가 안 없어져요. 전 친구도 없고 그래서 할머니도 저를 미워하나 봐요"라며 또 한참을 울었다. 학교사회복지사는 영희를 다시 안아주며 함께 슬퍼했고 힘든 마음을 위로하면서 도움을 줄 것을 약속했다.

담임선생님과의 만남 — 영희와 상담을 마친 후 학교사회복지사는 담임선생님에게 영희의 상황에 대해 이야기해주었고, 영희의 마음고생을 이해하게 된 담임선생님도 마음이 아파 눈시울을 적셨다.

영희의 병원 진료 — 학교사회복지사는 먼저 영희를 데리고 치과에 갔다. 치과에서는 충치도 심하지만 입 냄새와 관련해서는 또 다른 질병이 있을 것 같다며 내과에 가보라고 했다. 그래서 그다음에는 내과를 찾아갔다. 검사를 해본 결과 영희는 '역류성 식도염'이라는 병을 앓고 있었다. 의사 선생님은 속이 많이 쓰리고 아팠을 거라고 하면서 영희를 위로했다. 병원 측에서는 영희의 가정형편에 대한 이야기를 듣고 적극 지원하기로 했다. 영희는 제때 먹지도 못하고 할머니와 식사를 할 때도 마음 편히 먹지 못했기 때문에 어린 나이에 식도염에 걸렸던 것이었다. 영희는 병원 진료와 상담을 지속적으로 받으면서 건강상태도 호전되었고, 성격 또한 많이 밝아져 또래와도 대화하려고 노력하는 모습을 보였다.

영희 부모의 행방을 알아봄 ─ 학교사회복지사는 영희 부모의 행방을 찾아보기 시작했다. 영희는 음주 문제로 폭력을 일삼았던 아빠에 대한 그리움은 전혀 없었고, 엄마에 대해서는 자신을 버리고 재혼은 했지만 보고 싶고 함께 살고 싶다고 이야기했다. 수소문 끝에 학교사회복지사는 영희의 엄마와 만날 수 있었다. 현재 영희의 건강상태에 대해 알려주고 영희와 만날 마음이 있는지 물어보았다. 하지만 영희 엄마는 현재 이루고 있는 가정을 깨고 싶지 않고, 영희와는 어차피 함께 살 수 없기에 오히려 만나는 것이 더 큰 상처가 될 것 같다며 만나기를 거절했다.

영희와 할머니와의 만남 ─ 학교사회복지사는 영희를 만나 엄마의 현재 상황에 대해 자세히 설명했다. 영희는 오히려 그런 엄마를 이해한다고 이야기했다. 그리고는 할머니가 연세가 많고 건강이 좋지 않으셔서 자신을 돌볼 상황이 아니라면서 보육원에 가서 지내는 것이 오히려 나을 것 같다고 했다. 학교사회복지사는 이 문제에 대해 할머니와 영희가 함께 충분히 대화할 수 있도록 시간을 마련해주었다. 할머니는 눈물을 흘리며 영희를 안으면서 할머니가 구박하고 잘해주지 못해 많이 힘들었을 거라고, 영희를 미워한 게 아니라 할머니 자신이 너무 힘들어서 그랬다고, 손녀가 아픈지도 모르고 매일 입 냄새 난다고 구박만 해서 정말 미안하다고 이야기했다. 할머니도 영희가 몸이 아파 잘 보살펴주지도 못하는 자신의 곁에 있는 것보다 오히려 보육원 같은 곳에 가서 생활하는 게 더 좋을 것 같다며 영희의 결정대로 해주기를 바라셨다.

영희가 가까운 그룹 홈에 입소함―학교사회복지사는 영희의 집 근처에 있는 그룹 홈을 찾아 영희가 그곳에서 살 수 있는지 알아보았다. 다행히 영희와 같은 학교에 다니는 친구가 있는 곳이었는데 한 달 후에 입소할 수 있게 되었다. 그곳 보육사와 의논하여 친구와 같은 방을 쓸 수 있게 했고, 덕분에 그곳 생활에 더 빨리 적응할 수 있게 되었다. 영희는 병원 진료와 상담을 지속적으로 받았고 학교생활도 더 즐겁게 하는 모습을 볼 수 있었다. 그리고 영희는 일주일에 한 번은 꼭 할머니에게 찾아가 얼굴을 뵙고 오고 있다.

할머니를 위한 가사도우미 연계―학교사회복지사는 인근 지역사회복지관과 연계하여 할머니의 집에 가사도우미가 일주일에 한 번씩 방문하여 집안 청소뿐만 아니라 반찬서비스도 제공할 수 있도록 했다. 할머니는 가사도우미의 도움으로 체계적인 건강 식단과 운동을 할 수 있어 더 건강한 하루하루를 보낼 수 있었다. 영희도 가까운 곳에 있으니 언제든지 보고 싶으면 만날 수 있어 좋아하셨다. 학교사회복지사는 할머니 옆집에 사는 아줌마에게도 부탁해서 혹시 필요한 일이 없는지 자주 들러 살필 수 있도록 했다.

학교사회복지사가 영희와 만난 기간은 3개월 정도에 불과했다. 하지만 영희는 자신이 바라던 파랑새처럼 이제 친구들과 자유롭게 대화도 하고 밝은 미래를 향해 조금씩 날갯짓을 할 수 있게 되었다. 영희가 이처럼 새로운 삶을 시작할 수 있게 된 것은 학교사회복지사가 영희의 문제에 초점을 맞추기보다는 영희가 원하는 것을 알고자 했고, 원하는 것을 이루기 위해 학교, 가정과 지역사회가 하나가 되어 도움이 되는 강점과 자원을 찾아갈 수 있었기 때문이다.

6. 결론

지금까지 학교사회복지의 통합적 실천방법 중 하나인 강점관점 사례관리에 대해 살펴보기 위해 아동·청소년의 탄력성, 강점관점의 실천원칙, 강점관점 사례관리의 기본이 되는 접근을 고찰한 후 사례를 통해 강점관점 사례관리가 학교사회복지 현장에서 어떻게 실천될 수 있는지를 알아보았다. 영희는 분명 많은 어려움을 가지고 있었지만 대단한 탄력성을 가지고 있는 학생이었다. 학교사회복지사가 영희가 경험하고 있는 어려움과 원하는 변화에 대해서 궁금해했으나 결코 서두르지 않고 영희가 가능한 방법으로 의사소통하고 지지하며 기다렸을 때 영희는 조금씩 자신의 마음을 내보이기 시작했다. 그리고 학교사회복지사는 영희와의 만남에서 그치지 않고 할머니와 영희가 살고 있는 곳으로 직접 찾아갔을 때 영희가 처한 전체적인 상황을 더 명확하게 이해할 있었고, 영희도 할머니도 그들이 원하고 필요로 하고 있는 도움이 무엇인지 더 편안하게 이야기할 수 있었다.

학교사회복지사는 또한 큰 재단이나 기관을 찾아 지원을 요청하기보다는 일단 할머니와 영희가 살고 있는 지역사회에서 자원을 찾는 데 주력했고 그 자원은 쉽게 찾을 수 있었다. 동네 병원과 같이 지역사회에 있는 자원은 가깝기 때문에 지속해서 활용하기도 편하고, 의사도 지역사회의 한 구성원으로서 지역주민을 함께 보살필 수 있는 기회를 갖게 되는 것이기에 서로와 지역사회 전체를 위해 도움이 되는 일이다. 그리고 그러한 도움은 특별한 기금이나 기관을 통해 제공되는 자원의 연계가 아니기 때문에 낙인감 없이 편안하게 이용할 수 있게 된다.

학교사회복지사가 영희의 부모와 만나기 위해 노력한 점도 매우 중요한 일이다. 학교사회복지사는 영희가 원하는 대로 어머니와 살 수 있는지 알아보기 위해 만났지만, 그것을 어머니에게도 영희의 근황에 대해 이야기할 수 있는 기회로 삼기도 했다. 비록 현실적으로 이루어질 수 없는 바람이었기에 가슴 아프지만 학교사회복지사의 그러한 노력을 통해 오히려 영희는 마음을 정리하고 어머니의 입장을 이해할 수 있게 되었다. 어머니에 대한 이야기를 듣고 의연하게 대처하는 모습은 어려움 속에서도 잘 극복하며 살아가는 청소년의 탄력성과 힘을 보여주는 증거라고 할 수 있을 것이다. 영희는 현실적으로 할머니가 자신을 돌볼 수 있는 상황이 안 된다는 것도 알고 있었는데, 학교사회복지사는 그러한 결정에 대한 최종적인 선택도 영희와 할머니가 함께할 수 있도록 했고, 서로 충분히 이야기 나눌 수 있는 기회를 갖게 함으로써 서로의 마음을 표현하고 함께 살지 않더라도 가족으로서의 정을 계속해서 나눌 수 있는 발판을 마련했다. 그리고 영희가 새롭게 살 곳도, 같은 지역사회에서 학교 친구가 있는 곳으로 찾아 영희가 가능하면 익숙한 환경 속에 머물면서 할머니와도 자주 만날 수 있게 해준 것은 영희가 앞으로 건강하게 살아가는데 매우 중요한 요소로 작용할 것이다.

이와 같이 학교사회복지사는 영희의 문제보다는 강점과 욕구에 초점을 맞춰 실천하고 영희뿐 아니라 할머니가 원하는 변화를 만들 수 있도록 지원하는데 주력했고, 그 과정 속에서 담임교사와 협력하며 지역사회의 비공식 자원과 공식적 자원을 모두 활용하여 통합적으로 접근했다. 그리고 그러한 노력은 영희와 할머니가 더 행복하고 건강한 삶을 살게 하는 데 크게 기여했다. 강점관점 사례관리는 학교사회복지사가 복합적인 어려움을 겪고 있는 취약한 가정의 학생들과 함께 일할 때 특히 필요한 실천방법이다. 학교사회복지 현장에서 이루어지는 강점관점 사례관리의 실천은 건강한 학생, 건강한 가정과 건강한 지역사회를 만들어내는 데 크게 기여할 수 있을 것이다.

참고문헌

노혜련·유성은. 2007. 「강점관점 사례관리 특성에 관한 연구: 빈곤여성가구주의 참여 경험을 중심으로」. ≪한국가족치료학회지≫, 15-1. 75~103쪽.

드용·버그(DeJong, P. & Berg, I.). 2004. 『해결을 위한 면접』. 노혜련·허남순 옮김. 서울: 시그마프레스.

보건복지부·솔루션센터. 2006. 『강점관점 해결중심 사례관리 매뉴얼』.

월시(Walsh, W.). 2002. 『가족과 레질리언스』. 양옥경·김미옥·최명민 옮김. 파주: 나남.

양옥경·김정진·서미경·김미옥·김소희. 2000. 『사회복지실천론』. 파주: 나남.

우국희·김영숙·임효연. 2007. 「지역사회복지관에서의 사례관리에 대한 사회복지사들의 주관적 경험과 인식」. ≪사회복지정책≫, 30. 287~310쪽.

잭슨·맥컬고(Jackson, P. & McKergow, M.). 2004. 『성공한 CEO는 단순하게 해결한다』. 신광권·유왕진·김정열 옮김. 서울: 지상사.

황성철. 1995. 「사례관리(case management)실천을 위한 모형개발과 한국적 적용에 관한 연구」. ≪한국사회복지학≫, 27. 275~304쪽.

홍선미. 2004. 「자활사업에서의 사례관리 적용에 관한 탐색적 연구」. ≪한국사회복지학≫, 56. 311~326쪽.

Benard, B. 2002. "Turnaround people and places: Moving from risk to resilience." In D. Saleebey. *The Strengths perspective in social work practice*(3rd ed.), Allyn & Bacon. pp. 213~227.

Blundo, R. 2001. "Learning Strengths-Based Practice: Challenging our Personal and Professional Frames." *Families in Society: The Journal of Contemporary Human Services*, 82:3. pp. 296~304.

DeJong, P. & Miller, S. 1995. "How to interview for client strengths?" *Social Work*, 40:6. pp. 729~736.

Hepworth, D. & Larsen, J. 1993. *Direct social work practice: Theory and skills*(4th ed.). Brooks/Cole.

Kisthardt, W. 2006. "The opportunities and challenges of strengths-based person-centered practice: Purpose, principles, and applications in a climate of systems' integration." In D. Saleebey. *The strengths perspective in social work practice*(4th ed.). Allyn & Bacon. pp. 171~196.

Lifton, R. 1994. *The protean self: Human resilience in an age of fragmentation*. Basic Books.

Mahlberg, K. & Sjoblom, M. 2004. *Solution-focused education for a happier school*. Mahlberg & Sjoblem.

Petr, C. 1998. *Social work with children and their families: Pragmatic foundations*. Oxford University Press.

Rapp, C. 2006. "Strengths-based case management: Enhancing treatment for persons with substance abuse problems." In D. Saleebey. *The strengths perspective in social work practice*(4th ed.). Allyn & Bacon. pp. 128~147.

Rapp, C. & Chamberlain, R. 1985. "Case management services for the chronically mentally ill." *Social Work*, 30. pp. 417~422.

Saleebey, D. 2006. Introduction: Power in the people. In D. Saleebey. The strengths perspective in social work practice(4th ed.). Allyn & Bacon. pp. 1~24.

Seligman, M. 1995. The optimistic child. Houghton Mifflin.

Tierney, J., Grossman, J. & Resch, N. 1995. *Children and families at promise: Deconstructing the discourse of risk*. State University of New York Press.

Truebridge, S. 2008. "Resilience: It begins with Beliefs." Paper presented at the Society for Korean Children and Youth Studies 2nd Biennial World Conference: Positive Youth Development & Welfare through Strengths & Spirituality-View from Korean and America.

Weick, A., Rapp, C. Sullivan, P. & Kirthardt, W. 1989. "A strengths perspective for social work practice." *Social Work*, 34:4. pp. 350~354.

Weick, A., Kreider, J. & Chamberlain, R. 2006. "Solving problems from a strengths perspective." In D. Saleebey. *The strengths perspective in social work practice*(4th ed.). Allyn & Bacon. pp. 116~127.

Werner, E. & Smith, R. 1992. *Overcoming the odds: High risk children from birth to adulthood*. Cornell University Press.

7장

학교사회복지사의 역할과 슈퍼비전

학교사회복지사 파견사업

최승희 평택대학교 사회복지학부 부교수

1. 들어가기

교육인적자원부(현 교육과학기술부)는 2004년 1월 초·중등교육법 제19조의2의 개정과 「학교폭력에 관한 법률」 제정에 따라 학교에 전문상담교사를 두도록 하고 있다. 그러나 부적응학생과 학교폭력 등의 문제 해결이 미진한 학교실태를 고려한 다양한 전문가 집단의 협력과 공동해결노력에 대한 필요성을 인식하여 2004년 5월부터 '사회복지사를 활용한 연구학교' 운영을 실시했으며, 2006년 이후에는 '사회복지사를 활용한 연구과 시범적용학교'로 명칭을 변경하여 운영하고 있다. 1996년 교육부가 서울, 대전, 대구, 광주에서 1개교씩 선정한 시범사업과 서울시 교육청의 3개 학교 시범사업으로 거슬러 올라가면 학교사회복지사가 학교에 파견된 역사는 벌써 10여 년이 넘었다. 이 기간에 학교사회복지의 정체성과 학교사회복지사의 역할을 학교에 알리는 데에 많은 힘과 노력이 쏟아졌다. 그러나 학교에서의 학교사회복지에 대한 지식과 이해부족으로 학교사회복지사의 역할을 지극히 협소하게 제한하거나, 상담·진로교사와 역할이 중복된다는 이해로 교사집단과 갈등관계에 놓이는 경우가 허다했으며, 이는 현재도 간간히 학교사회복지사들의 고충으로 보고되고 있다.

그러나 정작 학교사회복지사의 역할업무와 규정에 대한 학교의 이해 부족을 탓하기 전에 학교사회복지사 스스로가 정체성을 갖지 못하고, 학교체계의 다양한 요구와 이해관계에 좌충우돌했던 것이 사실이다. 그러나 해가 갈수록 학교사회복지사는 학교 내 전문가와 차별화된 자신들의 고유한 역할과 직무를 점차 확고히 하고 있다. 학교의 타 전문가들도 그들과 상충되지 않는 학교사회복지사의 고유 업무를 이해하고 학교사회복지사와의 협력이 학생교육과 지도에 도움이 됨을 절실히 느끼고 있다. 이 장에서는 학교 현장의 학교사회복지사의 역할을 사례를 통해 소개하고 슈퍼비전의 실태와 기능을 살펴본다.

2. 학교사회복지사의 역할

학교사회복지사의 역할 구분은 사회복지사의 역할 구분과 다르지 않으나 학교 현장의 특성에 따른 고유한 부분이 있으며, 우선순위나 수행 빈도에서도 차이점이 존재한다. 이 장에서는 학교사회복지사의 주요한 관점인 생태체계 관점(개인, 가정, 학교, 지역사회 차원)에서 각 체계별로 개입할 때 수행하는 역할을 학교사회복지사의 실제 현장사례와 더불어서 소개하고자 한다.

1) 역할특성

학교사회복지사의 주요 역할은 학생이 학교환경에 원활하게 적응하고 그 안에서 학습을 잘할 수 있도록 원조하는 것이다. 1차 현장이 아닌 2차 현장에서 근무하는 학교사회복지사는 여러 가지 측면에서 역할특성을 가진다.

첫째, 학교사회복지사는 2차 현장에서 근무하기 때문에 학교에서 유일하거나 지역 차원에서도 유일한 경우가 많다. 그렇기 때문에 학교사회복지사 한 명이 미시적 접근, 중간적 접근, 거시적 접근을 모두 수행한다. 또한 수행년도에 따라 직급이 올라가면서 중간관리자의 역할을 수행하는 1차 현장과는 달리 경력이 쌓여도 수행하는 업무의 내용이 크게 달라지지는 않는다.

둘째, 학생에 대한 사정 등을 통해 얻은 정보뿐만 아니라 부수적인 정보를 다른 전문가에게 설명하고 제공하는 등 다학문적 팀으로 협력해서 일하는 경우가 많다. 학교사회복지사가 주로 협력하는 학교체계에서의 다학문적 팀은 대표적으로 교사, 양호교사 등이 있으며, 지역사회에서는 정신보건센터, 병원, 치료센터 등과 연계해서 협력하여 아동을 지원한다.

셋째, 학교급과 유형에 따라 수행하는 역할이 다르다. 초등학교와 고등학교에서 수행하는 역할에서 차이가 있으며, 학교유형별로는 인문계냐 공업계냐에 따라서도 달라진다.

넷째, 학교사회복지사의 업무가 표준화되어 지침으로 전달되지 않은 한국적 상황에서 학교사회복지사의 역할에 많은 영향력을 행사하는 것은 학교장이나 학교사회복지사가 소속되어 있는 부서 교사의 욕구와 인식이다. 따라서 학교장 등 행정가의 학교사회복지에 대한 이해와 수용 정도에 따라서 학교사회복지사의 역할이 확대되거나 축소되기도 한다.

2) 주요 역할

학교사회복지사는 생태체계관점을 가지고 역할을 수행한다. 그러므로 학교사회복지사의 역할도 각 체계별로 수행내용과 우선순위가 달라질 수 있다.

여기에서는 생태체계관점에 따라서 학생체계, 가족체계, 학교체계, 지역사회체계별로 학교사회복지사의 역할을 구분하여 살펴보고자 한다. 학생체계에서 주로 수행하는 역할은 개별상담, 집단활동, 사례관리, 중재, 옹호이다.

가족체계에서의 역할수행은 부모에 대한 교육이나 가정방문 등이 있다.

교사와 학교체계에서의 역할수행은 교사와의 협력, 학교변화, 학교사회복지에 대한 홍보와 인식 개선 등이 포함된다. 지역사회체계에서는 학생과 가족을 지원하기 위한 자원연계, 자원개발, 프로그램 개발 등이 있다.

(1) 학생체계 개입

① 개별상담

개별상담은 상주형 학교사회복지사가 가장 많이 수행하는 역할 중 하나로, 학생이 직접, 혹은 교사나 부모가 학교사회복지사에게 의뢰한다. 의뢰하는 문제는 매우 다양하며 이에 대한 접근 또한 다양하다. 학교사회복지사는 학생 개인의 특성과 문제에 따라서 효과적인 접근방법을 꾀하게 된다. 학교에 부적응하게 되는 학생 개인의 정서적·행동적 문제에 대해서 개별상담을 제공한다.

<사례>

초등학교 6학년 민철(남)이는 4학년 때 아이들이 괴롭히자 4층 학교 창문에서 뛰어내리겠다고 했다가 교사들에 의해서 저지를 당한 적이 있으며, 이후 정신과상담을 받아왔다. 자살 소동이 있은 후 부모는 전학을 시켜서 다른 지역의 학교에 다니도록 했으나 민철의 상태가 좋아지지 않자, 예전의 동네에서 오히려 민철이가 편안함을 느낄 것으로 기대하고 원래 학교로 다시 오게 되었

다. 그러나 민철이는 예전 학교에서도 여전히 따돌림을 받았으며 이에 대해 매우 공격적으로 반응했다. 자신을 놀리는 급우에게 의자를 던지거나 심한 몸싸움을 했고, 친구들의 괴롭힘으로 민철 자신의 몸에도 여기저기 상처가 많았다. 정신과치료를 받은 경력이 있고 공격적이고 산만한 민철이를 담임선생님은 특수학급으로 옮기기를 원했다. 이에 반대한 부모는 민철이의 문제를 학교사회복지사에게 의뢰했다. 초기의 민철은 학교사회복지사와 눈도 마주치지 않고 상담시간에도 매우 산만하여 면접을 진행하는 것이 어려웠다. 학교사회복지사는 민철이의 행동을 수정함으로써 문제를 해결하고자 시도했다. 잘못된 행동은 규제하고 긍정적인 행동에는 충분한 보상을 주었다. 그리고 민철에게 내재되어 있는 분노를 충분히 표출할 수 있도록 원조했다. 민철이의 어머니와도 지속적으로 상담하여 개별상담·학교지도가 가정에서도 동일하게 연계될 수 있도록 지원했으며, 민철의 담임선생님에게도 지속적으로 민철의 상담과정을 알려주고, 함께 적절한 대처방법을 강구하며 협력하여 지도했다. 민철은 학급에서의 문제행동이 많이 완화되었고 대인관계에서도 안정적으로 자신의 의사를 표현할 수 있을 만큼 향상되었다.

② 집단활동

집단활동은 학교에서 사회복지사가 가장 많이 활용하며 동시에 학생들에게도 매우 효과적인 접근방법 중 하나이다. 집단활동의 유용성은 또래 학생과의 상호작용과 활동을 통해서 자신들의 문제로만 여기던 고민과 어려움에 대한 동질감을 발견하고 안전감을 느끼며 효과적인 문제해결방법을 찾아가게 되는 데에 있다. 이 과정을 통해 학생은 상호지지와 집단응집력을 경험하면서 소속감을 형성하게 된다.

집단활동은 그 성격에 따라 교육집단, 사회기술집단, 자조집단(또래상담),

문제해결집단 등으로 구분할 수 있다. 집단의 성격과 목적, 대상학생들의 특성에 따라서 학교사회복지사는 회기와 집단의 수를 면밀하게 고려해야 한다. 또한 학교사회복지사는 학생뿐만 아니라 부모를 대상으로 집단활동을 함으로써 양육기술을 가르치거나 다양한 지역사회 프로그램과 자원을 소개하고 필요할 경우 의뢰를 돕는다.

<사례>

강원의 ○○중학교에서는 빈곤층, 저소득층, 한부모가정의 자녀가 방학 기간에도 지속적으로 건강을 유지하고 자아성장을 할 수 있도록 집단프로그램을 제공했다. 방학 한 달 동안 총 9회기로 실시하여 중식과 간식을 제공하고 방학 과제 수행을 도왔다. 자아성장 프로그램을 통해 부모님과의 관계, 자신의 미래 계획, 가치관 등에 대한 집단활동을 실시했으며, 간단한 요리 등을 직접 만들어 보고, 체육활동을 통해 방과 후 혼자 지내는 시간이 많은 학생들이 스스로 자신을 관리할 수 있는 기술들을 습득하도록 했다. 이 집단은 상호지지집단의 성격을 띠었고, 취약한 계층의 학생이 다양한 활동 등을 통해 서로 관계성을 향상시키고 스스로를 관리할 수 있는 능력을 증진시키는 효과를 가져왔다.

③ 사례관리

학생의 문제는 학생 개인의 문제로만 그치는 것이 아니라 부모를 포함한 가족의 문제, 자원의 부족 등 다중적인 문제를 가지고 있는 경우가 대부분이다. 그러므로 학교사회복지사는 이러한 문제를 해결하기 위해 사례관리자로서 학생에 대한 체계적인 개입을 시도한다. 실제로 우리나라의 학교사회복지사들의 업무를 분석한 대부분의 연구에서 사례관리는 우선순위와 빈도에서 중요도가 높다.

<사례>

　　인문계 고등학교에 재학 중인 한○○(남, 17세)는 2006년 '꿈 to U 멘토링'
프로그램 참여(한부모가정, 저소득층 학생)하면서 사례가 발견된 경우이다. 조부
와 단 둘이 살고 있었는데 2006년 조부가 사망하면서 심리적 충격을 받았고
이에 사례관리가 이루어졌다. 클라이언트는 심리적·정서적 진단검사로 정확한
진단이 필요했으며(조울증, 인지능력이 떨어짐, ADHD가 의심됨), 또한 야간자율
학습, 보충수업에 거의 참여하지 않고 있는 것이 문제였다, 그리고 경제적 곤란
으로 저녁급식을 받지 못했고 학교에 올 때 교통비의 지원도 필요했다. 무엇보
다 아버지와 함께 살고 있지만 조부의 사망으로 겪은 정신적 충격을 다스리고,
자신을 지지해주고 보호해줄 수 있는 사람이 필요했다. 이에 학교사회복지사는
학부모상담, 교사상담, 클라이언트상담과 지역사회와의 연계를 통한 개입을
계획했다.

　　개입결과는 첫째, 클라이언트 욕구사정을 통해 경제적인 지원이 시급히 이
뤄져야 함을 알고 삼성고른기회장학재단의 용돈장학금과 연계하여 학교생활
에서 다른 학생과 비슷한 조건과 환경으로 생활할 수 있게 했다. 또한 저녁급식
을 받지 못하여 야간자율학습을 하지 않으려고 했던 문제가 개선되었다. 아버
지가 주는 생활비 외에 용돈을 받으면서 생활의 활력을 되찾았고, 친구에게
간식을 사주기도 하면서 교우관계도 훨씬 좋아졌다. 둘째, 초등학교 때부터
단 둘이 살던 조부의 사망으로 심리적·정서적 지지체계가 많이 약해진 상황에
서 경기도 청소년상담지원센터와 연계한 동반자 사업, 학습멘토 연계, 수원시
자살예방센터 지도자, 동료지지체계 등을 통해 심리적 안정을 되찾고 학습에
대해 의욕을 가지며 미래의 생활을 계획할 수 있게 되었다. 셋째, 정확한 진단검
사를 통해 내담자의 행동을 담임교사와 부모님이 이해하게 되었고, 진단검사에
따른 적절한 개입을 통해 이전보다 많이 개선되었다. 넷째, 지역사회와 연계한
동반자사업으로 전문가 멘토가 연결되었는데, 기관 사정상 7월에 종결되면서
클라이언트가 혼란스러워할까 염려했지만 멘토가 업무 외 시간을 내어 한 달에

한 번씩 만나 용돈장학금을 관리해주고 학습멘토와의 중간역할을 해주면서 클라이언트의 적응을 원조했다.

④ 옹호

학교사회복지 서비스를 위한 전미사회복지사협회의 지침에는 "학교사회복지사는 다양한 상황에서 학생과 그들의 가족을 옹호해야 한다(NASW, 2002. 8항)"라고 명시하고 있다. 옹호는 학생과 부모에게 그들의 권리를 이해하도록 돕는 활동이다. 이를 위해 때로는 학교에 관여하려 하지 않는 부모를 독려해서 학교에서 누군가가(학교사회복지사가) 그들을 돕고자 한다는 것을 이해시켜야 한다. 학교사회복지사는 학생과 부모를 옹호하는 과정에서 학교체계와 갈등상황에 놓이지 않도록 주의를 기울여야 한다. 특정 학생에 대한 부당한 징계, 과도한 체벌, 학습권 침해 등의 문제가 발생했을 때에 학교행정이나 절차 등을 고려하여 학생의 이익이 증진될 수 있도록 세심한 노력을 기울여야 하며, 때로는 이를 위해 목소리를 크게 높일 수 있는 준비가 되어 있어야 한다. 학생들에 대한 옹호활동은 학생의 권리를 더 증진시키기 위한 소극적/적극적 활동으로 구분될 수 있다. 소극적 활동은 학교의 부당한 징계절차나 방법 등에 대한 변화를 꾀하면서 학생의 학교적응을 지원하는 것이다. 적극적인 활동은 학생과 학부모의 권리가 부당하게 침해되는 경우에 학생 편에 서서 학생의 이익과 상충되는 집단에 대한 대변자·중재자의 역할을 수행하는 것이다.

<사례>

　　서울 ○○공업고등학교에서는 장기결석, 지각, 흡연 등 근태 불량인 학생 18명을 대상으로 이들의 교육권을 보장할 수 있는 활동을 실시했다. 이 학생들은 잦은 징계를 받거나 중도 탈락할 위험이 높은 학생이었다. 학교사회복지사는 징계보다는 개별적인 개입을 통하여 지속적으로 학교생활을 할 수 있도록 학교 측에 적극적으로 건의했으며, 학교는 이를 수용하여 징계보다는 학교사회복지사가 장기적으로 개입할 수 있도록 허용했다. 이에 학교사회복지사는 개별상담, 생활점검, 자원봉사활동, 캠프활동 등을 지원하여 대상학생들의 무단결석과 지각율을 감소시킬 수 있었다. 자칫 징계나 처벌로 학교에서 이탈가능성이 높은 학생의 중도 탈락을 예방하고 학습권을 지속하도록 노력한 결과이다.

⑤ 중재

　　중재는 학교에서 발생한 다양한 갈등문제에 개입하여 갈등이 일어난 양자 의견을 조율하고 원만하게 문제를 해결하도록 지원하는 것이다. 갈등상황에 놓인 당사자 사이에 서로 합의할 수 있는 방법을 제안하여 필요한 변화가 일어나도록 지원할 뿐 아니라 심각한 법정소송으로까지 진행되지 않도록 중립적 중재역할을 수행해야 한다. 또한 갈등과정에서 빚어진 상호 간의 부정적인 감정들이 해소되고 완화되어 정서적인 안정감을 가질 수 있도록 개입한다.

(2) 가족체계 개입

① 부모교육

　　학생의 문제를 부모에게 설명하고 이해시키며 적절한 개입을 할 수 있도록 지원한다. 학생에 대한 개입은 가정의 협조로 효과적인 결과를 가져오는 경우가 아주 많다. 그러므로 학생의 변화 못지않게 중요한 것이 부모들의 관심과 태도변화이다. 학교사회복지사는 부모에게 학생의 문제를 인지시키고, 문제에 대해서 함께 공유하며, 기존과는 다른 관점에서 자녀의 문제를 볼 수 있게 도와줘야 한다. 더 나아가 부모와 협력하여 학생의 변화를 도모해야 한다. 이를 위해 실질적으로 자녀들을 양육하는 데에 필요한 의사소통기술이나 양육태도 등에 대한 교육을 제공한다.

<사례>

> 인천의 ○○초등학교에서는 ADHD 학생선별에 관한 교사연수, 빈곤아동과 가족의 정신건강 이해를 위한 교사연수를 정신보건센터, 종합복지관과 각각 연계하여 실시하면서 학생을 지도하는 교사에 대한 학생의 이해증진을 도왔다. 또한 전교의 담임선생님, 학생, 학부모를 대상으로 ADHD 1차 판별검사를 실시하고, 1차 판별검사에서 선별된 학생을 대상으로 2차 판별검사를 실시했다. 2차 검사에서 ADHD 아동으로 선별된 8명의 학생을 2그룹으로 나누어 놀이치료와 아동발달센터에 연계하여 전문치료를 받도록 원조했다. 이를 통해 자칫 간과하는, 부적응학생으로 오인받을 수 있는 학생에 대한 조기개입과 치료가 이루어졌으며, 학교에서 검사와 치료를 제공하여 학부모의 거부감은 완화되고 자녀의 상담과 지도에 학부모의 적극적인 관심을 유도하는 기회가 되었다.

② 가정방문

학교사회복지사는 다양한 이유에서 가정방문을 하게 되나 일정상 자주 하기는 어렵다. 또한 가정방문을 수행하기 전에 학교 교사 및 학교와의 긴밀한 사전협의가 되지 않으면 행정상 단독으로 수행하기 어려운 측면을 안고 있다. 그럼에도 가정방문은 학생의 환경을 사정하고, 학교로 정보를 전달하기 위한 중요한 활동이다. 학생의 학교생활에서의 어려움을 부모와 긴밀하게 논의해야 하지만 부모와의 접촉이 어려울 때, 학생의 장기결석이나 가출 등의 사유 등에 대해 정확하게 사정해야 할 때 필요하다. 학교사회복지사는 가정방문을 통해서 학생환경에 대한 이해를 더 깊이 하게 되고, 부모에게는 가정에서의 부모의 역할과 지도에 대해서 교육과 상담을 제공함으로써 부모의 참여를 독려하고 가족의 기능 회복을 원조한다.

<사례>

학교사회복지사는 담임교사의 의뢰로 주현(12살, 남)이를 알게 되었다. 학기 초 폭력적인 아버지를 피해 시흥에서 몰래 이사를 왔으며 현재는 중1인 누나와 어머니와 함께 살고 있다. 어머니는 건설업에 종사하셔서 거의 지방에서 생활하며, 누나는 시흥에 있는 학교를 통학하느라 아침시간에도 동생을 챙겨 줄 수 없는 상황이다.

아침에 한두 번 지각을 하기 시작한 주현이는 이제 아무도 깨워주지 않으면 학교에 나오지 않고 근처 PC방을 다니며 무단결석을 하기 시작했다.

담임교사는 학교사회복지사에게 함께 가정방문을 해줄 것을 요청했다. 학교에서 약 10분 거리에 있는 주현의 집은 문이 굳게 닫혀 있었고 이웃집 주민도 아침에 아동을 본 적이 없다고 했다.

근처에 있는 그룹 홈(아동보호전문기관)에 있는 기관과 연계하여 당분간 아침에 주현이를 깨워주기로 했다. 그러나 결석은 계속되었고 결국 학교사회복지사는 매일 아침마다 주현의 집에 방문하기 시작했다. 처음 서너 번은 실패를 계속했지만 계속적인 방문과 주현이가 잘 가는 PC방과 근처 가게 주인의 도움으로 주현이를 만날 수 있었다. 그 이후 학교사회복지사와 관계가 형성되면서 사회복지실에서 재미있는 장난감을 가지고 놀며 친구를 사귈 수 있는 기회를 제공했다. 이후 근처 아동보호전문기관 심리치료사와 연계하여 학교 내에서 또래관계 형성을 위한 집단프로그램에 주현이를 참여시켰다. 일주일에 4일 이상 결석했던 주현이는 2학기에 들어와서는 단 하루도 결석하지 않았으며, 쉬는 시간마다 친구들과 함께 사회복지실에 와서 게임 등을 즐기며 돌아가는 등 밝은 모습으로 변화했다.

(3) 교사와 학교체계 개입

① 학교사회복지 홍보

공립학교의 경우에는 교사나 행정가의 전근으로 학교체계의 변화가 많은 편이다. 이럴 경우 학교사회복지사에게는 학교사회복지에 대한 기본적인 이해에 대한 교육을 다시 반복해야 하는 어려움이 발생한다. 그럼에도 교사와 행정가에게 학교사회복지사의 역할을 이해시키는 역할은 매우 중요하다. 교사와 행정가의 지식과 이해에 기초한 협력 없이는 활발한 학교사회복지실천을 기대하기 어렵기 때문이다. 학교사회복지사는 효과적인 홍보방법을 활용하기 위한 전략을 세워야 한다.

교사모임, 교사연수 등을 통해 매학기 단계별로 학교사회복지에 대한 홍보를 할 뿐만 아니라 매월 학교 홈페이지, 뉴스레터, 교사회의 등 다양한 방법으로 학교사회복지사의 활동에 대한 홍보를 꾀하여 교사와 행정가가 학교사회복지의 주요 업무가 무엇인지, 어떤 학생을 의뢰해야 하는지, 어떻게 협력해야 하는지를 쉽게 알 수 있도록 한다.

② 학생문제에 대한 협력과 자문

학교사회복지사는 학교에 상주에 있지만 일일이 학생을 관찰하고 사례를 발견하기 어렵기 때문에 교사의 협력이 중요하다. 교사에게 학생의 문제를 기존과 다른 관점에서 볼 수 있도록 지원하고, 공동으로 문제를 해결하기 위한 노력을 기울이는 것은 학교사회복지의 다학문적 팀 접근에서 매우 중요한 열쇠이다. 때로 교사는 문제행동을 일으키는 학생에 대한 정보나 자문이 필요하다. 이때 학교사회복지사는 교사에게 문제행동의 원인과 대처방법에 대해서 자문해줌으로써 교사의 협력을 활성화하고, 학생지도에 대한 부담을 경감시켜준다.

(4) 지역사회체계 개입

① 지역사회 서비스 연계

학교사회복지사의 주요 역할 중 하나는 지역사회 프로그램과 학교를 연계하는 것이다. 특히 학생의 건강과 정신건강의 증진을 위해서 지역 건강 및 정신건강 서비스 연계를 활성화한다. 특히 신체·정신장애의 문제가 있는데도 부모가 이를 정확하게 알지 못하거나 심각성을 간과하거나 정신건강 서비스를 받는 것에 대한 거부감이나 부담을 안고 있을 때에, 서비스 접근이 어려운 학생에게 지역사회를 기반으로 하는 다학문적 팀으로 학교 차원에서 서비스를 제공하여 심각한 문제를 미리 예방하고 조기치료할 수 있도록 원조한다.

<사례>

A. 홀로 자녀를 양육하는 동민의 아버지는 조울증인 동민이의 품행장애를 이해하지 못했다. 학교사회복지사는 아버지의 동의를 받고 경제적으로 어려운 동민에게 지역사회 전문의와 연계하여 60% 이상의 놀이치료 비용을 감면해주고 치료 상담을 무료로 연계했다. 동민의 공격성은 점차 줄어들었으며, 학교는 학교사회복지사가 이 사례개입을 위한 출장이나 치료비 지원 등에 적극적으로 임하면서 동민에게 집중적으로 원조를 할 수 있도록 지원했다.

B. 모자가정의 민희는 갑자기 사고로 인해 치아 8개가 금이 가고 어려움을 겪게 되었다. 이러한 상황에서 천안시 보건소의 구강보건팀과 연계하여 지역의 단국대 치과병원장의 협조로 2,000여 만 원이 넘는 치아 봉합과 치료를 받을 수 있는 기회를 가지게 되었다.

C. 저소득층 뇌종양 학생이 기초생활수급자가 아니어서 지원의 대상자가 되지 못하여 비싼 치료비를 감당할 수 없는 경우가 발생했다. 학교사회복지사는 천안시 교육청 평생체육과 보건담당 장학사에게 학생의 사정에 대한 충분한 설명과 협조를 요청하는 편지를 보냈다. 이에 교육청장은 250만 원을 직접 지원했으며, 현재는 선인장학재단에서 치료비를 지원받고 있다.

② 자원 개발

취약한 학생과 가족을 위해서 지역사회자원을 연계하는 것은 타 전문직과 매우 차별화된 학교사회복지사의 역할이다. 자원과 프로그램의 개발은 기존의 지역사회의 자원과 프로그램을 발굴하여 학생과 연계하는 것뿐만 아니라 학생의 욕구에 맞게 새로운 자원과 프로그램을 창출해내는 것이 포함된다. 예를 들어 경제적으로 어려운 학생에게 급식비, 장학비 등의 후원금을 개발하여 연계하거나 다문화가정, 이혼가정, 조손가정 등 위기에 놓인 학생에게 적합한 프로그램을 개발하는 것 등이 이에 해당된다.

<사례>

학교생활에서 경제적 어려움을 겪는 학생에게 학교사회복지사가 후원금을 연계하는 역할은 매우 중요하다. 학교사회복지사는 학기 초 학생 가운데 한부

모가정, 기초생활수급자 가정에 관심을 가지고, 사회 각 장학재단과 연계하기 위한 모집 시기와 이에 따른 적절한 준비가 필요하다. 2년여 기간 동안 학교에서 각 기관과 장학금을 연계하다 보니 연말에는 친필로 감사카드를 발송하고, 장학금을 받았던 학생은 친필로 감사편지를 발송하여 재단에 감사의 마음을 알리고 있다. 2007년 연계한 재단은 2008년에 연속적으로 더 많은 학생에게 후원금을 연계하도록 좋은 관계성을 가지는 것이 중요하다.

장학재단과 연계할 경우, 그들은 많은 준비사항과 과정을 요구한다. 예를 들면 분기별 보고서와 연수 사항(삼성고른기회장학재단), 장학금 사용에 관한 사례 계획서(선인장학재단), 장학금 심사의 면접요구절차(아름다운재단) 등 재단에서 후원하는 학생의 절차와 관리에서 여러 가지 사항이 요청된다. 학교사회복지사는 각 재단이 요구하는 절차를 적절히 충족시켜줘야 신뢰관계가 형성이 되어 다음 기회에 더 많은 학생들에게 혜택이 주어질 수 있다. 한 예로 담임교사가 아버지의 가출로 인해 갑자기 부모가 사라져버린 이혼가정 학생을 의뢰한 경우, 학교사회복지사는 지역사회자원과 연계하여 기초생활수급대상자가 될 수 있게 했고 학업을 포기하지 않게 급히 선인장학재단(고등학교장학재단)에 연락하여 용돈장학금을 연계했다. 그 밖에 중식비 지원, 고교진학비 지원으로 한 학생당 600만 원의 학업지원비, 희망장학금(G마켓, JVC청년회의소), 소외된 계층의 금융상품으로서 250만 원이 넘는 보험상품 지원(KBS <사랑의 리퀘스트> 경제의 사각지대 프로그램지원), 결연후원금(한국복지재단, 어린이재단), 생일 친구들이 원하는 물품지원비(KT&G재단) 등 여러 형태로 후원금을 개발했다.

③ 프로그램 개발

학생의 욕구와 문제는 시대에 따라 변하고, 특정 상황에 놓인 학생을 돕기 위해서는 새로운 프로그램을 개발할 필요성이 생긴다. 다문화학생의 증가가 그 예이다. 공교육에 들어오기 시작하는 다문화가정의 학생에 대한 개입을 위해서는 문화적 민감성을 가지고 문화적 역량을 갖춘 프로그램을 개발해야 한다.

<사례>

광주의 ○○초등학교에서는 P대학교의 다문화가족센터와 연계하여 다문화
가정 자녀의 역량강화 프로그램을 개발하여 실시했다. 주요프로그램의 목표로
는 자신의 문화적 정체성을 발견하면서 자아정체감을 형성하고, 문화적 강점을
개발하고 발견하면서 자존감을 향상시키는 것이다. 또한 다문화가정의 아동들
과의 상호작용을 통해 공통점과 상이점을 발견하여 긍정적인 유대감을 발전시
켜서 학교적응을 도모하고자 했다. 주요 프로그램으로는 자신의 가족을 소개하
고 가계도를 그려보면서 가족을 이해하고 가족의 다양성을 발견하도록 했다.
또한 세계의 동화나라 프로그램을 통해 각 문화의 공통점과 상이점을 발견하
고, 직접 각 나라의 요리를 만들어보고, 각 나라의 전통의상을 직접 입어 봄으로
써 다문화체험을 했다. 자신의 어머니 나라의 아주 간단한 언어를 배워보고,
외국에 사는 조부모님께 간단한 편지를 쓰면서 가족 간의 교류를 활성화하도록
원조했다.

필리핀, 중국 국적의 부모를 둔 학생이 참여했으며, 프로그램에 부모가 함께
참여하여 다문화권의 학부모가 자연스럽게 학교활동에 동참할 수 있는 기회가
되었다.

3. 학교사회복지와 슈퍼비전

사회복지사의 소진을 예방하고 업무 효능감을 향상시키기 위한 슈퍼비전
의 중요성을 새삼스럽게 논할 필요는 없을 것이다. 사회복지조직에 속한 사회
복지사들은 대부분 슈퍼바이저가 지정되어 있으며, 정기적으로 혹은 수시로
사례회의나 구두보고 등 어떠한 형태로든 슈퍼비전을 제공받고 있다. 그러나
학교사회복지사는 그렇지 못하다. 학교사회복지사는 학교행정가에게 업무를

보고하고, 기타 행정과 관련한 업무를 지시받고 수행하고 있지만 그렇다고 학교행정가가 이들에게 슈퍼비전을 줄 수도 없는 노릇이다. 2차 현장에서의 타 전문직과의 이질성, 과다한 업무 등으로 학교사회복지사는 학교에서 외롭고 소진되기 쉽다. 그래서 어떠한 영역보다도 슈퍼비전이 중요하다.

사회복지실천에서 슈퍼비전의 중요성이 있는데도 제대로 이루어지지 못하고 있는 것에 대한 문제제기는 외국의 경우에도 마찬가지이다. 팔베이(Falvey, 2002)는 자격증 있는 학교사회복지사의 40%가 3년 혹은 그 이상의 기간 내에 슈퍼바이저에게서 평가를 받지 못하고 있으며, 학교 기반의 정신건강전문가 (school-based mental health professionals)는 슈퍼비전을 전혀 받지 못하고 있다고 했다. 또한 임상적 슈퍼비전을 제공하는 슈퍼바이저의 자질과 책임에 대한 부분도 문제가 제기되고 있다.

1) 슈퍼비전 제공 실태

미국의 NASW의 학교사회복지 서비스를 위한 윤리기준에서는 슈퍼비전에 대해서 다음과 같이 언급하고 있다. "35항, 지역교육기관에 의해 설립된 행정체계는 적절한 학교사회복지 슈퍼비전을 제공해야 한다. 지역교육기관은 양질의 서비스를 제공하기 위해서 행정적이고 전문적인 슈퍼비전을 제공할 책임이 있다. 학교사회복지프로그램에 대한 슈퍼비전은 석사 이상의 자격을 갖추고 경험이 있는 학교사회복지사가 제공해야 한다"(NASW, 2002). 이와 같은 NASW의 학교사회복지 윤리기준은 학교사회복지사가 슈퍼비전을 제공받을 수 있는 윤리적 근거를 제시하고 있으며, 지역교육기관이 슈퍼비전을 제공해야 하는 책임을 공식적으로 명시했다는 점에서 큰 의미를 갖는다. 이러한 근거로 인해서 학교사회복지사는 슈퍼비전을 받아야 하는 의무와 동시에 이를 요구할 수 있는 권리가 있다.

우리나라의 윤리강령에는 이러한 슈퍼비전을 받도록 하는 체계나 내용이 제시되지 않고 있다. 제도화되지 않은 학교사회복지실천을 지원하기 위한 민간자원인 한국학교사회복지사협회 주관의 연수와 보수교육이 유일하다고 할 수 있다. 교육부 연구·시범학교에서는 공식적으로 자문교수를 위촉하여 자문교수로부터 슈퍼비전을 받도록 하고 있다. 보통 월 1회의 슈퍼비전 모임을 하고 있으나 지역별로 활성화 여부가 차이가 있으며, 슈퍼비전의 내용과 형식에서도 차이가 있다. 지역의 5~6개 학교가 같이 슈퍼비전을 받다 보니 심층적인 슈퍼비전이 이루어지기보다는 사업보고 정도에 그치는 경우도 있고 슈퍼바이저에 따라 슈퍼비전의 제공 형식도 다양하다. 그러므로 더 체계적이고 계획적인 슈퍼비전 제공을 위한 제도를 도입해야 할 필요성이 제기된다.

2) 학교사회복지 슈퍼비전의 기능

슈퍼비전의 기능은 행정, 교육, 지지로 구분된다. 학교사회복지사는 학교에서는 담당부서의 부장교사나 교장, 교감 등에게서 행정적 업무에 대한 지도와 모니터링을 받는다. 이것을 슈퍼비전이라고 말하기는 어렵지만, 슈퍼바이저가 같은 조직에 근무하는 경우가 대부분인 1차 현장과 비교하면 행정적 슈퍼비전을 학교행정가들이 일정 정도 제공한다고 할 수 있다. 행정가는 학교사회복지사의 채용과 선발, 임명과 부서 배치 등을 관할하고 있고, 업무계획과 업무할당에 대한 부분도 직접적으로 관여한다.

교육적 슈퍼비전은 슈퍼바이저에게 전문적 가치 기반을 제공하고 슈퍼바이저의 문제해결능력과 해당 분야의 지식을 향상시키며, 관련된 사정개입과 실천기술의 증진을 목적으로 제공된다. 구체적인 과업으로는 가르침, 학습촉진, 훈련, 경험과 지식 공유, 정보제공, 가이드제공, 사회복지사 원조, 전문적 성장 제고, 조언/제안/문제해결 원조를 포함한다. 학교사회복지사들은 자문교사나 학교사회복지사협회의 단계별 연수와 재교육 과정을 통해서 일정 정도 교육적 슈퍼비전을 받고 있다.

마지막으로 지지적 슈퍼비전은 슈퍼바이저의 업무만족감을 지원하기 위해서 심리적 자원을 제공하는 것이다. 업무로 인해 발생하는 스트레스를 감소시키고 사기를 증진시켜서 효율성을 증대시키는 것이다. 해당 과제로는 스트레스 유발상황 방지, 스트레스 해소 및 대처 원조, 신뢰 형성, 성공을 위한 기회 제공, 동료를 통한 지지 제공 등이 있다(김융일·양옥경, 2002). 학교사회복지사는 2차 현장에서 근무하기 때문에 상대적으로 지지적인 슈퍼비전의 욕구가 크다. 때로 집단슈퍼비전은 한국학교사회복지사끼리의, 동료슈퍼비전도 서로 제공할 뿐 아니라 과중한 업무로 소진될 수 있는 상황에서의 스트레스를 감소시키는 데 효과적이다.

참고문헌

강철희·최소연. 2004. 『슈퍼비전의 개념과 모델 및 선행변인과 결과변인에 관한 고찰: 사회복지조직을 위한 논의』. 서울: 한국사회복지행정학회.

김융일·양옥경. 2002. 『사회복지 슈퍼비전론』. 서울: 양서원.

김혜진. 2005. 「슈퍼비전이 사회복지사 자기효능감 지각에 미치는 영향」. 연세대학교 석사학위논문.

양서중학교 외. 2004. 「학교사회사업을 활용한 학생복지 체계구축: 학교사회사업 시범학교운영 공동보고서」.

염태산. 2005. 「사회복지기관 슈퍼비전이 사회복지사의 자발적 조직행동에 미치는 영향」. 서울대학교 박사학위논문.

주은수. 2002. 「대학의 사회복지교육이 사회복지사 효능감에 미치는 영향에 관한 연구: 서울특별시 소재 종합사회복지관을 중심으로」. 연세대학교사회복지대학원 석사학위논문.

Brashears, F. 1995. "Supervision as Social Work Practice: A Reconceptualization." *Social Work*, 40(5). pp. 692~699.

Constable, R., McDonald, S., & Flynn, J. P. 2002. *School Social Work*(5th eds.). Chicago: Lyceum Books.

Falvey, J. E. 2002. *Managing Clinical Supervision. Ethical practice and legal risk management*. Brooks/Cole, Pacific Grove, CA.

Garrett, K. J. 2006. "Making the Case for School Social Work." *Children & School*, 28(2). pp. 115~121.

Herlihy, B., Gray, N., & McCollum, V. 2002. "Legal and Ethical Issues in School Counselor Supervision." *Families in Society*, 83(2). pp. 209~212.

Kadushin, A. 1985. *Supervision in social work*(2nd ed.). New York; Columbia University Press.

NASW. 2002. NASW standards for school social work services. http://www.social-workers.org/ practice/standards/NASWSSWS.pdf

Openshaw, L. 2008. *Social Work in Schools: Principles and Practice*. New York: The Guilford Press.

Towle, C. 1962. "Role of Supervision in the Union of Cause and Function in Social Work." *Social Service Review*, 36. pp. 396~411.

_____. 1963. "The Place of Help in Supervision." *Social Service Review*, 37. pp. 403~415.

8장

학교사회복지와 네트워크

교육복지사업을 중심으로

우수명 한신대학교 사회복지학과 초빙교수

1. 학교사회복지와 네트워크

학교사회복지에서 네트워크는 학생을 중심으로 학교, 가정, 지역사회의 다양한 활동 주체 간, 그리고 학교와 상위 학교사회복지 서비스 전달체계 간의 생태체계적인 상생의 연계망을 만드는 것이다. 이는 사회복지적 관점에서 본다면 지역사회조직의 한 차원으로 이해될 수 있다. 지역사회조직은 지역사회의 수준에 개입하여 지역사회 주민의 복지와 관련된 문제를 직접적인 서비스 혹은 간접적인 계획을 통해 해결하고자 하는 조직적이고 전문적인 노력이다(최일섭·류진석, 2001). 따라서 학교사회복지사에 의하여 학교 내 사회복지 구현을 위한 보다 전문적이고 체계적인 관계망을 만들어가는 의도적이고 계획적인 사회복지실천이라고 할 수 있다. 학교 내외의 욕구 혹은 문제를 해결하기 위해 학생과 지역사회, 관련 단체, 관련 조직 등을 주요 대상으로 조직화하는 일에 초점을 두는 것이 매우 중요하다(Taylor, 1985). 이 조직화는 바로 네트워크를 구축해가는 것이자 그 결과로 볼 수 있으며 학교사회복지의 성공을 위해 반드시 필요한 요소라고 할 수 있다. 네트워크가 필수적이고 중요한 요소로 강조되는 이유들은 몇 가지가 있다(우수명, 2008).

첫째, 한 조직이 가지고 있는 자원의 한계의 극복이다(김재환, 2004). 대부분의 학교사회복지사는 모든 분야를 통달한 전문가가 될 수 없으며, 학교가 학교사회복지 실현에 요구되는 모든 자원을 소유하는 것은 거의 불가능하다. 또한 지역사회 내 여러 관련기관이나 사회복지기관도 특정 서비스에 강점을 가지고 있는 경우가 많다. 학교가 가지고 있지 않은 부족한 자원을 지역사회 네트워크를 통해 확보해야 하는데, 이는 자원의존이론의 관점에서도 타당한 분석이다. 즉 교육복지사업에서 요구되는 교육적·문화적·복지적 서비스를 하나의 조직에서 전담하여 제공할 수 없기 때문에 네트워크가 필요하게 된다.

둘째, 학교사회복지실천의 효율성을 높일 수 있다(김기태 외, 2006; 정순둘 2001 등). 학교가 교육·문화·복지를 포함하여 학교사회복지를 실현하는 데 필요로 하는 모든 자원과 인력을 갖추는 것은 소요되는 비용에 비해 효과가 확실하지 않을 수 있으며, 무엇보다 공간의 부족이나 기존 인력과의 협력적 관계 개선 등 많은 문제를 야기할 수 있다. 특히 제한된 예산과 인력을 가지고 있는 학교 입장에서 지역사회의 다양한 지원은 예산 절감을 가져오며 학교 운영과 학교사회복지의 효율성을 높일 수 있게 된다.

셋째, 다양한 학생의 욕구에 부응할 수 있다(송정부, 2006; 이혜원·우수명, 2005 등). 학생들의 욕구는 심리적인 요인에서부터 가족관계, 진로, 여가와 친구관계 등 다양한 유형으로 분화되고 이에 대응하는 서비스가 요구된다. 지역사회 네트워크는 각기 다른 강점을 갖는 기관이나 단체를 통하여 이러한 욕구에 대응하게 할 수 있다.

넷째, 지역사회 공동체성에 기여한다(우수명, 2008). 하나의 유기적인 관계로 네트워크가 구축되면 상호 신뢰가 형성된다. 이러한 신뢰는 보다 어려운 상황이나 공동의 노력이 필요할 때 강력한 연대감을 형성하는 힘이 된다. 이는 학교사회복지와 관련된 조직들 간의 기능적 연계를 넘어서는 상생적 연대의 수준으로 볼 수 있다. 이러한 공동체성과 유사한 형태로 리조바(Rizova, 2006)는 조직적 - 조언 네트워크(organizational-advice network)의 모델을 제시했다. 이는 지역사회 내 다양한 조직이 하나의 커다란 유기적인 형태로 네트워크가 이루어져 즉각적인 지원과 상호작용이 상시적으로 가능한 모델이다. 학교사회복지와 관련된 다양한 지역사회 내 조직 간의 네트워크도 공동체적 관계에 기반을 둔 유기체처럼 체계적으로 조직화해야 하며, 이를 통해 네트워크 효과를 극대화시켜야 한다.

학교사회복지와 네트워크 간의 관계의 중요성이 적지 않으나 사회복지 분야에서 학교사회복지의 네트워크에 대하여 체계적으로 접근한 연구는 많지 않으며, 오히려 교육복지사업의 영역에서 그러한 연구가 시도되었다. 따라서 이 장의 경우에는 네트워크의 개념, 학교사회복지와 교육복지사업 간의 공통점과 차이점을 살펴보고 교육복지사업을 중심으로 네트워크의 사례를 풀어가고자 한다.

2. 네트워크의 이해

1) 네트워크의 개념

네트워크(network)는 'net(망)'와 'work(작업)'의 합성어이다. 즉 사전적 의미로는 그물과 같은 망(net)을 의미하며, 이러한 망들은 서로를 연결시키는 작업(work)까지도 포함한다(우수명, 2008). 이는 기계장치, 철도나 도로의 망, 상호

연결된 체인 시스템, LAN과 같은 도구적 연결망, 방송망 등으로 의미가 확장
되었다(김용학, 2004; Rizova, 2006). 사회적 관점에서 본다면 네트워크는 하나의
사회적 존재와 다른 사회적 존재 간의 연계된 체계 혹은 상호작용의 관계
등의 개념으로 이해할 수 있다.

미시적 관점에서 한 개인은 가족, 학교 혹은 지역사회 구성원으로 존재할
수 있다. 그리고 그 속에서 많은 상호작용의 관계를 가지고 있으며, 이것을
바로 개인과 그 환경적 관계 간의 네트워크로 이해할 수 있다. 우리는 늘
일상 속에서 관계를 경험한다. 그러나 이 관계는 보다 큰 틀 속에 존재하게
된다. 1992년 브라질 리우데자네이루에서 열렸던 세계환경회의의 구호인 '지
구적으로 생각하고, 지역적으로 행동하라(Thinks globally, Acts Locally)!'는 나비효
과와 같은 네트워크의 확장이 단순히 개인과 지역의 차원을 넘어 세계적인
관계 속에 이루어지고 있음을 보여준다(I.C.L.E.I., 1995).

고전적 의미의 네트워크는 인프라의 형성이나 기업의 상하관계의 계약과
같은 망(net)의 구축에 초점을 두었다. 그리고 망에는 영향력과 관계(relationships)
의 의미가 내포되어 있다. 사회적 관계가 보다 강조되면 사회적 네트워크(social
network)라고 구분하기도 한다. 이러한 면에서 학교를 중심으로 한 사회적 안전
망이나 학교와 지역사회 간의 협력적 관계 구축 등의 영역도 사회적 네트워크
에 포함되는 개념이라고 볼 수 있다.

지역주민의 삶의 질을 개선하고 지역사회의 공동체를 만들어가는 네트워
크는 지역사회조직(community organization)의 핵심 영역 중 하나이다(김성훈 외,
2006). 그렇기 때문에 지역사회복지나 학교사회복지에서 네트워크 구축은 중
요한 실천방법 중 하나로 인식되었다. 서비스 전달의 효율성을 높이기 위해
학교사회복지 서비스 조직 간의 협력적 관계를 구축하거나, 학생의 다양한
욕구에 능동적으로 대응하기 위해 제한된 자원을 가지고 있는 학교사회복지
서비스 조직이 공동 대응하거나, 학생과 관련된 정보를 교류하거나, 재정이나

시설을 지원하고 활용하거나, 하나의 공동의 목표를 위해 공동의 사업을 수행하는 것이 포함되기도 한다. 이러한 활동과정 자체도 네트워크라고 할 수 있다(Van de Ven & Ferry, 1980; 이혜원, 2002에서 재인용). 김재환(2004; 우수명, 2008에서 재인용)은 사회복지조직 간의 상호협력적 활동이나 지지적 활동, 조직화된 활동 등을 네트워크 활동의 영역으로 포함했다. 즉 학교사회복지에서 네트워크라는 것은 추상적인 관계보다는 실질적인 협력적 활동으로 구체화되어 사용되고 있는 것이다.

학교사회복지 관점에서의 네트워크란 "학교사회복지실천영역에서 학생과 가족, 지역사회 내 다양한 학교사회복지와 관련 조직 간의 협력적 활동과 긍정적인 상호작용의 관계를 만드는 것"이며, "공동의 학교사회복지실천의 목적을 도출하고 이를 함께 실현해가는 소통의 과정이자 연대적 활동"이라고 할 수 있다. 이는 곧 지역사회조직을 실현하기 위한 과정적 개념이다. 따라서 학교사회복지 네트워크란 학생과 학교를 중심으로 지역사회복지를 실천해가는 협력적 활동의 구축으로, 지역사회조직의 방법 중 하나라고 할 수 있다(우수명, 2008).

2) 네트워크와 소통

모든 네트워크는 소통〔疏通, 관계적 혹은 상호적 커뮤니케이션(communication)〕을 전제로 하는 경우가 대부분이다. 소통은 서로의 막힌 것을 트며[疏 혹은 멀다, 보내다], 통하여 왕래하는 것[通 혹은 환하게 비추거나]을 의미한다. 동양적 의미의 소통이란 서로의 모르는 것을 트는 앎의 관계에 기초하고 있다고 볼 수 있다. 서양적 의미로 'communication'은 공유하거나 공통되다는 의미를 갖는 'communis'에서 유래되었다. 동양적 의미에서 반대어는 불통(不通)으로 '통하지 않는다, 왕래가 끊어지다'를 의미한다. 반면 서양적 의미에서 반대어는 'excommunication'

으로 파문, 제명, 축출의 의미를 담고 있어 상당히 배타적인 관점을 가지고 있다. 즉 동양적인 소통은 상대에 대한 존중과 독립적이고 대등한 관계를 포함하는 데 반해 서양적인 소통은 계급적이고 파괴적인 의미를 가지고 있다고 볼 수 있다. 따라서 여기서 이야기하는 소통은 동양적 의미를 더 강조한 것으로 이해해야 한다.

소통의 관계가 없다면 서로의 영향력이나 상호작용에 기초한 네트워크가 형성되기 어렵다. 이는 결과적으로 소통이 이루어지지 않는다면 그 관계는 상당히 부정적인 결과를 초래할 가능성도 있다는 것을 의미한다. 예화를 살펴보자.

옛날 바다새가 노나라 서울 밖에서 날아와 앉았다. 노나라 임금이 이 새를 친히 종묘 안으로 데리고 와 술을 권하고, 구소(九韶)의 음악을 연주해주고, 소와 돼지, 양을 잡아 대접했다. 그러나 새는 어리둥절해하고 슬퍼할 뿐, 고기 한 점 먹지 않고 술도 한 잔 마시지 않은 채 사흘 만에 죽어버리고 말았다.

자료: 장자, 지락(至樂)편, 오강남(2008).

장자의 '지락(至樂)' 편에는 일방적이고 열정적인 사랑으로 아름다운 새를 죽인 노나라 왕의 이야기가 나온다. 새를 키우는 방법으로 새를 양육해야 하나 [以鳥養養鳥] 임금은 자기의 방법으로 새를 양육하고자 했기에[以己養養鳥] 서로 소통하지 못한 문제가 어떤 파국을 초래하는지를 지적한 우화이다.

결국 소통이란 '상대를 앎'에서 시작한다. 만약 우리가 노숙자를 만났을 때 그가 3일을 굶었다고 손 내밀어 밥을 사달라며 도움을 요청한다면 쉽게 그의 손을 잡고 식당으로 들어갈 수 있을까? 학과 후배나 직장 동료가 지갑을 못 가져왔으니 점심 한번 사달라고 한다면 우리는 그 말을 쉽게 거절할 수 있을까? 이 두 사례의 가장 큰 차이는 우리에게 도움을 요청한 상대를 '잘 알거나 알지 못하고 있다'는 것이다.

적지 않은 경우 사회복지사는 사실 클라이언트를 잘 모른다. 예를 들면 다음과 같은 상황이다. 학교사회복지사가 오랫동안 후원금을 지급한 빈곤학생의 가정을 방문했을 때, 만약 그 학생의 부모가 오랫동안 모아온 적금을 엊그저께 탔다고 생각해보자. 그런 상황에 그 부모는 그동안의 도움을 감사해하며 자신은 이제 적지 않은 적금을 탔다고 학교사회복지사에게 자랑스럽게 말할 수 있을까? 최근에 자신의 오빠가 아이들의 학비나 생활비를 도와주기 시작했다는 말을 할 수 있을까? 이 역시 노나라의 임금처럼 상대를 모르는 것이 된다. 그리고 학교사회복지사의 의도와 달리 그 부모는 학교사회복지사를 속여야 하는 관계가 지속된다. 그리고 학교사회복지사에게 지속적인 도움을 받기 위해서 자신이 어렵고 힘들고 불쌍한 존재라는 것을 부각시키려 할 것이다. 왜냐하면 후원금을 줄 수 있는 막강한 권한이 학교사회복지사에게 있기 때문이다. 또한 후원금은 그렇게 읍소해야만 '쏘옥'하고 지급되는 자판기에 다름이 아니기 때문이다.

이것은 페르소나(persona)적인 관계이며 불통이다. 그리고 지배적 - 피지배적 관계이다. 클라이언트의 자기결정권이라는 것이 무엇인가? 우리가 후원금을 줄 수 있으니 받을 의향이 있으면 학교사회복지사의 의견에 따라 계약서에 사인하는 것이 자기결정권인가? 사실 노나라 임금은 바다새를 많이 사랑했으며 자기가 할 수 있는 모든 것을 헌신했다. 그러나 결국 바다새를 죽게 만들었다. 많은 학교사회복지사가 애정과 열정으로 학교 현장에서 뛰고 있지만, 때로는 그것이 노나라 임금의 열정과 같은 경우일 수 있다. 따라서 진정한 클라이언트와의 소통에 기반을 둔 실천인지 자기욕구와 자기만족을 학교사회복지로 포장하고 있는 일방적인 관계인지를 진지하게 고민하고 성찰해야 한다.

3) 사회체계 속의 네트워크

네트워크는 기본적으로 사회체계 속에 존재하는 체계의 유형 중 하나이다. 또한 사회복지적 관점에서 네트워크는 지역사회 공동체(community)를 지향하는 것이다. 공동체란 지역사회 내 구성원 간의 소통과 신뢰를 통해 보다 커다란 하나의 유기적이고 독립적인 구성체가 되는 것을 의미한다. 공동체는 소속과 애정의 욕구를 충족시키는 장이면서 동시에 자아존중과 자아실현의 욕구가 구현될 수 있는 장이기도 하다. 그런 면에서 학교사회복지에서 핵심적인 욕구 기반의 실천을 위해 학생 - 학교사회복지사 - 학교 - 가정 - 지역사회 간의 네트워크 구축이 필요한 것은 당연하다. 그러나 이러한 지역사회적인 관점의 네트워크도 더 지구적인 관점의 체계 속에 편입되어 있다.

다양한 사회는 그 자체가 체계이며 전구적인 세계사회의 관계(Weltgesellshatf)로 구축되어 있다는 루만(1984)의 관점은 오늘날의 사회가 거대한 네트워크로 구성되어 있음을 시사한다. 이러한 체계는 기계체계, 유기체계, 사회체계, 심리체계로 다시 나뉘고, 사회체계는 다시 상호작용, 조직, 사회(공동체)로 구성된다. 기능적으로 이렇게 분화된 부분체계는 "상대적으로 자율적이고 독자적인 구성체이지만, 지위질서와 영역을 가진 그 나름의 경계를 가진 커뮤니케이션 체계들"로서 기능한다. 이는 전체가 하나의 거대한 체계이지만 획일화된 하나의 체계로 묶을 수 없다는 것을 의미한다. 그런 관점에서 루만은 차이(Differenz)에 관심을 두는데, 이는 각각의 부분적인 체계가 가지고 있는 자기준거(Selbstreferenz)가 전체 사회 속에서 어떠한 역할을 담당할지 물어야 한다는 의미이다. 또한 하나의 통일된 체계 또한 서로의 자기준거에 근거한 '차이의 통일(Einheit der Differenz)'로 봐야 한다(루만, 1984). 이러한 관점은 다양성에 기초한 생태체계론적 관점과 나의 삶의 방식과 너의 삶의 방식이 다르다는 장자의 소통의 관점과도 맥을 같이한다. 뒤이어 다룰 이명박 정부가 중점

추진하는 교육투자 중심의 교육복지사업의 재편은 노나라 임금의 태도이며 동시에 바로 이러한 거대체계의 문제들이 미시체계에 큰 영향을 미칠 수 있음을 보여주는 큰 예라고 할 수 있다.

3. 교육복지사업의 이해

1) 학교사회복지와 교육복지사업

교육복지사업의 필요성은 1990년대부터 끊임없이 제기되었던 문제 중 하나로 2002년 교육복지투자우선지역 지원사업(이하 교육복지사업)으로 제도적으로 가시화되었다. 교육복지사업은 참여정부에서 제안한 '참여정부 교육복지 종합계획－참여복지 5개년 계획'에서 주요 추진 방향을 다음과 같이 제시했다(교육인적자원부, 2004). 교육복지사업은 개인적·가정적·지역적·사회적·경제적 요인 등으로 인해 발생하는 교육소외, 교육부적응과 교육여건 불평등 현상을 해소하고 모든 국민이 높은 교육의 질적 수준을 누리도록 하여, 국민 삶의 질 향상과 사회 통합을 기함은 물론 국가의 성장 동력을 강화하기 위해 펼치는 다양한 정책적 노력의 총체를 의미한다고 했다. 이는 저소득층 영·유아와 학생의 출발점 평등을 통해 교육 기회를 실질적으로 보장하는 국가 차원의 지원 사업으로, 저소득층의 교육·문화·복지 수준을 총체적으로 제고하기 위해 가정－학교－지역사회가 함께 교육공동체를 구축해가는 사업이다(이혜영, 2004).

교육과 복지의 균형적 관점이 교육복지에서 중요한 요소로 제기되었다. 교육적 가치와 복지적 가치 간의 관계는 네 가지로 구분될 수 있다(이태수, 2008의 내용을 재구성). 첫째는 교육과 복지가 모두 인간다운 삶의 조건을 구현

한다는 점에서 공동의 목적을 지향하나 둘 다 기능적으로 별개로 구분하는 것이다. 둘째는 교육복지를 사회복지의 하위 영역으로 바라보면서 동시에 교육의 하위 영역으로 바라보되, 이 둘은 상호 공통의 요소를 가지고 있는 것으로 보는 것이다. 셋째는 사회복지의 하위 개념으로 복지사회 구현을 위한 수단으로 바라보는 개념이며, 넷째는 교육의 실현을 위해 잔여적 차원의 교육 복지의 지원이 필요하며, 이는 사회복지를 하위로 보는 개념이다. 그러나 현실 적으로 복지계와 교육계 간의 상호 우위를 점하려는 부적절한 가치 갈등은 그동안 교육복지의 발전을 저해하는 보이지 않는 요인 중 하나였다.

교육복지사업은 학생의 학교생활의 정상화를 위해 전문가가 배치되어 활 동하며, 생태체계적 가치의 실현과 지역사회 네트워크 구축 등의 여러 면에서 학교사회복지와 유사한 특성을 가지고 있다. 반면에 몇 가지 차이점이 나타나는 데 이를 수행인력과 지원체계로 구분하여 살펴보고자 한다.

첫째, 수행인력의 차이를 살펴보자. 학교사회복지는 사회복지사가 중심이 된다. 반면에 교육복지사업은 사회복지사가 다수를 차지하지만, 시민사회단 체 실무자, 교사, 상담전문가에게도 문호를 개방하고 있다. 이에 따라 학교사 회복지는 전문성과 정체성을 명료하게 하는 특징이 있으며, 교육복지사업은 다양성의 강점을 가지고 있다. 다른 측면에서 학교사회복지는 학교사회복지 사 1인에게 의존한 체계이다. 그러나 교육복지사업은 지역교육청에 프로젝트 코디네이터(PO)가 배치되어 지역사회 조정 등을 지원하고, 각 학교마다 교육복 지담당 부장급 담당교사를 배치하여 교육복지사업을 담당하는 지역사회 교육 전문가의 활동을 지원하고 있다.

둘째, 지원체계의 차이를 살펴보자. 학교사회복지는 주로 학교사회복지사 혹은 개별 사회복지관에 의존하는 서비스 체계를 형성해왔다. 따라서 학교교 육을 담당하는 주무부서인 교육과학기술부의 지원은 거의 전무하다시피며 보건복지가족부에서 시범사업으로 지원하는 매우 불안정한 형태이다. 반면에 교육복지사업은 노무현 정부 때까지 전 교육인적자원부와 한국교육개발원 등의 전폭적인 지원을 받아 매년 2배씩 규모가 성장했다. 예산 측면에서 학교사회복지 시범사업의 경우 2007년 기준 1개교당 학교사회복지사 인건비 포함 평균 2,210만 원을 지원받았으나 교육복지사업의 경우 1개교당 평균 7,234만 원을 지원받아 3배 가까이 차이가 났다.

사실 학교사회복지나 교육복지사업이 지향하는 가치는 공유되는 것이 더 많다고 할 수 있다. 또한 둘 다 모두 비정규 전문 인력이 이끌어가기 때문에 매우 불안한 형태로 사업이 이루어지고 있는 문제가 있다. 따라서 중장기적으로는 학교사회복지와 교육복지사업을 제도권 내에 통합하는 문제가 지속적으로 논의되어야 할 것이다. 이 장의 경우 교육복지사업의 네트워크를 중심으로 기술했다.

2) 교육복지사업의 흐름

과거 교육부는 1998년부터 사회안전망 구축 차원에서 실직자와 저소득층 자녀 학비지원사업을 추진하고 1999년에는 학교급식법을 개정하여 국가와 지방자치단체의 재정으로 학생 중식을 지원하는 등(교육인적자원부, 2004) 체계적이지 않고 사안에 따른 복지적 대응을 교육복지에 포함했다. 그러다 정부 영역에서 교육복지사업이 본격적으로 가시화된 것은 2002년 제7차 인적자원 개발회의에서 교육·문화적 조건이 상대적으로 열악한 도시 저소득지역의 교육복지대책을 수립하기로 관계 부처가 합의한 때부터이다. 이를 토대로 김대중 대통령은 8·15 경축사에서 도시 저소득지역을 위한 '교육여건 개선대책'을 발표하며 이를 정부에서 적극적으로 추진할 정책으로 천명했다. 이에 따라 교육복지사업을 추진하기 위한 중앙준비기획단이 발족되었으며, 서울과 부산을 시범사업지역으로 선정했다(<표 8-1> 참조).

<표 8-1> 교육복지투자우선지역 지원사업 지원현황

연도	2003~2004년	2005년	2006년	2007년	2008년
대상 지역	8지역 (서울6, 부산2)	15지역 (신규 7 : 부산1, 대구2, 인천1,광주2, 대전1)	30지역 (신규 15 : 부산, 대구, 인천, 광주, 대전, 울산, 부천, 춘천, 청주, 천안, 군산, 순천, 구미, 마산, 제주 각 1)	60지역 (신규 30 : 서울7, 부산3, 대구3, 인천2, 대전2, 광주3, 울산1, 경기1, 충북1, 전북2, 전남1, 경북1, 경남2, 제주1)	좌동
지원 자격	-	광역시 이상	인구 25만 이상	인구 25만 이상	-
선정 방식	지정제	공모제	공모제	공모제+지정제	-
국고 지원액	238억 원	110억 원	209억 원	374억 원	252억 원 (예정)
행정동	23동	32동	79동	164동	좌동
대상 학교	79교 (유34, 초29, 중16)	148교 (유66, 초50, 중32)	260교 (유97, 초99, 중61, 고3)	517교 (유195, 초187, 중132, 고3)	좌동
대상학생 수 (국민기초생활 보장 수급자 수)	40,707명 (4,758명)	75,189명 (9,765명)	153,178명 (16,719명)	336,875명 (31,564명)	

자료: 교육과학기술부, 2008.

한국교육개발원에서는 시범지역을 구체적으로 어느 지역으로 하며 어떤 사업 모델로 시작할지에 대한 실태조사를 실시하고 공청회를 개최했으며, 동년 12월 '교육복지투자우선지역 지원사업' 최종계획을 발표했다. 그리고 2003년 서울 6개 지역과 부산 2개 지역 등 총 8개의 경제적·사회적 여건이 열악한 지역을 선정하여 2년간 총 237.9억 원을 들여 시범사업을 운영했다.

교육복지사업은 참여정부의 공약으로도 제시되었으며, 2005년 15개 지역, 2006년 30개 지역, 2007년 60개 지역으로 매년 두 배 많은 지역을 선정하여 그 규모가 크게 증가했다. 특히 2005년까지는 광역시 이상의 저소득층이 있는

<표 8-2> 2008년 교육투자우선지역 지원사업 주요 변경내용

	교육복지투자우선지역 지원사업(2003~2007)	교육투자우선지역 지원사업(2008)	변경 사유
추진 목적	·교육·문화·복지 전반에 걸쳐 지원	·기초학력 보장 등 학업성취 수준 제고 노력 ·학업성취 장애요인 제거를 위한 문화결손 치유 프로그램 등 지원	·직접적인 학업성취 향상을 위한 지원과 이를 뒷받침하는 영역을 구분하여 사업목표를 명확히 함
지원 대상	·저소득층 자녀(국민기초생활보장 수급자, 중식지원자, 담임 추천)	·저소득층 자녀, 새터민·다문화가정 등 새로운 취약계층 자녀 ·기초학력미달 학생	·새터민·다문화가정 자녀 등을 지원 대상으로 명시하여 체계적 지원 강화 ·모든 학생에게 최소한의 기초학력 보장
사업비	·교과부 수준의 제약조건 없음 ·시·도교육청이 영역별 제한을 두기도 함	·영역별 사업비 제한 폐지 권고 ·학습 영역 사업비의 확대 권고	·학교여건에 따라 자율적으로 사업내용을 결정하고 사업 추진
평가	·프로그램 만족도 등을 주요 평가지표로 사용	·기초학력 향상 비율 등 객관적 지표에 의한 평가	·사업 목적에 부합하는 타당한 지표에 의한 성과모니터링 강화
보상 체제	·사업 관계자의 자발성과 헌신에 기초한 사업 추진	·사업 성과에 기초한 보상 및 책무성 담보 체제를 자율적으로 구축	·시·도교육청 여건에 따라 자발성만으로 사업운영이 어려운 지역의 사업 추진동력 마련
사업 학교 조정	·사업지역 조정권한은 부여했으나 별도의 조정기준 없음	·국민기초생활보장 수급자와 한 부모 자녀 수 평균 70명 범위에서 시·도교육청이 사업지역 유지기준을 자율적으로 설정하고 사업지역 내 사업학교를 조정	·재개발·재건축 등으로 인한 지역 및 학교교육여건 변화를 반영 ·시·도교육청의 자율적 사업관리 역량 강화 ·시·도교육청 자율로 최저생계비의 100~130%에 해당하는 저소득층 한 부모자녀도 포함

자료: 교육과학기술부, 2008.

지역을 중심으로 지원하다 2006년부터는 인구가 25만 이상인 지역까지로 영역도 크게 확대되었다. 이는 참여정부가 교육복지사업의 중요성을 인식하고 적극적인 투자를 한 것에 기인한다고 볼 수 있다. 그러나 이명박 정부로 정권이 바뀌게 된 2008년의 경우 교육복지사업은 전년 대비 동일한 규모로 조정되었고 예산도 전년 대비 67%에 불과할 정도로 축소되는 문제가 나타났다.

교육불평등 해소의 관점에서 접근한 참여정부의 교육복지사업은 사회복지적인 관점을 상당히 반영했으며, 국민 기초교육 수준 보장, 교육부적응 해소, 교육여건 불평등 해소, 복지친화적 교육환경 조성, 교육복지정책 추진체제 구축 등의 5대 정책방향을 중심으로 교육복지사업을 전개했다(교육인적자원부 2004). 이에 따라 교육·문화·복지 간 균형 있는 지원사업의 전개를 중요하게 생각했으며 저소득층 학생이 주요 지원 대상이 되었다. 또한 지역사회 교육 공동체 구축을 위한 상호협력적인 네트워크 구축을 중요한 과제로 제시했다.

이명박 정부에서는 이러한 정책 기조에 큰 변화가 나타났다. 교육복지사업은 2008년부터 '교육투자우선지역 지원 사업'으로 복지가 빠지고 교육투자를 중심으로 한 명칭으로 급히 변경되었다. 교육복지사업은 자율과 경쟁 중심의 교육정책을 보완하기 위해 저소득층 등 사회적 취약계층에 대한 지속적인 교육적 배려의 필요(교육과학기술부, 2008)에 의한 것임을 강조하고 있다. 즉, 잔여적 복지 개념으로 사회복지가 교육복지 속에 녹아들어 가게 된 것이다. 이에 따라 교육과학기술부는 교육복지의 예산 배분에서 학습영역비의 확대를 권고하고 교육복지사업 성과의 기준도 기초학력 향상 비율을 중심으로 평가하도록 해 복지적 요소를 최소화했다. 즉 자율과 경쟁을 우선시하며, 이에 탈락하는 사회적 취약계층을 지원하는 형태의 교육적 투자를 우선하는 사업으로 교육복지사업을 추진할 것이라는 의미이다. 이는 교육복지사업이 '교육' 활동임을 명확히 함을 강조한 것에서 다시 한 번 반복되고 있다(교육과학기술부, 2008: <표 8-2>).

또한 학교장과 하위 시·도교육청의 자율권을 대폭 강화하여 서로 경쟁을 붙였다. 자율과 경쟁의 가치가 갖는 단기적으로 긍정적인 측면이 있으나, 사회에서 강제되는 제도가 될 때는 더 많은 피해가 나타난다. 여기서 강조되는 것은 개인이 노력하면 경쟁에서 승리하며 이는 곧 사회적 성공을 이룬다는 가치의 지속적인 주입이다. 이것이 경쟁의 논리이다.

이러한 가치는 자유주의에 기초한 경쟁주의를 지향하는 것이며, 무제한의 경쟁은 경제적·정치적으로 많이 가진 자와 그들의 자녀가 절대적으로 유리한 게임이 된다. 이로 인해 능력과 별개로 경제적 요인에 따라 결과가 달라지며 평등과 인간의 존엄성을 훼손하는 가장 반복지적이고 반인권적인 상황들이 증가할 수밖에 없게 된다. 바로 자유시장주의 가치이다. 거대한 서브프라임 모기지 사태가 미국을 시작으로 전 세계적인 경제 대공황을 불러일으킨 것도 정부의 간섭과 개입을 반대하는(그러면서 위기 시에는 구제금융을 찬성하는) 자유시장주의적 가치의 맹목적 추구가 불러온 재앙 중 한 예일 뿐이다. 교육복지사업의 영역에서도 이러한 변화가 나타난 가장 큰 배경은 이명박 정부가 가지고 있는, 경쟁 위주의 성장 정책만이 모든 발전의 원동력이라고 생각하는 단세포적인 발상이다.

4. 교육복지사업과 네트워크

1) 교육복지사업과 네트워크

교육복지사업은 개인적, 가정적, 지역적, 사회·경제적 요인 등으로 인해 발생하는 교육소외, 교육부적응 및 교육여건 불평등 현상을 핵심적인 문제로 정했으며, 이에 따라 학교를 중심으로 지역사회 교육공동체를 구축하여 교육·문화·복지 수준을 총체적으로 제고하는 것을 교육복지사업의 중요한 정책 방향 중 하나로 정했다. 이를 통하여 개인 간, 지역 간, 계층 간 교육여건 불평등 해소로 능력에 따른 균등한 교육기회를 제공하고자 했다(교육인적자원부, 2004).

체계적이고 효율적인 교육복지정책 전달체계의 수립과 운영은 앞서 제기한 목적을 실현하기 위한 것이며, 이를 위해 다음 세 영역의 네트워크가 계획되었다. 첫째, 중앙·지역 단위에서의 수평적 협력체제를 구축하고 시·도교육청(지역교육청)에 교육복지 전담부서를 설치하여 수직적 협력체제를 구축한다. 둘째, 현장 중심의 교육복지 서비스 제공 인프라를 구축하여 서비스 공급자와 수요자 간의 연결 기능을 강화하고 효율적인 서비스 정보제공체제를 운영한다. 셋째, 민간의 교육복지정책에의 참여 확대, 민간의 잠재적 자원 발굴, 정부와 민간 공급자와의 협력체제 운영으로 효율적인 교육복지 공급망을 구축한다(교육인적자원부, 2004).

교육복지사업 네트워크의 특징은 민과 관의 조직을 지역사회와 정부 행정전달체계와의 조화 속에 아우르는 형태로 구조화된 것으로 볼 수 있다. 이는 교육뿐만 아니라 복지·문화적인 요소를 지역사회 일상 속에 네트워크를 통해 녹아내려는 '정상화(Normalization)' 원칙에 근거한 것이다. 이는 지역사회 내 빈부 간의 차별적 요소를 제거하고, 균형적인 통합교육을 통하여 전인적인 성장을 도모하는 데서부터 교육복지사업이 기획되었기 때문이다.

결국 교육복지사업의 지역사회 네트워크 구축은 지역사회 통합과 정상화된 삶을 지향하는 것이며, 이는 궁극적으로 지역사회복지의 실천전략이자 목적을 달성하기 위한 것이다. 따라서 교육복지의 네트워크를 조직화한다는 것은 학생을 중심으로 학교, 가정, 지역사회 내 다양한 활동 주체 간의 협력적이고 유기적인 연계구조를 만드는 것이며, 이는 기본적으로 지역공동체(Community)를 지향하는 것이다.

2) 교육복지사업의 추진체계

(1) 참여정부에서의 교육복지사업 추진체계

참여정부 시절 교육복지사업의 기본 추진체계는 정부와 지방자치단체, 공

<그림 8-1> 교육복지사업의 추진체계

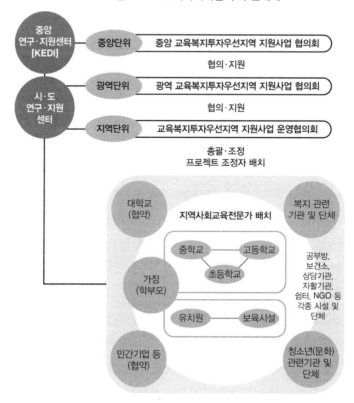

자료: 교육인적자원부(2007).

공기관과 민간, 학교와 지역사회가 함께 참여하고 지원할 수 있는 교육복지 시스템을 구축하는 것이었다(이혜영, 2004). 따라서 교육-문화-복지 간 네트 워크 구축을 위해 지역사회의 다양한 활동 조직이 참여하는 '지역 교육복지투 자우선지역 사업운영위원회'를 비롯한 협력적 관계 구축에 주안점을 두었다. 또한 각 학교별로 교육복지사업의 실질적 운영을 위한 단위 조직으로 지역사 회 교육전문가를 배치했으며, 이들과 학부모, 민간기업, 복지 관련 단체 및

<표 8-3> 참여정부의 네트워크와 인권 관련 교육복지사업 영역

정책 목표	주요 핵심 과제
교육여건 불평등 해소	• 학교를 중심으로 지역사회 교육 공동체를 구축하여 교육·문화·복지 수준을 총체적으로 제고함 • 우수 프로그램에 대한 선택·집중 및 지역기관과의 연계 강화를 통한 사업 운영 내실화 • 교원 외의 다양한 외부 인력을 활용하고 지역사회 관련기관과 연계하여 인력·시설 및 프로그램의 활용을 극대화 • 지역거점학교 육성지원을 통해 인근 학교 간 학교시설과 인적자원을 공동 활용 • 북한이탈 청소년을 위한 학교 설립, 특별학급 설치, 민간단체 지원 등을 통한 학력 향상 및 사회문화 적응력 제고로 자립 능력 함양
복지친화적 교육환경 조성	• 학교 구성원의 인권·복지의식 제고 • 단위학교 복지기능 강화, 복지지향적인 학교운영체제를 구축하여 학교를 의식, 공간, 프로그램을 바탕으로 한 사람이 숨 쉴 수 있는 활력 있는 공간으로 재창조
교육복지정책 추진체제 구축	• 교육복지 관련 기관 간 수직적·수평적 협력 강화 및 가정-학교-지역사회 연계를 통한 종합적인 교육복지 서비스 제공 • 지역 교육복지협의회(시·도 단위 또는 지역 단위) 구성·운영을 통해 관련기관·단체 간 연계·협력 강화 • 학교-가정-지역사회 간 협력체제 구축 및 교육복지 지원인력 활용 촉진 • 학부모 등의 학교활동 참가, 유급휴가 인정 방안 검토 및 대학 등의 자원봉사 활동 학점인정제 도입 권장 • 민간 중심의 현장 모니터링 시스템 구축·운영 및 민간의 우수 교육복지 프로그램 활용·확산

자료: 교육인적자원부(2004)를 재구성.

관련 기관, 청소년 단체 및 관련 기관 등 지역사회 내 교육복지사업의 조정과 네트워크 구축을 위해 프로젝트 조정자를 교육청에 배치했다. 따라서 학교는 지역사회 내 핵심교육센터로서의 기능을 하도록 유도하여 학교의 자발성과 역동성을 최대한 고양시킬 수 있는 구조로 조직화하도록 했다. 또한 시·도(중앙) 연구지원센터와 사업운영위원회를 지역단위, 광역단위, 중앙단위로 구축하여 교육복지사업을 지원하도록 체계를 구축했다(<그림 8-1>).

참여정부의 교육복지사업 추진체계는 기본적으로 지역사회 네트워크 구축과 중앙정부와 지방자치단체 간의 네트워크 구축을 통하여 유기적인 관계를 만들어내는 것을 기본으로 하고 있다. 이러한 기본 추진체계에 의하여 구성된 교육복지사업은 세부적인 내용에서도 그대로 반영되었다. 참여정부의 교육복지종합계획(2004)에서 국민 기초교육수준 보장, 교육부적응 해소, 교육여건 불평등 해소, 복지친화적 교육환경 조성, 교육복지 정책 추진체계 구축 등 5개 영역이 주요 정책과제로 제시되었으며, 이 중 <표 8-3>에서 보는 바와 같이 교육여건 불평등 해소와 교육복지정책 추진체계 구축 등 2개 영역에서 교육복지사업을 위한 네트워크 구축을 강조하고, 복지친화적 교육환경 조성에서는 인권과 복지의식을 강조하고 있다.

결론적으로 참여정부의 교육복지사업은 지역사회 내에 유기적이고 효율적인 네트워크를 구축하여 지역교육 공동체를 구축하는 것을 주요 골자로 하고 있다.

(2) 이명박 정부에서의 교육복지사업 추진체계

이명박 정부의 교육복지사업은 추진체계 자체가 참여정부와 크게 다르게 상하적 관계만으로 구성된 특징이 나타난다. <표 8-4>에서 보는 바와 같이 교육과학기술부는 시·도교육청의 자율적 사업 추진을 지원하는 것을 주요 내용으로 했는데, 이는 자율적 사업 추진을 통한 경쟁관계의 도입을 의미한다. 시·도교육청이나 지역교육청도 유관기관의 협조체계 구축 및 지원이나 지역기관과의 연계체제 구축 및 협력사업 추진 등 네트워크를 포함하고 있었다. 그러나 이보다 우선되는 것이 바로 경쟁 중심의 교육투자와 교육사업 효율화이다. 따라서 지역사회 내에 다양하고 유기적인 네트워크를 구축하거나 교육·문화·복지 등의 균형적인 접근을 통한 인권적이고 통합적인 관점을 모두 배제했다.

결국 이명박 정부는 교육·문화결손 치유 프로그램을 집중지원하겠다고 하면서 복지적 요소를 배제하고 자율과 경쟁 중심의 교육정책의 보완재로서 사회적 취약계층에 대한 배려라는 수혜적인 관점의 교육투자사업 실시를 강

<표 8-4> 이명박 정부의 교육복지사업 추진체계

추진체계	주요 추진 내용
교육과학기술부	예산 지원, 사업 성과분석 등을 통해 시·도교육청의 자율적 사업추진을 지원
시·도교육청	전반적인 사업관리, 사업지역에 대한 컨설팅 지원, 광역단위 유관기관 협조체제 구축·지원
지역교육청	사업학교의 자율적 사업운영 지원, 지역기관과 연계체제 구축 및 협력사업 추진
학교	학생의 필요를 충족시키는 프로그램을 학교 자율방식으로 추진, 지역 유관기관과 연계·협력

자료: 교육과학기술부(2008).

조한 것이다. 특히 지역사회연계도 교육격차 해소에만 초점을 둔 추진체계의 구축을 요구했다. 이에 따라 교육·문화·복지의 균형 잡힌 교육복지사업은 "문화·심리정서·보건·복지 프로그램도 지속적으로 추진하되 학업동기 유발, 교육과정연계의 관점에서 재검토 후 사업추진(교육장, 학교장)"과 같이 교육 중심의 편협한 교육복지사업으로 전환되었다. 이로 인해 그동안 구축되었던 교육복지사업의 지역사회 네트워크는 추후 교육투자사업이 보다 구체화되는 2009년 이후 더욱 심각한 붕괴의 위협을 받게 되었다.

3) 교육복지사업의 네트워크 사례 1[4]

(1) 네트워크 현황

○○지역의 경우 교육복지사업을 실시한 첫해인 2005년도에 비해 2006년의 지역사회 관련 조직 간 교육복지 네트워크는 상당히 많은 조직과의 관계가 형성되어 네트워크가 성장했다고 평가할 수 있다. 교육청, 영리 조직을 제외하

---

4) 이 네트워크 사례는 정무성 외(2006)에서 필자가 담당한 네트워크 분석의 일부이다.

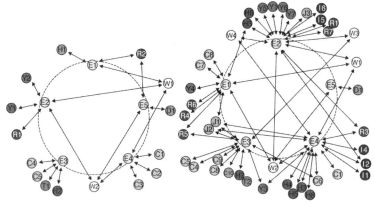

<그림 8-2>
2005년 ○○지역 교육복지 네트워크

<그림 8-3>
2006년 ○○지역 교육복지 네트워크

E: 학교   W: 사회복지기관   Y: 아동청소년단체   R: 상담연구조직
C: 교육문화단체   D: 장애인단체기관   H: 건강보건관련기관   I: 공공조직
J: 시민사회단체   T: 기타 조직

고 1개교당 평균 12.4개 조직과 연계한 것으로 나타나서 전년도 평균 4개에 비하면 3배 정도 늘어나 양적으로 많이 증가한 것으로 볼 수 있다. 특히 ㅁㅁ사회복지관과 △△사회복지관만이 2개 이상의 학교와 연계되었던 2005년도에 비해 사회복지관, 의료기관, 상담센터, 교육조직 등 다양한 조직들이 2개 이상의 학교와 연계됨으로써 보다 다층적인 관계가 형성되었다. 반면에 학교 간 교류가 서류상 전혀 나타나지 않아 학교 간 연계는 다소 주춤해진 것으로 추정할 수 있다. 또한 전년도에 비해 공공조직과의 연계가 새로 추가되어 형성되었으며, 영역별 조직 수들도 크게 증가하여 다양한 네트워크 조직이 형성되어 있는 것으로 나타났다. 이러한 특징에 기초하여 ○○지역의 교육복지 사업 네트워크가 전년도에 비해 크게 활성화되었다고 평가할 수 있다.

(2) 각 학교별 네트워크 특징

각 학교별 네트워크의 특징을 다음과 같이 살펴볼 수 있다.

- E1초등학교는 다른 학교에 비해 상담연구 조직과의 연계가 비교적 많았다. 전년도 연계되었던 병원조직과는 다시 연계되지 않았으나, 인천 YWCA나 학교폭력대책협의회 등 시민사회조직이나 청소년조직 등과의 연계가 새로 구성되었다.

- E2초등학교는 아동·청소년조직과 공공조직, 상담연구조직, 의료조직, 사회복지관, 아름다운재단 등 다양한 형태의 네트워크가 형성되어 있었다. 특히 사회복지관은 지역사회 내에 있는 3개 조직과 모두 연계했으며, 상담연구조직이나 공공조직도 여러 조직과 연계되어 있어 활발한 활동을 하고 있었다. 아동·청소년조직의 경우 4개 조직과 연계되어 있어서 사회복지와 문화활동 등에서 강점이 상당히 많을 것으로 보인다.

- E3초등학교는 인천YWCA/YMCA를 비롯한 시민사회조직과 6개의 교육문화조직과 연계했으며, 이는 다른 학교에 비해 특히 강세라고 할 수 있다. 즉 E3초등학교의 경우 문화활동영역에서 상당히 많은 조직과 연계되어 있으며, 이를 통해 문화적 경험이나 활동에 노하우나 장점을 상당히 갖추었을 것으로 볼 수 있다.

- E4중학교는 건강보건조직, 공공조직, 시민사회조직, 사회복지조직 등 다양한 조직과의 연계가 특별히 두드러진 것으로 나타났다. 가천대학이나 연수구보건소 등과 연계가 이루어지고 있었으며, 보건소의 경우 여타 학교와는 다르게 유일하게 연계되어 있는 것으로 나타났다.

- E5중학교는 대외적인 네트워크가 가장 형성되어 있지 않은 것으로 나타났는데, 이는 전년도에도 마찬가지여서 대외적 활동이나 네트워크 성과가 거의 없는 것으로 볼 수 있다. 따라서 이에 대한 자각과 적극적인 네트워크 형성을 위한 노력이 필요할 것이다.

(3) 네트워크 발전방안

- 학교 조직 간의 네트워크는 점선으로 표시된 원 안에 모두 존재하며, 이는 서로 끊어짐 없이 모두 상호연계가 활발하게 이루어지고 있다는 것을 의미한다. 즉 학교 간의 공동사업이 자주 이루어지고 있다는 의미이다. 그러나 서류상의 문제인지 모르나 ○○지역의 경우 학교 간 네트워크가 전년도에 비해 줄어들었다. 학교 간 네트워크 구축은 상당히 중요하며, 특히 초등학교에서 중학교로 이어지는 네트워크는 지속적인 사례관리를 가능하게 하는 것이기 때문에 이에 대한 적극적인 노력이 필요할 것으로 보인다.

- ○○지역의 경우 네트워크가 상당히 활발하게 이루어지고 있는 것으로 나타났다. 따라서 이러한 네트워크를 지속적으로 유지하면서 질적으로 더 성숙하고 긴밀한 네트워크 구축에 대한 체계적인 진단과 대응마련이 필요할 것으로 보인다. 아직도 상당수는 강사 초빙 등의 형식으로 네트워크가 이루어지기 때문에 이 부분도 보완해야 할 것으로 보인다.

- 특히 일부 학교의 경우 네트워크가 상당히 낮은 수준으로 형성되어 있음은 물론 전년도에 비해 성장이 많이 나타나지 않았는데, 이는 지역사회 네트워크 구축에 전혀 관심을 보이지 않고 있음을 의미한다. 이는 학교 내 학생들의 다양한 참여나 경험, 혹은 서비스 제공의 기회가 박탈됨을 의미하는 것으로 교육복지사업 담당자가 이 분야에 대한 관심이 없거나 역량이 부족하기 때문에 나타난 현상으로 볼 수 있다. 따라서 이에 대한 지도감독을 강화하고, 지역사회 내 다양한 조직과의 네트워크를 통해 더 다양한 서비스가 학생들에게 제공될 수 있도록 해야 할 것이다.

- 지금까지는 피상적으로 네트워크의 형성 정도를 평가했으나, 이러한 접근방식은 네트워크에 대한 심도 깊은 분석과 발전대안을 제시하는 데 한계가 있다. 따라서 추후 네트워크 분석을 더 체계적이고 심도 깊게

수행하여 교육복지 네트워크 성장의 방해요인을 찾아내고, 발전에 기여할 수 있는 대안을 제시하는 연구가 필요하다.

4) 교육복지사업의 네트워크 사례 2[5]

(1) 조사대상 및 표집방법

서울특별시 강서구의 교육복지사업이 이루어지는 지역 중 연구자의 접근성이 높은 지역을 목적표집으로 선정하여 총 25개 조직을 조사했다.

(2) 자료분석

자료분석은 우선 교육복지사업조직 및 담당자의 특성, 연계사업 내용을 분석하기 위해 SPSSWIN 12.0을 이용하여 빈도분석, 기술통계분석, 다중응답분석을 사용했다. 다음으로 교육복지사업 관련 조직의 네트워크 특성을 분석하기 위해 UCINET 6.29를 이용하여 밀도, 중심도(다선중심도·근접중심도·매개중심도·위세도), 네트워크의 관계 양상을 연계내용(정보교환·클라이언트 의뢰·자원교환·공동사업)별로 분석했으며 그 결과를 그래프를 이용하여 시각화했다.

(3) 네트워크의 과정적 특성

① 개별 조직이 연계한 상대 조직의 수

개별 조직이 연계한 상대 조직의 수는 평균 5.67개(표준편차 4.28)이며, 10개 이상 연계된 조직도 4개(22.2%)가 있었다. 학습·문화·정서·복지·평가 영역에서 연계사업 수는 평균 11.83개(표준편차 8.56)로 연계사업이 다양하게 이루어짐을 알 수 있다.

---

5) 이 네트워크 사례는 이혜원·우수명(2005)의 내용 일부를 보완하여 사용했다.

<표 8-5> 개별 조직이 연계한 상대 조직 수와 사업 수(N=18)

특성	구분	빈도(%)	M(SD)	특성	구분	빈도(%)	M(SD)
연계 상대 조직 수	없음	3(16.7)	5.67 (4.28)	연계사업 수	없음	4(22.2)	11.83 (8.56)
	1~3개	4(22.2)			5~10개	5(27.8)	
	4~9개	7(38.9)			11~20개	6(33.3)	
	10개 이상	4(22.2)			21개 이상	3(16.7)	

<표 8-6> 개별 조직이 상대 조직과 연계한 내용(N=13)

특성	빈도(%)	구분	빈도	반응(%)	사례(%)
정보교환	79(26.3)	정보교환	79	26.3	607.7
대상자 의뢰	65(21.7)	대상자 의뢰	65	21.7	500.0
자원교환	53(17.7)	재정자금교환	32	10.7	246.2
		시설기자재 지원	12	4.0	92.3
		타 사업예산 지원	9	3.0	69.2
공동사업	100(33.3)	공동사업계획	25	8.3	192.3
		공동사업수행	46	15.3	353.8
		공동사업평가	29	9.7	223.1
기타	3(1.0)	기타	3	1.0	23.1
합계	300(100.0)		300	100.0	2307.7

② 개별 조직이 상대 조직과 연계한 내용

개별 조직이 상대 조직과 연계한 내용은 다중응답분석으로 사례백분율과 반응백분율이 분석되었다. 응답된 총 300개의 연계활동 내용 중 공동사업이 100개(33.3%)로 가장 빈도가 높았으며, 정보교환 79개(26.3%), 대상자 의뢰 65개(21.7%), 자원교환 53개(17.7%) 순으로 나타나 공동사업과 정보교환의 비중이 높았다. 이는 연계활동이 실제적인 사업을 중심으로 하여 효과적으로 이루어지는 것으로 볼 수 있다. 구체적으로 연계한 내용은 <표 8-6>과 같다.

<표 8-7> 네트워크의 밀도

	직접연계 NW수	총 NW수	NW 밀도
공공조직 1	22.00	30.00	73.33
사회복지조직 2	13.00	20.00	65.00
청소년조직 1	27.00	42.00	64.29
공공조직 2	24.00	42.00	57.14
교육조직 5	34.00	72.00	47.22
교육조직 4	26.00	56.00	46.43
교육조직 3	41.00	90.00	45.56

<표 8-8> 교육복지사업 조직 간 사업의 다선중심도

발신		수신	
사회복지조직 1	67.000	교육조직 2	28.000
기타조직 2	26.000	교육조직 1	27.000
사회복지조직 3	25.000	교육조직 3	27.000
청소년조직 2	16.000	교육조직 5	26.000
교육조직 2	14.000	교육조직 4	26.000
청소년조직 3	12.000	사회복지조직 1	19.000
교육조직 5	11.000	공공조직 2	26.000

(4) 네트워크의 구조적 특성

① 교육복지사업조직 간 네트워크

네트워크에 의하여 나타난 관계망은 <그림 8-4>와 같다. 이 그림을 보면 중심부에 사회복지조직 W1, 청소년조직 Y2, 지역교육청 E6 등의 조직이 위치해 있으며, 학교조직이 다양한 관계를 형성함을 확인할 수 있다.

② 네트워크의 밀도(density)

네트워크의 밀도는 지역사회에서 연계가 가능한 모든 조직의 수 가운데

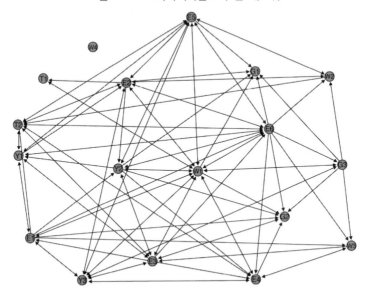

<그림 8-4> 교육복지사업조직 간 네트워크

E1-6: 교육조직   W1-4: 사회복지조직   G1-3: 공공조직
Y1-3: 청소년조직   T1-2: 기타 조직

실제로 직접 연계된 조직의 수를 나눈 비율이다(Wasserman and Faust, 1994). 관찰된 밀도는 일반적으로 집단의 크기와 반비례한다(김용학, 2004). 네트워크의 밀도가 가장 높은 곳은 공공조직 1로서 이 지역에서 연계가능성이 있는 조직 수 총 30개에서 실제로 연계된 조직 수가 22개이므로 밀도는 73.33%가 된다. 다음으로 밀도가 높은 곳은 사회복지조직 2이며, 실제로 연계한 조직 수는 20개로 밀도는 65.00%로 나타났다. 상위 7개 조직 중 공공조직이 3개 중 2개가, 청소년조직이 3개 중 1개가, 교육조직이 6개 중 3개가, 사회복지조직이 4개 중 1개가 포함되었다.

<표 8-9> 교육복지사업조직 간 근접중심도

발신		수신	
공공조직 1	28.333	교육조직 6	47.222
공공조직 2	28.333	사회복지조직 1	44.737
사회복지조직 1	27.869	교육조직 2	42.500
교육조직 4	23.611	교육조직 3	42.500
청소년조직 2	22.667	교육조직 5	41.463
교육조직 6	22.667	청소년조직 3	39.535
교육조직 5	22.667	기타조직 2	39.535

③ 네트워크의 중심도에 기초한 중심조직

가) 다선중심도(degree centrality)

다선중심도는 개별 조직이 네트워크 내 다른 조직과 얼마나 활발한 연계 활동을 했는가를 평가하는 지표로서 상대 조직에게 연계를 요청한 빈도로 측정한다. 개별 조직이 상대 조직에게 연계를 요청한 사업 수는 발신(out degree), 상대 조직으로부터 연계를 요청받은 사업 수는 수신(in degree)을 의미한다. 다음은 교육복지사업을 수행하는 조직이 네트워크를 통해 연계한 사업의 다선중심도로 발신에서 사회복지조직 1이 67로 매우 높게 나타났다. 또한 사회복지조직 1은 수신에서도 교육조직을 제외하고는 가장 높은 19로 나타났다. 이는 사회복지조직 1이 네트워크 구축에서 핵심적인 역할을 하고 있다는 의미이다. 교육조직 2의 경우도 발신이 14로 5번째로 높았으며, 수신은 28로 가장 높게 나타나 중요한 역할을 하고 있는 것으로 나타났다. 발신의 경우 사회복지조직과 청소년조직이 많아 사회복지사가 직접 서비스를 제공하는 조직들의 강세가 두드러졌으며, 수신은 교육조직이 거의 대부분을 차지했다. 이것은 교육복지사업 자체가 학교를 매개로 이루어지고 있기 때문에 다른 조직들에 의해 선택되는 수신이 높아지는 것을 반영한다.

<표 8-10> 교육복지사업조직 간 매개중심도

	조직의 매개중심도	백분율
사회복지조직 1	45.071	16.570
교육조직 6	24.248	8.915
교육조직 2	16.231	5.967
교육조직 3	14.217	5.227
기타조직 2	13.574	4.990
교육조직 5	9.731	3.578
청소년조직 3	7.700	2.831

나) 근접중심도(closeness centrality)

근접중심도는 개별 조직이 상대 조직에게 쉽게 접근할 수 있는 정도를 의미하며 네트워크의 한 조직으로부터 다른 조직에 도달하는 데 필요한 최소 단계의 총합으로 측정된다(김용학, 2004). 따라서 다른 조직에 얼마나 가깝게 있는지를 의미하며 이는 곧 다른 조직과 쉽게 관계를 맺을 수 있는 조직은 그만큼 중심적인 역할을 수행한다는 것을 의미한다. 발신의 경우 공공조직 1과 2의 근접중심도가 28.33%로서 가장 높게 나타났다. 사회복지조직 1도 27.87%로 비교적 높게 나타났으며, 청소년조직 2와 교육조직 4, 6, 5도 포함되어 있다. 수신의 경우 교육조직 중 구심체인 교육조직 6이 47.22%로 가장 높았고, 사회복지조직 1과 교육조직 5는 발신에 이어 수신도 높게 나타나 근접중심도가 높은 것으로 나타났다.

다) 매개중심도(betweenness centrality)

매개중심도는 상대 조직을 통제할 수 있는 정도로서 한 조직이 다른 조직과의 네트워크 구축에서 중재자, 즉 매개 역할을 어느 정도 하는가를 측정하는 개념이다. 따라서 매개중심도가 높은 조직은 네트워크 구조에서 정보의 흐름

<표 8-11> 교육복지사업조직 간 위세도

	위세도	백분율
교육조직 6	0.374	52.882
사회복지조직 1	0.324	45.871
청소년조직 2	0.301	42.523
교육조직 3	0.288	40.768
교육조직 2	0.264	37.352
교육조직 1	0.264	37.334
교육조직 5	0.257	36.392

에 핵심적인 역할을 수행하며, 다른 조직과의 네트워크 구축에서 핵심적 중재자 역할을 수행할 수 있는 가능성이 높은 조직이다. 매개중심도가 가장 높은 조직은 적극적으로 네트워크 활동을 하고 있는 사회복지조직 1로 45.07이었으며, 교육조직 중 구심체 역할을 하는 교육조직 6이 24.25로 두 번째로 높았다. 교육조직 2, 3, 5가 매개중심도가 높은 조직 안에 포함되어 있어 교육조직이 매개적 활동의 중심에 있음을 알 수 있다. 이는 교육복지사업 자체가 대부분의 교육조직인 학교 안에서 이루어지고 그 안에 여러 조직들이 참여하는 형태를 갖는 경우가 많아, 교육조직의 매개중심도가 높게 나타나는 것은 현재의 상황을 있는 그대로 정확하게 분석한 것으로 볼 수 있다.

라) 위세도(degree prestige 또는 Bonacich centrality)

위세도는 다른 조직들로부터 연계의 대상으로 선택된 정도를 의미하며 연계된 상대 조직의 중요성에 가중치를 주는 개념이다(김용학, 2004). 네트워크에서 영향력이 큰 중심조직과의 연계는 영향력이 낮은 다른 조직과의 더 많은 연계보다 자신의 영향력을 높이는 데 더 기여할 수 있다. 따라서 위세도가 높은 조직은 네트워크에서 효율적인 관계망을 형성하고 있다고 볼 수 있다(김재환, 2004). 위세도의 일반적인 형태로 UCINET에서는 보나시치 중심도를 사용한다. 위세도가 0.374로 가장 높은 조직은 교육조직 6으로 네트워크에 가장 효율적으로 참여하고 있다고 볼 수 있다. 사회복지조직 1의 경우 0.324로 두 번째로 높게 나타났다. 사회복지조직 1과 청소년조직 2를 제외한 나머지 상위 조직은 모두 교육조직으로 이들은 네트워크에 효율적으로 참여하고 있음을 알 수 있다.

(5) 결론 및 제언

교육복지투자우선지역 지원사업의 목표를 보다 효과적으로 달성하기 위해서는 무엇보다도 지원 대상아동이 사는 지역사회 안에서 학교를 중심으로 관련 조직 간의 네트워크를 마련하는 것이 중요하다. 그러나 네트워크의 형식적인 구축에 만족하는 것이 아니라 사업 담당자 간의 보다 긴밀하고 구체적인 소통을 통해 언제나 어디서나 대상아동과 가족의 다양하고 복합적인 욕구에 대응할 수 있는 통합적인 지원망으로서 기능할 수 있어야 한다. 따라서 이 연구는 현행 시범사업의 평가는 그 핵심 전략인 네트워크에 대한 객관적이고 구체적인 수준에서 이루어져야 한다는 관점에서 접근이 가장 수월한 가양지역 시범사업을 중심으로 학교사회복지 관련 조직 간 네트워크의 특성을 분석했다. 이 연구에서 설정한 연구문제에 따라 검증된 결과 가운데, 분석된 네트워크의 특성을 중심으로 논의하면 다음과 같다.

첫째, 개별 조직에 소속된 담당자가 학교복지사업 관련 업무를 수행하면서 연계한 경험이 있는 상대 조직 수는 평균 5.67개이며, 연계사업 수는 평균 11.83개로 나타났다. 시범사업기간이 이제 2년을 경과한 사실을 감안하면, 조직 간 연계의 정도가 비교적 활발하다고 할 수 있다. 한편 조직 간 연계정도가 가장 높은 5순위 이내 프로그램은 집단상담, 문화·예술체험, 멘토링, 개별상담, 사업평가의 순으로 나타났으며, 연계정도가 가장 낮은 프로그램은 특수아동의 사회통합지원, 도서관운영 활성화, 학력증진 방학캠프, 학교 CA활동지원, 특기적성교육의 순으로 나타났다. 연계된 사업의 영역이 비교적 골고루 분포되어 있으나, 문화영역의 연계가 가장 낮게 나타난 것은 문화활동 관련 인프라가 지역의 특성상 부족하고 몇 개 없는 문화 관련 조직과의 연계마저 부족한 현실을 그대로 반영하고 있으며, 네트워크의 취약한 점을 보여주고 있는 것이다. 앞으로 더 확대될 주 5일제 수업을 감안한다면, 지역사회 문화 관련기관과 단체에 특기적성교육 프로그램, CA활동지원 프로그램, 캠프 등을 홍보하고 정보를 공유하면서 참여 인센티브를 제공하는 등 연계를 강화해야 한다. 또한 현재 특수아동의 사회통합지원프로그램의 연계가 가장 낮다는 사실을 감안하여 무엇보다도 지역사회 특수아동과 가정의 욕구조사를 실시하고, 조사결과에 근거하여 학교를 중심으로 특수교육기관, 정신·의료기관, 사회복지관, 문화단체 등과의 더 전문적인 연계방안을 모색해야 한다.

둘째, 실제로 연계한 내용에서는 공동사업 33.3%, 정보교환 26.3%, 대상자 의뢰 21.7%, 자원교환 17.7% 순으로 공동사업과 정보교환의 비중이 매우 높게 나타났다. 특히 공동사업에서 공동사업의 계획이나 평가보다는 공동사업수행에 집중되어 있다. 또한 조직 간 연계를 맺는 방법은 전화·휴대폰, 방문·면담, 공문·팩스의 순으로 나타나 다른 선행연구의 결과와는 차이가 있다. 이러한 차이는 조직들이 비교적 근거리에 위치하고 있고, 공동사업의 수행 등 비교적 발전된 단계의 연계가 이루어지고 있다는 사실을 반영한 결과라고 할 수 있다. 이러한 조사결과와 프랭클린과 스트리터(Franklin and Streeter, 1995)의 이론에 근거하여 현재 이 지역에 구축된 네트워크의 특성은 협력단계의 발전과정에 있다고 표현할 수 있다. 한편 담당자의 네트워크에 대한 만족도는 평균 3.77점 (5.0점 만점)으로 측정되어 자신들의 연계활동에 대해 다소 긍정적으로 인식하고 있음을 알 수 있다. 앞으로 이 사업에 대한 법률이 제정되고 연계의 핵심 인력인 프로젝트 조정자와 사회 교육전문가의 해당 조직 내 지위가 강화되고 업무조건이 향상된다면, 이들의 만족도는 더욱 높아질 것으로 예측된다.

셋째, 네트워크의 밀도가 높은 상위 7개 조직으로는 공공조직 1, 사회복지조직 2, 청소년조직 1, 공공조직 2, 교육조직 5, 4, 3의 순으로 나타났다. 이를 통해 지역사회 내 네트워크가 특정 조직의 유형에 치우쳐 유유상종하거나 특별하게 소외되는 조직이 없이, 비교적 다양한 조직 간에 연계가 이루어지고 있음을 알 수 있다. 이러한 결과는 선행연구(김영삼, 2003; 한국교육개발원, 2004)의 결과들과는 상반된 것으로서 시범대상지역의 차이 또는 연구접근방법의 차이에서 기인한 것으로 판단된다. 그렇다면 후속연구에서 이 지역에서 네트워크 구축의 결정 요인이 무엇인가에 관한 사례연구를 보다 심층적으로 분석함으로써 다른 지역에 중요한 실천적 함의를 제공할 수 있을 것이다. 또한 후속연구에서 이 연구와 동일한 설계를 가지고 다른 시범지역의 네트워크를 분석하고 이 연구의 결과와 비교한다면, 네트워크를 강화할 수 있는 변수들을 확인하고 개선방안을 모색하는 데 도움이 될 것이다.

넷째, 네트워크의 중심도(다선중심도·근접중심도·매개중심도·위세도)를 산출한 결과, 네트워크의 중심조직은 사회복지조직 1로 나타났다. 사회복지조직 1은 과거 7년 이상 지역사회 중심의 학교사회복지를 전개해온 기관으로서 학교사회복지 전담 실무자들이 가족복지팀을 중심으로 지역사회의 특성(특히 이 지역의 국민기초생활보장 수급가정 비율이 약 60%)과 해당 학생과 가정의 복합적인 욕구를 반영하여 맞춤형 프로그램을 개발해왔으며, 개발된 프로그램은 학생들이 생활하고 있는 학교에 찾아가 실시·평가되는 등 교사와의 협력을 기반으로 지역사회 연계에 앞장서왔다. 따라서 다른 어떤 조직보다 전문성을 인정받고 있는 이 기관이 네트워크의 중심에 있다는 결과는 어쩌면 당연하다고 할 수 있다. 여기서 특기할 만한 사실은 네트워크의 중심도에서 발신이 높은 조직들은 사회복지조직이나 청소년조직과 같이 아동·청소년에게 직접적으로 서비스를 전달하는 기관이 많았던 반면, 수신이 높은 조직들은 교육조직이 대부분이었다. 또한 교육조직들의 매개중심도가 높게 나타난 사실도 일관된 현상을 검증하고 있다. 즉 학교와 같은 교육조직이 시범사업의 창구이기 때문에, 시범사업의 정보에 관한 한 네트워크의 핵심조직이라고 할 수 있다.

다섯째, 정보교환 네트워크에서 역시 교육조직 간 정보공유의 상관성이 높게 나타났다. 이는 네트워크의 매개중심도 산출 결과와 일치한다. 또한 교육조직의 정보를 공유하기 위해 다른 조직들이 네트워크에서 일정한 방향(발신)으로 긴밀하게 연계하고 있음을 알 수 있다. 이러한 관계 양상은 공동사업 네트워크에서도 유사하게 나타났다. 즉 교육조직들이 서로 공동사업을 많이 수행하기 때문에 이들의 연계가 긴밀하게 나타났으며, 다른 조직들도 일정한 방향으로 긴밀한 연계를 보이고 있다. 한편 클라이언트 의뢰 네트워크에서는 '끼리 네트워크'를 발견할 수 있다. 즉 클라이언트를 의뢰함에서는 동일한 유형 조직 간의 네트워크가 긴밀한 경향을 보이고 있다. 그런데 정보를 제외한 자원의 교환 자체가 이루어지기 어렵기 때문에 자원교환 네트워크의 밀도는 상대적으로 낮게 나타났다. 정보교환과 공동사업에서 네트워크의 구조적 특성은 앞에서 분석한 네트워크의 과정적 특성과도 일치한다. 앞으로 공동사업에서의 연계를 강화하기 위해서는 담당자를 대상으로 공동사업의 계획과 평가의 중요성을 보수교육 등의 기회를 통해 인식시킬 필요가 있으며, 특히 평가와 관련해서는 직접 아동을 만나고 일선에서 실무를 담당해온 사회 교육 전문가의 업무분석을 바탕으로 지역 운영협의회에 모여 자신들의 평가도구를 개발하여 실제 평가에 반영할 필요가 있다. 이를 통해서만이 평가를 위한 평가가 아니라 다음 단계 사업의 효과성을 높일 수 있는 피드백을 주는 평가가 될 수 있을 것이다. 한편 클라이언트의 사생활과 인권이 침해되지 않고 의뢰에 대한 책임이 확보될 수 있는 범위 안에서 상호 클라이언트 의뢰를 촉진할 수 있는 방안이 모색되어야 하고, 사업재정에서 중앙정부 간, 그리고 중앙정부와 지방정부 간의 역할분담을 통한 연계방안을 모색함으로써 자원교환 네트워크를 강화할 수 있을 것으로 사료된다.

네트워크를 보다 깊이 이해하기 위해서는 네트워크 분석기법을 이해하는 것이 필요하다. 네트워크 분석은 조직 간의 응집력, 중심성, 하위그룹 분석, 자아중심 네트워크, 역할과 위치 등의 개념을 이용하여 조직 간 관계에 의하여 형성되는 네트워크의 관계를 분석하는 것이다. 이와 관련해서는 Wasserman과 Faust(2006)를 참고하라.

참고문헌

교육과학기술부. 2008. 「2008년 교육투자우선지역 지원사업 추진계획」. 교육과학기술부.
교육인적자원부. 2004. 「참여정부 교육복지 종합계획: 참여복지 5개년 계획(교육복지부문)」. 교육인적자원부.
_____. 2007. 「교육복지투자우선지역 지원사업 '07년 기본계획」. 교육인적자원부.
김기태·신복기·이인숙·김수영. 2006. 「가정봉사원파견센터의 연계구조 및 연계요인 분석: 부산지역을 중심으로」. ≪한국노년학≫, 통권 26(1), 한국노년학회. 211~232쪽.
김성훈 외. 2006. 「지역사회 조직가의 철학과 가치」. 『지역사회 조직가 양성과정』. 서울: (재)한국보건복지인력개발원.
김영삼. 2003. 「교육복지투자우선지역사업 현황」. 청소년자활지원관.
김용학. 2004. 『사회연결망 분석』. 서울: 박영사.
김재환. 2004. 「자활후견기관 간의 네트워크 특성과 네트워크 중심성 결정요인에 관한 연구」. 숭실대학교 박사학위논문.
루만(Luhman. N.) 1984. 『사회체계이론』. 박여성 옮김. 서울: 한길사.

송정부. 2006. 「지역사회복지협의체의 운영과 발전방안」. 제1기 지역사회복지협의체 연찬회. 서울: (재)한국보건복지인력개발원.

오강남. 2008. 『장자』. 서울: 현암사.

우수명. 2008. 「지역사회복지 관련 조직 간 네트워크 성장에 영향을 미치는 요인 연구」. 숭실대학교 박사학위논문.

이태수. 2008. 「교육(복지)투자우선지역사업의 재조명: 교육복지의 개념과 원리를 기반으로」. 학교사회복지 7차 포럼.

이혜영. 2004. 「교육복지투자우선지역 지원사업을 위한 연구·지원사업 결과보고서」. 서울: 한국교육개발원.

이혜원. 2002. 「결식아동 지원조직 간 서비스 연계망에 관한 연구」. ≪한국사회복지학≫, 통권 49. 서울: 한국사회복지학회. 190~224쪽.

이혜원·우수명. 2005. 「학교사회복지 관련 조직 간 네트워크의 특성에 관한 연구 I : 서울시 강서구 교육복지투자우선지역 지원사업을 중심으로」. ≪한국사회복지학≫, 통권 57(4). 서울: 한국사회복지학회. 119~146쪽.

정무성 외. 2006. 「교육복지투자우선지역 지원사업 평가 및 활성화 방안」. 인천: 인천교육청.

정순둘. 2001. 「오스틴 노인그룹 서비스 기관들의 관계에 관한 연구」. ≪한국사회복지학≫, 통권 31. 서울: 한국사회복지학회. 441~458쪽.

최옥채. 2001. 『지역사회실천론』, 서울: 아시아미디어리서치.

최일섭·류진석. 2001. 『지역사회복지론』. 서울: 서울대학교출판부.

한국교육개발원. 2004. 「교육복지투자우선지역 내 학교와 지역사회의 연계협력 실태조사 연구: 서울지역을 중심으로」. 서울: 한국교육개발원.

I.C.L.E.I. 1995. *The Local Agenda 21 Planning Guide-An Introduction to Sustainable Development to Planning*. I.C.L.E.I(International Council for Local Environmental Initiatives).

Rizova, P. 2006. "Are You Networked for Successful Innovation?" *MIT Slomanagement Review*, Vol. 47(3). pp. 51~64.

Taylor, S. 1985. "Community Work and Social Work: The Community Liaison Approach." *Theory and Practice of Community Social Work*. Columbia University Press.

Van de Ven, A. H. & Ferry, D. L. 1980. *Measuring and Assessing Organization*. John

Wiley & Sons.

Wasserman and Faust. 2006. *Social Network Analysis: Method and Application*. Cambrige University Press.

제3부 학생권리와 학교사회복지실천영역

9장

장애학생과 교육권

학교적응을 위한 통합지원 프로그램

이지수 군산대학교 사회복지학과 조교수

1. 들어가는 말

> 필자는 종종 일하는 현장에서 무학의 여성장애인들과 마주한다. 그것은 여성장애인에 대한 차별의 극한 상황이라고 본다. 아울러 종종 여성장애인의 인권을 말하게 될 때 그러한 현실에 대해 전달하곤 한다. 그러나 그것에 대해 '공감'을 못 하는 것 같다는 느낌을 받을 때가 있다. 그러면 상대방에게 되묻는다. "지금 비장애인인 당신이 만약 무학이라면 우리 사회에서 무엇을 할 수 있다고 생각하십니까?"
>
> 자료: 광주여성장애인연대 주최, 「여성장애인 교육정책 토론회」 자료집(2007)에서 발췌.

입장 바꿔 생각하기만큼 훌륭한 문제해결의 방식이 또 있을까? 인용한 이

글은 필자가 여성장애인 교육정책에 대한 한 토론회에서 주제발제를 했을 때 장명숙 한국여성장애인연합 공동대표가 토론문으로 실었던 글의 일부이다.

장애인 교육권이 인권이고 반드시 보장되어야 한다고 설명하기에 앞서, 내가 만약 무학의 학력으로 이 학력 중심의 사회에 맞닥뜨린다면 어떨까를 가정해보면 교육받지 못한 장애인의 막막함과 불안과 두려움을 조금이나마 이해할 수 있을 것이다. 아동·청소년기의 교육은 단지 이 시기의 발달과업이 아니라 인생 전체의 기초를 닦는 일이다.

교육권이 무엇인지에 대한 성찰이 선행되어야 할 것이다. 아동권리협약에 규정된 교육권은 우선 모든 이들의 교육받을 권리를 의미한다. 모든 아동들에게 교육의 기회가 균등하게 보장되어야 하고 이를 위해 당사국은 의무교육과 무상교육을 실시해야 한다고 규정한다. '모든' 아동이란 인종, 국적, 성별, 나이, 장애유무 등에 상관없이 교육접근권을 가지고 있음을 의미한다.

아동권리협약에서 교육권은 또한 교육의 목표에 대한 권리를 의미한다. 이는 아동의 잠재력의 최대 계발, 서로 다른 출신·언어·가치와 문명에 대한 존경심 증진, 사람과의 이해·평화·관용·양성평등·우정 등에 입각한 자유사회에서의 책임 있는 삶에 대한 준비가 교육을 통해 이루어져야 한다는 것이다. 즉 아동에게 제공되는 교육서비스는 모든 아동들의 잠재력을 개발할 수 있도록 개개인의 특성에 맞는 것이어야 하고, 다양성과 차이를 이해하고 포용하고 공존할 수 있는 인격의 소유자를 양성하는 과정이어야 한다는 것이다.

아동권리협약에 규정된 교육의 권리는 장애학생에게 시사하는 바가 크다. 장애를 이유로 교육에 접근할 수 있는 권리가 부정되어서는 안 되고, 제공받는 교육의 목표와 내용은 장애학생의 개별적인 특성에 부합하여 그들의 잠재력을 최대한 계발할 수 있는 것이어야 하며, 장애학생과 비장애학생이 서로의 다름·차이를 이해하고 그러한 차이에도 서로 공존할 수 있도록 교육되어야 한다는 것이다.

이 글에서는 우리나라 장애학생 교육의 기본 방향과 교육현황을 살펴보고, 1980년대 중반 이후 양적으로 크게 증가한 통합교육의 쟁점에 대해 논의할 것이다. 또한 통합교육 장면에서 학교사회복지실천이 수행해야 할 역할과 서비스에 대해 살펴보고 지역복지관 중심의 장애학생 통합지원 프로그램을 학교사회복지실천의 사례로서 살펴볼 것이다.

2. 장애학생 교육의 기본 방향

최근 우리 사회에서는 장애학생의 교육권에 대한 사회적 논의가 활발하게 진행되었다. 장애인교육권연대 등 장애인 당사자의 운동단체가 중심이 되어 장애인교육권에 대한 사회적 관심을 촉구했다. 이들은 장애인의 교육권 보장이 궁극적으로 이들의 사회통합과 인권실현의 기초가 된다는 점에서 교육받을 권리의 실현을 위해 투쟁했고, 이는 장애인 등에 대한 특수교육법의 제정이라는 결실을 이루었다.

우리나라 장애학생 교육의 기본 방향은 2007년에 제정된 장애인 등에 대한 특수교육법과 2008년에 교육기술과학부가 발표한 제3차 특수교육발전 5개년 계획(2008~2012)을 통해 살펴볼 수 있다.

1) 장애인 등에 대한 특수교육법

1977년 제정된 특수교육진흥법은 9차례의 개정과 1994년의 전면개정을 거치면서 30년 동안 장애학생 교육의 기초를 이루어왔다. 2007년 제정된 장애인 등에 대한 특수교육법은 기존의 특수교육진흥법이 초·중등교육 중심으로 규정되어 장애영·유아와 장애성인을 위한 교육지원을 담고 있지 못하다는 점, 그리고 국가 및 지방자치단체의 특수교육지원에 대한 구체적인 역할제시가 부족하여 법의 실효성 담보에 한계가 있다는 점에서 전면적인 손질이 필요했다(교육과학기술부, 2008a).

장애인 등에 대한 특수교육법은 다음과 같은 특징을 가지고 있다(김기룡, 2007).

첫째, 기존 법률이 초·중·고 학령기 특수교육대상자의 교육을 중심으로 논의했다면 새로운 법률에서는 장애영아, 장애유아, 장애대학생, 장애성인에 이르기까지 교육지원의 내용을 담고 있다. 새 법률에서는 특수교육대상자의 의무교육 연한을 유치원과 고등학교 과정까지로 확대했고, 고등학교 이후의 전공과 과정을 무상교육으로 규정했다. 또한 대학교에서의 장애학생에 대한 지원체계를 강화하고 교육기회를 놓친 장애성인에 대한 평생교육지원을 확대하고 있다.

둘째, 특수교육진흥법에서 8개의 장애유형을 특수교육대상자로 정했던 것에 비해 새로운 법률은 건강장애를 추가하면서 대상을 확대했고, 특히 발달지체라는 유형을 추가하여 장애진단을 분명하게 받지 않았지만 교육현장에서의 특별한 지원을 필요로 하는 학생들에 대한 지원의 기회를 제공하고 있다.

셋째, 특수교육의 질을 높이기 위한 규정들을 포함했다. 기존의 법에서 1인 이상 12인 이하이면 1학급을 설치할 수 있었던 것에 비해 새 법에서는 유·초·중·고별로 각각 4명, 6명, 6명, 7명당 1학급을 설치할 수 있도록 했고, 특수학교에만 적용되었던 특수교사 배치 기준(학생 4명당 교사 1명 배치)을 일반학교와 가정 등 특수교육 대상학생이 배치된 모든 기관이나 장소에 적용하도록 규정했다.

넷째, 통합교육의 강화를 명시하고 있다. 새 법은 통합교육을 확대하기 위해 특수학급을 늘리는 것뿐 아니라 통합교육 현장에서의 학생의 교육권 보장을 위한 제반 활동에 대한 일반학교의 장의 책임을 분명히 하고 있다.

즉 교육과정 조정, 학습보조기기의 지원, 보조인력지원, 교원의 장애이해를 위한 교원연수 등 장애학생의 통합교육 내실화를 위한 계획과 실행을 학교장의 책임으로 명시했고, 학교장의 책임으로 보호자, 특수교사, 일반교사, 진로·직업교육 담당교사, 특수교육 관련서비스 담당인력 등으로 구성되는 개별화 교육지원팀을 운영하도록 해서 장애학생 개개인에 적합한 통합교육이 이루어지도록 규정했다.

다섯째, 특수교육 지원센터, 관련 서비스의 제공 등을 법으로 규정함으로써 학교 안에서의 교육뿐 아니라 지역사회와의 연계를 통한 교육지원의 중요성을 강조하고 있다. 시·군·구 교육청에 설치되어 특수교육대상자의 조기발견, 진단·평가, 특수교육 연수, 교수·학습활동의 지원, 특수교육 관련 서비스 지원, 순회교육 등을 담당한다. 특수교육 관련 서비스는 상담지원, 가족지원, 치료지원, 보조인력 지원, 보조공학기기 지원, 학습보조기기 지원, 통합지원과 정보접근지원 등을 포함한다.

여섯째, 선언적인 차별금지 조항에서 한 발 더 나아가 차별금지의 주체와 금지되는 차별행위를 더욱 구체화했다. 즉 국가, 지자체, 각급 학교·대학의 장이 특수교육대상자의 입학을 거부하거나 지원을 거부하는 것을 금지한다고 규정하면서 차별행위를 하지 말아야 하는 주체를 명시했고, 특수교육 관련서비스에서의 차별, 수업 참여의 배제 및 교내외 활동 참여 배제, 보호자 참여에서의 차별, 대학입학 전형과정에서의 별도의 면접이나 신체검사 등을 요구하는 차별 등 교육적 차별행위를 구체적으로 명시하고 있다.

요컨대 장애인 등에 대한 특수교육법은 장애인의 생애 전 주기에 걸친 교육기회를 확대하는 것, 특수교육과 일반교육에서 교육의 질을 높이기 위한 구조를 갖추는 것, 통합교육 현장에서 장애학생의 개별적인 수준에 맞는 교육과 관련 서비스를 지원하여 통합의 질을 제고하는 것, 그리고 교육현장에서 발생하는 장애학생에 대한 차별을 금지하는 것 등을 강조하고 있다.

2) 제3차 특수교육발전 5개년계획(2008~2012)

2007년 종료되는 제2차 특수교육발전 종합계획의 성과를 평가하고 새로운 5년의 특수교육 장기계획을 마련하는 작업이 2008년도에 이루어졌다. 제3차 특수교육발전 5개년계획의 핵심은 2007년에 제정된 장애인 등에 대한 특수교육법의 주요 내용과 연동된다.

제3차 5개년계획에서 특수교육의 궁극적인 목표는 "장애유형 및 장애 정도를 고려한 교육지원으로 모든 장애인의 자아실현과 사회통합에 기여"하는 것이다. 이를 위해 세 가지 하위목표가 설정되었는데, ① 장애인의 생애주기별 교육지원체계 구축, ② 학령기 아동의 통합교육 내실화, ③ 특수교육지원 강화가 그것이다.

첫째, 장애인의 생애주기별 교육지원체계 구축은 장애영아에 대한 무상교육지원부터 장애성인의 평생교육지원까지를 포괄하여, 영·유아, 초·중·고등교육과 평생교육 등 생애주기마다의 교육접근권 보장에 대한 국가의 책무성을 강화하는 것이다.

둘째, 학령기 아동의 통합교육 내실화는 일반학교의 특수학급 증설을 통한 장애학생의 통합교육 기회 확대, 일반학급 배치 장애학생에 대한 특수교육 순회교사의 지원, 일반교사의 특수교육에 대한 전문성 강화와 특수교사의 일반교육에 대한 전문성 강화를 통한 협력교수 역량의 강화 등으로 통합교육에 대한 지원을 확대하는 것과 범국민적으로 장애인식 개선활동을 확대함으로써 장애학생 통합의 사회적 여건을 조성하는 것이다.

셋째, 특수교육지원 강화는 교육청별 특수교육 지원센터 운영지원을 활성화하고 특수교육 관련 서비스를 제공하는 것, 장애아 조기발견을 위한 진단·배치체계를 마련하는 것, 종일반·방과 후 학교·방학 프로그램의 운영을 활성화하는 것, 장애학생의 진로·직업교육체계를 확립하는 것 등을 포함하여 지역별로 분권화되고 체계화된 지원체계를 마련하는 것이다.

결국 우리나라 장애학생 교육이 추구하는 방향은 영·유아, 아동 및 청소년기의 장애학생에게는 학교교육에 대한 접근권을 보장하고 제때 교육기회를 갖지 못한 장애성인에 대해서는 평생교육을 지원하여 장애인도 교육권을 보장받도록 하는 것, 그리고 통합적인 환경 속에서 개인의 특성에 맞는 교육이 제공되도록 교육의 질을 향상시키는 것에 집중된다.

3. 장애학생 교육현황

교육과학기술부와 국립특수교육원은 특수교육을 필요로 하는 아동의 수를 파악하기 위한 연구를 수행하고 있다. 2001년 연구에서는 6~17세 학령인구 중 특수교육 요구아동의 출현률을 2.71%로 추정했고, 이를 기초로 2002년 현재 6~17세의 아동 798만 명 가운데 약 21만 6,000명 정도가 특수교육을 필요로 하는 것으로 보았다.

2006년의 특수교육 요구학생 실태조사에서는 특수교육 요구아동의 추정수가 아니라, 만 3세부터 17세까지 특수교육을 받고 있거나 필요로 하는 것으로 간주할 수 있는 실제 학생 수를 조사하기 위해 전국의 특수학교 및 일반 유치·초·중·고의 학생실태와 기타 관련 자료를 분석했다. 그 결과 특수교육 대상학생, 특별지원 필요학생, 취학의무 유예아동 중 현저한 장애를 가진 아동, 장기 질병아동, 보육시설 입소아동 등 장애를 가지고 있거나 가진 것으로 간주할 수 있는 아동의 수는 9만 6,792명으로, 2006년 1월 현재 전체 학령인구 수 975만 1,259명의 약 0.99%에 해당했다.

2008년 현재 유치원, 초·중·고등학교에서 특수교육 대상학생으로 분류하여 교육하고 있는 학생의 수는 7만 1,484명이다. 이 중 일반학교의 특수학급과

<표 9-1> 특수교육 요구아동 출현율과 추정 수(6~17세)

장애범주	출현율	구성비율	추정 수
시각장애	0.03	1.11	2,401
청각장애	0.06	2.21	4,780
정신지체	0.83	30.63	66,275
지체부자유	0.19	7.01	15,163
정서행동장애	0.15	5.54	11,681
자폐성발달장애	0.15	5.54	11,681
언어장애	0.05	2.94	3,980
중복장애	0.01	0.37	800
건강장애	0.07	2.58	5,580
학습장애	1.07	43.17	93,380
전체	2.71	100.00	216,312

자료: 김계옥 외(2002).

일반학급에서 통합교육을 받고 있는 학생 수는 4만 8,084명(67.3%)으로 특수학교 학생 수를 이미 초과했고 2000년대 이후 꾸준히 증가하고 있다. 그뿐 아니라 일반학교의 일반학급에서 교육받는 학생의 수도 꾸준히 증가하고 있다.

통합교육의 양적 증가와 함께 일반학교에 설치된 특수학급의 수도 크게 늘어나고 있다. 1971년에 1개 학급으로 출발한 특수학급은 1985년에 1,601개로, 1990년에 3,181개로 가파르게 증가하여 2008년에 6,352개로 증가했다.

이제 장애학생 통합교육에서의 문제는 양적인 확대가 아니라 질적인 성장에 있다. 먼저 통합교육의 기초를 이루는 일반학교 특수학급 설치의 학교급별, 지역별 불균형의 문제가 지적된다.

2008년 4월 현재 설치된 특수학급의 수를 보면 초등학교 4,148학급에서 중학교 1,302학급으로 거의 1/3로 감소하고 고등학교에는 712학급에 지나지 않는다. 초등학교에서 통합교육을 받은 장애학생이 중학교, 고등학교로 올라가면서 다시 특수학교로 분리될 수밖에 없는 구조인 것이다.

또한 특수학급 설치의 지역별 편차도 크게 나타나고 있다. 지역별로 전체

<표 9-2> 연도별 특수교육 대상학생의 배치현황

(단위: 학생 수, %)

연 도	특수학교 배치학생 수(%)	일반학교(일반학급) 배치학생 수(%)	전체 학생 수(%)
2004	23,762(42.9)	31,612(3,610) (57.1)	55,374(100)
2005	23,449(40.2)	34,913(5,110) (59.8)	58,362(100)
2006	23,291(37.2)	39,247(6,741) (62.8)	62,538(100)
2007	22,963(34.8)	42,977(7,637) (65.2)	65,940(100)
2008	23,400(32.7)	48,084(10,227) (67.3)	71,484(100)

자료: 교육과학기술부, 2008년 특수교육 연차보고서.

<표 9-3> 연도별 특수학급 수

(단위: 학급)

연도	1971	1976	1980	1985	1990	1995	2000	2003	2004	2005	2006	2007	2008
학급 수	1	350	355	1,601	3,181	3,440	3,802	4,102	4,366	4,697	5,204	5,753	6,352

학교 수 대비 특수학급을 설치한 학교 수의 비율을 살펴보면, 초등학교의 경우 부산은 92.1%가 특수학급을 설치하고 있는 데 비해 제주 38.7%, 전북 44.4%, 울산 45.7%, 전남 46.8%, 경북 48.9%로 많은 차이를 보인다. 중학교의 경우 인천이 54.5%인 데 비해 전북은 17.6%, 경북은 21.7%, 강원은 28%에 불과하다. 고등학교의 경우 인천 46.8%인 것에 비해 경북 8.5%, 전북 9.2%, 강원과 제주가 약 13%, 서울 14.8%로 나타난다. 전체적으로는 부산이 39%로 가장 높고 경북이 18.9%로 가장 낮다. 이러한 지역별 설치율의 편차는 장애학생의 교육권 역시 지역차별에서 벗어나지 못하고 있음을 보여준다.

<표 9-4> 학교급별 통합교육 현황

(2008년 4월 현재)

구 분	특수학급		일반학급		계	
	학급 수	학생 수	학급 수	학생 수	학급 수	학생 수
유치원	190	634	1,414	1,626	1,604	2,238
초등학교	4,148	22,887	3,258	3,629	7,406	26,516
중학교	1,302	8,379	1,810	2,108	3,112	10,487
고등학교	712	5,957	2,436	2,864	3,148	8,821
계	6,352	37,857	8,918	10,227	15,270	48,084

자료: 교육과학기술부(2008c).

<표 9-5> 시도별, 학교과정별 일반학교 대비 특수학급 설치율

(단위 : 학급)

시도	유 치 원			초 등 학 교			중 학 교			고 등 학 교			계		
	전체 수	설치 수	비율	전체 수	설치 수	비율	전체 수	설치 수	비율	전체 수	설치 수	비율	전체 수	설치 수	비율
서울	876	33	3.8	569	330	58.0	373	148	39.7	305	45	14.8	2,123	556	26.2
부산	368	10	2.7	292	269	92.1	170	67	39.4	140	32	22.9	970	378	39.0
대구	289	3	1.0	211	141	66.8	122	47	38.5	89	17	19.1	711	208	29.3
인천	345	7	2.0	224	165	73.7	123	67	54.5	109	51	46.8	801	290	36.2
광주	234	6	2.6	139	100	71.9	81	29	35.8	62	16	25.8	516	151	29.3
대전	237	14	5.9	137	99	72.3	86	38	44.2	60	20	33.3	520	171	32.9
울산	182	3	1.6	116	53	45.7	60	24	40.0	48	13	27.1	406	93	22.9
경기	1,864	36	1.9	1,092	631	57.8	544	217	39.9	380	89	23.4	3,880	973	25.1
강원	406	6	1.5	361	206	57.1	164	46	28.0	114	15	13.2	1,045	273	26.1
충북	327	5	1.5	256	128	50.0	128	47	36.7	82	26	31.7	793	206	26.0
충남	517	10	1.9	430	223	51.9	191	74	38.7	116	29	25.0	1,254	336	26.8
전북	514	8	1.6	426	189	44.4	204	36	17.6	130	12	9.2	1,274	245	19.2
전남	597	14	2.3	453	212	46.8	250	71	28.4	153	25	16.3	1,453	322	22.2
경북	688	3	0.4	497	243	48.9	281	61	21.7	281	24	8.5	1,747	331	18.9
경남	686	6	0.9	498	252	50.6	261	82	31.4	181	35	19.3	1,626	375	23.1
제주	110	1	0.9	106	41	38.7	42	17	40.5	30	4	13.3	288	63	21.9
계	8,240	165	2.0	5,807	3,282	56.5	3,080	1,071	34.8	2,280	453	19.9	19,407	4,971	25.6

자료: 교육과학기술부(2008a).

4. 장애학생 통합교육의 쟁점과 학교사회복지실천

1) 통합교육의 개념과 쟁점

통합교육은 교육의 영역에서 '정상화(normalization)'를 추구하는 것이다. 1960년대 스칸디나비아에서 지적장애인에 대한 서비스 실천원칙으로 제기된 정상화 이념은 분리된 시설보호 중심의 기존 서비스 방식에 반대하며 정상적이고 일반적인 생활 리듬이 장애인에게도 존중되어야 한다고 강조한다. 즉 아침에 일어나고 저녁에 잠자리에 드는 하루 일과의 리듬, 6일간 낮에는 직장에서 사회생활을 하고 밤과 주말에는 가정에서 휴식하는 일주일의 생활 리듬, 1년 중 특정 시기에 휴식기간을 갖는 1년 동안의 생활 리듬이 장애인에 대한 서비스 안에도 동일하게 적용되어야 한다는 것이다(김용득 외, 2007). 따라서 정상화는 장애인을 비장애인의 세상에서 분리하여 그들만을 별도로 관리하고 지원하는 서비스 방식에 반대하며, 서비스 제공과정에서 장애인과 비장애인 사이에 긍정적인 모방과 모델링이 이루어질 수 있도록 하는 것, 그리고 이러한 과정을 통해 장애인에 대한 긍정적인 사회적 이미지가 형성되도록 하는 것에 서비스의 목표를 둔다.

미국에서 통합교육의 시작은 1975년 제정된 전 장애아동을 위한 교육법(Education for all Handicapped children Act)에 최소제한환경(Least Restrictive Environment) 원칙이 제시되면서부터이다. 최소제한환경원칙이란 장애학생을 일반교육 환경에서 분리하여 특수학급, 특수학교 등 분리된 환경에 배치하는 것은 오직 아동의 장애상태가 심각하여 일반교육환경에서 보조적 도구와 서비스로도 만족스러운 결과를 달성할 수 없을 때만으로 한정해야 한다고 규정한 것이다.

최소제한환경원칙이 제시된 이후 이 원칙의 실제 적용에 대한 다양한 논란이 있었다. 여기에는 분리와 통합의 경계를 어디로 볼 것인지의 문제와 개별

장애아동의 다양한 장애상태를 고려할 수밖에 없는 '최소제한'이라는 개념이
구체적으로 어떻게 실현될 것인지의 문제가 얽혀 있다. 분리와 통합은 상대적
인 개념이다. 특수학급은 특수학교에 비해서는 일반적인 교육환경에 가깝지
만 일반학급에 비해서는 분리된 교육환경이다. 특수학교 역시 장기 입원한
아동을 위한 병원학교에 비해서는 일반적인 교육환경임에 틀림없다. 여기에
'만족스러운 결과를 달성'하는지에 대한 평가는 장애아동 개개인의 장애상태
와 장애정도에 관련되어 있기 때문에 어떠한 교육환경이 아동에게 최선인지
를 일괄적으로 논할 수 없게 되는 것이다.

우리나라에서도 정책적으로 통합교육을 지향하고 그 질적 제고를 위한
노력을 지속하고 있지만 여전히 어떤 아동을 어떤 환경에서 어떻게 교육하는
것이 최선의 통합교육인지에 대해서는 수많은 장애아동 부모와 교육자의 고
민이 계속되고 있다(김수정 외. 2008).

논란이 있기는 하지만 1990년대에 들어오면서 통합교육에 대한 논의는
완전통합(inclusion)에 대한 지향으로 집중하고 있다. 완전통합은 일반학교 안에
서도 특수학급으로 아동을 분리시키는 방식, 즉 일반교육환경 안에서의 또
다른 분리의 부적절함을 비판하며, 아동에게 필요한 특수교육서비스 및 관련
서비스는 아동이 속한 일반학급 안에서 제공되어야 한다고 보는 것이다.

새로 제정된 「장애인 등에 대한 특수교육법」의 통합교육에 대한 법적 정의
는 우리나라에서도 이제 통합교육이 완전통합을 지향하고 있음을 보여준다.
기존의 특수교육진흥법에서 통합교육의 정의는 "특수교육대상자의 정상적인
사회적응능력의 발달을 위해 일반학교(특수교육기관이 아닌 학교를 말한다)에서
특수교육대상자를 교육하거나, 특수교육기관의 재학생을 일반학교의 교육과
정에 일시적으로 참여시켜 교육하는 것"이었다. 즉 통합교육 개념 안에 특수
학교와 특수학급에 소속된 장애학생을 일시적으로 일반교육환경에 참여시키
는 것까지를 포함하고 있는 것이다(도경만, 2004). 이에 비해 새 법에서 통합교

육은 "특수교육대상자가 일반학교에서 장애유형·장애정도에 따라 차별을 받지 아니하고 또래와 함께 개개인의 교육적 요구에 적합한 교육을 받는 것"으로 규정되었다. 이는 통합교육의 기본 전제로서 장애학생이 특수학급과 특수학교가 아닌 일반학교의 구성원 자격을 가져야 하고 일반 또래와 함께 교육받아야 함을 분명히 한 것이다. 또한 통합교육의 목적에 대해서 기존의 법이 사회적응능력의 향상이라는 기능적인 목표에 국한한 것과 달리, 새 법에서는 차별받지 않고 개별적 수준에 맞는 교육을 받을 권리를 보장하는 것을 그 목적으로 명시하고 있다. 이는 장애인의 인권 관점이 반영된 것이다.

이제 문제는 완전통합이 가능하도록 하는 지원체계를 어떻게 만들어갈 것인가 하는 것이다. 장애학생이 필요로 하는 특수교육서비스와 관련 서비스가 일반학급의 녹아들어 학생에게 제공되는 것은 단지 장애학생의 소속을 일반학급에 두는 것만으로 가능한 것이 아니다. 장애학생이 학교에 다닐 수 있도록 하는 학교의 시설과 설비, 학교에서 맺는 다양한 인간관계, 수준에 맞는 교과내용과 학습 관련 보조기구와 기자재, 교사 간의 의사소통과 협력을 가능하게 하는 체계, 교내에 머무르는 시간 동안 참여할 수 있는 교내활동 등 학교생활의 모든 측면에서 장애학생의 욕구를 고려한 지원체계가 만들어져야 하는 것이다.

2) 학교사회복지와 장애학생 통합지원

완전통합을 가능하게 하는 가장 중요한 기초는 통합교육이 단지 장애학생만을 위해 특수교사를 중심으로 한 제한된 전문가가 제공하는 특별한 서비스로 이해되는 것이 아니라, 일반학교 전체가 모든 학생에게 더 적합한 교육을 제공하기 위해 다양한 노력을 기울이는 학교 차원의 교육개혁의 일환으로 이해되어야 한다는 것이다(박승희·강경숙, 2003). 즉 장애를 가진 아동만이 아니라 모든 아동은 개별적인 능력과 특성, 그리고 개별적인 욕구를 가지고 있다. 학생들은 장애뿐 아니라 나이, 성별, 가족 배경, 인종과 문화, 능력 등에 따라 다양할 수밖에 없으며 장애학생의 완전통합을 가능하게 하는 학교 차원의 교육개혁이 이루어진다면 이는 장애학생만을 위한 접근이 아니라 모든 학생의 교육적 욕구를 최대한 충족시키는 학교체계가 형성되도록 노력함을 의미하는 것이다.

많은 연구에서 완전통합을 가능하게 하는 학교환경의 핵심을 학교 전체 차원에서 조정된 서비스전달체계(coordinated service delivery system)가 마련되는 것으로 본다(Hunter, 1999; Sailor, Gee, & Karasoff, 1993; Coutinho & Pepp, 1999; O'Brien & O'Brien, 1996; Walther-Thomas, Korinek, & McLaughlin, 1999; Lim, & Adelman, 1997). 세일러 등(Sailor et al., 1993)은 이러한 체계를 '학교 차원의 자원운영팀(site resource management team)'이라고 하는데, 이 팀에는 특수교사, 보조교사, 다양한 관련 서비스 전문가, 장애학생의 부모 등 장애학생과 직접적인 접촉을 갖는 사람뿐 아니라 일반학생의 부모, 학교장 등이 포함된다. 심지어 장애학생이 학교에서 만나게 되는 학교버스 운전기사, 식당의 직원 등도 필요에 따라 참여한다. 이 팀은 장애학생의 욕구와 이용가능한 자원을 연결하기 위해서 학교 전체 차원에서 전반적인 조정기능을 수행하는 것이다.

이러한 학교 전체 차원의 지원체계가 만들어지기 위해서는 학교장을 비롯한 학교운영 책임자의 장애학생에 대한 이해가 필수적이다. 또 특수교사는 물론이고 장애학생을 지원할 수 있는 다양한 전문 인력이 학교에 개입할 수 있어야 하고, 교사를 포함한 다양한 인력 간의 팀 협력이 이루어질 수 있도록 의사소통체계, 학교 내 성인 간의 협력의 문화가 형성되어야 한다. 더 나아가 학교 밖 지역사회의 다양한 자원에 대한 연계의 가능성이 열려야 한다.

미국의 경우 장애학생지원은 사회복지실천이 학교에 진입하게 되는 중요한 계기가 되었다. 학교 전체 차원의 협력과 지역사회자원의 연계 등을 위해서는 사회복지사의 활동이 요구되기 때문이다. 따라서 전 장애아동을 위한 교육법에는 장애학생이 통합교육의 이점을 최대한으로 얻을 수 있도록 관련 서비스(related services)를 제공해야 한다고 규정했고, 이 관련 서비스에는 장애학생의 특수한 욕구를 충족시키기 위한 물리치료, 작업치료, 언어치료 등의 치료 서비스뿐 아니라 학교를 중심으로 통합적인 서비스 제공을 목적으로 하는 사회복지서비스가 포함되었다. 사회복지사들은 장애학생에 대한 관련서비스를 제공하는 인력으로 지정됨으로써 비로소 교육과정에 기여하는 자로서의 법률적 지위를 인정받게 된 것이다(알렌-미어스, 2008).

우리나라도 「장애인 등에 대한 특수교육법」에 새롭게 관련 서비스에 대한 규정이 명시되었다. 새 법에 규정된 관련 서비스란 "특수교육대상자의 교육을 효율적으로 실시하기 위해 필요한 인적·물적 자원을 제공하는 서비스로서 상담지원, 가족지원, 치료지원, 보조인력 지원, 보조공학기기 지원, 학습보조기기 지원, 통학 지원 및 정보접근 지원 등을 말"하는 것이다. '사회복지서비스'라는 용어로 관련서비스 안에 명시되지 않았지만 학교사회복지사는 상담지원, 가족지원, 통학지원과 정보접근지원 등의 영역에서 상담자 또는 사례관리자의 역할을 수행하며 장애학생을 위한 자원운영팀의 일원으로 활동해야 한다.

미국의 장애인교육법에 규정된 관련 서비스로서의 사회복지서비스는 다음과 같다(알렌-미어스, 2008).

첫째, 장애아동의 사회력과 발달력에 대한 준비.

둘째, 아동과 가족에 대한 집단 및 개별상담.

셋째, 아동의 학교적응에 영향을 미치는 생활환경(가정, 학교, 지역사회) 관련 문제해결에 대한 참여.

넷째, 아동이 교육프로그램을 통해 가능한 한 효과적으로 학습할 수 있도록 학교와 지역사회자원 동원하기.

3) 우리나라 학교사회복지실천과 장애학생지원

1990년대부터 본격화된 우리나라 학교사회복지실천의 역사에서 장애학생의 통합지원 문제는 논의의 중심이 되지 못했다. 비록 1993년 은평종합사회복지관이 인근 초등학교의 특수학급 아동을 대상으로 실시한 '꿈나무 교실'이 우리나라에서 사회복지관 중심 학교사회복지 프로그램의 출발점으로 알려져 있지만(성민선 외, 2004), 학교사회복지실천의 필요성이 사회적으로 주목받기 시작한 것은 1990년대 중반 이후 학교폭력 문제가 사회적 이슈로 불거지면서부터였다. 임종호 등(2003)에 따르면, 학교사회복지영역의 연구주제는 학생의 학교적응 및 부적응 문제, 학교폭력 문제가 주류를 이루고 있었다. 그 후 아동학대·음주 등 부모의 정신건강과 이상행동 문제, 빈곤 등 가정환경의 문제로 학교사회복지의 개입과 연구영역이 확대되었으나 장애학생지원에 대한 논의는 여전히 많지 않다.[6] 장애학생의 통합교육에 대한 논의는 여전히 특수교육학을 중심으로 진행되고 있다. 특수교육에서 통합교육에 대한 연구는 어떻게 구체적인 교육과정에서의 통합과 또래와의 사회적 통합을 증진할 것인지, 학교 차원의 교육개혁을 이루기 위해 중요한 변인은 무엇인지 등 다양하지만, 최근까지도 이들 논의에서 학교사회복지 서비스의 필요성과 역할에 대한 언급은 이루어지지 않았다.

그렇지만 학교사회복지 분야에서는 2000년 이후 장애학생지원에 대한 연구와 지역사회 복지관을 중심으로 하는 장애학생지원 프로그램이 등장하기 시작했다. 먼저 학술연구에서 장애학생지원과 학교사회복지서비스의 필요성

---

6) 일례로 한국학교사회복지학회에서 발간하는 학술지 《학교사회사업》에는 1998년 창간호 이래 약 80편의 논문이 실렸는데, 이 가운데 장애학생에 관련된 연구는 단 3편에 불과하다.

을 주장하는 연구들이 보고되었다. 이지수(2001)는 서울지역 일반초등학교의 특수교사 125명을 대상으로 발달장애아동의 학교적응지원을 위한 지역 연계의 필요성을 조사했다. 장애학생 사례의 발견과 진단, 일반교사·일반아동과 장애아동의 가족에 대한 접근, 학교 내외의 장애인식 개선활동, 외부 자원의 동원 등 모든 서비스 영역에서 응답자의 80% 이상이 학교 밖 기관과의 연계와 도움이 필요하다고 응답했다. 특수교사는 장애학생과 관련하여 일반학교에 배치된 유일한 전문가인데, 이들이 장애학생 지원을 위해 외부기관의 연계와 도움을 필요로 하고 있다는 것은 지역기관 중심의 학교사회복지서비스가 활성화되어야 할 이유를 보여주는 것이었다. 노혜련·김마미·강미경(2005)은 중·고등학교 특수학급에 재학하는 장애학생의 부모 288명을 대상으로 학교사회복지서비스에 대한 욕구를 조사했다. 연구결과 장애학생들은 개인, 가정, 지역사회, 학교영역에서 다양한 적응상의 문제를 겪고 있으며, 부모들은 학교사회복지사라는 직업에 대한 사전 인지도가 비교적 낮음에도 장애학생의 학교적응을 지원할 전문 인력의 필요성은 매우 높다고 응답하고 있었다.

최근에는 특수교육 장면에서 학교사회복지서비스의 필요성을 주장하는 논문이 특수교육학계에서도 제출되고 있어서 주목할 만하다. 이준상(2004)의 연구에서는 특수학교에서의 학교사회복지에 대한 교사의 인식을 조사했는데, 특수학교 교사의 학교사회복지서비스에 대한 인식도는 매우 낮은 것으로 조사되었다. 연구자는 일반학교에서 시작된 학교사회복지서비스가 특수학교에서도 제공되기 위해서는 우선적으로 특수학교 교사의 학교사회복지서비스에 대한 인식도를 제고해야 한다고 결론짓고 있다. 김진숙·이병인(2007)은 특수학교의 교사·관리자·학부모를 대상으로 시설지원, 학생지원, 교육지원, 가정지원, 지역사회 연계지원 등의 영역에서 어느 정도 지원이 제공되고 있는지에 대한 인식을 조사했다. 학교장과 교육청 담당 장학관의 경우 학교사회복지에 대한 이론적·실천적 개념이 형성되어 있지는 않지만 일반학교 내 학교사회복지 시범사업 등을 통하여 학교사회복지사의 역할에 대해 긍정적인 인식을 보이고 있었다. 학부모들의 경우 학교사회복지라는 용어에는 생소했지만 특수학교에서의 학교사회복지서비스에 대한 요구는 높게 나타났으며, 특히 초등부보다는 중등부의 학부모들이 지원과 정보의 제공, 전환교육 확대를 위한 지원, 지역사회 연계의 필요성 등에서 더 높은 욕구를 나타냈다.

이러한 연구는 장애학생의 학교적응과 성인기로의 원활한 전환을 위해 학교사회복지서비스가 제공될 필요가 있음을 보여준다. 많은 연구가 이뤄진 것은 아니지만, 장애학생 교육에서 학교사회복지서비스의 필요성에 대해서는 일반학교의 특수교사, 특수학교의 특수교사, 학교장과 교육청의 장학관, 학부모 등 주요 관련자가 인식을 공유하고 있는 것으로 나타난다. 이러한 연구결과들은 장애학생 교육현장에서 학교사회복지서비스의 활성화를 서둘러야 할 시점에 왔음을 보여주는 것이다. 다만 사회복지학은 장애학생의 교육과 관련하여 특수교육과 통합교육에 대한 지식을 필요로 하고, 특수교육학 역시 학교사회복지서비스의 필요성과 함께 사회복지학의 이론과 지식을 필요로 하는데도 두 학문영역 간의 교류와 공동연구가 진행되지 않은 것은 아쉬운 점이다.

다음으로 학교사회복지실천영역에서 장애학생에 대한 지원사업을 살펴보면, 이들 사업은 사회복지관과 장애인 복지관 등 지역사회의 사회복지기관을 중심으로 시작되었다. 이는 우리나라의 학교사회복지실천이 처음부터 학교나 교육부의 주도로, 또는 학교 상주형으로 진행된 것이 아니라 오랜 기간 지역사회 복지기관을 중심으로 한 학교연계프로그램의 축적과 효과성 검증에 기초하고 있다는 점과 일치한다. 박현선(2001)에 따르면 2001년 당시 서울, 경기, 전라북도 지역의 사회복지관, 장애인 복지관, 지역 청소년 상담실, 서울 교육청 산하 청소년 상담실 가운데 학교사회복지프로그램을 진행하고 있는 기관은 51개였고 이 가운데 5개의 기관이 장애학생 학교적응프로그램을 운영하고 있었는데, 5개 중 4개 기관은 사회복지관과 장애인 복지관이었고 1개 기관만이 교육청 산하 청소년 상담실이었다.

장애인 복지관으로 대표되는 지역사회 복지기관 중심의 장애학생 지원은 장애아동과 청소년의 사회적응훈련에서 출발한 경우가 많았다. 장애아동 및 청소년의 사회적응력 증진을 목적으로 개입할 때 학교는 이들이 속한 가장 중요한 환경으로서 주목될 수밖에 없었고, 학교에 장애학생 관련 전문가로서 특수교사만이 배치되어 있는 현실에서 지역 복지관의 사회복지사가 학교와 연계하여 장애학생의 학교적응을 지원하는 프로그램을 시도하게 된 것이다.

구체적인 프로그램으로는 일반학생의 장애인에 대한 인식을 개선하고 또래관계를 촉진하기 위한 또래놀이프로그램이 많이 진행되었다. 또래관계 증진을 위한 프로그램은 초기에는 점심시간 또는 방과 후 시간을 이용하여 일반아동 몇몇을 장애아동과 함께 놀이에 참여시키는 형태로 시작하여 점차로 학급 전체를 대상으로 하는 학급놀이프로그램으로 발전했다. 이는 장애아동이 속해 있는 자연스러운 학급환경의 개선을 목적으로 하게 된 것이다(최승희, 2000; 김수연, 1996; 한국학교사회복지사협회·파라다이스 복지재단, 2007).

점차적으로 또래관계의 증진뿐 아니라 교사나 학부모 체계에까지 개입을 확대하면서 학교 전체의 변화를 촉진하고자 하는 프로그램이 제시되었다. 일반교사의 장애학생에 대한 인식 개선과 일반교사와 특수교사 간의 협력체계를 구축하려는 프로그램, 특수학급 학부모 사이에 지지집단을 형성하고 이들이 학교체계에 대하여 건전한 비판세력을 형성하도록 지원하는 프로그램 등이 그것이다(삼성복지재단·삼성전자, 2002; 2003; 이지수, 2002b; 손에스더·유은일·이지수·황현주, 2005).

2008년에는 사회복지공동모금회와 한국학교사회복지사협회의 공동노력으로 '특수학교 내 장애학생을 위한 사회복지서비스' 시범사업이 진행되었다. 이 사업은 서울정진학교, 수원자혜학교, 부천혜림학교 등 3개 특수학교에 사회복지실을 설치·운영하며 교내 협의회를 조직하고 학생들을 개별적으로 관리하며 가족지원활동과 지역사회자원 조사·연계·관리 등을 수행하는 것이다 (학교사회복지사협회 홈페이지). 이 시범사업은 일반학교의 장애학생의 통합지원을 위한 것은 아니지만 장애학생의 교육에 학교사회복지의 개입이 필요하고 주효함을 보여주는 사례가 될 것이다.

그 밖에 보건복지가족부의 지원을 받는 학교사회복지사 파견사업, 교육과학기술부의 지원을 받는 교육복지투자우선지역사업, 드림스타트 사업 등의 학교사회복지사업에서도 욕구를 표현하는 장애학생의 경우 사례관리의 대상으로서 서비스가 진행될 것이다. 그러나 이들 사업은 빈곤가족의 고위험 학생에 초점을 맞추고 있고 장애학생에 대한 프로그램은 특화되어 있지 않다.

5. 장애학생에 대한 학교사회복지실천
─ 학교적응을 위한 통합지원 프로그램

장애학생의 학교적응을 위한 통합지원 프로그램의 구체적인 사례로서 2000년부터 필자가 서울의 한 장애인 복지관에서 직접 개발·실행했고 현재까지도 지속적으로 시행되고 있는 '학령기 장애아동 통합지원 프로그램'을 소개하려고 한다.

다른 많은 지역사회 복지기관에서 장애학생에 대한 다양한 차원의 학교개입 프로그램을 실시하고 있는데도, 이 프로그램을 소개하는 것은 다음의 몇 가지 이유에서이다. 첫째, 이 프로그램은 장애학생을 위한 학교개입 프로그램으로서는 비교적 출발이 빨랐다. 2000년 프로그램의 시작 당시 장애아동과 청소년에 대한 사회적응 프로그램은 여러 기관에서 시행하고 있었지만 본격적으로 학교개입을 중심으로 하는 프로그램은 거의 없었다. 둘째, 2000년 프로그램의 시작부터 지금까지 그 운영과 성과에 대한 자료를 비교적 체계적으로 축적했다. 사회복지기관에서 진행되는 프로그램 대부분이 운영과 성과에 대한 자료를 기관 내부 자료로만 남기고 있는 것에 반해 이 프로그램은 학위논문, 학술지 논문, 가이드북 등의 출판을 통해 다수가 공유할 수 있는 자료를 산출했다. 셋째, 단순히 장애학생의 또래관계를 촉진하는 데에만 국한하지 않고 생태체계적 관점에서 학교 전체의 변화를 만들어내기 위한 노력을 경주한 점에서 의미 있는 사업이다.

이 프로그램은 2000년에 처음 시작되어 2001년과 2002년 2회에 걸쳐 삼성복지재단의 지원사업으로 선정됨으로써 프로그램의 기초를 다졌다. 그 후 프로그램의 필요성과 효과성을 인정받아 현재까지 '학령기 장애아동 통합지원 프로그램'으로 진행되고 있다. 해를 거듭하면서 프로그램을 수정·보완했고, 해당 초등학교의 상황이나 복지관의 상황에 따라 프로그램의 내용과 형식에 다소 변화가 있었다. 프로그램의 기본적인 틀을 중심으로 서술하면 다음과 같다.[7)]

1) 프로그램의 배경

장애학생의 통합을 위해서는 장애학생의 사회적 능력 향상과 함께 그들이 속해 있는 학교체계의 변화가 필요하다. 현재 우리나라 초등학교 안에는 1~2명의 특수교사 이외에는 장애학생에 관련된 다른 전문가가 배치되어 있지 않고, 특수학급을 맡고 있는 특수교사의 경우 특수학급에 있는 장애학생의 학습과 생활지도만으로도 벅찬 상황이기 때문에 개별 장애학생의 일반학급 안에서의 생활에 대해서는 개입하기 어려운 것이 현실이다.

---

7) 이 프로그램의 시작과 변천과정, 운영방법과 구체적인 프로그램의 내용 등에 대해서는 손에스더·유은일·이지수·황현주(2005)를 참조.

따라서 외부의 지원이 필요한데, 이러한 지원을 할 수 있는 외부기관 중 대표적인 것이 지역 내 장애인 복지관과 교육청에 설치된 특수교육지원센터일 것이다. 이 프로그램은 장애인 복지관의 사회복지사가 인근 지역 초등학교의 특수학급 담당 특수교사와 협력하여 특수학급의 장애학생에게 학교적응을 위한 지원서비스를 제공한 것이다.

먼저 복지관의 사회복지사가 인근 학교에 공문을 발송하여 통합지원 프로그램에 대한 욕구가 있는 학교를 선정했고, 특수교사와 면담을 통해 프로그램의 필요성이 확인되면 복지관의 관장과 학교장 간의 만남을 주선함으로써 기관 간의 연계를 공식화했다. 1개 학교에 대하여 1년 동안 서비스를 제공하는 것을 원칙으로 하여 기관 간의 프로그램 협약을 맺었다.

모든 프로그램은 사회복지사와 특수교사가 함께 팀으로 진행했다. 모든 프로그램의 계획과 실행, 매 회기 프로그램에 대한 평가와 다음 프로그램으로의 피드백은 사회복지사와 특수교사가 함께 진행했다. 이와 함께 원적학급의 담임교사와 주 1회, 또는 격주 1회 정도의 간담회를 가져 장애학생의 교육과 학교적응에 대해 일반교사가 함께 참여하여 책임을 공유할 수 있도록 했다.

특수교사는 장애학생의 개별적 특성에 대해 잘 이해하고 있기 때문에 아동대상 프로그램의 세부적인 계획과 실행에서 중요한 협력자가 되었고, 특히 학교 내 다른 교사와의 협력이 가능하도록 연결하는 역할을 해주었다. 복지관의 사회복지사는 장애학생의 가족에 대한 개입과 지역의 자원을 연계하는 역할을 수행했고, 일반교사와의 정기적인 만남을 통해 장애학생에 대한 관심과 프로그램 참여를 유도했다.

2) **프로그램의 목표**

장애학생의 일반학교 통합을 위해서는 학생 개인의 기본적인 사회적 능력

뿐 아니라 환경의 변화가 필요하다. 장애학생을 둘러싼 가족과 학교의 변화가 요구되는 것이다. 따라서 이 프로그램은 다음의 세 가지 하위목표를 가지고 있다.

첫째, 장애학생의 사회성 향상이다. 장애학생의 사회성 향상은 자신감 증진, 대인관계기술 증진, 과제에 대한 자발적인 참여의 증진 등을 포함하는 것으로, 장애인 복지관에서 일반적으로 진행하는 장애아동, 청소년의 사회성 증진 프로그램의 기본적인 목표와 동일하다.

둘째, 장애학생 가족의 기능 강화이다. 학교적응 문제를 경험하는 장애학생의 경우 그 부모도 함께 적응의 문제를 경험하고 있다고 해도 과언이 아니다. 장애학생의 일반학교 통합은 그 자체로 부모의 불안과 스트레스를 유발하는 사건이며, 원적학급 담임교사와 적절히 의사소통하는 것, 장애학생 지원체계가 미비한 학교환경에 대해 적절하게 요구하고 타협하는 것 등에 많은 어려움을 느끼고 있다. 따라서 장애학생 부모의 문제해결능력 향상, 지지집단 형성, 학교교육에 대한 부모의 참여 증진 등을 목적으로 하는 가족개입이 필요하다.

셋째, 학교체계를 장애학생에게 따뜻한 환경으로 변화시키는 것이다. 여기에는 장애학생과 비장애학생 간의 또래관계 형성과 유지를 돕는 것, 원적학급 담임교사의 장애아동에 대한 이해와 관심을 증가시키는 것, 원적학급 담임교사와 특수교사 간의 의사소통을 촉진하고 장애학생에 대한 협력적인 개입이 가능하도록 하는 것 등이 포함된다.

3) 프로그램의 내용 및 운영방법

(1) 장애학생의 사회성 증진과 또래관계 촉진을 위한 프로그램

장애학생이 일반학교에서 비장애학생과 함께 생활하기 위해서는 또래들 간에 기본적인 규칙 지키기, 감정의 적절한 표현, 타인을 괴롭히거나 방해하지 않는 행동, 또래와 함께하는 작업에 대한 관심 유지와 자발적인 참여 등이 요구된다. 따라서 이러한 사회적 기술을 배우고 연습할 수 있는 기회가 제공되어야 한다.

프로그램의 초창기에는 특수학급 아동 전체를 대상으로 서비스를 제공했기 때문에 이들의 사회성 향상을 위해 학교 방과 후에 복지관에서 특수학급 아동들만 참여하는 집단활동을 진행했다. 또한 이와 병행하여 학교의 특수교사가 주관하는 특별활동반(CA)을 구성하여 일반학생들과 함께 놀이활동을 하는 기회를 제공했다. 그러나 특별활동반은 일반적인 학급이 아니기 때문에 학생들의 소속감이 적어서 서로에 대한 책임감이 없고 친밀감이 형성되기도 어려웠다. 또한 특수학급의 장애학생들도 저학년부터 고학년까지 존재하고 비장애학생도 4학년부터 6학년까지 다양하게 존재했기 때문에 참여학생의 발달수준에서 차이가 컸고 이에 따라 욕구와 관심을 수렴하여 놀이활동에 반영하는 데에도 어려움이 있었다.

이러한 시행착오를 거치면서 서비스의 대상을 특수학급 전체 학생이 아니라 이들 가운데 두 명으로 국한하기 시작했다. 특수학급 학생 가운데 원적학급에서의 적응 문제를 심각하게 경험하고 있거나 약간의 외부 지원으로 학급에서의 적응수준이 크게 호전될 수 있는 학생을 위주로 특수학급 교사의 도움을 받아 대상아동을 선정했다. 이렇게 장애학생이 선정되면 그 학생의 가족, 그가 속한 원적학급 비장애아동, 담임교사가 함께 서비스의 대상이 되는 것이다.

서비스 대상 장애학생이 두 명으로 제한된 후로는 장애학생의 사회성 향상을 위한 별도의 집단프로그램을 진행하지 않고, 원적학급에서의 학급 단위 놀이활동과 교육활동 속에서 또래와의 친밀감 형성을 지원했다. 또한 특수교사가 원적학급 비장애학생 가운데 장애학생에게 호의적인 학생을 중심으로 동아리를 만들고 인터넷 카페를 운영함으로써 장애학생의 학급 지지망을 넓히기도 했다.

(2) 장애학생 가족의 기능강화

프로그램을 시작하는 초기 단계에서 해당 학교의 특수학급 어머니가 참여하는 지지집단 프로그램을 실시했다. 지지집단 모임은 전체 10회기 정도로 복지관에서 진행되었고 이 모임을 통하여 장애자녀에 대한 생각과 느낌, 삶의 경험에 대한 공유, 미래에 대한 두려움과 대처 방안의 공유, 가족관계의 문제와 경험에 대한 공유, 통합교육에서 느끼는 어려움과 대처 방안에 대한 공유 등이 이루어졌다. 이 과정에서 어머니 스스로 성장하는 경험을 할 수 있었고, 이후 특수학급 어머니 모임으로 정착되어 특수학급 내 교사 활동에 대한 후원 역할과 학교에 대한 건강한 비판자로서의 역할을 수행해나가게 되었다.

서비스 대상을 특수학급 내 한두 명의 아동으로 국한하면서부터는 특수학급 전체 어머니가 참여하는 지지집단 프로그램은 시행하지 않았다. 그러나 서비스 제공 과정에서 개별적인 어머니 상담은 지속적으로 진행했다.

학교를 단위로 장애학생에 대한 지원프로그램을 실시할 경우 특수학급 어머니들의 모임을 조직하는 것은 매우 중요한 의미를 가진다고 생각된다. 학령기 장애학생의 어머니는 그들 자신이 스트레스를 많이 느끼고 있을 뿐 아니라 자녀의 진로, 독립의 문제로 불안감을 호소하는 경우가 많다. 더구나 자녀가 통합교육이 가능할 정도의 비교적 경한 장애를 가지고 있는 경우에는 오히려 자녀의 장애에 대해서 정확히 인식하지 못하거나 인식하더라도 수용하지 못하여 문제가 되는 경우도 있다. 또는 함께 특수학급에 속해 있는데도 자기 자녀의 이익을 우선시하거나 다른 학부모에게 상처를 주는 언행을 함으로써 부모들 간에 갈등이 발생하는 경우도 있다. 따라서 장애학생의 학교적응을 돕는 과정에서 부모의 장애인식과 수용, 적절한 문제해결능력, 의사소통능력, 스트레스의 감소, 학부모 간의 지지적인 관계망 형성 등이 함께 고려되어야 하는 것이다.

(3) 학교체계의 변화 ─ 학급개입을 통한 또래관계 촉진과 교사 간 협력체계 형성

장애학생이 속해 있는 학급 전체를 대상으로 놀이, 미술, 음악, 글쓰기, 영상물 등을 매체로 하는 다양한 활동프로그램을 제공했다. 이러한 활동은 '다름─차이'에 대한 이해와 수용을 궁극적인 목표로 하는 것이다.

이 활동은 비장애학생의 장애인에 대한 인식을 개선하고 인간의 다양성에 대한 이해를 증진하며, 더 나아가 비장애학생의 인격적인 성숙을 돕고자 한 것이었다. 또한 장애학생에게는 전문가가 개입하는 더 안전한 환경에서 또래들과 접촉하고 친밀감을 형성하는 기회를 제공했다.

학급 단위 프로그램은 담임교사와의 협력관계를 형성하는 매개체로도 활용되었다. 학급프로그램은 담임교사의 허락을 얻어 담임 재량시간을 활용하여 이루어졌다. 프로그램의 실행은 특수교사와 사회복지사가 주로 했지만, 그 계획과 평가에는 담임교사가 함께 참여하도록 하면서 담임교사의 장애학생에 대한 책임성을 강화하고자 했다.

4) 프로그램에 대한 평가

'학령기 장애아동 통합지원 프로그램'은 장애학생의 통합을 위해 장애학생 개인의 능력 증진뿐 아니라, 가족, 학교의 특수교사, 학급 또래와 담임교사 등 관련된 주요한 환경체계에 개입했다는 점에서 강점을 가진 프로그램이다. 또한 장애학생을 지원하는 학교 안 전문 인력이 특수교사만으로 제한된 학교 여건에서 지역사회 복지관과 학교의 연계가 이루어진 것은 모범적인 사례라고 생각된다.

그렇지만 장애학생에 대한 충분한 지원을 제공했는지는 지역사회중심형 학교사회복지프로그램으로서의 한계를 고스란히 가지고 있을 수밖에 없었다. 사회복지사가 학교 교직원이 아니기 때문에 일반교사와의 관계에서 제한이

있었고 학교 차원의 자원운영팀과 같은 학교 내 체계를 만드는 것은 더욱 어려웠다.

최근에 들어 학교사회복지실천현장은 조금씩 변화하고 있다. 아직 제도화의 과제가 남아 있지만, 다양한 시범사업을 통해 학교에 직접 배치되는 학교사회복지사가 늘어나는 것이다. 이제 학교 상주형 학교사회복지실천에서의 장애학생 지원프로그램이 개발되고 정착되어야 할 단계에 와 있다고 하겠다.

6. 맺는말

우리나라 장애인교육의 기본 방향은 사회통합이라는 장애인복지의 궁극적인 목표를 교육장면에서 실현하는 것이다. 이는 교육기회에 대한 접근권의 보장과 함께 정상적이고 일반적인 환경에서의 교육, 즉 통합교육의 지향으로 나타나고 있다.

특수학급의 증가로 통합교육은 양적으로 크게 증가했다. 이제 통합교육은 어떻게 장애학생의 물리적 통합뿐만이 아니라 교육적 통합과 사회·문화적 통합을 이루어나가도록 할 것인지를 논의하고 있다. 개개의 장애학생이 자신의 수준과 욕구에 부합하는 교육을 일반적인 교육환경에서 받을 수 있도록 하기 위한 통합교육의 내실화 방안에 대해서 지속적인 연구와 실험이 이루어지고 있는 것이다.

통합교육은 그 교육 목적에서 장애학생과 비장애학생 모두를 위한 것이다. 통합교육을 통해 장애학생들은 비장애학생들의 정상적이고 일반적인 삶의 방식을 모델링할 수 있는 기회를 갖게 되고, 이를 통해 능력을 향상시킬 수 있다. 또한 통합교육을 통해 비장애학생은 개개인의 차이, 삶의 방식의 다양성과 그 다양성 속에서도 지켜져야 할 인권의 가치를 배우면서 포용력 있는 시민으로서의 자질과 능력을 키우게 된다. 이러한 자질과 능력은 입시 위주의 교육 현실이지만 아동·청소년기에 교육받아야 할 가장 중요한 교육적 가치인 것이다.

통합교육은 그 수행과정에서 수반되는 학교체계의 변화를 통해 장애학생과 비장애학생 모두에게 혜택을 주는 것이다. 통합교육이 가능하기 위해서는 개별 학생의 특성을 고려하고 이에 부합하는 교육서비스를 제공할 수 있도록 학교 차원의 개혁이 수반되어야 한다. 장애학생에 직접 관련된 몇몇의 성인만이 아니라 학교 전체의 체계를 변화시켜야 하는 것이다. 이러한 학교체계의 변화는 장애학생만이 아니라 모든 학생의 개별적 특성에 대해 반응적일 수 있도록 학교가 달라지는 것을 의미한다.

이제 우리나라의 학교사회복지가 장애학생에 대해 무엇을 할 것인지가 연구되고 실천되어야 한다. 특수교육법에 규정된 장애인 등에 대한 관련 서비스를 학교사회복지실천 안에서 어떻게 담보해낼 것인가. 지역사회의 장애인 복지기관은 장애학생의 교육에 어떻게 기여할 것인가. 학교에 배치된 사회복지사는 장애학생에게 어떤 서비스를 어떻게 제공할 것인가. 장애학생에 대한 지원과 함께 모든 학생의 욕구에 반응적인 학교체계를 만들기 위해 사회복지사는 무엇을 할 것인가. 제도화된 학교교육을 통해 만족스러운 교육기회를 갖지 못한 장애학생 또는 장애성인에 대해서는 어떤 대안적인 교육서비스를 제공할 것인가. 이러한 질문들이 학교사회복지사의 대답을 기다리고 있다.

참고문헌

교육과학기술부. 2008a. 「특수교육 연차보고서」.
_____. 2008b. 「장애인의 자아실현과 사회통합을 위한 제3차 특수교육발전 5개년계획

(08-12)」.

_____. 2008c. 제3차 특수교육발전 5개년계획(08~12).

김계옥 외, 2002. 『한국의 특수교육지표』. 서울: 국립특수교육원.

김기룡. 2007. 「장애인 등에 대한 특수교육법의 주요 내용과 그 의미」. 『한국여성장애인연합회보』, 제24호. 8~11쪽.

김수연. 1996. 「통합된 놀이프로그램이 장애아동에 대한 일반아동의 태도 변화에 미치는 영향」. 이화여대 석사학위논문.

김수정 외. 2008. 「기획좌담: 통합교육, 이 뜨거운 감자를 어떻게 할까」. ≪계간 함께 웃는 날≫, Vol. 2. 여름호. 10~25쪽.

김용득·김진우·유동철 편. 2007. 『한국장애인 복지의 이해』, 제5판. 서울: 인간과복지.

김진숙·이병인. 2007. 「우리나라 특수학교의 학교사회복지에 관한 연구」. ≪특수교육학연구≫, 제42권 제1호. 227~251쪽.

노혜련·김마미·강미경. 2005. 「일반 중등학교 특수학급 장애학생의 학교사회복지욕구에 관한 연구」. ≪학교사회복지≫, 제9권. 1~31쪽.

도경만. 2004. 「통합교육에 대한 정체성 및 방향논의」. 국가인권위원회. 『학령기 장애아동 교육권의 쟁점과 대안: 장애인교육권 보호·향상을 위한 2차 토론회 자료집』. 3~25쪽.

박승희·강경숙. 2003. 「초등학교 학교교육 운영계획서에 포함된 장애학생 통합교육 관련 내용분석」. ≪초등교육연구≫, Vol. 16, No. 1. 423~447쪽.

박현선. 2001. 「지역사회 중심 학교사회복지실천 현황과 발전전략」. ≪학교사회복지≫, 제4호. 27~51쪽.

삼성복지재단·삼성전자. 2002. 「2001년 작은나눔·큰사랑 지원기관 우수사례집」. 182~190쪽.

_____. 2003. 「2002년 작은나눔·큰사랑 지원기관 우수사례집」. 121~124쪽.

성민선 외. 2004. 『학교사회복지의 이론과 실제』. 서울: 학지사.

손에스더·유은일·이지수·황현주. 2005. 『장애아동 통합지원 프로그램 가이드북』. 서울장애인종합복지관.

알렌-미어스(Allen-Meares, P.). 2008. *Social Work Services in Schools* (5th ed.). 성민선·이혜원·홍순혜·정규석·김혜래·김영미·고윤순 옮김. 『학교사회복지론』. 서울: 시그마프레스.

이준상. 2004. 「특수학교 장면에서의 학교사회복지에 관한 교사의 인식 분석」. ≪특수교

육저널: 이론과 실천》, 제5권 제4호. 451~468쪽.

이지수. 2001. 「발달장애아동의 통합교육에 대한 학교사회사업 접근가능성: 일반초등학교 특수교사의 복지관 연계사업에 대한 욕구조사를 중심으로」. 《학교사회복지》, 제4호. 143~171쪽.

_____. 2002a. 「장애아동의 학교적응을 위한 지지적 학교 프로그램의 개발과 효과」. 서울대학교 박사학위논문.

_____. 2002b. 「장애아동의 일반학교 통합을 위한 지역사회중심 학교사회복지프로그램의 효과」. 《사회복지연구》, 제20권. 가을호. 117~148쪽.

임종호·유영준·진혜경. 2003. 「한국 학교사회복지 연구 경향에 관한 연구」. 《학교사회복지》, 제6호. 67~99쪽.

최승희. 2000. 「또래지지망 프로그램이 장애학생의 관계 증진에 미치는 효과성에 관한 연구」. 서울대학교 박사학위논문.

한국사회복지사협회·파라다이스 복지재단. 2007. 『장애학생의 대인관계 향상을 위한 프로그램 매뉴얼』. 파주: 한국학술정보(주).

Coutinho, M. J., & Pepp, A. C.(ed.). 1999. *Inclusion: The Integration of Students with Disabilities*. Wadsworth pub. com.

Hunter, D. 1999. "Integration in the elementary school for students with severe disabilities." in Coutinho, M. J., & Pepp, A. C.(ed.). *Inclusion: The Integration of Students with Disabilities*. Wadsworth pub. pp. 278~311.

Lim, C., & Adelman, H. S. 1997. "Establishing school-based, collaborative teams to coordinate resources: A case study." *Social Work in Education*, 19(4). pp. 266~278.

O'Brien, J., & O'brien, C. L. 1996. "Inclusion as a force for school renewal." in Stainback, S., & Stainback, W.(eds.). 1996. *Inclusion: A Guide for Educators*. Baltimore: Paul H. Brookes Publishing Co. Inc.

Sailor, W., Gee, K., & Karasoff, P. 1993. "Full inclusion and school restructuring." in M. Snell(ed.). *Instruction of Students with Severe Disabilities*. Upper Saddle River. NJ: Merrill/Prentice Hall. pp. 1~30.

Walther-Thomas, C., Korinek, L., & McLaughlin, V. 1999. "Collaboration to support students' success." *Focus on Exceptional Children*, 32(3). pp. 1~18.

10장

빈곤가정학생과 발달권

위스타트 마을 만들기 사업의 사례

정익중 이화여자대학교 사회복지전문대학원 교수

1. 빈곤과 발달권

　세계은행은 아동·청소년의 건강한 성장을 저해하는 주요 원인으로 빈곤을 제시하고 있다. 또한 빈곤을 해소하기 위한 중요한 방안으로 복지이외에도 교육을 강조한다. 모든 아동·청소년이 교육을 받을 수 있는 균등한 기회를 가진다면 교육이 훌륭한 평등기제가 될 것이라고 주장한다(World Bank, 2003). 국가는 국민 개개인에게 교육의 기회균등을 보장함은 물론 개인이 지속적으로 교육받을 수 있는 여건을 조성하는 것은 매우 중요하다. 이런 관점에서 경제적 여건이 좋지 않은 부모를 둔 빈곤아동·청소년이 여건이 양호한 부모를 둔 아동·청소년과의 교육격차가 일어나는 것은 결코 간과될 수 없는 심각한 문제이다. 능력중심사회에서 균등한 기회란 개인의 능력에 따른 것이라는 전제에도 불구하고, 사회적 약자와 소외계층을 위한 보상적 교육을 시행하는 것은 빈곤한 가정에서 태어났거나 빈곤한 부모를 만나 빈곤에 빠진 아동·청소년들에게 공정한 출발의 기회를 제공하기 위함이다(염철현, 2008). 따라서 아동·청소년의 빈곤 문제는 복지제도 차원만으로는 해결하기 어렵고 교육제도와의 연계가 필요한 것이다.

최근 우리나라의 경우 절대빈곤층이 차상위계층 이상으로 상승하여 빈곤을 벗어나는 빈곤탈출률이 불과 6%로 나타나(김대일, 2004) 빈곤층이 빈곤의 함정에 빠져 빈곤이 만성화되고 있음을 보여준다. 이러한 빈곤의 함정 현상이 계속되면 계층의 양극화가 심각해져 사회불안을 증가시키게 된다. 또한 아동·청소년기의 빈곤경험은 정상적인 발달과업을 성취하는 데 장애를 가져올 뿐만 아니라 그 장애가 누적되어 성인이 되어서까지 부정적인 영향을 미쳐 빈곤이 세대 간에 대물림되는 결과를 낳기도 한다. 이러한 빈곤의 대물림 현상을 사회통합의 차원에서 적극적으로 대처할 필요성이 증대되고 있다. 또한 그동안 우리나라의 출산율은 지속적으로 감소했다. 1992년 1.78명이었던 것이 2000년 1.47명, 2005년에는 최저 1.08명으로 떨어졌다가 2007년 1.26명으로 약간 회복했다. 하지만 우리나라의 출산율은 여전히 OECD 국가 중에서 최저수준이다(통계청, 2008). 이러한 출산율의 감소로 아동·청소년 하나하나의 사회적 가치가 높아지고 있다. 국가의 존립을 위해서는 아동·청소년에 대한 사회적 투자를 통해 우리 사회의 모든 아동·청소년이 건강하고 생산적인 성인으로 성장할 수 있는 기회를 제공해야 한다. 아동·청소년에게 사회적 투자를 확대하는 이러한 방향은 전체 아동·청소년의 기본역량을 강화하여 인적자원 고도화를 뒷받침하고 위기아동·청소년에게 균등한 기회를 보장하여 양질의 인적자본 개발과 미래 성장 동력의 기반을 공고히 하게 될 것이다(정익중, 2008a). 반면 우리나라의 기존 아동·청소년복지서비스는 사회적 투자의 방향이기보다는 사후대처이고 단기적이며 단편적인 한계를 가지고 있었다. 따라서 지역사회를 기반으로 하는 새로운 형태의 통합적 아동·청소년복지서비스가 요구되고 있다.

이러한 배경에서 교육과 복지를 접목하고자 하는 새로운 노력으로서 2004년부터 위스타트 마을 만들기 사업이 도입되었다. 2008년 현재 위스타트 마을 만들기 사업은 전국 23개 지역으로 확산되었고, 드림스타트라는 이름으로 중앙부처의 정책으로 채택되어 전국 32개 지역에서 시범사업이 추진되고 있고 정부는 이를 단계적으로 확대해나갈 계획이다. 이는 정부가 미래지향적 아동·청소년투자의 중요성을 인식하고 그간 우선순위에서 밀려왔던 아동·청소년분야에 국가예산을 투입하면서 저출산시대에 걸맞은 인적자원 개발사업을 비로소 시행했다는 점에서 큰 의미가 있다.

현재 중학교까지는 의무교육으로 되어 있지만 의무교육만으로 해결할 수 없는 빈곤아동·청소년의 포괄적 욕구를 해결하기 위한 방안이 마련되어야 한다. 빈곤으로 인해 아동·청소년이 자신의 능력을 충분히 발휘할 기회를 제공받지 못하여 생길 수 있는 인적자본의 손실을 예방하기 위해서는 예방적 차원에서 건강·교육·복지를 통합하려는 노력이 매우 중요하다. 특히 학교에서의 교육이 제대로 수행될 수 있도록 지원하는 학교사회복지의 도움이 있다면 교육의 목적을 더 쉽게 달성할 수 있을 것이다. 학교는 더 이상 폐쇄적으로 지역사회에서 고립될 것이 아니라 지역사회에 개방되어야 하며, 그 학생들의 복지 욕구를 충족시키기 위한 다양한 방법을 강구해야 한다. 교육전문가인 교사들에게만 학생지도와 인성교육의 모든 책임을 맡길 수 없으며, 지역사회의 모든 자원이 연계되어 학생을 돕는 체계를 수립하지 않으면 학교가 혼자서 교육목표를 달성하기 어렵기 때문이다. 학생에 대한 지도와 인성교육은 교사와 더불어 학교 안으로 들어온 다양한 전문가 집단의 팀워크에 의해 이루어져야 한다. 현재 학교 내에는 전문상담교사와 보건교사가 존재하고 있다. 여기에 학교사회복지사가 새로이 합류한다면 학교 안에서의 사회적 서비스체계가 어느 정도 수립된다고 볼 수 있다. 이들 전문가의 역할은 공통적으로 학생의 잠재력을 파괴하는 요인에 개입하여 학생이 건전한 가치관을 학습하고, 발달단계에 맞는 성장과 발달을 이루도록 도와주는 것이다. 최소한 학생을 학교 밖으로 내모는 일은 막아야 할 것이다. 선진국에서는 학교를 중도 탈락한 학생이 결국에는 비행, 범죄자로 전락하는 점을 깊이 인식하여 아동·청소년을 어떻게 하든 학교에 다니게 하는 것이 최선의 예방책임을 강조하고 있고 학교에 다니는 학생에게는 교육을 제공할 뿐만 아니라 필요한 모든 서비스를 제공하는 경향으로 발전하고 있다.

또한 사회복지가 학교에 개입해야 하는 필요성은 학교가 학생에게 가장 중요한 생태학적 체계 중의 하나이기 때문이기도 하다. 현대 사회에서 학교는 아동·청소년이 수면시간을 제외하고 하루 일과의 대부분을 보내는 가장 주요한 사회적 환경이다. 최근의 학생문제는 대부분의 원인이 학생 개인에게만 국한되지 않으며 매우 복합적이며, 이러한 복합적인 문제에 대한 효과적인 해결책은 학생을 둘러싼 다양한 생태체계인 가정, 학교, 지역사회를 연계하여 이들의 상호협조적 관계 속에서 접근하는 것이다. 이때 학교는 가정과 지역사회를 연결하는 구심적 역할을 수행할 수 있는 중요한 위치에 있기 때문에 학교에 대한 개입은 학생문제 해결에 필수적이라고 할 수 있다. 또한 학교는 수많은 아동·청소년을 쉽게 접할 수 있는 자원이다. 이런 이유 하나만으로도 학교는 문제 가정의 아동·청소년을 찾아내는 데에 매우 중요한 자원이 된다. 교사들은 학업상의 문제가 있거나 수업시간에 졸거나 몸이 아픈 학생을 세밀하게 관찰해 그 아동·청소년이 가정에서 어떤 문제를 가지고 있는지 추측할 수 있고 학교사회복지를 통해 다른 전문가와 함께 그에 적절한 개입을 할 수 있다.

아동·청소년의 건강한 성장과 발달이 아동·청소년정책의 목표이자 본질이라는 점을 감안하면 아동·청소년발달권은 그 자체로서 아동·청소년인권을 대표하는 포괄적인 권리로 해석할 수 있다(이중섭 외, 2006). 아동·청소년이 건강하게 성장하기 위해서는 성장주기별로 요구되는 발달과업에 따라 적절한 생활여건이 구비되어야 함은 물론이고 수준에 맞는 적절한 교육이 제공되어야한다. 우리나라의 헌법과 교육법은 모든 국민이 교육에 대한 권리와 의무가있음을 명시하고 있다. 따라서 모든 국민은 자신의 사회적 조건이나 상황에관계없이 최소한의 의무교육을 받을 권리가 있으며, 국가는 이를 위해 국민모두에게 공평한 교육기회를 제공하고 바람직한 교육환경을 조성할 책임이있다. 그러므로 헌법에서 규정한 기본적 교육권이 모든 국민 개개인에게 보장되지 않는다면, 사회복지사는 이들의 교육권을 보장하기 위해 교육환경에전문적으로 개입하여 사회복지를 실현할 사회적 책임이 있다. 이러한 개입은교육기회라는 사회적 자원의 공평한 배분을 통하여 분배정의를 실현하는 것이며, 인간의 존엄성을 보장하려는 사회복지의 궁극적 가치를 실현하는 것이기 때문이다.

발달권은 아동·청소년의 건강한 성장을 위해 요구되는 제반 권리의 실현을전제로 하고 있는 포괄적 권리이며, 발달권의 영역은 아동·청소년의 신체적·정서적·정신적·사회적 발달의 전 과정으로 이해될 수 있다(이중섭 외, 2006).또한 아동·청소년의 건강한 발달은 아동·청소년 개인은 물론이고 가족, 학교,지역사회 그리고 국가의 아동·청소년권리에 대한 인식을 전제로 이루어지는공동의 책임과 의무를 통해 실현된다. 즉 아동·청소년의 건강한 발달은 다양한 체계들의 집합적인 노력을 통해서만 달성될 수 있다. 따라서 아동·청소년의 건강한 성장과 발달을 위해서는 교육에서 복지에 이르기까지 포괄적인접근이 필요하며, 아동·청소년과 그를 둘러싼 가족, 학교, 지역사회의 지지적환경을 보장해주기 위한 체계적인 개입이 필수적이다. 이런 맥락에서 우리나라에서 위스타트 마을 만들기 사업이 도입되었고, 이 사업은 특히 빈곤아동·청소년의 발달권을 보장하기 위한 시도로 진행되고 있다.

2. 위스타트 사업의 개념

위스타트(We Start) 사업은 미국의 헤드스타트(Head Start) 사업 및 영국의 슈어스타트(Sure Start) 사업과 맥을 함께하는 한국형 빈곤아동 조기지원 포괄서비스를 말한다. 'We'는 'Welfare(복지)'와 'Education(교육)'의 합성어로 교육과 복지를 접목한다는 의미이며, 'Start'는 빈곤아동을 대상으로 한 조기지원 프로그램의 고유명사로 받아들여지고 있다. 그러므로 위스타트는 우리 모두(We) 힘을 모아서 빈곤가정아동의 빈곤의 대물림을 끊기 위한 조기지원 프로그램을 의미한다(허남순, 2005). 위스타트 사업은 일회성의 물질적 지원을 제공하는 것이 목적이 아니라 지역사회의 참여와 네트워크를 통해 가정형편이 어려운 아이의 교육·복지·건강을 종합적으로 돌보면서 모든 아동이 공정한 삶의 출발을 하도록 원조하는 지역사회 운동에 목표를 두고 있다. 이를 보다 구체적으로 설명하면, 위스타트 사업은 가정과 지역사회와의 연대를 통해 위스타트 마을의 빈곤아동이 건강하고 건전하게 발달하는 것을 목적으로 하고 있으며, 연령대별로 주된 사업목표를 가지고 있다. 0~2세의 경우에는 건강한 아이의 출산과 영·유아기 아동의 건강증진, 3~5세는 취학 전 학교준비(school readiness)의 향상, 6~12세는 학교적응력 향상과 학습능력 증진을 목표로 설정하고 있다(이봉주·양수·김명순, 2004). 위스타트 사업은 위스타트운동본부와 지방자치단체의 협약에 의하여 추진되기 시작했으며, 2008년 현재 4개 광역시·도의 총 23개 마을에서 위스타트 마을 만들기 사업이 추진되고 있다(<표 10-1>).

위스타트 사업은 민간이 먼저 시도하고 민관이 함께 운영한 아동복지서비스 영역에서의 사회적 실험이었다. 이러한 사업을 보건복지가족부에서 2007년에 채택하여 희망스타트라는 이름으로 전국적인 시범사업을 시작했고 현재 드림스타트라는 이름으로 추진되고 있다. 드림스타트센터는 2007년 1월부터 13개 시·도 16개 지역에 설치·운영되고 있으며, 사업은 해당 지방자치단체가

<표 10-1> 위스타트 마을의 전국 분포

(2008년 10월 기준, 단위: 개소)

	경기	서울	강원	전남	총계
2004년	3	0	0	0	3
2005년	7	2	3	0	12
2006년	10	2	3	0	15
2007년	12	2	3	3	21
2008년	12	2	6	3	23

보건복지가족부로부터 위탁을 받아 각각 연간 3억 원의 전액 국고지원예산으로 운영하고 있다. 2008년에는 32개 지역으로 사업지역을 확대했고, 향후 232개 전국 시·군·구로 확대해나갈 중장기 계획을 가지고 있다.

위스타트와 드림스타트 사업이 가지고 있는 핵심적인 특징을 설명하면 다음과 같다(김상곤, 2007; 정익중·이봉주·강경화, 2007). 첫째, 이 사업은 아동과 그 가족을 대상으로 맞춤형 통합적 서비스를 제공하는 것을 특징으로 한다. 이 사업은 사례관리를 기본으로 서비스 이용자들의 문제와 욕구에 기반을 둔 맞춤형 서비스를 제공한다. 특히 그동안 분리되어 제공되던 복지·보건·보육·교육서비스가 통합적으로 제공됨으로써 원스톱(one-stop) 서비스 제공이 가능해지게 된다. 둘째, 이 사업은 예방 중심의 포괄적 서비스를 지향한다. 이 사업은 빈곤가정과 아동을 대상으로 영·유아와 학령기 아동은 물론 임신에서 출산기까지 가급적 조기에 빈곤가정아동을 지원함으로써 문제를 원천적으로 예방하고 하는 사업이다. 셋째, 이 사업은 궁극적으로 자녀세대와 부모세대를 동시에 개입하는 2세대 프로그램(two-generation program)을 지향하는 사업이다. 성인 중심이나 아동 중심의 분절적 프로그램에서 벗어나 두 세대에 대한 동시적 접근을 통해 부모의 경제적 자활능력은 물론 양육능력의 향상을 가져와 아동프로그램에서 얻어진 긍정적인 효과가 지속될 수 있도록 하는 데 기여한다. 넷째, 이 사업은 아이들이 살기 행복한 마을 만들기 사업이다. "아이를 키우기 위해서는 한 마을이 필요하다"라는 속담처럼 이 사업은 건강한 마을 만들기의 지역사회 조직사업이다. 마지막으로 수행인력에서 민간과 공공기관의 협력과 간호·보육·교육·복지전문가 간에 다학제적인 접근이 이루어지는 팀 접근 사업이라는 특징이 있다.

아동·청소년발달에 요구되는 복지서비스는 광범위하고 포괄적이어서 어느 한 기관에 의해서 독자적으로 제공될 수 없고 다양한 서비스 전달주체가 개입된다. 따라서 아동·청소년복지서비스 전달과정에서 기관 간 연계체계 확립의 필요성은 끊임없이 제기되었지만 기관들의 구심점이 되는 중심축이 없다는 문제점을 가지고 있었다. 하지만 위스타트센터가 시범사업 형태로 진행되면서 통합적 서비스체계를 구축할 수 있는 단초가 마련되었다. 위스타트 경기마을, 전남마을의 경우 사회복지 관련 공무원이 센터장과 기타 핵심인력을 차지하는 공적 전달체계 모형을 따르고 있고, 서울마을의 경우 종합사회복지관에서 센터를 위탁받아 운영하는 사회복지관 모형을 따르고 있으며, 강원마을의 경우 마을 유지, 지도자 등이 중심이 되는 마을운영위원회에서 센터 운영을 최종 책임지는 운영위원회 모형을 따르고 있다. 모형은 조금씩 상이하지만 복지관 모형을 따르고 있는 서울마을 2개를 제외하고는 대부분의 위스타트 마을들은 <그림 10-1>과 같은 사업운영체계를 가지고 있다.

<그림 10-1>은 지역사회 단위에서 각종 자원이 아동·청소년에게 집중되도록 하기 위한 네트워크로 그 중심축에는 위스타트센터가 있다. 위스타트팀에 보호가 필요한 아동·청소년에 대한 일차적인 접수가 이루어지면, 타 기관(학교, 지역아동센터, 아동보호전문기관, 청소년상담지원센터 등)과 연계 협력하여 서비스를 제공한다. 이와 같은 체계에서는 보호가 필요한 아동·청소년이 발생할 경우, 위스타트팀에서 보호신청 접수가 통합적으로 이루어지며 욕구사정, 서비스 계획, 서비스 제공, 서비스 의뢰, 평가와 종결 등 일련의 서비스 전달과

<그림 10-1> 위스타트 마을의 사업운영체계

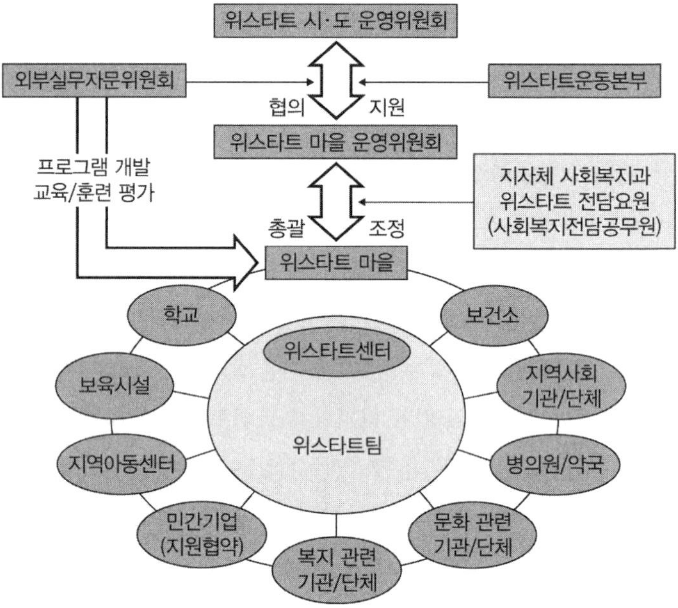

위스타트 시·도 운영위원회

외부실무자문위원회 ← 협의 ← 지원 → 위스타트운동본부

위스타트 마을 운영위원회

프로그램 개발
교육/훈련 평가

지자체 사회복지과
위스타트 전담요원
(사회복지전담공무원)

총괄 ← 조정

위스타트 마을

학교
보건소
위스타트센터
보육시설
지역사회
기관/단체
지역아동센터
위스타트팀
병의원/약국
민간기업
(지원협약)
복지 관련
기관/단체
문화 관련
기관/단체

자료: 위스타트운동본부 홈페이지.

정이 일관성 있게 진행된다. 이를 통해서 아동·청소년과 그 가족에게 욕구에 부합되는 맞춤형 서비스가 통합적인 형태로 제공된다.

위스타트운동본부는 위스타트 사업의 표준안으로서 민관 참여, 지역사회 중심, 지자체의 지원, 가급적 어린 나이에 중점, 예방적·통합적, 고품질 맞춤형 서비스 제공을 통해 지역사회 보건·복지·교육공동체를 구축하는 것을 제시하고 있다(<그림 10-2>). 위스타트 마을에서는 건강, 보육·교육, 복지, 가족지원 4가지를 핵심영역으로 설정하고 다양한 건강·교육·복지서비스를 제공하고 있다. 특히 사례관리와 지역사회 조직이라는 추진전략을 적용하여 아동·청소년의 상황에 적합한 통합적인 서비스를 제공하고 있다.

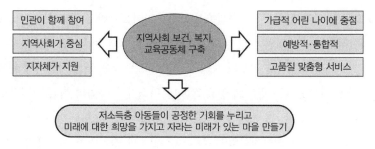

<그림 10-2> 위스타트 마을 만들기 사업의 개념

민관이 함께 참여
지역사회가 중심
지자체가 지원

지역사회 보건, 복지, 교육공동체 구축

가급적 어린 나이에 중점
예방적·통합적
고품질 맞춤형 서비스

저소득층 아동들이 공정한 기회를 누리고
미래에 대한 희망을 가지고 자라는 미래가 있는 마을 만들기

자료: 위스타트운동본부 홈페이지.

3. 위스타트, 학교사회복지, 방과 후 통합서비스 간의 관계

위스타트 사업은 아동·청소년에 대한 직접 개입에서 지역사회 개입에 이르
는 통합적 서비스이며, 연령상 임신에서 12세에 이르는 생애주기적·포괄적
아동·청소년복지서비스이지만 이 절에서는 학령기 아동·청소년에게만 초점
을 맞춰 논의를 전개하도록 한다. 특히 아동·청소년의 발달권을 성취하기
위해서는 학교의 의무교육이 의미 있는 것이 되어야 하고 학교적응력 향상과
학습능력 증진이라는 위스타트 사업의 목표를 염두에 둘 필요가 있다. 이를
위해서는 학교사회복지, 방과 후 통합서비스, 이를 연결시키는 위스타트, 이렇
게 세 축이 일체가 되어 진행되어야 한다.

1) 위스타트와 학교사회복지 간의 관계

위스타트운동본부에서 2004년에 제시한 핵심 사업 내용에는 학교사회복지
가 언급되지 않았지만 2005년 경기도 시범사업지역 중 한 곳인 안산시 초지마
을의 관산·별망초등학교에서 학령기 아동의 학교적응력 향상과 학습능력 향

상을 촉진하기 위한 주요 사업으로 학교사회복지사업을 처음 도입했으며, 군포와 성남지역에서도 학교사회복지사업을 받아들이면서 학교를 기반으로 한 예방적이고 포괄적인 사업이 가능하게 되었다. 이후 위스타트 학교사회복지사업이 위스타트 마을 만들기 사업의 정책목표 달성은 물론 사업의 효율적인 운영에 기여한다는 평가로 인해 2006년 위스타트 사업의 핵심 사업으로 자리 잡게 되었다(김상곤, 2007). 2008년 기준 경기도 7개 마을 13개 초등학교에서 위스타트 학교사회복지사업이 추진되고 있으나 경기마을 이외에 강원마을, 서울마을, 전남마을 등의 지역에서는 학교사회복지사업이 아직 도입되지 않은 실정이어서 위스타트 마을 만들기 사업 내에서의 지속적인 확산에 관심을 기울여야 할 것이다.

학교사회복지사업은 위스타트 마을 만들기 사업의 핵심 사업 중 하나이다(김상곤·고윤순·정익중, 2007). 왜냐하면 학령기 아동·청소년을 돕기 위해서는 학교가 통합적 서비스를 전달하는 거점이 되어야 하기 때문이다. 학교는 가정을 제외하고 아동·청소년이 가장 많은 시간을 보내는 사회적 기관이다. 최근 가족이 담당해야 할 사회화의 기능과 교육적 기능이 약화되고 양극화 현상으로 인해 보호의 기능이 취약해지면서 학교는 단순히 교육적 기능뿐만 아니라 복지적 기능을 통합적으로 수행해야 하는 기관으로 인식되고 있다. 이러한 관점에서 학교는 아동·청소년에게 필요한 교육과 복지는 물론 문화·건강·정신건강 등과 같은 통합적 서비스를 제공해야 하는 기관으로서의 기능을 수행해야 하는 것이다. 또한 아동·청소년을 건강하게 키우기 위해서는 학교가 안전망으로서의 기능을 수행해야 한다. 아동·청소년을 건강하게 키우기 위한 지역사회 안전망은 아동·청소년의 생애주기를 고려하여 영·유아 보육기관 → 초등학교 → 중·고등학교로 이어질 수 있도록 구축되는 것이 바람직하다. 그리고 아동·청소년의 생활공간과 동선을 고려하여 방과 전에는 가정에서, 방과 중에는 학교에서, 방과 후에는 가정 또는 지역사회(지역아동센터, 방과 후 공부방)가 협력할 수 있도록 체계가 구축되어야 한다.

(1) 위스타트 학교사회복지의 대상과 목적

학교사회복지는 모든 학생을 주 대상으로 하지만 위스타트 학교사회복지사업은 기초수급자 가정의 아동·청소년, 법정 모·부자 가정, 등록 장애인, 보육료 감면세대 등과 같이 빈곤가정의 7~12세까지의 학령기 아동·청소년을 중점대상으로 하고 있다(이봉주 외, 2006). 그러나 학교를 기반으로 서비스를 제공하는 과정에서 위스타트 중점대상 아동·청소년에 대한 서비스뿐만 아니라 낙인감의 해소와 예방적 차원에서 일반 아동·청소년까지도 사업의 대상으로 삼고 있다. 또한 보다 전문적인 사례관리 실천을 위해 매주 정기적으로 보육·복지·건강조정자를 중심으로 사례회의를 추진하고 있다. 따라서 사례관리 업무의 부담이 매우 높고, 사례관리를 토대로 위스타트 중점대상 아동·청소년에 대해 집중적으로 서비스를 제공하게 되면서 일반 아동·청소년에 대한 개입의 기회가 줄어들거나 일반학생을 대상으로 한 보편적 프로그램의 운영이 힘든 상황이다.

위스타트 학교사회복지사업은 학령기 아동·청소년을 대상으로 위스타트 마을 만들기 사업이 기대하는 목적을 성취하기 위해 도입된 것이기 때문에 건전한 학습태도의 향상, 학교적응력의 증진, 학업성취도의 향상, 친사회적 행동의 증진을 목적으로 설정하고 있다(이봉주 외, 2004). 일반적인 학교사회복지의 목적이 최적의 교육환경과 학교체계의 조성, 학생의 인권과 학생복지 증진, 학교-가정-지역사회 협력의 증진 등을 목적으로 설정하고 있다는 점을 고려할 때, 위스타트 학교사회복지사업은 학생 개인의 변화와 적응에 초점을 두는 임상적인 성격이 강하다는 것을 알 수 있다.

위스타트 학교사회복지의 사업내용은 큰 틀에서 전통적인 학교사회복지의 사업내용과 매우 유사한 특징을 가지고 있다. 다시 말하면, 전통적인 학교사회복지에서와 같이 개별개입, 집단개입, 가족개입, 사례관리, 지역사회개입연계 등과 같은 방법을 통합적으로 실천하고 있다. 위스타트 학교사회복지가 전통적인 학교사회복지와 유사한 특징을 나타내는 것은 위스타트 사업이라는 틀 속에서 학교사회복지가 이루어지고 있으나 전통적인 학교사회복지의 이론적인 배경과 관점 그리고 방법론을 그대로 적용하고 있기 때문이라고 판단된다. 그러나 방법적인 면에서 한 가지 다른 점은 위스타트 마을 만들기 사업이 사례관리를 강조하는 것처럼 위스타트 대상 아동·청소년에 대한 예방적이고 통합적인 맞춤형 사례관리를 가장 핵심적인 사업으로 여긴다는 것이다. 또한 지역사회개입 및 연계활동의 비중이 전통적인 학교사회복지사업에 비해 강조되고 있다는 점에서 차이가 있다.

(2) 위스타트 학교사회복지의 운영체계

위스타트 학교사회복지 운영모형은 학교기반 – 학교상주형의 모형과 지역기반 – 학교상주형의 모형이 주를 이루고 있다. 경기도 성남마을이 학교에서 학교사회복지사를 직접 채용하여 학교사회복지사업을 담당하게 하는 학교기반 – 학교상주형을 따르고 있으며, 안산마을을 비롯한 6개 지역에서는 사회복지관, 대학 등에 위탁운영을 줌으로써 지역사회기반 – 학교상주형으로 운영되고 있다. 이러한 운영모형을 기반으로 위스타트 학교사회복지의 운영체계는 마을마다 다소 상이할 수 있으나 일반적으로 학교사회복지사 단독으로 운영하는 체계가 아니라 연관된 몇 가지 체계에 소속되어 운영되고 있다(김상곤·고윤순·정익중, 2007).

먼저 학교사회복지사와 단위학교의 운영체계이다. 위스타트 학교사회복지가 이루어지는 단위학교에 부장교사와 담당교사를 배치하고 있으며, 학교사회복지운영협의회를 조직하여 운영하고 있다. 이러한 운영체계는 전통적인 학교사회복지의 운영체계와 비슷한 양상을 띠고 있다. 다음으로는 위스타트센터 내에서의 운영체계이다. 위스타트 학교사회복지사는 위스타트팀의 일원으로서 위스타트팀장은 물론 보건·복지·건강조정자 그리고 공부방 교사 등과 협력적으로 활동하고 있으며 매주 위스타트센터를 중심으로 한 사례회의에 참여하면서 연계협력 및 자문체계를 구축하고 있다. 마지막으로 학교사회복지 위탁운영기관의 일원으로서의 운영체계이다. 경기도 성남마을을 제외하고는 대부분의 위스타트 학교사회복지사업은 지역사회복지기관이나 대학 또는 부설연구소에 위탁운영되고 있다. 따라서 사회복지기관이나 대학에서 위스타트 사업을 담당하는 전문가들과 한 팀이 되어서 업무를 추진하게 된다.

위스타트 학교사회복지의 운영체계 가운데 위스타트팀 내에서의 운영체계는 전통적인 학교사회복지의 운영체계와 비교해볼 때 큰 장점이 될 수 있다. 왜냐하면 전통적인 학교사회복지는 학교사회복지사 개인을 중심으로 학교 내 운영체계를 구축하는 반면에 위스타트 학교사회복지의 경우 위스타트팀의 일원으로서 팀장이나 복지조정자로부터 지원과 슈퍼비전을 받을 수 있으며, 건강조정자나 공부방 교사 등의 협력을 얻기 쉬우므로 통합적인 개입이 수월해질 수 있기 때문이다. 또한 경기마을의 경우 위스타트센터가 시 직영으로 운영되고 있으며, 팀장과 조정자는 공무원 신분을 가지고 있기 때문에 교육청 및 단위학교와 협력하는 데에 한결 수월해질 수도 있을 것이다. 위스타트 사업은 사례관리를 핵심 사업으로 추진하면서 건강한 지역 만들기를 강조하고 있기 때문에 지역사회자원의 활용과 조직화 및 네트워크 구축이 중요하다. 그러나 위스타트 학교사회복지는 이러한 사업이 학교사회복지사 혼자서 수행하는 것이 아니라 보건·복지·보육조정자를 중심으로 위스타트팀에서 지원하고 있기 때문에 자원의 활용과 네트워크가 활발하게 진행될 수 있다.

(3) 위스타트 학교사회복지사업의 긍정적 영향

위스타트 마을 만들기 사업 내에서 학교사회복지사업이 운영되면서 얻어진 긍정적인 측면을 제시하면 다음과 같다(김상곤·고윤순·정익중, 2007). 첫째, 위스타트 학교사회복지사업을 통해서 학령기 아동·청소년의 경우 학교가 위스타트 마을의 핵심적인 서비스 거점이 되었다는 것이다. 다시 말하면, 학교사회복지사업을 통해서 학교가 단순히 위스타트 사업의 대상이 되거나 소극적인 협력자가 아니라 서비스를 제공하는 중심 거점으로서의 기능을 하게 되었다. 학교에 학교사회복지사가 상주하면서 담임교사의 의뢰나 학생의 자발적인 접촉, 학교사회복지사의 관찰을 통해서 도움이 필요한 아동을 조기에 발견할 수 있는 가능성이 높아지고 있다. 또한 학생 개인의 발달 정보뿐만 아니라 학생의 학교생활에서 학업성취, 교우관계, 교사와의 관계 등과 가족의 경제적 측면과 가족관계 및 기능에 대한 종합적인 정보를 효과적으로 수집할 수 있다. 이를 통해서 도움이 필요한 아동·청소년에 대한 종합적인 자료수집과 사정이 가능해진다.

둘째, 아동·청소년에 대한 통합적인 서비스의 개입이 가능해진다. 도움이 필요한 아동·청소년이 발생했을 경우 아동·청소년과 관련된 서비스 체계 간에 효율적으로 연계하고 협의·조정할 수 있다. 예를 들면, 공부방을 이용하는 아동이 있을 경우 통합사례회의를 통해서 학교에서의 생활을 모니터링하고 학교에서의 지원 방안을 모색한다. 또한 가족에 대한 지원서비스가 필요할 경우 위스타트센터를 중심으로 위스타트 공부방 사회복지사, 학교사회복지사가 협력적으로 개입방안을 수립하게 된다. 이로써 아동·청소년 – 가정 – 학교 – 지역사회 수준에서 포괄적이고 상호보완적이고 협력적인 서비스를 제공할 수 있게 되는 것이다.

셋째, 위스타트 학교사회복지를 통해서 위스타트 대상 아동·청소년에 대한 낙인감을 예방할 수 있게 되었다. 학교사회복지는 특별한 문제와 욕구를 가진 아동·청소년에 대한 서비스뿐만 아니라 예방적인 차원에서 모든 학생을 대상으로 개입을 하게 된다. 이러한 맥락에서 위스타트 학교사회복지사업에서 대상 아동·청소년에 대한 집중적인 서비스와 더불어 모든 학생을 대상으로 한 예방적인 개입 그리고 위스타트 대상 아동·청소년과 일반 아동·청소년을 통합한 프로그램 운영을 통해 낙인감을 예방하고 프로그램의 효과를 높이는 긍정적인 효과를 불러오게 되었다.

마지막으로 초등학교 졸업 이후 서비스 연계체제의 형성이 가능해졌다. 위스타트 마을 만들기 사업의 경우 서비스의 대상이 12세 이하로 임의적으로 제한되어 있으나 학교사회복지사업의 경우 초등학생은 물론 중고등학생을 대상으로 서비스를 제공하고 있기 때문에 학교사회복지서비스를 이용할 경우 서비스의 연속성을 보장할 수 있게 되었다. 또한 부수적으로는 학교사회복지가 학령기 아동·청소년을 전담함으로써 위스타트센터에서는 학령전기 아동에 대해 더 많은 관심을 쏟을 수 있도록 도와주고 있다.

2) 위스타트와 방과 후 통합서비스 간의 관계

방과 후 통합서비스는 방과 후나 방학 중에 학교·가정·지역사회를 연결하여 행해지는 종합적인 아동·청소년서비스로서, 아동·청소년이 직면할 수 있는 다양한 발달위험 요인을 감소시키는 동시에 발달위기에서 아동·청소년을 보호하고 건강한 성장발달을 촉진시키는 보호요인을 확충해가는 활동과 공적인 지원을 말한다. 특히 이는 저소득층 가정과 맞벌이 또는 한부모가정의 아동·청소년을 보호·교육하면서 부모의 취업활동을 돕고, 아동·청소년을 안전하게 보호·지도하기 위한 의도적인 지원으로 학교의 교육적 목적과 가정의 자녀보호·교육의 기능을 보완하여 지역사회 내에서 학교와 가정과 아동·청소년을 효율적으로 연결한다. 빈곤아동·청소년에 대한 이러한 방과 후 서비스의 대부분은 현재 지역아동센터나 공부방이 담당하고 있다. 아동복지법 제16조 제11항에 따르면 지역아동센터는 지역사회 아동의 보호, 교육, 건전한 놀이와 오락의 제공, 보호자와 지역사회의 연계 등 아동의 건전 육성을 위해 종합적인 아동복지서비스를 제공하는 시설이다. 이러한 지역아동센터의 확대는 빈곤문제를 다룸에서 성인 대상의 사후적 개입이 아동 대상의 예방적 개입으로 바뀌는 것을 의미한다. 적어도 네 가지 점에서 빈곤아동·청소년에 대한 서비스 전달체계로서 지역아동센터에 비견할 만한 기관이 없다(정익중·박현선·오승환·임정기, 2008).

첫째, 지역아동센터는 소규모 이용시설로 지역사회의 최전선에 위치하고 있어 접근성이 높아 빈곤아동·청소년이 이용하기에 편리하며, 다른 생활시설이나 대규모 이용시설에 비해 이용에 따른 낙인을 감소시킬 수 있다. 둘째, 지역아동센터는 이용 아동·청소년이 30명 미만의 소규모 시설로 아동·청소년 개개인 욕구에 맞는 개별화된 서비스를 제공할 수 있다. 셋째, 지역아동센터는 빈곤아동·청소년을 근거리에서 지속적으로 접촉할 수 있어 상시적인 관찰과 접근이 가능하다. 지역아동센터는 프로그램을 통해 아동·청소년을 만나고 프로그램 종료 후 관계가 단절되는 일회적 만남이 아니라 빈곤아동·청소년의 성장과 함께함으로 지속적인 관계를 맺을 수 있다. 이러한 지속적인 관계를 통해 빈곤아동·청소년의 변화를 기대할 수 있다. 넷째, 지역아동센터를 중심으로 제공될 수 있는 지역 자원의 통합은 다각적인 서비스 제공과 빈곤아동·청소년의 자원에 대한 접근을 쉽게 함으로써 아동·청소년의 건강한 발달에 실질적인 도움을 제공할 수 있다.

접근성·개별성·지속성·통합성 등 지역아동센터의 속성은 빈곤아동·청소년 대상 예방프로그램의 성공을 이끌 수 있는 토대가 된다. 지역아동센터는 지역사회 내 빈곤아동·청소년의 최일선 1차 사례관리기관이다. 빈곤아동·청소년 사례관리의 궁극적 목적은 발달적 욕구와 더불어 빈곤과 관련된 복합적인 서비스 욕구를 가진 빈곤아동·청소년에게 가장 효율적이고 효과적인 방법으로 양질의 서비스를 제공하여 아동·청소년의 발달과 사회적 기능 수행을 극대화하는 것이다. 이를 위해서는 사례관리자에 대한 대상자의 접근성이 높아야 할 뿐 아니라 사례관리자 입장에서도 대상자에게 서비스 조정·점검을 받도록 요구할 수 있는 전문적 권위나 직접 아웃리치를 할 수 있는 접근성을 지녀야 한다. 이러한 심층적인 사례관리의 필요성 판단이나 사례관리의 방향설정을 위해서는 빈곤아동·청소년에 대한 상시적인 관찰과 접근이 가능하고 아동·청소년을 매개로 가족 상황에 대한 파악이 용이해야 하므로 지역아동센터 내에 상주하는 사회복지사가 사례관리를 수행하는 것이 가장 효과적일 것이다.

일반적으로 지역아동센터는 시설이 열악한데도 지역사회와의 별다른 연계 없이 개별적으로 존재하는 경우가 많았고, 인력 부족 때문에 사례관리를 체계적으로 수행하기 어려운 환경에 있는 경우가 일반적이다. 하지만 위스타트 사업에서는 지역아동센터가 자기완결적 조직의 형태로 독립적으로 존재하는 것이 아니라 위스타트센터를 통해 지역사회 내에서 연계·조정될 수 있는 구조가 마련되어 있다. 따라서 개별 지역아동센터나 공부방에서 다룰 수 없는 아동·청소년을 타 기관에 의뢰하거나 개별 센터 차원에서 개발할 수 없는 프로그램, 교육, 훈련, 슈퍼비전을 제공받을 수 있는 체계를 가지고 있다. 빈곤아동·청소년 사례관리의 주 표적집단은 다양한 발달적·환경적 여건이 취약하여 복합적인 서비스가 요구되는 고위험 아동·청소년과 그 가족이고 그 대표적인 예가 빈곤/해체/위기/결식/방임아동·청소년과 그 가족이다. 특히 방임은 만성적이고 장기적이기 때문에 특정 아동·청소년에 대해 관심을 가지고 지속적인 접촉을 하는 사람만이 발견할 수 있다. 그런 의미에서 아동·청소년이 오랜 기간 이용하는 지역아동센터는 방임의 발견과 사례관리의 좋은 장소가 될 수 있다. 하지만 일반적인 지역아동센터는 인력의 부족 때문에 사례관리를 진행하기 어려운 상황이고 복지서비스가 많은 지역에서는 다른 기관의 서비스와 중복될 가능성이 높다. 반면 위스타트 사업 내 지역아동센터는 위스타트 팀의 일원으로 지원을 받기 때문에 통합적 사례관리가 가능하며 이를 통해 아동·청소년 개인의 욕구에 맞는 서비스를 제공하고 다른 기관의 서비스와 중복되지 않도록 서비스를 조정할 수 있다.

이렇게 학교사회복지나 방과 후 통합서비스가 위스타트 사업과 유기적으로 결합되어 운영되면서 생긴 가장 큰 장점은 안정적인 슈퍼비전 체계를 갖추게 되었다는 것이다. 기존의 지역아동센터는 별다른 슈퍼비전 없이 각자 알아서 운영하는 경우가 많았고, 기존의 학교사회복지사업의 경우도 자문교수체제를 유지하기는 했지만 모든 학교에서 안정적인 슈퍼비전을 제공받는 것이 현실적으로 불가능했으며, 학교사회복지사 개인이 학교사회복지실의 운영 전반에 대해 책임을 지는 방식으로 운영되었다. 이는 사회복지사에게 업무의 과중과 업무로 인한 스트레스 그리고 소진을 촉진시키는 부정적인 영향을 주었던 것으로 판단된다. 위스타트 사업의 경험으로 미루어볼 때, 각 사업의 효과적인 운영을 위해서는 위스타트센터와 같이 안정적인 슈퍼비전을 제공할 수 있는 체계가 지역사회 또는 행정전달체계 내에 마련되는 것이 필요하다.

또한 위스타트팀의 협력으로 인해 지역사회연계가 활성화될 수 있었다. 지역아동센터의 사회복지사, 학교사회복지사는 위스타트팀의 일원으로서 센터장 또는 팀장, 복지조정자, 건강조정자, 보육조정자 등과 협력적으로 업무를 추진하게 된다. 위스타트 마을을 중심으로 보건·복지·교육 등과 같은 지역사회자원에 대한 조직화가 선행되고 있어서 사회복지사 개인이 자원개발까지 담당해야 했던 이전 상황에 비해 지역사회자원의 활용이 용이해지게 되었다. 게다가 경기마을·전남마을의 경우, 사업을 추진하는 주체가 행정부서이므로 사회복지사가 교육청이나 단위학교 그리고 지역사회기관과 협력하는 데 훨씬 용이하게 되었다.

3) 통합적·체계적 서비스의 가능성

현행 아동·청소년복지전달체계의 가장 핵심적인 문제는 지역사회 내의 다양한 기관이나 시설들의 구심점이 부재하다는 것이다(정익중, 2008b). 다양한 채널을 통해 아동·청소년에게 산발적으로 서비스가 제공되고 있으나, 종합적인 체계가 마련되지 않아 보호가 필요한 아동·청소년이 발견되었을 경우 적절한 대응이 이루어지지 못하는 것으로 판단된다. 위스타트센터가 서비스전달체계의 중심축으로서 아동·청소년에 대한 초기의 접수신청과 사례판정이 통합적으로 이루어질 수 있도록 하고, 이를 통해 기존의 기관이나 시설과 연계 및 협력 시스템을 구축하도록 해야 한다. 이를 위해 위스타트센터가 중심축 기능을 담당하도록 설계된 위스타트 사업은 기존 기관의 효율적 활용 등의 측면에서 긍정적으로 평가된다.

아동·청소년을 적절하게 보호하기 위해서는 아동·청소년서비스기관을 대대적으로 확충하는 것과 더불어 위스타트, 지역사회청소년통합지원체계(CYS-net) 등 통합적 네트워크를 통해 지역사회 안전망을 더 촘촘히 구성하는 것이 필요하다. 지역사회 내의 누구라도 아동학대를 신고하듯이 아동·청소년 문제를 발견해서 의뢰할 수 있는 체계를 만드는 것이 필요하다. 특히 정신건강 문제, 학교폭력, 성폭력 등 심각한 문제의 경우 지역사회기관을 의료기관처럼 1, 2, 3차 기관으로 나누어 접근하는 것이 바람직할 것 같다(정익중, 2008b). 1차 기관은 최초 인테이크와 초기 사정을 할 수 있는 곳이다. 아동·청소년의 경우 어린이집, 유치원, 학교, 지역아동센터, 방과 후 시설 등이 이러한 역할을 주로 할 수 있다. 학교는 학생들이 주로 생활하는 공간으로 문제가 발생했을 때 가장 먼저 발견할 수 있고 즉각적으로 개입할 수 있는 곳이다. 1차 기관은 문제를 발견하는 촉수 역할을 하는 것으로 교사의 경우 진입교육과 보수교육 등을 통해 이러한 문제를 교실에서 발견할 수 있는 역량을 키울 필요가 있다.

<그림 10-3> 서비스 제공기관의 체계화

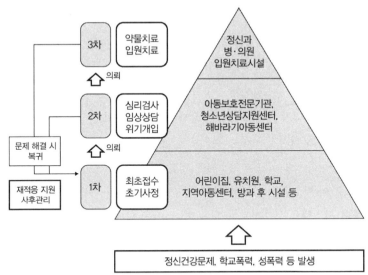

자료: 정익중(2008b).

또한 1차 기관에서는 경미한 문제의 경우 전문상담교사, 학교사회복지사, 청소년상담사 등 학교 내 전문가가 아동·청소년의 문제를 사정하여 진단한 후 학생의 문제를 해결하기 위해 개별적이나 집단적으로 상담과 다양한 프로그램을 제공한다. 심리정서적인 문제가 해결되지 않거나 위기상황이 더욱 심각할 경우 학교의 전문가는 이러한 학생을 2차 기관 또는 곧바로 3차 기관에 의뢰하여 문제를 해결할 수 있다. 하지만 아직까지 1차 기관에 이러한 역할을 담당할 전문가가 거의 없다는 것이 현실이다.

1차 기관에서 의뢰된 경우, 2차 기관은 심각한 심리적·정서적 문제로 개인의 주요 기능에 어려움이 발견되었을 때 심리검사와 진단서비스를 제공하고 임상상담, 위기개입 등을 하면서 증상의 관리와 치료를 도모한다. 아동·청소년분야에서는 아동보호전문기관, 청소년상담지원센터, 해바라기아동센터 등이 그 역할을 할 수 있을 것이다. 또한 2, 3차 기관에서 문제를 해결한 학생이 다시 1차 기관인 학교로 돌아올 경우 학교의 전문가와 담임교사가 연계하여 사후관리를 통해서 학생의 학교재적응을 도울 수 있다. 만약 이들의 재적응을 도와줄 전문가가 학교에 없다면 학교에 재적응하는 것이 원만하게 이루어지기 어렵다.

3차 기관은 정신과 병의원, 치료형 시설이다. 1, 2차 기관에서 의뢰한 경우로서 정신과적 증상이 개인의 주요 기능에 장애가 중등도 이상 또는 심각하게 발생하여 이로 인해 개인의 건강과 안녕에 문제가 초래될 경우에는, 정신과 약물 치료를 위해 정신과 전문의에게 의뢰하고 필요할 때에는 입원치료를 고려한다. 1, 2차 기관보다 더 체계적이고 전문적으로 치료받을 수 있도록 하는 곳이며 가장 심각한 문제라고 판단되는 아동·청소년을 의뢰한다.

지역사회의 1, 2, 3차 의뢰체계를 자발적으로 구성하는 것이 가장 좋지만 제도화를 통해 일부 강제되는 것도 좋을 것이다. 학교전문가가 거의 없는데도 학교 내 인력으로만 문제를 해결하려다 보니 문제를 키우는 경우가 많다. 따라서 학교 교사는 일반학생을 다루고, 교사의 역량을 넘어서는 학생의 경우 의무적으로 외부 기관에 의뢰하도록 유도해야 한다. 이러한 의뢰를 교사가 직접 하기보다 학교 내 상담인력(전문상담교사, 학교사회복지사, 청소년상담사 등)이 인테이크를 마친 후에 2, 3차 기관에 의뢰하도록 하고 이들과의 상담은 학교 내 전문 인력, 교사 등과 공유하도록 한다. 만약 위스타트센터가 있다면 네트워크의 범위를 더 넓혀서 이러한 체계를 갖출 수 있을 것으로 판단된다. 실제로 위스타트는 통합적 사례관리를 통해 지역사회 내에서 이러한 서비스 제공기관간의 체계화를 이뤄내고 있다.

4. 맺는말

발달권은 아동·청소년의 건강한 성장을 위해 요구되는 제반 권리의 실현을 전제로 하고 있는 포괄적 권리이다. 이러한 발달권을 보장하기 위해서는 교육에서 복지에 이르기까지 포괄적인 접근이 필요하며 아동·청소년과 그를 둘러싼 가족, 학교, 지역사회의 지지적 환경을 보장해주기 위한 체계적인 개입이 필수적이다. 이런 맥락으로 우리나라에서 특히 빈곤아동·청소년의 발달권을 보장하기 위해 위스타트 마을 만들기 사업을 도입했다.

빈곤아동·청소년을 위한 서비스가 성공적이기 위해서는 적어도 세 가지 조건을 충족해야 한다(이소희 외, 2005). 첫째, 빈곤아동·청소년 같은 고위험 집단의 경우 장기적·지속적인 개입이 요청된다. 빈곤아동·청소년의 경우 부정적인 생활사와 위험한 주위환경 등 자연적인 요소 때문에 단기개입의 영향은 시간이 갈수록 희석되거나 약화된다. 또한 프로그램에서 쉽게 탈락하고 가정 내에서 프로그램에서 배운 기술을 실행하는 데 어려움을 겪기 때문에 긍정적인 효과를 지속시키고 가족의 진정한 변화를 가져오기 위해서는 강도 높은 장기개입이 필요하다. 빈곤한 가족과 그 가정환경의 가장 중요한 특징은 급격한 변화와 예측불가능성이다(미누친 외, 2001). 예를 들어 부모가 자녀의 동일한 행동에 대해 자신의 감정 상태에 따라 변덕스럽게 대응하는 상황이나 거주하고 있던 집에서 갑자기 쫓겨나는 상황 등이 빈곤가족에서는 일상적으로 일어날 수 있다. 이러한 급격한 변화와 예측불가능성 때문에 세상에 대한 인식이 불안정하고 옳고 그름의 판단이 쉽지 않게 되어 비행이나 문제행동에 빠져든다. 빈곤아동·청소년 주변의 이러한 예측불가능성을 피하려면 적어도 프로그램 측면에서는 프로그램 수급의 급격한 변화와 예측불가능성(예를 들어 지원대상의 탈락, 담당 사회복지사의 변경 등)을 만들지 않는 일관성과 지속성이 필요하다.

둘째, 부모세대와 자녀세대에 동시에 개입하는 포괄적인 2세대 프로그램이어야 한다. 빈곤부모들이 복지의존, 알코올중독, 가정폭력, 아동학대나 방임 등의 문제로 비난받고 사회의 짐으로 취급되면서, 프로그램에서 빈곤아동·청소년문제를 다룰 때도 빈곤부모를 소홀히 하거나 분리해서 생각하는 경향을 보인다. 빈곤부모에 대한 프로그램은 쉽게 사회적 반대에 직면하지만 빈곤아동·청소년에 대한 프로그램은 인도주의적 이유로 개인의 정치적 성향과 상관없이 찬성하기 때문에 사회적 지지를 받는 경향이 있다. 빈곤가족에서 부모와 자녀를 분리할 수 없는데도 기존의 빈곤가족을 위한 프로그램은 부모와 자녀를 동시적으로 접근하기보다는 자녀 중심 프로그램이거나 성인 중심 프로그램으로 분리하여 접근하는 것이 주류였다. 자녀 중심 프로그램은 자녀에게 건강한 성장발달에 필요한 서비스를 제공하지만 빈곤가족의 빈곤탈피에 대한 관심은 부족했고, 성인 중심 프로그램은 부모의 경제적 자활을 위해 생계지원이나 직업훈련을 제공하지만 빈곤가족에서 자라나는 아동·청소년의 발달적 욕구나 부모의 역할에 대한 관심은 부족했다. 반면 2세대 프로그램은 건강한 아동·청소년발달과 부모의 경제적 자활을 동시에 증진시키기 위해 두 세대 모두를 대상 집단으로 하여 서비스를 통합·조정하며 제공하는 것을 말한다. 두 세대에 대한 동시적 접근은 시너지 효과를 통해 부모의 경제적 자활능력은 물론 양육능력과 가족자원의 증대를 가져와 자녀 중심 프로그램에서 얻은 효과를 계속 지속시켜 아동·청소년이 건강한 성인으로 성장하는 데 기여한다 (정익중, 2002).

셋째, 아무리 좋은 개입이라고 해도 한 가지 프로그램만으로는 빈곤아동·청소년문제와 같은 복합적인 문제를 해결할 수 없다. 특히 빈곤가족과 같은 고위험 집단에게는 그 가족이 직면하는 다수의 위험요인에 접근하는 다양한 개입으로 보충되지 않으면 효과가 없다는 연구결과도 있다(Small, 1990). 따라서 다중요인(multi-component)에 대한 포괄적 접근을 통해 교육·복지·문화·보건 차원에서 다수의 위험요인에 동시에 개입해야 한다. 고위험 집단의 경우 대부분 많은 위험요인을 동시에 가지고 있기 때문에 다양한 욕구를 가지고 있기 쉽다 (Quint & Egeland, 1995; Dryfoos, 1990). 따라서 다른 기관이나 다른 프로그램의 연계 여부가 효과성을 담보하는 데 매우 중요하다. 이러한 포괄적 접근은 가족, 학교, 지역사회 등 여러 가지 구성요소를 동시에 포함하기 때문에 이 접근이 효과적이기 위해서는 이들 사이의 협력이 중요하게 요구된다. 포괄적 접근은 상이한 재원, 상이한 규제체계, 서로 다른 전략을 배경으로 하는 여러 구성요소를 동시에 포함하기 때문에 파편화하고 분절화하기 쉽다. 그러나 각 구성요소의 협조를 이끌어내어 서로 강화하고 보완할 수 있도록 하나의 목표 아래 일관성 있게 연계·조정하는 것이 중요하다(Petersen, Richmond, & Leffert, 1993).

위스타트 사업은 빈곤아동·청소년과 그 가족을 개별적으로 접근하여 상시 점검하는 사례관리를 통해 이러한 세 가지 조건을 충족시키고 있다. 빈곤아동· 청소년들이 가지고 있는 복합적인 문제를 해결하기 위해 가족에게 직접 찾아 가(outreach) 통합적이고 포괄적인 서비스를 제공한다. 경우에 따라서는 서비스에 접근하기 어려운 아동·청소년과 가족이 더 쉽게 원조를 받을 수 있도록 사례관리자를 지역사회와 가정으로 직접 파견하여 찾아가는 서비스를 실시해야 한다. 사례관리자는 가정으로 직접 찾아가 아동·청소년과 그 가족이 겪는 어려움을 해결할 수 있는 방법을 함께 찾고, 아동·청소년과 부모 또는 가족 성원에 대한 심리적·정서적 상담 및 교육서비스를 제공하고 필요에 따라 학교, 지역아동센터, 의료기관, 상담소, 종교단체, 타 사회복지기관, 기타 사회서비스 기관 등에서 다양한 도움을 받을 수 있도록 연계한다. 특히 학령기 아동·청소년의 경우, 학교와 지역아동센터에서 학교사회복지와 방과 후 통합서비스의 대상이 되도록 하여 철저하게 보호될 수 있는 체계를 갖추고 있다.

위스타트 사업과 학교사회복지사업, 방과 후 통합서비스가 결합하여 수많은 긍정적인 효과를 나타내고 있으나 몇 가지 향후 과제가 있다(김상곤·고윤순·정익중, 2007). 학교사회복지가 제도화되지 않은 상황이어서 위스타트 마을뿐만 아니라 다른 지역에서도 안정적인 학교사회복지서비스의 제공 기반이 없다는 것이다. 또한 위스타트도 드림스타트로 국가정책에 반영되어 제도화의 단초를 보이고 있지만 완전히 제도화되기까지는 상당한 시일이 소요되리라 생각된다. 이러한 과정에서 특히 인력의 문제는 매우 심각하다고 할 수 있다. 비정규직 법안 때문에 위스타트센터에 배치된 공무원 이외에 대부분의 실무자들은 신분이 불안정한 상태이므로 인력의 유출과 소진이 가장 큰 문제를 야기할 수 있다. 소진은 부모의 우울 등 정신건강문제처럼 아동·청소년에게 부정적인 영향을 미치기 쉽고, 실무자의 잦은 인력교체는 주 양육자의 변경처럼 아동·청소년의 정서불안이나 기본적 신뢰감의 상실 등 심리적 외상을 일으키기 쉽다(정익중, 2008b). 이렇게 전문 인력의 근무여건이 위기상황에 빠져 있다면, 아동·청소년에 대한 안전망 역시 신뢰하기 어려울 것이다. 따라서 무엇보다 먼저 이들의 근무여건을 개선할 수 있는 획기적 조치를 마련해야 한다.

위스타트 학교사회복지사업이나 방과 후 통합서비스는 위스타트 대상 아동·청소년을 중심으로 하되 모든 학생을 대상으로 서비스를 제공할 수 있어야 한다. 위스타트 사업에서 대상 아동·청소년에 대한 개입은 문제에 이미 노출되어 있거나 노출될 위험이 높은 아동·청소년을 대상으로 한 2차 예방 또는 3차 예방의 성격을 가지며, 일반 아동·청소년을 대상으로 한 개입은 문제에 노출되기 이전에 개입하는 1차 예방의 성격을 가지고 있다. 또한 위스타트 대상 아동·청소년과 일반 아동·청소년을 통합적으로 운영하는 것은 서비스 수급에서 대상 아동·청소년이 가질 수 있는 낙인감을 해소하는 방안이다.

또한 위스타트 사업에 대한 성과평가와 더불어서 위스타트 학교사회복지사업에 대한 체계적인 평가 작업이 이루어져야 할 것이다. 현재 위스타트 마을 만들기 사업 전반에 대한 평가 속에서 부분적으로 학교사회복지에 대한 평가가

이루어지고 있다. 그러나 마을 만들기 전반에 대한 평가를 통해서는 학교사회
복지의 개입효과를 평가하는 데 한계가 있을 수 있다. 따라서 위스타트 학교사
회복지평가는 학교 전체를 대상으로 한 평가와 프로그램별 평가를 병행하고
표준화된 척도의 활용, 학교지표의 분석, 질적 연구 등 다양한 방법을 적용해야
한다. 여러 개의 프로그램이 동시에 진행되는 위스타트 사업의 경우 개별 프로
그램의 효과성을 측정하기가 쉽지 않다. 세밀한 평가과정을 통해 어떤 요소가
가장 효과적인지를 찾아낼 수 있는 방안을 마련하는 것이 필요하다. 이러한
체계적이고 엄밀한 평가를 통해 효과성을 입증하면서 위스타트 사업과 학교사
회복지가 더 안정적인 환경에서 이뤄질 수 있도록 빨리 제도화할 필요가 있다.

참고문헌

김대일. 2004. 「빈곤의 정의와 규모」. 유경준·심상달 편. 『취약계층 보호정책의 방향과
　　과제』. 서울: 한국개발연구원.
김상곤. 2007. 「We Start 마을 만들기 사업에서 학교사회복지실천의 이해」. 『2007 희망
　　스타트 실무자 분야별 교육 자료집』. 서울: 보건복지부.
김상곤·고윤순·정익중. 2007. 「We Start 마을 만들기 사업에서 학교사회복지실천모형」.
　　『2007년도 한국학교사회복지학회 춘계학술대회 자료집』.
미누친 외(Minuchin, P., Colapinto, J., & Minuchin, S.). 2001. 김현수·박혜영,·김선옥
　　옮김. 『빈곤가족과 일하기』. 서울: 나눔의 집.
염철현. 2008. 「미국의 Head Start와 한국의 We Start 운동의 비교·분석 및 그 시사점」.
　　≪비교교육연구≫, 18(2).
이봉주·양수·김명순. 2004. 「We Start 경기도마을 복지·교육·보건 욕구조사 및 지원
　　방안 연구용역 최종보고서」. 수원: 경기도청.
_____. 2006. 「경기도 We Start 마을 만들기 사업추진 길잡이」. 수원: 경기도청.
이소희·도미향·정익중·김민정·변미희. 2005. 『청소년복지론』. 파주: 나남.

이중섭·박해석·김성훈·박선희·정현숙. 2006. 『청소년발달권 현황과 지표개발』. 서울: 한
국청소년개발원.

정익중. 2002. 「빈곤 편모가족을 위한 2세대(二世代) 프로그램」. 《사회과학연구》, 제8
권, 231~258쪽.

_____. 2008a. 「참여정부의 아동정책 평가와 차기 정부의 정책과제」. 《한국사회정책》,
제14집 2권, 282~313쪽.

_____. 2008b. 「아동·청소년서비스의 통합적 전달체계」. 『2008년 한국사회복지학회 공
동학술대회 자료집』.

정익중·박현선·오승환·임정기. 2008. 『지역아동센터 운영모델 개발 연구』. 아동복지교사
중앙지원센터.

정익중·이봉주·강경화. 2007. 『희망스타트 홍보평가 사업지원단 최종보고서』. 보건복지
부 홍보·평가사업지원단.

통계청. 2008. 『2007년 출생통계』.

허남순. 2005. 「저소득가정의 아동들에게 공정한 삶의 출발을」. 《복지동향》, 2005년
10월호, 참여연대 사회복지위원회.

Dryfoos, J. G. 1990. *Adolescents at risk: Prevalence and prevention*. New York: Oxford
University Press.

Petersen, A. C., Richmond, J. B., & Leffert, N. 1993. "Social changes among youth:
The United States experience." *Journal of Adolescent Health*, 14. pp. 632~637.

Quint, J., & Egeland, B. 1995. "New chance: Comprehensive services for disadvantaged
young families." In S. Smith(ed.). *Two-generation programs for families in poverty:
A new intervention strategy*. Norwood, NJ: Ablex Publishing Corporation. pp.
91~134.

Small, S. 1990. *Preventive programs that support families with adolescents*. New York:
Carnegie Council on Adolescent Development.

World Bank 2003. *World development report*.

(사)위스타트운동본부 홈페이지, http://www.westart.or.kr.

11장

청소년미혼모와 교육권*

홍순혜 서울여자대학교 사회복지학전공 교수

10대 미혼모 출산이 2003년 이후 해마다 3,000여 건씩 지속적으로 발생하여 최근 5년간(2003~2007) 그 수가 1만 7,000여 건에 이르고 있으며, 최근 3년간의 미혼모시설 전체 입소자의 33%가 10대인 것으로 나타나고 있다(≪데일리중앙≫, 2008. 10. 13, http://www.dailiang.co.kr). 더욱이 2000년도 이후에 와서는 가족개념의 변화로 아기를 낳아 직접 양육하는 10대 미혼모인 '리틀맘'의 수도 증가하여 2006년 기준으로 그 수가 5,000~6,000명에 이르는 것으로 추산된다.[1]

이렇게 청소년미혼모가 많이 있지만 그동안 정부의 노력은 이들의 발생을 예방한다는 차원에서의 성교육이나 미혼모 발생 이후에는 시설 중심으로 서

---

* 이 장은 홍순혜·김혜래·이혜원·변귀연·정재훈·이상희(2007)의 일부를 발췌하여 재구성했다. 이 내용은 저자 전원과 국가인권위원회의 동의로 사용할 수 있었다.
1) 신학용 열린우리당 의원이 국가청소년위원회 국정감사에서 발표한 자료(2006. 10. 30)에 근거한 것이다.

비스를 제공하는 일 등에 초점을 두었다. 도움을 필요로 하는 청소년미혼모는 사회적 일탈자로 규정되고 자녀 출산에 필요한 도움만을 일시적으로 제공받는 실정이다. 따라서 청소년미혼모를 위한 정부의 현행 대책은 이들의 사회적 응이라는 측면에서 볼 때는 상당히 소극적이라고 평가될 수밖에 없다.

반면 유럽, 미국, 아시아의 여러 나라는 청소년미혼모 문제에 보다 적극적으로 대처하고 있다. 미혼모 발생 이후 사후적인 다양한 사회적 서비스를 지원하는 방안뿐만 아니라 교육권 보장을 통한 장기적 자립을 보장하는 데 주안점을 두고 있다. 아시아 국가에 비해 미혼모에 대한 사회적 편견이 상대적으로 적은 미국이나 유럽 국가에서는 임신이나 출산으로 인해 학생의 교육권이 침해당하는 사례는 적다. 그런 상황 속에서도 이들 국가는 임신이나 출산으로 인한 학생의 심리적 부담감 또는 정서적 안정을 돕고, 아동양육 관련 서비스들을 지원하여 청소년미혼모들이 자발적으로 학교를 이탈하는 사례를 줄이고, 더 안정적으로 학업에 전념할 수 있도록 지원하고 있다. 우리와 같이 미혼모에 대한 부정적 시각이 강한 대만에서조차 늘어나고 있는 청소년미혼모들의 교육권을 보장하고자 출산예정학생들에게 '출산휴가제'를 제공하는 방안을 도입했다.

청소년에 대한 교육권의 보장은 헌법과 교육기본법, 초·중등교육법 등에 규정되어 있는 국민의 기본적 권리의 보장이며 유엔아동권리협약 당사국으로서 이행해야 하는 아동 발달권의 보장이다. 비록 우리나라가 아직은 중학교 교육까지만 의무교육으로 실행하고 있지만 당해 연도 중학교 졸업자의 99.8%가 고등학교에 진학하고 있으며[2] 사회에서 경쟁력을 갖추기 위해서는 적어도 고등학교 이상의 학력을 갖추어야 한다는 데 사회적 인식을 같이하고 있는 상황이다. 이런 사회구조 속에서 학업중단은 결국 취업 관련 지식이나 기술

---

2) 통계청(2006) 자료에 의하면 2006년 중학교 졸업자 수는 61만 2,936명이었으며 이중 상급학교 진학자 수는 61만 1,496명이었다.

부족으로 이어져 이들의 사회참여에 장애요소가 되며 장기적인 빈곤문제를 야기할 수 있으며(허남순·노충래, 2005; CAPD, 1996) 이들의 사회복지의존을 초래하여 사회적 비용을 증가시킬 수 있다. 미혼모의 빈곤 문제는 다시 아동의 빈곤 문제로 이어져 아동의 건강한 성장을 방해할 수도 있다. 청소년미혼모의 학업중단이 '낮은 교육수준→ 취업의 어려움→ 빈곤→ 아동빈곤' 등 악순환을 불러올 수 있다는 것이다. 이런 차원에서 볼 때 미혼모의 교육권 보장은 미혼모 개개인의 복지를 증진시키고 미래를 보장하는 일일 뿐만 아니라 앞으로 발생할지도 모르는 막대한 사회적 비용의 부담을 사전에 예방하는 대책이 될 수 있다.

그런데도 현재 우리나라의 청소년미혼모 대부분은 임신 사실을 알게 되면 학교로부터 자퇴를 권유받거나 스스로 학업을 지속할 수 없다고 생각하여 학업을 포기하는 상황이다. 학교교육을 지속하거나 취업교육을 이용하여 적응에 성공하는 청소년미혼모는 극소수라 할 수 있다. 이런 상황에서 우리나라도 청소년미혼모에 대한 교육권 등 이들의 인권을 적극적으로 보호할 수 있는 방안을 시급히 마련할 필요성이 있다. 이들에 대한 교육권 보장은 향후 이들의 자립과 적응을 돕는 보다 궁극적이며 적극적인 방법인 동시에 이들이 당연히 누려야 할 기본적 인권에 대한 보장이라고 할 수 있다.

1. 청소년미혼모의 개념과 국내 현황

1) 청소년미혼모의 개념

미혼모의 정의는 시대와 사회, 학자에 따라 약간씩 차이가 있다. 미국의 『사회사업사전』에 의하면 "미혼모란 합법적이고 정당한 결혼 절차 없이 아기를 임신 중이거나 출산한 여성을 말한다"라고 되어 있다(김혜선·김은하, 2006). 미혼모의 사전적 정의는 상대되는 남자와 합법적이고 정당한 결혼의식 절차 없이 아이를 임신했거나 출산한 여성이다(안재진·김지혜, 2004에서 재인용).

이 개념정의에서 공통적인 것은 미혼모라고 부를 때 법적으로 미혼의 상태라는 것, 그리고 임신한 여성과 아기를 출산한 여성 모두를 지칭하고 있다는 것이다. 우리나라에는 미혼모에 대한 법적 정의가 없기 때문에 보통 기존의 개념정의와 통념을 고려하여 미혼모를 '법적으로 미혼의 상태에서 임신 중이거나 출산을 한 여성'으로 개념을 정의하고, 거기에 연령 기준을 첨가하여 청소년미혼모의 개념을 정의하고 있다. 물론 미혼모 개념은 아이를 낳기 위한 정상 상태로서 혼인을 전제한다는 한계를 갖기 때문에, 점차 미혼모를 대체하는 용어로서 '비혼모'를 사용하고 있다. 그러나 대중적으로는 아직은 미혼모를 "법적으로 혼인 상태가 아닌 상황에서 혼자 아이를 낳아서 키우는 여성"으로 이해하고 있다.

UN 산하의 WHO(2004)는 청소년 임신을 종합적으로 다루는 보고서에서 '청소년(adolescent)'이라는 용어가 흔히 '10대(teenager)'라는 용어와 같은 의미로 사용된다고 보고 따라서 '청소년 임신'은 '10~19세 여성의 임신'이라고 정의했다. 청소년 임신에서 12, 13세 어린 여성과 19세 여성의 임신 특성에는 상당한 차이가 있기 때문에 연구에 따라 청소년 임신을 10~14세 청소년, 15~19세 청소년으로 나누기도 한다고 지적하고 있다(WHO, 2004). 이 장에서는 WHO의 청소년 임신 정의에 근거하여 청소년미혼모를 "법적으로 미혼의 상태에서 임신 중이거나 출산을 한 10대(10~19세) 여성"이라고 정의하고자 한다.

<표 11-1> 19세 이하 청소년 출산 현황

(단위: 명)

연도	2003	2004	2005	2006	2007	합계
출산	3,853	3,439	3,132	3,269	3,479	17,172

자료: 건강보험심사평가원, ≪중앙데일리≫ 2008. 10. 13에서 재인용.

<표 11-2> 19세 이하 청소년의 미혼모 시설 입소 현황

연도	2005	2006	2007
10대 입소자 수(명)	680	660	657
비율(%)	35.05	34.38	30.40

자료: 건강보험심사평가원, ≪중앙데일리≫ 2008. 10. 13에서 재인용.

2) 청소년미혼모의 국내 현황

19세 미만 청소년의 출산은 2003~2007년 1만 7,172건으로, 해마다 3,500여 명의 10대 미혼모가 발생했다.[3] 청소년미혼모의 수는 미혼모시설 입소자 현황을 통해서도 확인할 수 있는데, 2005년부터 2007년까지 미혼모시설 전체 입소자의 33%(1997명)가 10대로 나타났다.

---

3) 국회 보건복지가족위원회 소속 민주당 전현희 의원이 국정감사에서 건강보험심사평가원이 제출한 자료를 분석한 결과(2008. 10. 13)에 근거한 것이다.

2. 청소년미혼모의 교육권 개념과 내용

1) 교육권의 개념

일반적으로 알려져 있는 교육권에 관한 해석은 '교육에 관한 권리'로 이해하는 것이다(김정래, 2002에서 재인용). 이렇게 보면 교육권은 '교육받을 권리'와 '교육할 권리'를 모두 포괄하는 개념이 된다. 그러나 교육권은 '교육받을 권리' 다시 말해 '학습권'으로 이해해야 한다. 교사가 학생을 교육하는 것은 교사에게 '교육할 권리'가 있기 때문이 아니라 직무로 인해 부여받은 일종의 '권한'이기 때문이다. 즉 이러한 '권한'을 '권리'라고 이해할 경우, 교육에서 교육하는 사람의 직무를 넘어서 권한을 남용할 가능성을 배제할 수 없다(김정래, 2002).

2) 교육권의 내용

교육권은 교육받을 권리를 말하는 것으로 교육권의 내용을 헌법, 교육기본법, 국제 조약의 차원에서 도출해볼 수 있다.

우선 헌법 제31조는 "모든 국민은 능력에 따라 균등하게 교육을 받을 권리를 가진다"라고 규정하고 있다. 헌법에서의 교육권은 단순히 교육받을 권리만을 의미하는 것이 아니라, 자녀를 교육시킬 의무도 규정하고 있다. 즉 헌법의 같은 조의 2항에서는 "모든 국민은 그 보호하는 자녀에게 적어도 초등교육과 법률이 정하는 교육을 받게 할 의무를 진다"라고 규정한다. 따라서 헌법에서 규정하는 교육권은 교육받을 학생의 권리와 교육시킬 보호자의 의무를 동시에 강조한다.

교육기본법에서는 학습을 받을 권리와 교육과정에서 차별받지 않을 권리를 규정하고 있다. 교육기본법 제3조에서는 "모든 국민은 평생에 걸쳐 학습하

고, 능력과 적성에 따라 교육받을 권리를 가진다"라고 학습권을 규정하고
있다. 이것은 교육받을 권리의 중심이라고 할 수 있다. 차별받지 않을 권리는
교육기본법 제4조 "모든 국민은 성별, 종교, 신념, 인종, 사회적 신분, 경제적
지위 또는 신체적 조건 등을 이유로 교육에 있어서 차별을 받지 아니한다"에
반영되었다고 하겠다. 차별받지 않을 권리는 헌법 제11조 "모든 국민은 법
앞에 평등하다. 누구든지 성별·종교 또는 사회적 신분에 의하여 정치적·경제
적·사회적·문화적 생활의 모든 영역에 있어서 차별을 받지 아니한다"라는
조항으로부터도 도출된다.

국제조약인 유엔아동권리협약에서도 교육권 내용을 살펴볼 수 있는데, 먼
저 아동·청소년이 처한 어떤 상황에서도 협약 당사국은 "아동이나 그 부모,
후견인의 인종, 피부색, 성별, 언어, 종교, 정치적 의견, 민족적·인종적·사회적
출신, 재산, 장애여부, 태생, 신분 등의 차별 없이 이 협약에 규정된 권리를
존중하고, 모든 아동에게 이를 보장해야 한다(제2조 1항)"라고 규정하고 있다.
이 협약은 청소년미혼모 교육권과 관련하여 어떠한 상황에서도 동등하게 교
육받을 권리를 보장해야 하는 교육 당국의 의무를 강조하고 있다. 특히 제28조
1항 '마'에서는 아동·청소년이 학교교육을 중단하는 상황을 예방하기 위해
교육 당국은 "학교 출석률과 중퇴율 감소를 촉진하는 조치를 취해야 한다"라
고 명시하고 있다.

3) 교육권의 성격

교육권의 개념과 내용을 바탕으로 볼 때 교육권의 성격은 도덕권, 기본권,
사회권으로 분류할 수 있다.

교육받을 권리라는 차원에서 볼 때 교육권은 실정법이 보장하든 보장하지
않든 간에 인간에게 부여된 도덕권[4]이다(김정래, 2002). 더구나 우리나라에서

뿐만 아니라 국제적으로도 교육받을 권리는 이미 인정되어 있다. 1948년 세계 인권선언 제26조는 누구에게나 교육받을 권리가 있고, 교육을 통해 자기의 인격을 발전시키고 인권과 기본적 자유가 소중하다는 것을 배워야 한다고 밝히고 있다. 또 1959년 아동권리선언 제7조에서도 아동은 교육받을 권리가 있고, 사회의 유능한 성원이 될 동등한 기회를 아동에게 제공해야 한다고 선언하고 있다.

'교육받을 권리'는 교육을 받을 수 있도록 국가의 적극적인 배려를 요구할 수 있는 권리라는 측면에서 기본권이라고 할 수 있다. 아동에게 교육받을 권리가 보장되어야 하는 근거는 특히 아동의 성장·발달을 위한 아동 고유의 요구와 관련된다는 데서 찾을 수 있다. 바로 아동의 성장·발달과 인격 완성 및 실현을 위해 필요한 학습을 할 고유의 권리가 아동의 학습권이다. 그리고 학습권은 국민의 교육받을 권리의 중심으로서 기본적 인권 중에서도 핵심이고 인간의 성장·발달권을 충족하기 위한 기본권이다(황성기, 1994). 이 관점에서 볼 때 아동의 교육받을 권리는 아직 미성숙[5]하고 발달과정 중에 있는 아동에게 전면적인 발달을 보장하여 삶의 질을 보장하기 위한 아주 필수적인 권리가 되는 셈이다.

교육권은 도덕권이며 기본권이기 때문에 아동에게 보장된 당연한 권리이다. 그러나 당연한 권리 보장은 교육권을 사회권으로 받아들일 때 더 큰 실천 가능성을 갖는다. 마셜(Marshall, 1992)의 시민권의 세 가지 범주[6] 중에서 교육권

---

4) 도덕권은 비록 실정법에 명문화되지 않았다 하더라도 '실정권'에 앞서 보편적으로 인식되는 권리이다(김정래, 2002).

5) 여기서 '미성숙'은 성인과 비교하여 열등한 존재라는 뜻이 아니라 아동만이 갖는 특징을 지칭하는 것으로 그 자체로 내재적 가치를 지니고 있는 의미이다. 이렇게 볼 때 아동은 성인과 똑같이 존중되어야 하며 그들을 존중한다는 것은 아동과 성인을 다른 방식으로 대해야 한다는 의미로 이해되어야 한다(김정래, 2002).

은 사회권에 해당되는 것으로, 사회권과 가장 밀접한 제도에 교육제도를 포함시켰다(안치민, 2003). 이것은 교육이 사회의 보편적인 기준에 따라 문화적인 생활을 하기 위한 중요한 수단이 됨을 보여주는 것이다. 비록 행정당국과의 관계에서 부모나 학생의 학교 선택권이나 교육내용 선택권을 보장하는 문제의 측면에서는 교육권이 자유권적 성격을 가지고 있다고 볼 수도 있으나, 무엇보다 교육이 인간다운 생활을 보장하기 위한 중요한 수단이 되기 때문에 교육권의 핵심적 성격은 사회권적인 성격이라고 봐야 할 것이다.

3. 우리나라 청소년미혼모의 교육권 보장 실태

다음은 국가인권위원회의 「청소년미혼모의 교육권 보장 실태조사」에서 청소년미혼모의 교육권 보장 실태를 파악하기 위해 청소년미혼모, 미혼모시설 실무자, 교사, 학교사회복지사들에게 심층면접과 설문조사를 실시한 결과이다.[7]

1) 청소년미혼모의 학업 관련 실태와 욕구

(1) 청소년미혼모의 임신 후 학적 상태와 학업지속 여부

임신 당시 중·고등학교에 다니고 있던 청소년미혼모들은 임신으로 배가

---

6) 공민권·정치권·사회권을 말한다. 사회권은 주로 20세기 이후 확립된 것으로 '적정 수준의 경제적 복지와 보장에 대한 권리로부터 사회적 유산을 충분히 공유하고 사회의 보편적인 기준에 따라 문화적인 생활을 영위하는 권리에 이르기까지 전 범위의 권리'를 의미한다(Marshall & Bottomore, 1992, 안치민, 2003에서 재인용).

7) 이 연구의 조사방법과 결과에 대한 자세한 정보는 홍순혜 외(2007)를 참조.

불러오거나 출산을 앞두게 되면 휴학이나 장기 결석을 통해 학업을 잠시 중단하거나 학교를 자퇴하고 미혼모시설에 입소했다. 미혼모시설에 거주하고 있는 19세 이하의 중고등학생 연령 청소년미혼모 63명 중 71.4%가 임신 당시이미 학업을 중단한 상태였는데, 이는 학교 이탈이 청소년 임신의 중요한예측변수라고 지적한 김만지(2004)의 결과와도 맥을 같이하는 것이라고 할수 있다. 청소년들의 재임신 방지를 위해서도 학생들을 학교라는 울타리 안에머무르게 하고 교육을 지속적으로 받도록 하는 것이 중요하다고 할 수 있다.

(2) 임신 이후 학업중단의 이유

청소년미혼모들은 주변 사람들이 임신 사실을 알게 되는 것을 가장 두려워했기 때문에 배가 불러오면 교사나 다른 학생이 임신 사실을 알아차리기 이전에 임시적 또는 장기적으로 학업을 중단했다. 심층면담에 참여했던 여러 청소년미혼모들은 학교나 학생들이 임신 사실을 알게 되면 절대 학교를 다닐 수없으며 퇴학당할 것이라고 생각하고 있었다. 하지만 임신 당시 중·고등학교를다니고 있던 18명의 미혼모 중에서 학교가 임신 사실을 안 이들은 6명이었는데 이 중 학교로부터 자퇴 권고를 받는 경우는 2명(33.3%)이었다. 학교가 임신사실을 알았던 나머지 학생들은 휴학 권고를 받은 것으로 나타났다.

교사들이 응답한 미혼모학생 지도현황에서도 37명의 교사들이 지도했던임신학생 중 전학을 간 학생이 16.2%, 자퇴를 한 학생이 16.2%(하지만 전학이나자퇴가 학교의 권유에 의한 것인지는 확인할 수 없었음), 반면 원적학교를 계속다니거나 잠시 휴학 후 복학한 경우가 65.0%가량 되는 것으로 보아 학교에임신 사실을 알리지 않은 많은 미혼모학생들이 생각하는 것과는 달리 임신이교사에게 알려졌다고 하여 대부분이 자퇴나 전학을 요구받는 것은 아닌 것으로 나타났다. 하지만 교사의 미혼모학생 지도현황에서 밝혀진 바와 같이 지도학생들의 거의 모두가(1명 제외) 낙태 또는 출산 후 입양을 선택했기 때문에 출산 후 양육을 선택한 학생이 학업을 지속할 수 있는지는 미지수이다. 또한 학교가 임신 사실을 알고 학생에게 휴학을 권고한 경우에는 학생에게 잠깐의 휴학 후 학교에 돌아올 수 있는 기회가 열렸지만 자퇴를 권고받은 학생들은 모두 중퇴할 수밖에 없었다는 점에서 교육권과 인권 침해 문제가 제기될 수 있다.

(3) 학업지속에 대한 욕구와 학업지속을 위한 적합한 교육형태

임신과 출산에도 불구하고, 설문조사에 참여한 63명의 청소년미혼모 중 87.6%는 학업을 지속하기를 원하고 있었으며 "고등학교를 졸업하고 싶어서", "학력에 대한 사회적 인식 때문에", "공부를 하고 싶어서", "더 나은 미래를 위해" 학업을 지속하고 싶어 했다.

청소년미혼모의 학업지속을 위해 가장 적합한 교육형태에 대해 청소년미혼모들은 검정고시에 가장 많은 응답을 했으며 그다음으로는 정규교육 이외의 직업·취업 기술교육, 원적학교에서의 공부 순으로 나타났다. 같은 질문에 대한 응답을 ① 임신 당시 중고등학생으로 현재 중·고등학교에서 학업을 지속(휴학 중 또는 재학)하고 있는 청소년 집단, ② 임신 당시 중고등학생으로 임신 후 학교를 중퇴한 청소년 집단, ③ 임신 당시 중·고등학교에 적을 두고 있지 않았던 학업중단 청소년 집단의 세 집단으로 나누어 살펴보면, 집단 유형에 따라 바람직하게 보는 교육형태에 차이가 있음을 알 수 있다. 현재 학업을 지속하고 있는 청소년들은 원적학교에 그냥 다니는 것이나 원적학교의 위탁교육을 가장 바람직하게 보고 있었다. 반면 임신으로 인해 학교를 중퇴한 청소년들은 원적학교에서의 학업지속이나 다른 일반학교로의 전학을 바람직한 대안으로 보고 있지 않았으며 오히려 정규교육 이외의 기술교육이나 검정고시, 대안학교 진학 또는 원적학교의 위탁교육 등을 제안하고 있었다. 이들은 자의적이든 타의적이든 임신으로 인해 정규교육에서 이탈된 학생이므로 정규

교육에서의 학업지속이 가능하지 않다고 보고 있는 것으로 생각된다. 임신 당시 중고등학생이 아니었던, 다시 말해 임신 이전에 이미 정규교육에서 이탈되어 있던 청소년들은 검정고시나 정규교육 이외의 직업·취업 기술교육을 가장 바람직한 교육형태로 생각하고 있었다. 그러나 이들 중 31.2%는 원적학교에 계속 다니거나 원적학교의 위탁교육을 받거나 다른 학교로 전학 가는 정규교육과정 속에서의 교육을 바람직하게 보고 있었다.

미혼모시설 실무자의 경우도 청소년미혼모와 비슷하게 검정고시와 정규교육 이외의 직업·취업 기술교육을 바람직한 교육적 대안으로 응답한 비율이 다른 응답보다 높았다. 시설 실무자들은 간담회를 통해, 임신이나 출산으로 인해 이미 중퇴한 미혼모는 조기 학교중퇴로 인해 기초 실력이 부족하며 결국 일반학교로 돌아가게 한다면 학업을 따라가는 것이 쉽지 않을 것이므로 이들의 기초 실력을 채워줄 개인 학습교육자를 붙여 공부를 도와주고 검정고시를 볼 수 있도록 지원하는 것이 필요하다고 했다. 또한 실무자들은 청소년미혼모들이 통합적인 교육서비스를 받을 수 있도록 대안학교가 마련되어야 한다고 지적하면서 대안학교는 기숙사와 보육시설을 마련하여 미혼모학생이 학업과 아동양육을 병행할 수 있도록 해야 한다는 의견을 제시했다.

반면, 교사나 학교사회복지사들은 원적학교의 학력을 인정해주는 원적학교의 위탁교육을 가장 바람직한 형태로 보고 있었다. 이런 결과는 이들이 학교에서 근무하고 있는 사람들로서 미혼모학생의 학업지속이 중요하다는 것을 알면서 동시에 미혼모학생의 학업지속이 다른 학생들에게 부정적 영향을 줄 수 있다고 염려하고 있으므로 이런 결과를 보인 것으로 생각된다. 따라서 원적학교의 졸업장을 받을 수 있도록 하되 다른 학생들과 분리되어 교육받는 형태를 가장 선호하고 있는 것으로 보인다.

(4) 청소년미혼모가 학업을 지속하는 데 가장 어려운 점

청소년미혼모가 학업을 지속하는 데 장애요인으로 작용하는 것이 무엇인가에 대해, 청소년미혼모는 "아기 양육의 역할 수행", "경제적 어려움", "복학과 전학의 어려움" 순으로 응답했다. 시설 실무자들은 "청소년미혼모의 학습동기 부재"와 "학교 관계자의 부정적 인식과 편견"을 가장 많이 응답했으며, 교사는 "아기 양육의 역할 수행", "학교 내외의 부정적 인식"을, 학교사회복지사는 "학교 관계자의 부정적 인식과 거부", "학교 내외의 부정적 인식과 편견"을 어려움으로 가장 많이 선택했다.

심층면접을 통해서는 임신과 출산 사실을 알릴 수 없어 힘들고 이 사실이 알려질까봐 항상 불안해하는 것이 가장 힘든 문제로 지적되었다. 면접에 응한 미혼모들은 임신 사실을 주변에서 알게 되었을 때 다른 사람의 편견을 감당하기 어려울 것이라고 생각하고 있었으며, 가족이나 미혼부를 포함한 주변 사람들이 이해해주지 않아 임신했다는 사실을 혼자서 감당해야 하는 현실을 속상해했다. 또한 양육을 희망하는 미혼모의 경우 경제적 부담을 많이 느끼고 있었으며, 아직 부모가 되기에는 어린 청소년으로서 그 시기만의 욕구를 가지고 있는데 그것을 충족하지 못하는 현실을 힘들어했다.

2) 청소년미혼모에 대한 학교 현장의 지도현황과 태도

(1) 학교의 지도현황

설문조사에 참여했던 63명의 청소년미혼모 중 임신 당시 재학하고 있던 18명 중에서 학교가 임신 사실을 안 경우는 6명(33.3%)에 불과하고 나머지는 알지 못했다. 학교가 안 경우, 앞에서도 기술한 바와 같이 4명에 대해 휴학 권고를, 2명에서 대해서는 자퇴를 권고한 것으로 나타났다. 교사들이 임신 사실을 알았을 때 지지적인 반응을 보인 경우는 없었으며 학교로부터 특별한

도움을 받은 것이 없다고 미혼모들은 응답했다. 반면 임신학생을 지도한 경험이 있는 37명의 교사들(전체 교사의 14.9%)은 주로 상담을 제공하거나 부모에게 연락을 취하거나 학생을 병원에 데리고 가는 도움을 제공했다고 응답했다.

학교에 학생의 임신 사실이 공식적으로 알려지면 징계 대상이 될 수 있기 때문에 대부분의 담임교사들은 임신 사실을 혼자 또는 보건교사와만 아는 것으로 처리했으며 학생이 잠시 다른 사유로 휴학을 하는 것으로 하거나 학생이 다시 학교로 돌아올 수 있도록 병가처리해주는 등의 배려를 해주었다. 그 결과, 지도한 학생 중 원적학교를 휴학하지 않고 다닌 경우가 45% 정도나 되었고 다음으로는 휴학 후 복학, 전학, 자퇴가 16~19% 범위 내에서 비슷한 비율을 차지했다. 원적학교를 휴학하지 않고 다닌 학생이 많은 이유는 임신한 학생 중 낙태 비율이 높은 것과 관련성이 있어 보인다.

학교사회복지사 중에는 임신한 학생을 지도한 경험이 있는 경우가 25명 중 6명(24.0%)이었는데 6명 모두 낙태를 했으며 낙태 후 원적학교에서 학업을 지속했다. 학교사회복지사는 사회복지사로서의 전문성을 활용해 교사보다 다양한 서비스를 임신학생에게 제공한 것으로 심층면담에 나타나 있다. 학생의 징계를 막기 위해 학교에는 공식적으로는 통보하지 않은 상태에서 담임교사 또는 보건교사와만 학생의 상황에 대한 정보를 공유했으며, 지역사회 보건복지 관련 단체와 연계하여 병원 진찰을 받도록 해주거나 전문가에게 상담을 의뢰하거나 학생의 어머니와 학생에게 상담을 통해 정서적 안정과 지지를 제공했다. 임신 후반기의 학생을 위해서는 출산과 미혼모시설, 입양기관에 대해 구체적인 안내를 제공했으며 학업지속을 위해 학습자료와 지역 공부방에 대한 정보를 제공하기도 했으며 남학생을 여학생과 함께 지역의 성폭력상담소와 연계하여 상담을 받도록 조치하기도 했다.

(2) 학생의 임신 및 출산에 대한 학교현장의 태도

교사와 학교사회복지사를 대상으로 학생의 임신과 출산이 학교에서 징계 대상이 되는가라는 질문을 했는데 50%가 조금 넘는 교사가 그렇다고 응답했다. 징계 이유는 임신이나 출산은 학생 신분에 맞지 않는 행동이며, 이런 행동이 다른 학생들에게 부정적 영향을 미칠 수 있으며 개인의 무책임한 잘못된 행동이기 때문이라는 의견이 가장 많았다. 징계 대상이 아니라고 생각하는 교사들은 임신은 규칙으로 강제할 사항이 아니며, 성관계는 개인적 문제이므로 이에 대한 간섭은 개인권 침해이며, 자의에 의한 임신이 아닐 경우 보호되어야 한다고 보았다. 또한 청소년의 심리적·정서적 보호 차원과 교육권 보장 차원에서도 임신에 대한 징계는 지양되어야 하며, 징계보다는 사회적으로 적응하도록 지도하고 지원하는 것이 필요하다고 징계 대상이 되지 않는 이유를 밝혔다.

학교사회복지사의 경우는 25명 중 32%가 징계 대상이라고 응답했는데, 다른 학생들에게 부정적인 영향을 미침에 대한 우려가 가장 큰 징계 필요 사유였으며, 징계 대상이 아니라고 보는 경우는 징계로는 문제를 해결할 수 없을 뿐만 아니라 임신학생을 낙인찍는 결과를 낳을 것이라고 보았다.

청소년미혼모가 학교에서 다른 학생들과 함께 공부하는 것이 다른 학생에게 위해가 된다고 생각하는가라는 질문에 대해서는 교사의 약 75%, 학교사회복지사의 약 52%가 임신학생이 다른 학생들에게 부정적인 영향을 미칠 것이라고 보고 있었다.

현재 근무하고 있는 학교에서 학생의 임신(출산 예정) 사실을 알게 된다면 학교에서는 어떤 조치를 취할 것이라고 생각하는가 하는 질문에 대해, "학교를 계속 다니게 한다"라고 응답한 교사가 42.7%, "자퇴시킨다"가 27.8%, "전학가도록 한다"가 18.1%를 차지했다. 학교사회복지사의 경우는 각각 60.0%, 20.0%, 16.0% 순으로 응답했다. 교사 집단과 학교사회복지사 집단에서 자퇴시킬 것이라는 응답이 각각 27.8%, 16.0% 나왔다는 사실은 청소년미혼모의 교육권과 인권이 위협받을 수 있음을 시사한다. 또한 전학 가도록 한다는 응답도 18~20%를 차지했는데 학생이 원해서 전학을 가는 경우가 아니라 학생이 원치 않는 전학 권유라면 이 또한 학생의 교육적 성취를 방해할 수 있다는 점에서 관심을 가져야 할 결과라고 할 수 있다. 공식적으로 학교가 알았을 때 취할 것이라고 생각하는 이러한 부정적 조치들 때문에 교사들이나 학교사회복지사들은 학생의 임신 사실을 학교에 공식적으로 알리지 않은 상태에서 학생이 학업을 지속할 수 있도록 배려하고 있는 것으로 보인다.

(3) 학생 '출산휴가제'에 대한 학교현장의 태도

앞의 외국의 교육권 보장 실태에서 언급한 대만의 출산휴가제를 우리나라에 도입한다고 할 경우에 대한 의견을 물었는데 반수를 조금 넘는 수의 교사와 44.0%의 학교사회복지사가 부정적인 태도를 보였다. 반면 긍정적인 응답은 교사에게서 33.6%, 학교사회복지사에게서 54.0%로 나타났다. 부정적 응답보다는 적었지만 긍정적 응답을 준 교사나 학교사회복지사가 상당수 있었다는 점은 매우 고무적이며, 이 결과는 임신과 출산이 징계의 사유가 아니라는 응답과 관련성을 갖는 것으로 보인다.

3) 청소년미혼모들을 위한 교육·취업·진로 관련 서비스 실태

학교현장에서 청소년미혼모에게 제공되는 서비스는 학교사회복지사나 보건교사, 상담교사가 제공하는 지원 이외에는 별로 없는 것으로 나타났으며 대부분의 서비스는 미혼모시설이나 '미혼모 중간의 집' 등에서 제공되고 있다. 미혼모시설은 학업중퇴자에게는 검정고시를 지원하고 이를 위해 학습봉사자를 통한 일대일 학습, 야학 등을 활용하고 있었다. 담임교사나 교장 등을 설득하여 학생에게 자퇴나 퇴학 권고가 아닌 휴학이나 병가처리가 이루어질 수 있도록 하는 작업도 하고 있었다. 청소년미혼모의 자립여건 조성을 위해 기술이나 자격증을 보유할 수 있도록 학원비나 교통비를 지원하고 관심분야의 전문가를 초청하여 실제적인 정보를 얻도록 함과 동시에 자극과 동기부여를 통해 미혼모들의 인생 설계를 돕고 있었다.

4) 청소년미혼모에 대한 태도와 교육권 보장을 위한 의견

(1) 임신·출산에 관한 주변의 인지 여부와 반응

설문조사에 참여한 63명의 청소년미혼모 중 임신 사실에 대해 미혼부가 알고 있는 경우가 76.2%였다. 이들의 반응을 보면 아기를 출산하여 함께 키우자고 한 31.3%를 제외하고는 헤어지자고 했거나 연락을 끊었으며 또는 낙태하거나 입양을 보내자고 한 것으로 나타났다. 헤어지자고 하거나 연락을 끊은 경우도 25.0%나 되었는데 미혼부 또한 연령이 어린 청소년인 경우가 많기 때문에 임신과 출산에 대한 책임은 고스란히 미혼모 혼자 담당하는 경우가 많았다. 임신 사실을 가족이 모르는 경우도 17.5%였고 임신 사실을 알아도 대부분 지지하지 않았으며 반 이상의 가족이 비난적이었다. 친구가 임신 사실을 아는 경우는 74.6%였는데 이들의 30% 정도만 지지적이었다.

또한 이번 임신 사실로 인해 가장 힘들었던 점이 무엇이었는지 미혼모에게 질문했을 때 학교 또는 주변 사람이 임신을 알게 될까 봐 걱정이라는 응답이 41.9%로 가장 높았다. 다음으로는 "학업을 계속할 수 없을까 봐 두려웠다", "의논할 상대가 없어 답답했다", "주변 사람들의 비난", "도움받을 수 있는 기관에 대한 정보가 없었다"는 점들을 들었다.

(2) 청소년미혼모에 대한 사회적 인식

설문조사를 통해 청소년미혼모에 대해 어떻게 생각하는지 개인적 인식을 질문했는데 65.1%의 청소년미혼모는 청소년미혼모에 대해 부정적 시각을 가지고 있지 않았으며 미혼모시설 실무자 대부분도 부정적으로 인식하지 않았다. 반면, 교사의 경우 부정적으로 인식하는 비율이 79.3%나 되었다. 학교사회복지사에게서도 부정적인 응답이 약 40%나 되었다. 청소년미혼모가 된 데 대한 당사자 책임성에 대해서는 청소년미혼모의 76.2%가 개인에게 책임이 있다고 인식하고 있었다. 미혼모시설 실무자도 유사한 결과를 보였으며 교사와 학교사회복지사들에게서 개인 책임성 인식이 더 강하게 나타나고 있었다.

청소년미혼모에 대한 우리 사회의 전반적 시각에 대해서는 매우 부정인 시각에 해당하는 8점~10점에 응답한 비율이 69.3%인 반면, 미혼모시설 실무자들은 81.3%, 교사와 학교사회복지사는 각각 90% 이상이었다. 청소년미혼모 당사자들은 자신과 같은 처지에 있는 청소년들에게 사회가 그다지 부정적이지 않다고 보는 5점 이하의 점수의 비율이 약 25% 수준이었으나, 시설 실무자, 교사, 학교사회복지사에게서는 5% 미만으로 나타나 인식 측면에서 차이를 보였다. 전반적으로 청소년미혼모 자신보다는 교사나 학교사회복지사와 같이 학교현장에서 일하는 전문가가 청소년미혼모에 대한 사회 전반의 인식이 더 부정적이라고 느끼고 있었다. 이러한 결과는 설문조사에 참여한 미혼모들이 시설 거주자이고 현재 시설의 보호와 함께 자신을 이해해주는 전문가, 자원봉사자의 도움을 받고 있기 때문에 사회가 자신에 대해 덜 부정적이라고 인식하고 있기 때문일 수도 있다. 그럼에도 불구하고 모든 응답자 유형에서 70% 이상이 사회의 인식이 부정적이라고 답함으로써 우리 사회가 청소년미혼모에 대해 상당히 부정적 시각을 가지고 있음을 알 수 있다.

(3) 청소년미혼모 교육권 보장을 위한 방안

설문조사에 참여한 교사들은 청소년미혼모의 교육권 보장을 위해 출산 후에도 교육이 제공되어야 함을 가장 크게 강조했고 다음으로는 대안학교 설치, 성교육, 임신 예방교육의 확충을 지적했다. 학교사회복지사는 청소년미혼모에 대한 인식이 개선되어야 함을 가장 많이 지적했다.

실무자 간담회를 통해 미혼모시설 실무자들은 우리나라에서는 미혼모에 대한 편견과 낙인이 심하기 때문에 미혼모학생이 주변의 비난과 시선을 견디면서 다니던 학교를 그대로 다닌다는 것이 쉽지 않은 만큼 학업지속을 위해서는 무엇보다 미혼모학생에 대한 철저한 비밀보장이 필요하다고 했다. 미혼모학생에게 전문적으로 개입하기 위해서는 담임교사, 학생부 교사, 사회복지사, 보건교사, 의료진, 상담교사 등으로 구성된 관리팀이 필요하다고 보았으며 미혼모학생이 선택할 수 있는 다양한 교육 대안의 구축도 필요하다는 것이다.

출산 후 양육과 학업을 병행하기 위해서는 아이와 함께 살 수 있는 거주지와 경제적 지원, 탁아서비스, 교육비 지원, 검정고시 준비 지원, 생활비, 분유 값, 기저귀 값 등의 양육비 제공 등이 필요하다고 보았다. 미혼모들이 안정적으로 살 수 있는 자립도 높은 시설들에 대한 확충도 제안되었다.

(4) 청소년미혼모의 아동 양육을 지원하기 위한 방안

우리나라의 많은 임신 청소년들은 미혼모에 대한 부정적 낙인과 아이를 낳아 양육할 경우 학업을 지속할 수 없기 때문에 낙태나 출산 후 입양을 선택하고 있다. 하지만 최근에는 아이를 직접 양육하고자 하는 미혼모가 증가하는 추세이며 이러한 경향은 10대 미혼모에게서도 나타나고 있다. 아기를 낳은 친모가 아이를 기르는 것은 인간으로서의 당연한 권리이자 의무이지만 현실적 여건 때문에 어떤 청소년은 양육을 원하는데도 가족이나 주변 사람을 통해 낙태나 입양을 권유당하고 있다. 미혼모시설 실무자들은 청소년미혼모가 아기를 양육하면서도 학업을 지속할 수 있도록 생계비, 양육비, 보육비, 교육비 등을 지원하고, 24시간 보육시설을 포함하여 지역사회의 다양한 자원들을 중심으로 지지체계가 구축된다면 양육을 원하는 미혼모가 아기나 학업을 포기하지 않고 둘 다를 병행할 수 있을 것이라고 지적했다.

(5) 청소년미혼모의 자립을 위해 필요한 정부의 지원

먼저 청소년미혼모를 위한 정책지원의 필요성을 묻는 설문조사에서 청소년미혼모, 미혼모시설 실무자, 교사, 학교사회복지사 모두 95% 이상이 필요하다고 응답했다.

청소년미혼모에게 가장 시급한 사회적 서비스에 대해 청소년미혼모는 아동양육 정보와 양육비 지원, 주거시설과 생계비 지원이라고 응답했으며 시설 실무자는 가정 복귀를 위한 가족상담과 치료, 청소년미혼모 당사자의 교육환경과 학력신장을 언급했다. 교사와 학교사회복지사도 미혼모나 시설 실무자들과 유사하게 아동양육 정보와 양육비 지원, 치료와 청소년미혼모 당사자의 교육환경과 학력신장, 가정 복귀를 위한 가족상담과 치료를 언급했다.

청소년미혼모의 자립 지원을 위해 가장 적합하고 시급한 것으로 청소년미혼모 당사자들은 1, 2순위로 모두 경제적 지원을 지적했으며 미혼모에 대한 사회적 편견 감소, 학업지속을 위한 교육정책 유도도 매우 시급하다고 답했다. 이런 결과는 순위에서는 조금 차이가 있으나 시설 실무자, 교사, 학교사회복지사들에서도 비슷하게 나타났다.

4. 외국의 미혼모학생 교육권 보장 방안

우리나라의 미혼모학생을 위한 교육권 보장 방향을 논하기에 앞서 미혼모

학생문제의 심각성을 먼저 인식하고 그 대책을 마련해온 미국과 영국의 사례, 그리고 아시아에서 청소년임신율이 가장 높아 정부의 적극적 대책마련이 시급했던 대만의 사례를 살펴보고자 한다.

1) 미국

(1) 일반학교 내 교과교육 프로그램: TAPP[8]

미국에서 임신한 청소년의 교육을 위해 학교에서 가장 일반적으로 수행되고 있는 것이 학교 내 10대 부모 프로그램(Teenage Parenting Program, TAPP)이다. 이 프로그램은 지역 내 10대 미혼모가 많이 발생하여 미혼모에 대한 사회적 낙인이 적은 곳에서 주로 운영된다.

이 프로그램의 주요 목적은 임신 때문에 학교를 중퇴하는 것을 방지하고 임신기간에 학업을 계속하도록 돕기 위해 의료서비스와 사회복지서비스를 포함한 학업을 지속·성취할 수 있는 환경을 제공하기 위한 것이다. 미혼모에 대한 정서적 지원과 학업성취 지원이라는 취지의 이 프로그램은 학교 내 10대 미혼모를 위한 특별학급과 탁아시설을 운영하고 있어 학업과 육아 성취, 양육을 위한 준비, 아동에 대한 보호까지 포함하고 있다. 임산모와 청소년미혼부모에게 학교 내에서 다양한 교육적·의료적·사회복지적 서비스를 제공하는 이

---

8) 일반적으로 10대 부모 프로그램을 의미하는 것으로 'TAPP'라는 용어가 사용되고 있다. 그러나 지역별로 풀 네임(full name)에 차이가 있는 것으로 보인다. 예를 들어 애리조나 주의 TAPP는 'Teenage Parent Program'을 나타내며 또는 캘리포니아 주 산타바버라카운티의 경우 'Teenage Parenting Program', 혹은 'Teenage Pregnancy and Parenting(TAPP) Program'으로 사용한다. 샌프란시스코에서는 'Teenage Pregnancy and Parenting Project'를 'TAPP'라고 하며, 미네소타 주의 경우 'Teenage Pregnancy and Parenting Program'을 'TAPPP'로 쓰기도 한다.

프로그램은 학교-내-학교(school-within-school)의 개념으로 학생-교사 비율을 소규모로 특별 진행하는 수업을 통해 이들에게 학업성취와 졸업에 대한 가능성과 희망을 갖게 해준다.

미국의 대표적인 미혼모 학교교육 프로그램인 TAPP의 사명은 지역사회와의 협력을 통해, 임신하여 부모 역할을 담당해야 하는 청소년과 그 가정의 건강, 교육, 경제적 기회, 자급능력을 촉진하기 위해 개인적 목표를 분명히 하고 이를 추구하며 달성하도록 역량을 강화하는 것이다. TAPP는 부모 역할을 해야 하는 10대(여자청소년은 19세, 남자청소년은 21세까지)와 아기, 가족에게 포괄적인 사례관리서비스를 제공한다. 이 프로그램은 각 주 또는 지역마다 약간의 차이가 있다.

(2) 주(州) 지원 학교기반 서비스: LEAP

주 차원(state-wide)에서 지원하는 학교기반(school-based) 서비스 LEAP(Learning, Earning and Parenting) 프로그램이 있다. 미국 오하이오 주의 LEAP는 임신했거나 부모가 된 복지수급대상 10대들의 학교 출석을 촉진하여 궁극적으로 향상된 취업 결과와 복지의존성의 감소를 목적으로 하고 있다. 이 프로그램 결과, 참여자들은 학교 등록, 학교 출석, 대학 등록, 복지수급 참여 면에서 긍정적인 효과를 보였다. 대상은 GED(검정고시) 또는 고등학교 졸업장이 없는 복지수급대상 중 20세 미만(10대)의 미혼모이다. 이 프로그램은 참여자들이 학교 또는 GED 프로그램에 등록하는 10대 미혼모에게 재정적 인센티브를 준다. 또한 각 참여자를 위해 사례관리자를 제공하며, 사례관리자의 인정하에 아동보호와 이동 지원을 제공한다.

(3) 대안학교 모델

백인 밀집지역과 같이 미혼모 발생비율이 낮은 지역에서는 10대 미혼모만을 위한 특수고등학교(소위 Mother High)가 별도로 설립되어 운영되고 있다. 다음은 플로리다 주 대안학교 모델[9]이다. 플로리다 주의 COPE(Continuing Opportunities for Purposeful Education)는 플로리다 주 북부에 위치한 10대 미혼부모를 위한 대안학교로 주와 시의 교육기금으로 운영되고 있다. 미혼모의 아동은 대안학교와 연결된 탁아서비스센터에서 보육하며 대안교육을 통해 고등학교 교육과정을 마칠 수 있도록 지원한다. 대학생 자원봉사자와 연결하여 학업과 검정고시(GED) 준비를 지원한다. 서비스로는 건강보호, 교육, 아동양육훈련 및 산전후교육, 가족계획, 상담, 지역사회 연결, 대학교육과정, 취업상담 및 훈련, 졸업 지원 등의 프로그램이 포함된다. 시설로 학내 보건센터와 아동보육센터, 차량이동서비스 등이 마련되어 있다.

(4) 학교 밖 지역사회기반 프로그램

미혼모 복지기관과 같은 지역사회기관에서는 10대 청소년부모에게 일상생활 기술과 정서적 지지, 의료보호 등을 제공하고 있다. 이 프로그램들은 지역사회기관을 중심으로 실시되는 상담과 심리치료를 통한 재사회화 과정, 교육 및 직업훈련을 통한 개인의 사회적응능력 향상에 초점을 두고 있다(허남순·노충래, 2005). 미혼모시설은 10대 미혼모에게 지역의 고등학교를 다닐 수 있도록 배려하거나 검정고시를 취득하도록 지도하고 있다. 조지아 주에서는 10대 미혼모에게 육아건강, 양육, 재정지원 편성, 식품 구입과 준비 등과 같은 기본적 가정경영기술을 가르치며, 자신감 훈련, 성교육, 갈등해결훈련, 약물남용방지훈련 등을 통하여 예비성인으로 준비시키고 있다(김재득·이행숙, 2002).

---

9) 허남순·노충래(2005)에서 발췌·요약했다.

2) 영국

영국의 「사회배제위원회 보고서(The Social Exclusion Unit's Report)」(1999)는 10
대 미혼모에 대한 두 가지 국가적 목표를 정하고 있다. 2010년까지 18세 이하
임신율을 반으로 낮추겠다는 것과 이들이 장기간 사회적으로 배제될 위험성
을 낮추겠다는 것이다. 이를 위해 교육, 취업과 훈련 등에 10대 미혼모의
참여를 증가시킨다. 블레어 정부는 2002년 교육, 취업과 훈련 등에 10대 미혼
모의 참여율을 60%까지 증가시키고 부족한 자원을 충당하기 위해 지역사회
조직과 파트너십을 이루어간다는 목표를 제시하고 있다(http://www.dfes.gov.uk/
teenagepregnancy).

교육부(Department of Education and Skills)에서도 10대 미혼모의 학습권에 대해
명백히 제시하고 있다. 16세 미만의 미혼모가 교육을 마치는 것을 의무화하며,
이를 위해 아동보육서비스를 제공하고 있으며, 16~17세의 미혼모 가운데
부모나 배우자와 함께 살 수 없는 미혼모는 지도감독이 이루어지는 준 독립적
인 주택에 살도록 의무화하고 있다. 출산 전후에 최대 18주 동안 학교 결석을
인정해주며, 단지 본인이 그 학교를 계속 다니길 원치 않을 경우 대안학교를
갈 수 있으며, 가정교사학습이나 상급학교 진학을 위한 학습을 할 수 있도록
지역교육청에서 지원하는 등의 지원책을 마련하도록 하고 있다(Ehrlich &
Vega-Matos, 2000). 또한 교육부는 전반적으로 학습을 성공적으로 성취하도록
교육과정을 개발하는 노력을 기울이고 있다. 학업성취를 평가하는 기준도
기존의 전통적인 학업성취도를 평가하던 방법과는 달리 다양한 평가 방법을
마련하도록 하고 있다. 수업대체인정과목에 미혼모들의 자아존중감 및 자신
감을 향상시키면서 시교육청의 자격증을 취득하도록 돕는 공예, 요리, 부모교
육, 개인위생과 여가, 놀이활동, 안전 등에 관한 것을 포함시키도록 하고 있다
(http://www.dfes.gov.uk/teenagepregnancy).

'20 슈어스타트 플러스(20 Sure Start Plus)'는 임신여성과 청소년미혼모에게 개별적인 상담전문가의 지원을 제공한다. 이것은 양육모가 된 사람이 미래를 위한 기회를 박탈당하지 않도록 하기 위한 것으로, 교육을 마치면서 독립된 생활을 할 수 있도록 지원하는 것을 주요 골자로 한다. 출산 후 학습을 계속하도록 돕기 위해 학습지원제도를 통해 아이 돌봄 비용을 지불해준다. 또한 지역사회조직과 협력하여 10대 미혼모가 출산과 양육과정에서 학습권에서 제외되지 않도록 지원해주고, 직업훈련 등을 통해서 자립할 수 있는 힘을 키워주는 방향으로 개입하고 있다. 이러한 정책과 목표달성을 위해 교육부 산하에 '10대 임신위원회(The Teenage Pregnancy Unit)'와 보건부에 조정실을 두어 서비스 전달과 운영의 주체로서 활동하도록 하고 있다. 이 부서는 1999년 설립되어, 보건부, 교육부, 부총리실, 고용·연금과, 가정과가 재정을 함께 부담하고 있으며, 2000~2002년 3년간 약 6,000만 파운드의 재정을 지원했다 (Department of Health, 2007). 청소년미혼모의 학업지속을 위한 서비스들을 더 구체적으로 살펴보면 다음과 같다(Department of Health, 2007).

(1) 청소년미혼모를 위한 교육과 훈련

청소년미혼모의 교육·훈련·고용에의 참여는 10대 임신 예방을 위한 전략의 주요 목적 가운데 하나이다. 정부는 청소년미혼모가 교육에 참여할 수 있도록 그들을 지원하기 위한 실천지침서를 제작하여 발간했으며 '10대 임신 관련 기금(Teenage Pregnancy Standards Fund)'을 설립하여 청소년미혼모를 지원하기 위해 학교에 1년에 500만 파운드(약 88억 원)를 지원하고 있다.

청소년미혼모가 보육을 포함한 학습장벽을 극복하고 학업, 직업훈련, 고용에 복귀할 수 있도록 지원하는 시범사업을 운영하여 욕구를 사정하고 적절한 교육 및 직업 훈련과 취업 기회를 연계해주는 개별적인 전문상담가를 제공하고 있다.

'교육유지수당(Education Maintenance Allowances, EMAS)'은 청소년이 학업을 계속할 수 있도록 주급으로 수당을 제공하고 학업성취에 따른 부가적인 보너스를 제공하여 청소년이 학습잠재력을 극대화할 수 있도록 도와주고, 청소년미혼모의 경우 부가적으로 최대 3년까지 지원받을 수 있도록 하고 있다. 청소년미혼모는 출산에 따른 휴학·휴업·휴가를 지원받을 수 있고 출산 후 학업에 복귀하도록 보너스를 받고 있으며, 이 중 16세 미만의 미혼모는 교육을 마치는 것을 의무화하며, 이를 위해 아동보육서비스를 제공받고 있다. 9개의 시범지역에서 미혼모의 학업, 직업훈련, 직장 복귀를 도와주기 위해서 그들의 자녀를 위한 보육서비스를 어떻게 제공할 것인지 시범사업을 펼치고 있다.

(2) 청소년미혼모를 위한 소득지원

　'20 슈어스타트 플러스' 시범사업은 청소년미혼모에게 개별적인 전문상담가를 제공하여 그들이 자립할 수 있도록 도와주고, 10대 아버지가 보육에 참여할 수 있도록 노력하고 있다. 청소년미혼모는 소득 보전을 위해서 그들이 18세가 되었을 때 '소득지원 및 고용촉진수당(Incomes Support and Job Seekers Allowance)'을 25세 이상이 받는 비율로 받고 있다. 18세 이하 청소년미혼모는 아동수당과 가족수당을 받고 같은 또래의 청소년보다 두 배의 실업수당을 받고 있다.

　'모자가정에 대한 새로운 대책(New Deal for Lone Parents)'에 참가하고 있는 모자가정 부모는 근로를 한다는 조건으로 아동보육에 대한 비용을 지원받으며 더불어 직업훈련을 받고 있을 때는 주당 15파운드의 훈련비를 지원받고 있다. 청소년미혼모는 '아동양육 세제감면(Childcare Tax Credit)'을 청구할 수 있으며 미혼모의 아동이 그들의 할아버지 혹은 할머니와 생활하는 경우 조부모들이 아동의 부모로서 '아동양육 세제감면'을 청구할 수 있다.

(3) 청소년미혼모를 위한 주택지원

18세 이하이면서 그들의 부모 혹은 파트너와 함께 살 수 없는 모든 10대 부모 가장은 공간을 제공받고 있다. '주택 프로젝트(housing project)'는 주거 공간과 더불어 효과적인 예산 관리와 부모교육을 함께 제공하여 그들이 독립적인 생활을 할 수 있도록 지원하고 있다. 주거시설 지원에는 24시간 현지 지원을 받는 호스텔에서부터 독립적인 아파트, 혹은 사회복지사가 넓은 지역에 걸쳐 살고 있는 청소년미혼모들을 지원하는 유동적인 지원까지 있다. 주택공사(The Housing Corporation)에서는 현재 10대 미혼모와 임신모를 위한 서로 다른 5개 모델의 거주 공간에 대한 시범사업을 지원하고 있다. 이들 모델 가운데에서도 각 10대 미혼모의 특성과 담당지원 배치, 주택시설의 질적인 측면에 따라 다양한 선택이 가능하다. 현재 6개의 시범시설(Housing)에서 어떻게 10대 부모를 지원할 것인지 지도하면서 어떠한 지원시설이 청소년미혼모의 욕구에 맞으며 효과적인지에 대한 시범연구가 진행 중이다. 특히 유동적인 지원의 역할과, 어떠한 주거시설이 청소년미혼모를 지원하는 다른 지역 프로그램과 연계가 더 잘되는지를 검토하고 있다.

3) 대만: '학생 출산휴가제'를 중심으로[10]

대만의 미성년 임신은 아시아에서 가장 높은 수준으로 12.95%이고, 싱가포르(8.0%), 일본(4.0%), 한국(2.8%) 순이다. 이는 일본의 3배, 한국의 4배에 이른다. 대만에서 2006년 1년간 미성년자 5,000~6,000명이 아이를 낳았고(츠후이 중 미혼모쉼터 소장 인터뷰), 한 해에 미성년자의 임신은 3만 명 정도에 달한다(한

---

10) 대만에 대한 내용은 2007년 7월 6일 MBC <시사프로그램 W>의 "대만의 10대 미혼모 대책"이라는 방영자료를 녹취해 연구의 취지에 맞게 요약·기술했다.

민간단체 조사 결과). 청소년의 첫 성경험 나이와 임신 연령이 점점 하향화되고 있다. 고등학생의 경우, 성관계까지 걸리는 시간은 교제 시작일에서 평균 49일이고 첫 경험은 평균 15.9세라고 한다(≪대만신문≫). 이성 교제시 성관계까지 걸리는 시간이 성인은 76일인 데 비해 대학생 63일, 고등학생 49일로 고등학생이 오히려 더 속도가 빠르다.

청소년미혼모의 임신과 출산율이 높아지면서 학업을 중도 포기하는 학생도 늘어났다. 청소년의 임신, 출산에 대한 사회의 부정적 시각으로 인해 청소년미혼모에 대한 인격적 차별과 낙인이 심각했다. 이를 금지하고 지속적으로 교육을 받을 수 있는 교육권을 보장하기 위해서 출산휴가 정책을 도입하게 되었다. 대만은 청소년미혼모의 임신 및 출산에 대한 지원책으로 교육의 기회를 차단하며 억제책을 활용한 것이 아니라 현 상황을 인정하고 학생에게 교육의 기회를 보장하기 위한 노력을 강구했다. 이에 대한 근거법으로 성별평등교육법과 성별평등법시행령이 있다. 법의 세부 내용을 검토해보면 다음과 같다. 학교는 임신한 학생의 교육을 받을 권리를 보호할 의무가 있으며 필요한 경우 도움을 제공해야 한다(2004년 성별평등교육법 제14조). 또한 임신한 학생이나 출산한 학생을 위해 ① 교내외 시설 구비, ② 교육과정을 이수할 수 있도록 절차 마련, ③ 상담서비스 제공(2005년 성별평등법시행령 11항)을 해야 한다는 내용이 있다. 위의 법과 시행령 등을 바탕으로 현재의 미혼모 대책이 발전되어 온 것이다.

대만에서 2007년 도입한 여고생의 출산·육아에 대한 휴가 내용을 간략하게 요약해보면 다음과 같다. 56일의 출산휴가를 신청할 수 있고, 최고 2년의 육아휴가를 신청할 수 있다. 또한 출산·육아휴가 기간은 결석처리하지 않는다. 이 기간 동안 성적은 휴가 후에 재시험으로 대체한다. 이와 같이 임신·출산한 여고생에 대한 배려로 출산 후에 학교로 돌아갈 수 있는 길이 보장되어 학업을 지속할 수 있게 되는 것이다.

5. 청소년미혼모의 교육권 보장을 위한 우리의 방향

우리의 청소년미혼모 교육권 보장 실태와 이의 보장을 위한 청소년미혼모, 교사, 학교사회복지사, 미혼모시설 실무자들의 의견 그리고 외국의 노력을 근거로 우리가 나아가야 할 방향을 제시하면 다음과 같다.

첫째, 학생이 임신으로 인해 학업을 중단하지 않도록 임신·출산에 대한 학교현장의 태도와 조치에 대한 변화가 있어야 하겠다. 임신·출산으로 인한 학교이탈을 막는 동시에 학년지체 없이 학업을 지속할 수 있도록 유도할 필요가 있다. 휴학으로 인해 학년이 지체되면 학생의 학교부적응이 야기될 수 있고 학업지속에 장애가 될 수 있으므로 교육권 보장은 학교에 적을 두게 하는 것에 그치지 않고 학업결손이 생기지 않도록 하는 동시에 나이에 맞는 진급이 이루어지도록 배려할 필요가 있다.

- 임신·출산에 대한 학교징계·차별 근절 필요.
- 임신·출산에 의한 학업결손에 대해 질병결석처리.
- 임신이나 출산한 학생이 원하는 경우 휴학 허용.
- 학교 교직원, 학생, 학부모의 청소년미혼모에 대한 인식변화 유도.

둘째, 청소년미혼모의 상황에 적절한 다양한 교육적 대안을 마련해야 한다. 대만이나 서구 여러 나라의 경우처럼 청소년미혼모가 재학하고 있는 학교 안에 다양한 서비스를 제공하는 것도 한 방안일 수 있으나 현재 우리의 상황이나 사회적 인식 차원에서 볼 때 이런 접근은 좀 시간을 요한다고 볼 수 있다. 현재로서는 대안학교나 임신과 산후조리기간에도 교육을 지속할 수 있는 위탁교육 등이 더 현실적이라고 할 수 있다.

- 미혼모학생이 학업과 아동양육을 병행할 수 있도록 이들만을 위해 특화된 대안학교 마련 – 기존 미혼모시설이나 지역사회센터 등에 대안학교를 설치하고 학력 인정.

- 원적학교의 위탁교육 형태로 대안학교교육 활용 – 임신 및 산후조리기간 동안 위탁을 맡은 대안학교 등에서 위탁교육을 제공하고 원적학교의 교육 이수로 인정.
- 이미 학교를 이탈한 청소년미혼모의 대안학교 재입학 또는 검정고시 준비 지원.

셋째, 청소년미혼모가 학업과 아동양육을 병행할 수 있도록 다양한 서비스를 제공해야 한다. 미혼모학생에게 학교를 다닐 수 있도록 허용만 한다고 해서 이들이 현실적으로 학업을 지속할 수 있는 것은 아니다. 경제적 문제, 주거 문제, 아동양육 문제와 같은 보다 근본적인 문제에서부터 취업 지원, 심리적 지원에 이르기까지 다양한 서비스가 필요하다.

- 한부모가족 지원서비스 확대 – 청소년미혼모에게 아동양육에 따르는 생계비, 아동양육비 등 제공. 청소년미혼모 당사자에 대한 교육비 지원
- 청소년미혼모의 건강보호증진을 위한 의료지원의 체계화.
- 미혼부의 책임 법제화 – 아동양육비에 대한 구상권 행사가 가능하도록 해야 함.
- 청소년미혼모의 경우 초·중등교육 과정을 끝낼 때까지 시설 거주기간 연장과 미혼모시설 확충.
- 미혼모 관련 시설 내의 서비스 확충.
- 청소년미혼모의 욕구를 반영한 취업 및 진로교육 프로그램 개발 및 보급.
- 학교 졸업에 대한 인센티브제도 도입 – 졸업장을 받으면 자립지원금 지원 등.
- 지역사회기관 내에 청소년미혼모 대상 서비스 신설.
- 멘토링 프로그램 등 다양한 서비스 개발·보급.
- 청소년미혼모의 친가족에 대한 개입 필요 – 청소년미혼모의 가족이 지지체계 안에 편입되어야 하며 가족의 기능이 회복되어 가정 복귀가 가능하

도록 유도.

넷째, 다양한 서비스를 제공하는 동시에 이런 서비스에 쉽게 접근할 수 있도록 하는 효율적이며 통합적인 서비스 전달체계가 필요하다.

- 학교, 미혼모시설, 병원, 입양기관, 보육시설, 지역사회의 다양한 자원을 함께 묶어주는 원스톱 종합보호체계 구축.
- 상담과 다양한 서비스 안내 및 연계를 책임지는 동시에 종합적 보호체계로 들어가는 원스톱 창구의 역할을 하는 기구 구축.
- 기구를 통해 사례관리 실시.
- 학교현장은 전문상담교사나 학교사회복지사, 보건교사 등의 전문가를 통해 청소년미혼모 종합보호체계를 활용하여 임신 및 출산 학생을 적극적으로 지원.

다섯째, 학교 교사를 포함하여 학생, 학부모 등 학교 구성원의 청소년미혼모에 대한 인식변화를 유도하는 것이 필요하다. 이러한 변화는 제도나 법의 개정을 통해서도 가능하며 교육과정을 통해 유도할 수도 있으며 공개적 사회적 논의를 통한 지속적인 노력도 요구된다.

- '미혼모'라는 용어 대신 낙인감을 줄일 수 있는 보다 중립적인 용어 사용 필요.
- 교사나 공무원 등을 대상으로 한 인권교육 실시.
- 청소년미혼모를 포함한 다양한 집단의 인권 문제를 다루는 인권교육 프로그램을 개발하여 중·고등학교에서 실시.
- 청소년미혼모의 인권에 대해 생각해볼 수 있는 사회적 논의의 장 마련.

여섯째, 청소년의 임신과 재임신 예방을 위한 효과적인 임신 예방교육 프로그램의 실시가 필요하다.

- 보다 효과적인 성교육 프로그램 개발.
- 자존감 향상 프로그램 보급.

- 친가족과의 관계 개선을 위한 개입.
- 성행위 관련 상담프로그램 실시.
- 청소년미혼모의 정확한 실태를 파악하여 정책에 반영.

참고문헌

건강보험심사평가원. 2008. 10. 13. ≪중앙데일리≫.

김만지. 2004. 「미혼모의 임신 연령과 관련 요인에 관한 연구」. ≪청소년학연구≫, 5(2). 5~25쪽.

김재득·이행숙. 2002. 「청소년 미혼모에 관한 한미 정책 비교에 관한 연구」. ≪한국비교정부학보≫.

김정래. 2002. 『아동권리향연』. 서울: 교육과학사.

김혜선·김은하. 2006. 「미혼양육모의 양육 결정 체험」. ≪한국사회복지학≫, 58(1). 73~393쪽.

안재진·김지혜. 2004. 「미혼모의 사회적 관계망이 자아존중감에 미치는 영향」. ≪한국사회복지학≫, 56(3). 61~87쪽.

안치민. 2003. 「복지권의 구성과 성격」. ≪한국사회복지학≫, 55. 5~25쪽.

통계청. 2006. 학년별 졸업자 수, 진학자 수. http://www.kosis.kr

허남순·노충래. 2005. 『미혼모부자 종합대책에 관한 연구』. 서울: 여성가족부.

황성기. 1994. 「아동의 인권에 관한 연구」. 서울대학교 석사학위논문.

홍순혜·김혜래·이혜원·변귀연·정재훈·이상희. 2007. 『청소년미혼모의 교육권 보장 실태조사』. 서울: 국가인권위원회.

Center for Assesment and Policy Development(CAPD). 1996. Working with Teen Parents and their Children: The Importance of School-Based Programs and Guidance for Child Care Professionals in the Field(*A Briefing Paper*).

Department of Health. 2007. *Teenage Pregnancy Next Steps: Guidance for Local Authorities and Primary Care Trusts on Effective Delivery of Local Strategies.*

Ehrlich, G. and Vega-Matos, C. A. 2000. *A Blueprint for Education Policymakers: Involvement in Prevention Efforts*. NASBE.

Marshall, T. H. & Bottomore, T. 1992. *Citizenship and Social class*. Pluto Press.

World Health Organization(WHO). 2004. *Adolescent Pregnancy: Issues in Adolescent*. Health and Development. Geneva.

http://www.dfes.gov.uk/teenagepregnancy

「대만의 10대 미혼모 대책」. 2007. 7. 6. MBC <시사프로그램 W>.

≪데일리중앙≫, 2008. 10. 13. http://www.dailiang.co.kr

12장

위기청소년과 역량강화

생활기술훈련 프로그램

최경옥 성공회대학교 사회복지학과 박사과정

1. 청소년과 위기

오늘날 청소년은 가정 내의 부정적 경험, 유해한 사회적·문화적 환경, 자율과 시간이 통제된 입시 위주의 교육제도 때문에 발달에 필요한 최적의 환경을 제공받지 못하고 있다. 부적절한 환경은 청소년이 생존의 조건을 제공받을 수 있는 권리, 자신의 욕구와 잠재력을 발견하고 발휘할 수 있는 권리, 위험하고 자극적인 환경에서 안전할 수 있는 권리, 자신이 지지하는 단체에 가입하거나 의사표현할 수 있는 참여의 권리를 제한한다. 이러한 환경 속에서도 많은 청소년은 자신의 갈 길을 향하며 환경에 적응하지만 이들 중 일부 청소년은 어려움을 맞게 된다. 본인의 의사와는 상관없이 가정의 경제적 문제, 부모의 이혼과 갈등, 학대, 친구로부터의 따돌림과 폭력, 교사의 체벌과 학교불만, 성적 하락 등 가정, 학교, 또래관계에서 혼자서 해결할 수 없는 많은 위기를 만나게 된다. 이러한 위기 상황에서 청소년들은 가족과 대화를 피하거나 공격적인 태도를 보이고 또래와 잘 어울리지 않으며, 음주, 흡연, 가출, 싸움, 학교 결석, 자살시도 등 다양한 행동을 보인다. 또한 약물남용, 집단폭력, 성접촉과 관련된 문제, 사이버 범죄, 유흥업소 출입 등 법률에 위배되는 행동을 하기도 한다.

다음의 사례를 통해 위기를 맞은 청소년의 이야기를 살펴보자.

사례1 부모의 부적절한 양육

술을 많이 드시는 아버지가 어머니를 자주 때렸다. 어머니가 집을 나간 뒤로는 아버지는 나를 때리기 시작했다. 도대체 왜 맞아야 하는지 이해할 수 없었다. 더는 맞으며 살고 싶지 않아서 중학교 1학년 때 가출하게 되었다. 귀가했을 때 아버지가 자퇴하라고 했다. 어느 날 학교에 갔더니 아버지가 자퇴서를 가지고 있었다. 자퇴서를 찢어버리고 울면서 매달렸다. 고등학교는 졸업하고 싶었는데 막상 자퇴서를 내니까 아버지가 죽이고 싶도록 미웠다.

사례2 자아정체감 미성숙

고등학교 1학년 때까지만 해도 나는 그야말로 순진한 모범생이었다. 노는 것, 즐기는 것은 대학 들어갈 때까지만 참자고 유혹을 뿌리쳐왔다. 하지만 고등학교 1학년 겨울방학 때 친구를 따라 노래방, 호프집, 나이트클럽을 가보았고 여자친구도 사귀었다. 술을 마시니 세상이 묘하게 느껴졌다. 대학 갈 때까지 참으려고 아침부터 밤늦도록 공부에만 매달려 있던 내 모습이 한순간 우습게 느껴졌다. 아이들과 거리를 몰려다니고 밤늦게까지 이런저런 이야기도 하며 소리도 질러보니 비로소 살맛이 나는 것 같았다.

자료: 오승환(2008).

그러나 사례에서 제시한 이런 위기가 모두 위험행동으로 이어지는 것은 아니다.

청소년과 위기 사이에는 두 가지의 특성이 있다.

첫째, 청소년위기는 연속적이며 누적적이다. 위기상황이 비교적 초기단계로서 경미하고 약할 때 중단될 수 있는 기회를 갖지 못하면 누적되고 심화되어 다른 문제에 연속적인 영향을 줄 수 있다. 예를 들어 요즘 고등학생의 흡연행위는 그다지 위험한 행동으로 여겨지지 않는다. 그러나 또래와 어울리면서 호기심에서 시작했던 흡연의 경험이 중독으로 이어지면 면역력과 집중력이 떨어져 학업에 흥미를 잃게 하고 술이나 기타 약물을 쉽게 시작하게 하는 제2비행의 관문(gateway) 역할을 하여 교칙위반이나 집단적인 또래행동에 휩쓸리는 상황으로 발전할 수 있다. 또한 가정폭력이나 심한 학대에 노출되어 공격적이고 학습부진의 문제를 가진 아동에게 적절한 치료와 개입을 하지 않을 경우 학교 내 폭력이나 가출로 학교를 중퇴하거나, 우울·불안으로 자살을 시도하거나, 행동장애를 보이거나, 폭력의 가해자가 될 것으로 예측되기도 한다. 따라서 위기는 복합적인 문제로 누적되었다가 차츰 행동으로 드러나는 연속적인 특성을 가지고 있다.

둘째, 위기에는 반전의 힘이 숨어 있다. 청소년과 관련된 많은 이야기 중 '위기'라는 단어는 주로 청소년문제나 비행을 언급할 때 사용하기 때문에 낙인감을 주는 부정적 이미지를 갖는다. 그러나 위기는 급격한 변화나 결정적이고 중요한 단계를 충격적으로 표현할 때 사용하는 말이지, 결정된 행위를 뜻하는 것은 아니다. 위험한 고비와 시기, 즉 체계의 불균형 상태인 시간과 상황의 개념이다. 따라서 위기는 그 상황을 어떻게 극복하느냐에 따라 항로를 이탈하기도 하지만 다시 안정적인 궤도로 돌아가거나 또는 현재보다 더 높은 고지에 이르는 좋은 계기나 발단이 되기도 한다. '헬리콥터 맘'[1] 곁에서 위기

---

1) 1990년대 미국 미디어에서 자주 사용된 용어로 자녀를 위해 자녀 곁을 헬리콥터처럼

가 무엇인지도 모른 채 청소년시기를 보내고 성인이 되어 자립하지 못하는 '캥거루 족'이나 '피터팬 족'[2]과 달리 장애나 가정의 어려움을 딛고 이겨내어 자신의 목표를 이루고 타인에게 귀감이 되는 많은 사례를 보았을 것이다. 해가 뜨기 직전이 가장 어둡다는 속담도 있듯이 청소년시기의 위기는 외롭고 힘들지만 그 위기를 잘 겪고 이겨내면 다음 단계로 도약하는 기쁨을 맛보게 되기도 한다.

따라서 청소년의 위기는 연속적이고 누적적인 위험을 가지고 있지만 반전의 기회와 도전의 시기가 된다는 유연한 관점을 갖고 살펴야 한다.

이 장에서는 학생의 관점에서 위기의 개념과 요인을 살펴보고 위기청소년의 실태와 지원내용을 살펴볼 것이다. 또한 청소년과 역량강화의 관점에서 탄력성을 높이기 위한 학교영역에서의 실천방안과 실천의 사례로 실시되었던 프로그램을 살펴볼 것이다.

1) 위기청소년의 개념과 관련 요인

누가 과연 위기청소년인가라는 질문에 대해서는 많은 논란이 있을 수 있다. 어느 지점을 위기로 볼 것인가에 대해서는 정책입안자, 학자, 실천가, 부모, 청소년 당사자 사이에 많은 견해 차이가 있을 것으로 생각되기 때문이다.

위기청소년이라는 용어는 1983년 미국에서 처음 사용되었다. 중도에 학업을 그만둘 가능성이 높은 청소년이 증가하고 이러한 교육의 문제가 가정, 학교, 사회 여러 곳에서 사회 문제로 이어지자 요인을 분석하고 이에 대한

빙빙 맴돌면서 간섭을 멈추지 않는 부모를 의미하는 신조어이다(이혜원 외, 2008).
2) 캥거루 족은 성인이 되어서도 부모로부터 독립하지 못하고 종속되어 있는 자녀이며 피터팬 족은 성인이 되어도 어른 사회에 적응하지 못하고 늘 어린아이와 같이 살고 싶어 하는 욕망을 가진 이들을 표현하는 신조어이다.

대책을 촉구하는 「위기에 처한 국가(A Nation at Risk)」라는 보고서가 발간됐는데 여기에 위기청소년이라는 단어가 처음 등장했다.

OECD(1995)에서는 위기청소년(At-Risk Youth)을 학교생활에 적응하지 못해 직업이나 성인으로서의 삶을 성취해내지 못할 것 같은 사람, 그 결과 사회에 긍정적으로 기여하지 못할 것으로 보이는 청소년으로 정의한다(구본용 외, 2005). 이 개념은 OECD회원국 대부분이 사용하고 있다. 유럽의 여러 나라는 교육제도 내에서의 학업과 직업적 활동을 중단하고 있는 청소년을 위기청소년으로 규정한다. 대부분의 나라가 위기청소년을 '학생지위'에의 적응 여부에 초점을 맞추고 있는 반면 우리나라는 매우 포괄적인 개념을 가지고 있다. 우리나라에서는 청소년복지지원법 시행령에서 규정한 '특별지원청소년'을 위기청소년의 개념으로 사용한다. 특별지원청소년은 세 가지로 범주화하고 있는데 첫째, 보호자가 없거나 보호자의 실질적인 보호를 받지 못하는 청소년(가출, 미성년단독세대, 빈곤청소년, 요보호청소년), 둘째, 학업을 중단한 청소년, 셋째, 교육적 선도대상 청소년 중 비행예방의 필요성이 있는 청소년(학교폭력 피해·가해청소년, 집단따돌림 피해·가해청소년, 범죄 가해·피해청소년이 될 위험이나, 우울증에 빠지고 자살할 위험이 있는 청소년)으로 광범위한 청소년문제를 위기청소년의 개념에 적용하고 있다.

결과적으로 '위기'는 현재 위험행동뿐만 아니라 좋지 않은 환경과 개인적 요인으로 인해 학업을 지속적으로 수행하는 데 어려움이 많고 적절하게 개입하지 않을 경우 미래에 부정적인 결과를 갖게 될 수 있는 상황이라고 볼 수 있다. 학업의 지속 여부가 중요한 청소년기의 발달과업은 무엇보다 학업을 충실히 수행하는 데에 있고 '학교'를 통해 이 과업을 이수하게 된다. 그러나 학교는 학습적인 측면 외에도 친구나 교사를 통해 작은 사회를 경험하게 된다는 데 더 큰 의미가 있다. 가족 이외의 타인을 만나면서 관계를 이루고 그 시대의 공감되는 문화를 함께 경험하면서 내가 누구인지 알아가고, 가족으로부터 정서적으로 독립하여 미래를 준비하게 된다. 때문에 학교생활이 부정적이고 다른 대안 없이 그 지위에서 벗어났다면 진로나 직업선택의 제한뿐 아니라 위기를 극복하는 긍정적인 경험과 자원을 갖지 못해 앞으로 인생에서 펼쳐질 많은 위기를 계속해서 힘겹게 겪게 될지도 모른다.

이 장에서는 위기의 많은 개념 중에서도 학생의 권리와 복지에 초점을 두어 "다양한 요인으로 인해 학교생활에 적응하기 어렵거나 학교생활을 하는데 부정적인 결과가 나타날 가능성이 많은 학생"의 관점에서 위기청소년을 정의하고자 한다.

위기의 단계에 대해서 버트(Burt, 1992)는 위기진행과정을 위기전조, 위기표식, 문제행동, 위기결과라는 4단계를 통해 설명한다(<그림 12-1> 참조). 위기전조(risk antecedents)는 청소년을 취약하게 만드는 전제조건이라는 뜻으로 가족의 사회경제적 지위나 환경이 청소년에게 부정적 영향을 준다고 본다. 위기표식(risk markers)은 청소년의 상황과 요인 간의 상호작용과정에서 발생하는 것으로 부모의 이혼, 부모의 폭력, 학대, 친구 따돌림 등이 여기에 해당된다. 문제행동(risk behaviors)은 부정적 행동으로 자신이나 타인에게 피해를 주는 결과를 말하는 것으로 성매매, 흡연과 음주, 자살충동, 무단결석, 폭력 등이 해당된다. 마지막으로 위기결과(risk outcomes)는 청소년이 가정, 학교, 지역사회의 안전망에서 이탈하여 가출, 범죄, 학업중단, 자살 등에 이르는 상황을 나타낸다(청소년위원회, 2005).

이 장에서 정의한 위기청소년은 학교의 안전망 내에 있으므로 학업중단의 위기결과를 제외한 위기전조, 위기표식, 문제행동에 노출된 청소년이라 할 수 있다. 세 단계는 파괴적인 문제결과를 드러내는 심각한 상황은 아니다. 하지만 장기간 위기에 노출되면 더 많은 어려움을 겪거나 학교중단과 범죄로 발전될 가능성이 있으므로 학교생활을 건강하게 할 수 있도록 지원해야 하는 중요한 시기이다.

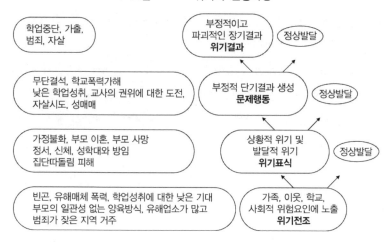

<그림 12-1> 위기의 진행과정

| 학업중단, 가출, 범죄, 자살 | | 부정적이고 파괴적인 장기결과 **위기결과** | 정상발달 |

(diagram content)

학업중단, 가출, 범죄, 자살

부정적이고 파괴적인 장기결과 **위기결과** → 정상발달

무단결석, 학교폭력가해 낮은 학업성취, 교사의 권위에 대한 도전, 자살시도, 성매매

부정적 단기결과 생성 **문제행동** → 정상발달

가정불화, 부모 이혼, 부모 사망 정서, 신체, 성학대와 방임 집단따돌림 피해

상황적 위기 및 발달적 위기 **위기표식** → 정상발달

빈곤, 유해매체 폭력, 학업성취에 대한 낮은 기대 부모의 일관성 없는 양육방식, 유해업소가 많고 범죄가 잦은 지역 거주

가족, 이웃, 학교, 사회적 위험요인에 노출 **위기전조**

자료: 청소년위원회(2005).

위기청소년은 일반적으로 다른 청소년에 비해 문제를 일으킬 소지가 높은 특성과 관련이 많다. 이러한 위험요인은 개인, 가족, 교육과 또래, 사회적 요인 등이다.

개인적 위험요인이란 자존감이 낮고 반사회적 성향이나 충동성이 높고 자극을 추구하는 성향이며 우울과 불안, 공격성이 높은 경우이다. 또한 스트레스나 음주나 흡연의 경험이 위험행동과 관련이 많다.

가족요인은 가정의 빈곤, 결손, 학대나 방임 경험, 가정폭력 노출, 부모의 자녀교육 기대수준이 높은 것, 부모가 위험행동을 많이 하며 부모의 지도감독이 소홀하거나 양육태도가 합리적이지 않고 의사소통이 원활하지 않은 것 등이다.

교육적 요인은 학업성적이 낮고 학교에 대한 태도가 좋지 않으며 학업성취에 대한 기대감이 낮고 잦은 결석, 전학, 교사들의 낙인이나 무관심과 관련이 많은 것으로 나타났다. 최근에는 교사와 학생 간의 상호작용, 학교 건물이나 교내환경 안전성의 요인과 같은 학교의 분위기가 학교폭력에도 영향을 미친다는 연구결과도 있다(김은영, 2007).

또래와의 요인은 또래의 위험행동 수용도, 또래의 비행 여부, 약물사용, 또래와의 관계 등이다. 사회적 요인으로는 지역사회의 결속력이 낮고 청소년에 대한 관심이 낮으며 범죄에 노출이 많이 된 지역이 청소년에게 위험한 환경으로 조사되었다.

2) 위기청소년의 실태

현재 우리나라 청소년 인구는 2007년 7월 기준으로 1,066만 명인 것으로 알려져 있다. 전체 인구의 22%를 차지한다. 이 중에서 이미 심각한 '위기결과(risk outcomes)'에 이른 청소년도 많다. 2006년 한 해 동안만 정규 중·고등학교 과정을 중단한 청소년이 4만 6,000명에 이르고 있으며 학생범죄는 5만 8,463명으로 전체 소년범죄 대비 63.1%로 많은 비중을 차지하고 있다(한국교육개발원, 2007). 이제부터 청소년위기의 진행과정 중 학교청소년에게 해당하는 위기전조, 위기표식, 문제행동의 3단계에 따른 몇 가지 문제와 그 실태를 파악해보고자 한다.

(1) 위기전조

① 가정의 빈곤

가정의 빈곤으로 어려움을 겪고 있는 청소년의 규모는 2007년 시·도 교육청에서 지원받는 급식지원 학생 수를 통해 살펴봤다. 급식지원 대상은 가정의 빈곤으로 인해 결식 우려가 있는 학생들로 기초수급자 29만 5,043명, 복지시설 수용아동 1만 974명, 한부모·소년소녀 가장 13만 4,264명, 차상위계층 35만

2,027명, 결식우려아동 7,692명 등을 합해 총 빈곤가정학생 약 80만 명으로 추정한다(정익중, 2008). 약 80만 명가량의 빈곤가정청소년은 학업지원을 충분하게 받지 못할 뿐만 아니라 부모의 스트레스로 학대나 방임의 가능성이 크고 가족간에 원활한 의사소통이 부족하여 불안, 위축, 공격, 우울, 낮은 자존감 등의 심리정서적 반응을 보일 수 있다. 또한 신체적으로도 발달이 늦고 질병이 많으며 학업성취도가 낮아 청소년에게 가정의 빈곤은 위기의 전제조건이 될 수 있다.

② 유해환경 노출

다음의 기사는 청소년들이 얼마나 쉽게 유해한 환경에 노출되는지를 보여준다.

보건복지가족부 아동청소년정책실(옛 국가청소년위원회)이 일반청소년(전국 중·고등학교 재학생 1만 3,721명)과 위기청소년(전국 소년원에 있는 청소년, 가출청소년, 학교부적응청소년 1,505명)을 대상으로 조사한 '2007 청소년 유해환경 접촉 종합실태조사'에 따르면 일반청소년 중 성접촉 경험이 있다고 답한 경우는 8,013명(전체의 58.4%)이었으며 이 가운데 초등학교 3학년 이하의 저학년 때 처음 성접촉을 경험한 학생이 2007년 11.6%로, 2006년 4.0%에 비해 3배 가까이 증가했다. 초등학교 4~6학년 때를 꼽은 경우도 19.4%로 2006년의 9.8%에 비해 2배가량 늘었다. 성관계를 경험하는 시기도 빨라졌다. 일반청소년 가운데 성관계 경험이 있는 548명(4%)에게 첫 성관계 경험 시기를 묻자 초등학교 3학년 이하가 10.1%, 초등학교 4~6학년이 9.7%를 차지해 성관계를 경험한 중·고등학생 5명 중 1명꼴로 초등학생 시절에 이미 성관계를 경험한 것으로 나타났다. 일반청소년이 성인 간행물과 영상물, 음란사이트 등 유해매체를 처음 이용하는

시기는 중학교 1학년이 가장 높게 나타났으며, 초등학교 4~6학년이 그 뒤를
이었다. 특히 19세 미만 이용불가 게임의 경우 초등학교 4~6학년 때 처음
이용했다는 응답이 10.6%에 달해 가장 높은 수치를 기록했다. 성접촉 장소로는
노래방, 비디오방, DVD방, PC방을 이용하는 것으로 나타났다.

《동아일보》(2008. 10. 22) 기사 재구성,

이처럼 성인영상물과 음란사이트, 유해매체를 접해본 시기가 중학교 1학년
이나 초등학교 4~6학년 등 어린 시기인 것으로 나타나 청소년들이 왜곡된
문화와 유해환경에 얼마나 쉽게 접할 수 있는지를 보여준다. 음란하고 폭력적
인 영상물과 주류·유흥업소 등 유해환경은 청소년 위기전조의 대표적인 환경
적 요소이다.

(2) 위기표식

① 가정폭력

2007년 전국 아동보호전문기관에 신고된 아동학대 건수는 9,478건이다.
이 중 79.6%가 가정 내에서 발생된다. 그러나 이것은 신고 건수이며 실제로
가정 내 폭력이나 학대율은 더 높을 것으로 추정된다. 가정폭력을 경험하면서
자란 청소년들은 신체적·정서적·인지적으로 발달상 문제를 겪는 비율이 높고,
폭력의 학습으로 비행성향이 강화될 가능성이 크다. 각종 연구에서 가정폭력
노출경험이 학생의 폭력행동에 영향을 미치는 것으로 나타났으며 피학대경험
자가 다시 가해자가 되어 자녀들을 학대하는 폭력의 대물림 현상을 보여주고
있다. 비행청소년의 50~85%가 어린 시절 학대를 당했거나 가정 내에서의
폭력과 학대를 목격한 것으로 나타나고 있다. 따라서 가정 내에서의 부모의
갈등이나 폭력·학대를 경험한 청소년은 가출을 선택하면서 여러 면에서 심각

한 위기에 진입하게 될 가능성이 크다(김은영, 2007).

② 또래 따돌림

최근 학교에서 또래 따돌림의 현상이 큰 문제가 되고 있으며, 그중에서도 다문화가정 자녀에게서 자주 나타난다. 다문화가정 자녀는 언어소통의 어려움, 학교에서의 놀림과 따돌림으로 학교에 적응하지 못하는 것으로 나타났다. 2008년 국정감사 기간에 보건복지가족위의 한 국회의원이 행전안전부 주민등록자료와 교육과학기술부 학생현황 자료를 비교하여 다문화가정의 학령기 아동 2만 4,867명 중 6,089명(24.5%)이 학교를 다니지 않고 있다는 발표를 했다. 초등학생은 2,887명(15.4%), 중학생은 1,459명(39.7%), 고등학생은 1,743명(69.6%)이 각각 학교에 다니지 않는 것으로 확인되었다. 상급학교로 가면서 미진학 또는 중도 탈락 비율이 증가하는 것이다(≪동아일보≫, 2008. 10. 24). 새터민청소년 역시 마찬가지이다. 중학생과 고등학생의 탈락률이 30%가 넘는 것으로 나왔으며 말투 때문에 학교에서 놀림을 당하고 학업부진과 교사의 무관심과 무시, 친구관계 단절로 학교를 그만두는 것으로 조사되었다(조한범, 2006).

2006년 1월 재혼한 엄마를 따라 서울에 온 몽골 출신의 A군(17세)은 몽골에서 성적이 최상위권이었고 2007년 3월 중학교 입학 전까지 다닌 한글학교에서도 머리가 비상하다는 평가를 받았다. 그러나 A군은 몽골인이라는 이유로 학교에서 입학을 거절당한 후 어렵게 들어간 학교에서도 6개월 만에 나오고 말았다. "몽골에서는 말 타고 다니냐?", "몽골 새끼 또 왔다"는 등의 놀림을 견디기 어려웠기 때문이다. 지난해 8월 부모를 따라 한국에 온 몽골 출신의 체책(17세) 양도 서울의 한 중학교 3학년으로 입학했는데 한 달 정도 지나 따돌림이 시작되었다. 수업시간에 아무도 옆자리에 앉지 못하게 하고, 점심시간이면 같이 밥 먹을 친구가 없어 화장실에서 시간을 때우기도 했다.

≪한국일보≫, 2008. 11. 3.

선생님이 쓰는 말을 몰라하니 '그것도 모르냐?'는 반응을 보였다. 수업내용 과는 상관없지만 쉬운 것도 모르니까 답답할 때가 많다. 과자 이름, 차 종류도 몰라 대화가 안 됐다. 선생님이 티코(자동차) 이야기를 하는데 다른 아이들은 웃는데 나는 몰라서 그게 뭐냐고 물으니 선생님이 '너는 그거 몰라도 된다'는 식으로 무시하는 투로 아이들 앞에서 이야기해서 상처가 되었다. 이렇게 되니 자신감이 없어져 수업시간에 가만히 있게 되는 경우가 많다. 왠지 여기 끼면 안 되겠다는 소외감이 들고 또 웃음바다가 되지 않을까 해서 아예 가만히 있게 된다.

조한범, 새터민청소년 최○희와의 면담내용 인용.

(3) 문제행동

① 학교폭력

학교폭력의 결과는 피해학생이나 가해학생 모두와 그 가족에게 부정적 영향을 주므로 신속한 대처와 예방이 필요하다. 학교폭력은 정의가 매우 다양 하고 발생건수 추정이 힘들어 실태를 파악하기 어려운 점이 있다. 그러나 「학교폭력예방 및 대책에 관한 법률」에 따라 학생 간에 발생한 폭력으로 규정하여 학교폭력사건으로 징계를 받은 학생 수를 살펴보면 2006년에 6,267 명으로 조사되었다. 전년도에 비해서 줄어든 수치이다(보건복지가족부, 2008). 그러나 청소년폭력예방재단에 따르면 전국 초등학생들의 학교폭력 피해율은 2001년 8.5%, 2002년 11.2%, 2003년 17.5%, 2006년 17.8%로 꾸준히 늘어나고 있으며 여학생의 비율도 계속 증가되는 추세다(www.wolyo.co.kr).

② 성문제

청소년의 성문제 실태는 성매매와 성범죄라는 부분을 모두 포함해서 살펴봐야 한다. 성매매의 경우 2004년 「성매매특별법」 시행 이후 지속적으로 단속하고 있어 2006년에는 검거건수 744건(검거인원 1,745명)으로 예전에 비해 감소했다. 그러나 관련된 대상청소년의 비율은 증가하고 있다. 청소년 성매매가 이루어진 장소는 인터넷이 가장 많았고 그다음으로 기타, 대면, 휴대폰 순으로 나타났다. 연루된 청소년의 소속을 살펴보았을 때 학교중단 청소년이 가장 많았으나 고등학생, 중학생, 초등학생 순으로 학생의 신분으로 성매매에 연루된 사례도 50%가 넘는 것으로 나타났다. 특히 요즘 청소년에게 가장 큰 영향력을 발휘하는 인터넷과 휴대폰이 범행의 도구가 되며 범행동기 중 생활비와 유흥비 마련이 가장 큰 이유인 것은 청소년이 성범죄에 쉽게 노출될 수 있음을 보여주는 특징이다. 청소년 성범죄자의 경우 「성폭력 범죄의 처벌 및 피해자 보호 등에 관한 법률」과 「청소년의 성보호에 관한 법률」 위반사범을 합쳐 2002년에는 1,122명에서 2006년에는 1,340명으로 증가되고 있는 것으로 나타났다(보건복지가족부, 2008). 성을 매매하는 행위와 성폭력은 자기 자신과 타인과의 관계를 파괴적으로 만드는 매우 심각한 문제이다. 또한 성행위는 임신으로 이어질 가능성이 높고 청소년의 경우 면역체계가 약해 각종 성질환에 노출될 수 있으므로 그 위험성이 더욱 크다.

③ 흡연, 음주

각종 유해화학물질을 포함한 술과 담배는 WHO가 규정한 약물로써 청소년의 심신을 훼손하여 건강한 성장과 발달에 나쁜 영향을 준다. 우리나라 청소년의 연간 음주율[3]은 28.08%이며 남자와 여자청소년의 비율에는 거의 성차가 없는 것으로 나타났다. 음주의 시작연령도 평균 14.7세이며 13세에 음주를 시작하는 비율도 1998년 4.3%에서 2005년에는 14.4%로 증가함으로써 어린 나이에 음주를 시작하는 비율이 큰 폭으로 증가하고 있다. 흡연의 평균연령은 15.19세이며 월간 흡연율은 4.54%로 나타났다(보건복지가족부, 2008).

1997년 청소년보호법의 제정으로 유해물질 구입이 제한되어 약물남용의 비율이 이전에 비해 현저히 줄어들었다고 하나 술과 흡연의 경우는 손쉽게 구할 수 있고 그 형태가 점차 저연령화되고 여학생의 비율이 늘어나는 등 사회적 문제로 대두되고 있다. 술과 담배는 직접적인 문제행동일 뿐만 아니라, 이로 인한 학교에서의 징계 등 학교부적응이나 성문제와 다른 문제행동을 유발할 수 있는 문제행동이기도 하다.

④ 자살 욕구

청소년시기에 스트레스가 건강하게 표출하지 못하고 누적되면 우울로 이어질 수 있다. 지난 1년 동안 연속적으로 일상생활에 지장이 있을 정도로 슬프거나 절망감을 느낀 적이 있는 청소년은 12.2%로 나타났고 1년간 자살을 생각해본 적이 있는 청소년의 비율은 전체의 13.2%로 우울감 경험보다 다소 높았다. 자살 이유로는 학업, 진로, 가정문제 순으로 나타났다(보건복지가족부, 2008). 우울은 치료받지 않고 방치했을 경우 자살로 이어질 수 있기 때문에 매우 위험하다. 실제로 학생 자살이 2003년 232명에서 2007년 309명으로 늘어났다(통계청, 2008). 우리나라 청소년 자살률 자체가 높은 편은 아니지만 자살을 하고 싶은 충동과 욕구는 OECD국가 중 비교적 높은 것으로 나타나 억압된 입시구조와 학업에 대한 부담으로 인한 청소년의 스트레스와 정신건강상의 위기 역시 높은 것으로 볼 수 있다.

---

3) 전체 청소년 중 지난 1년간 음주(1잔 이상)한 사람.

3) 위기청소년을 위한 지원체계

청소년의 문제를 해결하고 예방하기 위해 각종 법령이 입법화되고 그동안 국가청소년위원회[4]에서 청소년을 위한 많은 활동을 지원했다. 또한 교육과학 기술부, 보건복지부가족부, 여성부, 경찰청, 검찰청, 노동부 등 많은 기관이 연계되어 청소년의 보호·복지활동을 지원하고 있다. 이 항목에서는 위기청소 년을 위해 현재 진행되고 있는 서비스를 생태체계이론에 입각한 가정·학교·지 역사회체계를 중심으로 살펴보고자 한다.

(1) 가정체계

위기청소년을 위해 가정에 지원되는 사업은 주로 부모상담과 교육에 초점 이 맞춰져 있다. 지역사회 복지관에서 실시되는 부모상담이나 한부모가족 모임, 취업상담 등이 있고 청소년상담원이나 시·도 청소년종합지원센터의 부모교육 프로그램, 한국가정법률상담소의 (폭력)피해청소년 부모상담, 아동 보호전문기관의 학대재발예방 부모교육, 건강가정지원센터에서 실시하는 가 족상담과 한부모가족 지원사업, 다문화가정 지원사업 등이 있다.

(2) 학교체계

학교를 중심으로 하는 서비스는 크게 민간기관에 교육을 위탁하거나 전문 가가 학교체계 안으로 들어가서 상담을 하는 외부연계형 사업과 사회복지사 나 지역사회 교육전문가가 학교 안에 배치되는 상주형 사업으로 구성된다. 외부연계형 사업은 주로 상담·교육사업으로 민간전문기관 위탁사업인 약

---

4) 국가청소년위원회는 2008년 이명박 정권이 들어서면서 보건복지가족부의 아동청소년 정책실로 통합되었다.

물예방 시범학교 운영(12학교), 학교폭력 예방을 위한 상담자원봉사자 활용사업(1,000여 명), 학교 주변과 교내에서 안전지도·순찰활동을 하는 배움터지킴이(2007년 현재 727명 배치), 전문상담교사 순회상담(교육청과 각 학교에 645명 배치) 사업이 실시되고 있다. 전문 인력이 학교체계 안에서 상주하여 학생을 지원하는 사업은 크게 학교사회복지사업과 교육복지투자우선지역 사업이 있다. 학교사회복지사업의 경우에는 1997년 서울시 교육청 시범연구사업으로 시작되었고 이후 중앙정부가 아닌 서울시 교육청, 삼성복지재단, 사회복지공동모금회 등의 지원으로 확대되다가 2006년 12월에 보건복지부가 비로소 예산을 책정하여 사회복지사를 학교에 배치하기 시작했다. 2008년에는 96명의 사회복지사가 학교에 배치되어 일하였다. 한편 교육부의 교육복지투자우선지역 사업은 2003년부터 저소득층이 많은 지역 학교에 지역사회 교육전문가를 배치하여 교육적응 해소를 목적으로 학생의 교육·문화·복지 전반을 지원하면서 시작되었다. 그 후 계속적으로 지원이 확대되다가 2008년부터 복지가 제외된 채 '교육투자우선지역 지원사업'[5])으로 변경되어 현재는 517개의 학교에 기초학력보장과 학업성취에 초점을 맞춘 교육사업으로 전환·실시되고 있다.

(3) 지역사회체계

지역사회체계는 청소년활동사업과 복지, 상담과 보호, 네트워크를 중심으로 한 통합적 서비스로 구성된다.

청소년활동사업은 청소년에 적합한 문화, 교류, 수련활동을 지원하기 위한 것으로 전국 152개의 청소년수련관, 수련원, 문화의 집에서 실시되고 있다. 또한 청소년의 올바른 성지식과 정보제공을 위해 기존의 성교육에서 탈피한 청소년성문화센터도 청소년 특성에 맞춘 다양한 매체를 활용한 체험활동 중

---

5) 교육(복지)투자우선지역 지원사업의 자세한 내용은 8장에서 설명하고 있다.

심으로 이루어지고 있다. 현재 전국 29개소가 운영되고 있다.

복지서비스는 저소득지역의 맞벌이, 한부모청소년을 위한 방과 후 서비스인 지역아동센터와 청소년아카데미사업이 있다. 지역아동센터의 경우 청소년 전용시설 수와 서비스가 매우 부족한 실정이라서 많은 수가 초등학생과 통합적으로 장소를 이용하고 있다. 방과 후 아카데미는 주로 청소년이 이용하는 곳으로 152개소에 6,300여 명이 이용하고 있다. 청소년쉼터는 가출청소년의 생활보호뿐만 아니라 상담, 자립역량 강화, 문화활동 기회제공 등의 역할을 수행하고 있으며 2007년 현재 전국에 79개소가 일시·단기·중장기쉼터 등으로 구분되어 운영된다.

상담 및 치료사업은 한국청소년상담원에서 상담프로그램 기법연구와 자료 제작, 사이버상담 운영 등 전국 상담기관의 중추적 기능을 수행하고 있다. 긴급구조를 위해 '해피콜(Help Call)청소년전화 1388'에서는 청소년과 인터넷 중독 등 모든 문제에 대해 24시간 원스톱서비스 전화상담을 받고 있으며 현재 전국 142개 센터에서 운영 중이다. 청소년의 다양한 문제를 상담하기 위해 설치된 청소년상담지원센터는 현재 16개 시·도와 126개 시·군·구에 설치되어 운영되고 있다. 아동의 학대·방임에 대한 전문적인 상담·보호·치료를 위해 설립된 아동보호전문기관은 2007년 현재 44개소의 아동보호전문기관과, 32개소의 학대아동 전용 공동생활가정에서 학대아동을 위한 보호망을 구축해나가고 있다. 한편 성폭력 피해아동의 신체적·정신적 피해를 치료하기 위한 종합진료체계로 설립된 해바라기아동센터는 서울, 광주, 대구에 3개소가 운영 중이다. 성매매상담소는 전국에 29개소가 있으며 보호를 위한 시설 41개소, 그룹 홈 10개소가 운영되고 있다. 성매매대상청소년 사회복귀 지원을 위한 치료, 재활프로그램은 전국 4개의 청소년 지원시설과 청소년상담지원센터를 교육시설로 지정하여 실시하고 있다.

네트워크사업은 개별적이고 파편화된 것을 해소하기 위해 국가청소년위원회에서 2006년부터 마련한 청소년지원통합서비스이다. 위기청소년에게 전화상담, 긴급구조, 의식주 제공, 진로·취업, 자활, 학습 등 맞춤형, 원스톱(One-stop) 식으로 서비스를 제공할 수 있도록 지역의 관련 자원을 발굴·관리하고 항상 이용할 수 있도록 지역사회의 청소년 관련기관(시설)과 서비스를 연계·통합하는 정책을 말한다. 이 사업은 16개 전국 시·도 청소년상담지원센터와 시·군·구 청소년지원센터가 네트워크의 허브 역할을 담당하고, 청소년전화나 내방 등을 통해 위기청소년이 발견될 경우 상담을 실시하고 문제를 평가한 뒤 청소년에게 가장 적합한 상담·복지서비스를 지역사회 내의 활용가능한 자원과 연계하고 협력하는 체계 속에서 실시되고 있다. 그 밖에 상담자격을 갖춘 청소년전문가가 청소년을 직접 찾아가서 상담, 심리, 정서적 지지 등을 지원하는 청소년동반자 프로그램도 운영 중이다.

위스타트(We start) 사업[6]은 2003년 ≪중앙일보≫의 탐사기획취재 '빈곤아동시리즈' 연재를 계기로 빈곤가정아동에게 교육과 복지, 건강서비스를 제공하여 공평한 출발을 보장함으로써 가난을 대물림하지 않도록 하기 위해 민간이 먼저 시도하고 민·관이 함께 운영한 민·관 협력사업이다. 이 사업은 건강한 마을 만들기를 기조로 현재 학령전기 아동과 학령기 아동을 위한 건강·보육·교육·복지·가족지원 서비스를 지원한다. 위스타트운동본부와의 협약을 통해 지원이 결정되면 광역시·도, 시·군·구에서 마을 단위로 사업이 연결된다. 2008년 현재 전국 4개 시·도 23개의 위스타트 마을이 형성되어 있다. 위스타트가 민간에서 시작된 사업이라면 '드림스타트'는 국가주도적인 빈곤가정아동의 가난대물림 극복사업이다. '희망스타트'라는 이름으로 2007년에 시작되었다가 2008년에 들어서 사업의 명칭이 '드림스타트'로 바뀌었다. 교육(복지)우선 지역사업이나 위스타트 사업과 중복되지 않는 16개 지역을 선정하여 건강·보

---

6) 위스타트 사업에 대한 내용은 10장에서 구체적으로 설명하고 있다.

육·교육·복지·가족지원 서비스가 진행되고 있다.

우리아이 희망네트워크는 순수한 지역사회 중심의 통합적 민간 가족서비스이다. 아동과 가족과 지역사회가 네트워크를 형성하여 아동을 위한 지속적인 보호기반을 마련하는 데 목적을 두고 현재 11개의 자치구에 12개의 센터가 설치되어 운영 중이다. 가족이 요청하는 맞춤형 서비스를 계획하여 가족의 강점을 중심으로 사례관리를 통한 다양한 변화를 함께 이루고 있다.

그러나 이렇게 많은 정책과 지원이 있음에도 위기청소년은 좀처럼 줄어들지 않고 있다. 근본적인 문제는 사회환경과 제도에 있다. 갈수록 심화되는 경제적 위기와 가정의 해체, 범람하는 유해문화와 과도한 입시경쟁으로 인한 원인이 매우 크다. 그러므로 이러한 환경이 바뀌지 않는다면 아무리 청소년 관련 법령이 많고 서비스의 지원 내용이 풍부해도 청소년문제는 확산될 수밖에 없다. 또 다른 문제는 청소년을 위해 만들어졌다는 많은 지원과 정책이 아직도 청소년과 동떨어져 있다는 점이다. 청소년정책은 대부분이 상담 중심이고 사후대처방식이다. 분절적인 서비스를 통합적으로 연계하기 위해 개발한 네트워크나 원스톱서비스도 일단 문제 발생 후 이용하게 되는 시스템이다. 학교나 청소년이 있는 곳에 상담원을 파견한다고 하나 이미 상담실을 이용하는 것 자체가 아이들에게 낙인감을 주는 것이라 그다지 효과적이지 않다. 청소년을 가운데 세우되 보호나 지원 위주의 연계망으로 포위하고 있는 구조이기 때문에 청소년 스스로 대처하고 성장하는 데 필요한 구체적인 지원이 연결되어 있지 못하다. 따라서 이제는 환경의 급격한 변화와 위기를 겪게 되더라도 오히려 위기를 잘 관리하고 전환점으로 활용할 수 있는 청소년의 내적인 힘을 키우는 것으로 지원의 방향을 전환하는 것이 필요하다. 청소년들 스스로가 사고하고, 표현하고, 가지고 있는 에너지를 자신의 문제해결에 사용할 수 있도록 도와야 한다. 이제부터는 청소년이 자신의 삶에서 주체가 되도록 중점을 두는 역량강화의 관점에 기반을 두어 탄력성의 개념을 살펴보고 이를

위한 학교실천의 방안과 증거기반이론에 입각한 프로그램 사례를 살펴보고자
한다.

2. 청소년과 역량강화

1) 위기청소년과 탄력성

그동안 청소년과 위기에 대한 관심은 위험을 중심으로 위기를 분석하고
발생된 문제에 집중하는 것이 지배적이었다. 그런데 청소년들의 삶을 '위기'
로 보는 관점이나 '위험요인'을 분석하는 연구에 초점을 두는 것은 '문제와
병리적'인 사고로, 오히려 청소년에게 자신이 부족하고 뒤처진 사람이라는
좌절과 실망감을 안겨주게 되었다.

그러나 최근에 들어 문제의 원인이나 취약성보다는 존재하고 있는 보호적
인 요인을 찾아내어 그 요인이 어떻게 위기를 잘 극복하도록 도왔는가라는
부분으로 관심의 영역이 옮겨지고 있다. 이것은 레질리언스(resilience), 즉 적응
유연성 또는 탄력성이라고 부르는 개념으로, 어려움에서 회복하여 긍정적인
결과를 가져오게 하는 개인의 심리사회적 능력을 말한다. 탄력성에 대한 개념
과 요인은 학자마다 매우 다양한데 공통적으로 개인 내적 특성과 외적 보호요
인이 상호작용하여 위험요인을 중재하고 긍정적으로 적응해나가도록 돕는
과정적 능력이라고 정의할 수 있다(Olsson et al., 2003). 이 글에서는 탄력성이라
는 단어를 사용하고자 한다. 청소년의 탄력성을 살펴보는 것은 보호요인을
개발하여 스스로 '잘될 수 있는' 지점을 찾고 '잘할 수 있는' 것을 발견하게
하는 강점 중심의 역량강화와도 같은 맥락으로 이해될 수 있다. 특히 역량강화
는 보호와 지원의 대상이 아닌 권리의 주체자로서 청소년을 이해하는 데 매우

<표 12-1> 탄력성의 개인 내적 특성과 외적 요인

개인 내적 특성		외적 보호요인		
구분	특성	구분		특성
기질	긍정적 기질, 외향적 기질, 신경생물학적 건강	가정	지지적 관계와 참여	부모의 애정과 격려, 지원, 가정 내 응집과 돌봄, 부부간 화목, 가족활동 참여, 양육자와의 친밀한 관계
인지적 능력	높은 지능, 학업성취, 계획 및 의사결정, 인과분석, 문제해결			
의사소통 기술	협동과 의사소통, 언어적 숙련, 독서 기술		믿음과 기대	자녀에 대한 믿음, 재능과 취미 인정, 비난하지 않음, 자녀에 대한 높은 기대
성격 특성	자기효능감, 자존감, 충동통제, 정서조절, 낙관주의, 희망, 균형, 부정적 감정에 대한 인내심, 긍정적 자기개념, 확신, 단호함, 스트레스 대처전략, 내적통제, 유머감각, 균형, 자기강화, 목표와 열망, 지속적인 가치관, 경험에 대한 융통성, 강인함, 긍정적 정서	사회·환경	사회경제적 지위	물질적 자원
			학교경험과 또래관계	교사의 관심과 기대, 긍정적인 교사의 영향, 학교에서의 성공경험(학업/비학업), 학교활동의 의미 있는 참여, 또래의 관심과 기대, 지지적인 또래
사회성, 대인관계	타인에 대한 민감성, 친사회적태도, 타인에 대한 애착 형성, 공감과 수용			
영성	영적 영향력, 삶의 의미와 목적, 공동체 및 신과의 관계, 영적 종교적 안녕, 스트레스와 범죄억제요인으로서의 종교성, 도덕적 방향성, 불안우울과 정신건강의 중재변인으로서 종교성, 약물중독으로부터의 회복, 장애인의 적응과 영성		지지적 지역사회	개인의 스트레스를 인정, 비처벌적 자원 제공, 사회적 가치에 대한 믿음, 지역사회주민의 돌봄, 지역사회의 높은 기대, 지역사회활동에의 참여, 신앙공동체의 관심과 지지, 신앙공동체의 활동 참여

자료: 이해리·조한익. 2005. 「한국 청소년 탄력성 척도의 개발」.

중요하다.

탄력성의 개인 내적 특성은 성격적인 특성으로 긍정적인 결과를 나타내거나 혹은 그러한 결과에 영향을 주는 원인을 말한다. 외적 보호요인은 개인을 둘러싸고 있는 심리사회적 환경으로서 개인의 역경에 대한 반응을 높여주는 보호기제의 요인이다. 지금까지의 국내외 연구에 의해 밝혀진 탄력성의 개인 내적 특성과 외적 요인을 살펴보면 <표 12-1>과 같다(이해리·조한익, 2005).

탄력성이 인생의 위기에 유연하게 적응할 수 있도록 해주는 장점이 있다면 누구라도 이러한 요인을 갖도록 개발해서 가족이나 직장 등 생활의 전 과정에서 활용하는 것이 필요하다. 그러나 무엇보다 청소년에게 이러한 탄력성을 강조하는 것은 인생의 첫 위기이자 전환점에서 학교중단이나 실패의 경험보다는 탄력적 요인으로 자신의 정체성을 찾고 미래를 준비하도록 하는 것이 무엇보다 중요하기 때문이다. 어른의 경우 사고가 경직되어 있고 타인이나 환경과의 상호작용에서 행동의 패턴을 바꾸기가 쉽지 않으나 청소년은 인지적·정서적·사회적으로 많은 것을 습득할 수 있고 자아개념이 형성되는 단계이므로 이 시기에 탄력성을 개발시키면 매우 효과적일 것이다. 베르너와 스미스(Werner & Smith, 1992)는 연구를 통해 모든 아동·청소년에게는 탄력성이 있다고 말한다. 또한 탄력성은 유전적 성향을 가진 자질이라기보다는 과정이며 학습된 것이라고 한다. 그리고 그 과정에는 청소년의 강점을 발견하고, 그들로 하여금 그것을 볼 수 있도록 거울의 역할을 해줄 애정을 가진 특별한 사람이 있고 그를 통해 성장에 대한 동기가 될 만한 긍정적인 메시지를 받았으며 자신의 의견을 말하고 선택하고 의사결정하고 참여할 수 있는 기회를 제공받았다는 것을 밝혔다.

그러므로 학생에게 역량강화를 통해 긍정적인 내적 힘을 기르도록 한다는 것은 위험한 상황을 버티도록 하는 인내심이나 요령을 교육하는 것이 아니다. 자신을 믿어주는 사람과의 의미 있는 관계와 더불어 참여를 통해 생활의 다양한 기술을 배워나가면서 나를 알아가고, 내가 잘하는 점을 발견하고, 부족한 점을 보충하여 더욱 잘할 수 있게 되면서 중요한 생활사건과 위험에 닥쳤을 때 스스로를 보호하고 내재된 탄력성을 통해 적응해나가도록 하는 것이다.

그러므로 역량강화의 핵심은 청소년이 자기 삶에 영향을 주는 사안에 적극적으로 의사결정을 하며 행동할 수 있도록 권한을 부여해주는 활동, 즉 참여에 있다. 참여는 신뢰와 믿음을 바탕으로 타인과 소통하고 의미 있는 관계를 맺어가는 임파워먼트 실천과정이라고 할 수 있다. 오늘날 청소년들에게 참여의 기회를 제공할 수 있는 가장 좋은 곳이 학교라는 것에는 동의하지 않을 사람은 없을 것이다. 이제 학교 내에서 탄력성을 향상시킬 수 있는 방안에 대해서 살펴보자.

2) 학교실천방안

학교는 청소년이 많은 시간을 보내고 있는 곳이며 청소년시기에 영향을 가장 많이 주는 친구, 교사 등이 함께 공존하는 사회체계이다. 청소년에게 학교는 많은 위기를 경험하는 곳이자 탄력성을 회복하는 데 가장 좋은 최적의 장소가 된다. 따라서 청소년의 탄력성을 향상시키고 참여를 돕기 위한 방안으로 무엇보다 학교 내 실천이 강조된다.

미국의 연방정부에서는 18개 학교에서 위기청소년을 지원하는 서비스를 조사한 후, 성공적인 결과를 이끌어낸 학교에서 나타나는 두 가지의 공통된 조건을 밝혀냈다(알렌-미어스, 2008). 첫 번째는 지역사회에 대한 강한 결속의식이다. 결속력을 형성하는 결정요소는 공통된 비전과 목표, 공유하는 가치, 가족단위의 참여, 보호를 필요로 하는 지역주민에 대한 애정과 열정, 신뢰, 다양성과 포괄성의 통합, 팀워크, 교직원·학생·학부모와 가족 간의 개방된 의사소통, 그리고 모든 구성원에 대한 존중 등이다. 두 번째는 조직 간의 신뢰성이 높다는 것이다. 신뢰성이 높은 학교는 단체 조직의 의사결정을 시기적절하게 할 수 있도록 명확하게 정의된 역할과 책임을 갖는 위계질서가 있으며 긴급 상황의 대응에 대해서는 모든 직원에게 권한을 부여한다. 모든 직원의 판단에 대한 신뢰와 전문성의 개발은 학교를 성공적으로 이끄는 데 기여하는 요인이다. 로즈(Mike Rose)도 미국에서 전국 공립학교의 학교사회복지서비스 효과성을 3년에 걸쳐 분석한 결과 성공적인 다섯 가지 요인을 찾아냈다. 첫째, 신체적·정서적으로 학교 분위기가 안전하다고 느낀다. 둘째, 공정한 대우를 받고 다른 사람의 문화·언어·역사에 대한 존중감을 갖는다. 셋째, 교사의 권위는 단순히 역할이나 나이로 인해 세워지는 것이 아니라 자신 및 타인에 대한 존중과 배려에서 비롯된다. 넷째, 교실은 학생들의 참여와 성취를 촉진하는 기대와 책임의 장소이다. 다섯째, 학교는 아동의 학습, 활동, 사회적 기여를 돕고 지식의 창조, 도전, 자기성찰의 장소이며 조용하며 공공장소로서 제공되는 특징을 갖는다. 따라서 이러한 학교에서 교사들은 상호 도움이 되는 협력관계를 수립했고 이와 같이 수립된 교사 간 협력관계는 다시 학생에게도 도움을 줄 수 있게 되었다는 것이다. 여러 연구를 통해 살펴본 결과 성공적인 학교는 환경을 안전하게 구성하고 교사와 직원 간 신뢰와 존중을 바탕으로 협력과 의사소통을 통해 가족, 지역사회와 공유된 비전을 가지고 참여를 이끌어내어 협력적인 관계를 구축하고 있다. 그렇다면 구체적으로 어떤 활동이 학교의 탄력성을 증진시킬 수 있을까? 상담? 학부모교육? 사례관리? 단순하게 단일 사업으로 정의내릴 수 있는 것은 아니다. 학교는 정책, 예산, 역할, 모든 요소 간의 상호작용으로 형성되기에 학교사회복지 활동이나 사회복지사 혼자만의 힘으로는 변화를 일으키기가 매우 어렵기 때문이다.

이를 위해 수십 년간 연구를 수행해온 호킨스와 카탈라노, 밀러(Hawkins, Catalano, & Miler, 1992)는 청소년의 삶이 탄력적으로 되기 위한 학교 안에서의 구체적인 전략을 몇 가지 제시하고 있다(헨더슨·밀스타인, 2008). 그것은 학교 안에서 유대감 증진시키기, 분명하고 일관된 경계 설정하기, 생활기술훈련 가르치기, 보살핌과 지지 제공하기, 높은 기대를 설정하고 전달하기, 의미 있는 참여기회 제공하기라는 6단계의 과정이다. 실제로 미국의 여러 학교에서

이 과정을 실시하여 좋은 결과가 있었다. 구체적인 내용을 살펴보면 다음과 같다.

첫째, 유대감 증진시키기 — 학교는 모든 학부모에게 역할을 부여하고 개입하게 만드는 다양한 방법을 제공하며 정기적으로 좋은 소식을 전한다. 이를테면 담임교사들은 매주 교실활동에 대한 소식지를 가정으로 보내고 피드백을 요청하며 매주 한 명의 학부모에게 반드시 전화를 한다. 또한 학교는 학부모 자원센터를 설립하고 학부모에게 학교운영에 관한 동등한 자격을 준다. 따라서 학부모들은 학생들이 등교 전, 수업 중, 방과 후에 미술, 음악, 드라마, 다양한 종류의 스포츠, 지역사회 참여 등 다양한 활동을 이용할 수 있도록 준비한다. 교사는 학생을 안아주고 미소와 격려, 끄덕임 등 따뜻한 관심을 보내며 학생들도 교실 내에서 서로 모욕을 주거나 놀리지 않는다. 이상의 내용을 통해 친사회적 유대감이 증가되어 학생 상호 간에 협동적이 되며 상호작용에 적극 참여하게 된다.

둘째, 분명하고 일관된 경계 설정하기 — 이것은 다른 단계와 병행해서 사용할 때 가장 효과적이다. 예를 들면 행동에 관한 정책, 정책집행의 절차와 경계를 정할때 학생이 직접 참여하는 것 등이다. 여기에는 처벌보다는 보살핌의 태도가 이러한 경계를 설정하는 기초가 되어야 한다. 이 정책은 교직원과 학부모, 학생 모두가 알고 이해하는 것이 중요하므로 학생의 수업시간에 그 정책을 생각하고 포스터를 그리게 하여 벽에 붙여놓거나 집으로 우송하여 학생과 가족이 서명한 학생의 권리를 문서화하도록 한다. 이스트 산호세 학교의 예를 보자.

1. 모든 사람은 안전할 권리가 있고 아무도 다치지 말아야 한다.

   - 싸움, 차기, 때리기, 꼬집거나 밀치기는 사라질 것이다.
   - 학교에서 무기는 허용되지 않을 것이다.
   - 학생은 적당한 시간에 정해진 자리를 지킬 것이다.
   - 학생은 모든 장비를 적절하고 안전하게 사용할 것이다.

   <처벌>

   1차 위반: 명상과 함께 타임아웃과 계약. 타임아웃기간은 계약관수로 판단
   된다.

   2차 위반: 명상을 함께 타임아웃, 담임이 학부모와 계약.

   3차 위반: 명상과 함께 타임아웃, 학부모와 교장의 회의.

2. 모든 사람은 존중받을 권리가 있다.

   - 적절한 옷차림을 한다.
   - 비속어는 허용되지 않는다.
   - 기물파손은 허용되지 않는다.
   - 반항은 용납되지 않는 행동이다.

   <처벌>

   1차 위반: 명상과 함께 타임아웃과 계약.

   2차, 3차 위반: 학교 경찰이 개입할 가능성을 포함하여 위와 동일하다.

3. 모든 사람은 약물을 사용하지 않을 권리가 있다.

   - 술과 담배와 마약은 사용되거나 허용되지 않는다.

   <처벌>

   1차 위반: 학교경찰과 학부모에게 연락, 상담가에게 의뢰, 교내활동 제한.

   2차 위반: 정학.

4. 모든 사람은 행복해지고 사랑으로 대우받을 권리가 있다.

- 우리는 서로의 감정을 다치지 않게 할 것이다.
<처벌>
1차 위반: 명상과 함께 타임아웃.
2차, 3차 위반: 위와 동일.

이 단계의 활동을 통해 학생 스스로가 정책과 규칙을 이해하고 참여함으로써 분명한 경계를 통해 권리를 보장받고 권리 행사를 긍정적으로 경험할 수 있다.

셋째, 생활기술훈련 가르치기 — 생활기술은 집단에 참여하여 함께 학습하고 자신의 의견을 표현하고 목표설정, 의사결정을 위한 기술을 자연적으로 연결하는 방법이다. 자기주장, 갈등해결, 스트레스관리를 배우고 실천하며 부적절한 행동이 나타날 때는 학교상담가에게 의뢰하여 구체적 행동의 정규 과정을 배울 수 있다. 이 훈련에 대한 자세한 내용은 다음 '3) 생활기술훈련' 항목에서 소개한다.

넷째, 보살핌과 지지 제공하기 — 이것은 탄력성 증진 태도 중에서 가장 중요한 요소이다. 프로그램에 잘 참여하지 않을 학생을 선별하고 어려운 환경에 처한 학생에게 개입하는 것 등이 대표적인 예이다. 클리블랜드 중학교는 모든 학생이 인정받고 보상받을 기회를 주기 위해 성적이나 출석이 향상이 되면 '향상상'을 부여한다. 학교는 학생이 가장 받고 싶어 하는 선물을 추천받는데 무료 영화권, 고급 레스토랑 식사, 리무진 승차, 지역업체에서의 할인 등이 가장 인기가 많다. 그러면 행정가와 교직원은 이 상품들을 발굴하고 후원받기 위해 지역사회 곳곳을 찾아다닌다. 이 학교의 모든 학생은 공개적으로 그들의 성과를 인정받고 참여를 통해 자신들이 받고 싶은 상품을 추천하고 과업을 이루었을 때는 자신이 원하는 것을 보상받는다. 학생들은 이 단계에서 학교가 보살핌의 장소라고 느끼며 소속감을 갖게 되고 인정받고 보상받는 방법을 배워 스스로 실천할 수 있게 된다.

다섯째, 높은 기대를 설정하고 전달하기— 교직원들은 학생들에게 "네가 할 수 있는 것을 생각해보라", "나는 네가 할 수 있다는 것을 안다. 그리고 나는 너를 포기하지 않을 것이다"라는 강점 중심의 메시지를 전한다. 높은 기대감이 구체화된 교실에서는 의미 있고 더 참여적인 수업을 하며 다양한 접근의 평가와 다양한 학습유형, 그리고 지역사회서비스에 참여하는 수많은 활동이 진행된다. 교사는 경쟁적이기보다는 협동적이며, 다양성을 인정하고, 학생의 적극적인 참여와 의사결정을 통해서 책임이 학생에게 부여되도록 한다. 이 단계를 통해 학생들은 자신과 타인에 대한 자신감을 가질 수 있고 최선을 다하도록 자신과 타인을 격려하는 것을 배우게 된다.

여섯째, 의미 있는 참여기회 제공하기— 학생을 수동적인 대상이나 문제로 보기보다는 자원으로 보는 태도를 유지하는 것이 이번 단계를 위한 가장 중요한 토대이다. 초등학교 수준에서도 학생에게 운영위원회의 자리를 내주기도 하고 참여적인 학습전략 활동, 또래 프로그램 등 참여기회를 가능한 학생에게 최대한 제공한다. 어떤 학교는 교직원을 포함한 모든 학생을 위해 학교 안에 리더십 훈련기관을 설치하고 어떤 학교는 살사(소스의 종류)를 만들어 파는 것에 대해 5학년 교과과정을 조직화하기도 했다. 재료 구입, 요리, 판매, 배급, 이윤 사용방법을 결정하는 모든 과정에 학생이 직접 참여하도록 한다. 이 단계를 거치면 학생은 교실이나 학교에 자신이 일익을 담당한다고 믿게 됨으로써 자기효능감이 향상되며 협동, 서비스 등 타인을 도와주는 일에 참가하게 된다.

이렇게 구성된 6가지 단계는 각 교실이나 학교 전체의 탄력성을 증진하는 데 매우 효과적이고 학교가 희망적이라는 것을 경험하게 해주었다고 한다.

미국에서의 연구결과와 몇 가지 사례를 통해 우리는 굳이 매를 들거나 상담을 하지 않고도 청소년들의 삶이 탄력적으로 변할 수 있다는 것을 배우게 된다. 이런 학교문화와 환경을 하루아침에 구축하는 것은 현실적으로 어렵겠지만 학교가 중심이 되어 학급과 학생이 필요한 것에 대해 아이디어를 개발하고 지역사회 및 가정과 함께 참여할 수 있도록 활용해본다면 학생들의 탄력성이 증가되어 보호요인을 키울 수 있게 될 것이다.

3) 생활기술훈련

이 장에서는 탄력적인 학교실천전략으로 제시되는 내용 중 생활기술훈련에 대해 살펴보고자 한다. 생활기술훈련은 미국 코넬대학교 심리학과 교수인 보트빈(Botvin et al., 1984)이 청소년의 약물예방을 위해 개발했으며 학교청소년과 지역사회 등 다양한 장면에서 실시하여 효과성이 검증된 프로그램이다. 청소년 흡연과 음주 예방에 효과적인 것으로 공식 인정되어 미국 질병관리예방센터(Center for disease control and prevention)에서는 미국의 모든 학교에 이 프로그램을 활용할 것을 권장하고 있으며 최근에는 약물남용뿐 아니라 폭력 예방과 따돌림 예방을 위해 학교, 가족, 지역사회를 위한 프로그램으로 확대되어 활용되고 있다(www.lifeskillstraining.com). 특히 생활기술훈련은 미국에서 증거기반프로그램으로 알려져 있다. 증거기반실천(www.w-w-c.org)은 미국에서 새롭게 부상하는 개념으로 과거 수십 년 동안 학교기반의 예방과 개입 프로그램에서 효과가 있는 프로그램을 중심으로 실천의 방향을 규정하려고 하는 운동이다. 이러한 노력은 과학적으로 효과가 입증된 교육방법을 채택하도록 강조하는 최근 흐름에 맞춰 사회복지실천과 학교 내 실천에 영향을 미치고 있다(이상균, 2008). 무엇보다 생활기술훈련은 역기능적인 특정 문제에 초점을 맞춘 것이 아니기 때문에 낙인감을 주지 않으며 자기관리와 대인관계의 다양한 영역에 필요한 기술을 미리 습득할 수 있어서 예방적이며 스스로 능력을 갖게 되어 더 잘할 수 있을 것이라고 믿는 강점 중심의 역량강화 프로그램이다.

생활기술훈련은 사회영향모델과 반두라(Bandura)의 사회학습이론에서 개념화되었다(Dryfoos, 1990). 사회학습이론은 청소년의 문제행동은 사회환경적 요인과 개인적 요인의 상호작용으로 모델링·강화를 통해서 학습되고 이러한 학습과정에서 개인의 인지, 태도, 신념과 같은 요인이 영향을 미친다고 본다. 따라서 보트빈은 이와 같은 이론적 근거를 바탕으로 약물에 대한 정확한 지식과 저항기술과 일상생활에서 직면하는 여러 가지 문제상황을 다룰 수 있는 일반적인 생활기술을 함께 발달시키는 것이 가장 좋은 결과라고 생각하여 학생들에게 또래압력에 저항할 수 있는 거절기술, 자기주장기술, 의사소통·스트레스관리 능력, 문제해결기술 등에 기반을 둔 생활기술훈련을 개발했다(Gerstein et al., 1993). 특히 보트빈은 다양한 대상과 인종, 기간, 내용, 다양한 훈련자를 이용한 효과적이고 풍부한 연구결과를 가지고 있다. 1983년 10개의 중학교의 1,200명의 백인 학생을 대상으로 15주 동안 생활기술훈련을 실시하여 총 71%의 약물 사용이 감소된 결과를 보여주었으며 1990년에는 뉴욕의 56개 학교의 고등학생에게 프로그램을 실시하고 3년 후 후속결과에서 효과적인 결과가 나타났다(Botvin er al., 1984: 1990) 2003년에는 초등학생의 담배와 술과 관련된 연구를 실시하여 50%의 약물이 줄어든 효과가 있었고 2006년에는 폭력과 관련된 청소년에게 미디어의 폭력에 초점을 맞춰 분노를 관리하는 프로그램을 실시하여 효과성이 입증되었다. 국내에서는 1997년에 필자가 국내에서 처음으로 여고생에게 실시하여 효과성이 입증되었고 이후로 홍정이, 이아진, 임영선, 이영순, 김경남, 김용석 등의 연구가 발표되었다.

(1) 생활기술훈련의 개입전략

생활기술훈련은 크게 세 부분으로 구성된다. 첫째는 약물과 관련된 정보제공, 둘째는 생활에 필요한 대처기술인 자기관리기술, 셋째는 대인관계기술이다. 자세한 내용은 다음과 같다.

첫째, 정보제공이다. 정보제공은 강의, 자료 및 미디어 활용, 활동, 토론 등을 통해 약물이 인체에 미치는 유해성과 사회적·법적 결과에 대한 올바른 정보를 갖도록 알려주고 약물과 관련된 잘못된 지식과 태도를 변화시킬 수 있도록 돕는다.

둘째, 자기관리와 개인적 기술이다. 이것은 약물에 대처하기 위해 자기 자신을 관리하고 개인의 능력을 향상시키는 데 필요한 기술로서 문제해결, 의사결정, 분노 대처, 자기향상, 자기관리기술이 포함된다.

문제해결(Problem-solving)은 문제가 되는 상황에서 약물을 선택하지 않고 문제를 해결하는 능력을 키우는 것이다. 약물남용청소년은 문제상황에 처했을 때 지나치게 긴장하거나 자신감이 부족해서 문제를 직시하지 못하고 도피의 방법으로 약물을 선택하기 때문에 자신감을 증진시키고 합리적으로 문제를 해결할 수 있는 능력을 키우도록 해야 한다. 의사결정(decision-making)은 합리적인 생각을 하고 결정을 내릴 수 있도록 돕는 기술이다. 특히 보트빈은 청소년이 광고와 대중매체를 비판하고 건설적인 비평을 연습하면서 객관적인 문제해결과정과 의사결정능력을 높일 수 있다고 생각하여 청소년들에게 미디어에 대한 실제적인 생활의 경험을 토론하고 비평하는 훈련을 실시했다. 분노 대처(Coping with anxiety)는 스트레스에 노출된 청소년이 화를 다스리지 못하고 좌절감을 참지 못해 술을 마시게 된다고 보기 때문에 분노에 대처할 수 있도록 훈련한다. 매일의 상황에서 적용할 수 있도록 돕고 근육이완이나 명상법을 병행한다. 자기향상기술(Self-improvement, Self-image, Self-esteem)은 자기과업을 계획하고 수행하여 긍정적인 자아상을 갖고 자존감을 향상시키도록 돕는 활동이다. 청소년은 장기목적과 단기과제를 설정하고 이 과정을 수행하면서 내적 활동과 자기효능감(Self-efficacy)을 향상시킨다. 자기관리기술(Self-instruction training)은 불안과 분노, 고통 등 감정을 스스로 처리하는 기술이다. 위기의 상황에서 폭력 사용이나 감정 폭발을 하지 않도록 감정을 처리하는 방법을 배우게 된다.

셋째, 대인관계기술이다. 대인관계기술은 사회적 관계에서 파생되는 문제를 잘 해결하여 약물사용을 하지 않도록 돕는 기술로 의사소통기술, 자기주장훈련, 사회기술 - 친구관계 증진 등이 포함된다. 의사소통기술(Communication skill)은 대인기술 또는 사회기술이라고 알려져 있으며 넓은 의미로 다른 사람과 어떻게 관계를 맺는가에 초점을 맞추고 의사소통을 원활하게 하기 위한 훈련을 한다. 자기주장훈련(Assertiveness training)은 상대방의 권리를 침해하거나 상대방을 불쾌하게 하지 않으면서 자신의 권리, 욕구, 의견, 생각, 느낌을 솔직하게 상대방에게 직접 나타낼 수 있도록 훈련하는 것이다. 특히 보트빈은 거절기술을 매우 중요하게 여겨 술과 담배, 그 밖의 약물에 대한 친구의 압력에 거절할 수 있도록 초점을 맞춘 활동을 실시했다(Goldstein, Arnold P. & W. Kenneth. 1990). 사회기술 - 친구관계 증진(Social skill-Developing friendship)훈련은 친구 사귀기, 좋은 친구관계 유지하기, 기초적인 대화기술 등의 연습을 할 수 있도록 하는 것이다. 보트빈은 청소년에게는 친구 사귀기나 친구관계를 유지하기 위한 기술이 거절기술보다 특별히 요구되고 가치 있다고 보았다.

(2) 학교청소년을 위한 생활기술훈련 프로그램 예시[7)

다음은 약물예방을 위해 생활기술훈련을 토대로 학교청소년에게 적용한 프로그램 예시를 살펴보도록 하겠다. 프로그램이 실시되었던 학교는 교내 학생들의 흡연문제로 상담, 벌칙 등 많은 노력을 했으나 그동안의 징계 중심의 처벌이 효과가 없음을 인식하고 다른 부분에 초점을 맞춘 예방프로그램을

---

7) 최경욱(1997)에서 재구성했다.

시행할 것을 필자와 함께 논의했다. 따라서 국내에서는 도입·적용되지 않았지만 이미 미국에서 효과적으로 증명되었던 생활기술의 프로그램을 실시해 보게 되었다. 실시된 프로그램의 내용을 살펴보면 다음과 같다.

① 대상과 진행방법 — 이 연구의 대상은 서울의 한 여자고등학교에서 약물사용 약물사용 고위험 검사를 통해 고위험군이라 판정된 청소년 9명이었다. 주로 흡연, 부정행위, 무단결석 등으로 학교상담실을 이용한 학생을 추천을 받아 선정했다. 프로그램의 기간과 시간은 학교의 요청으로 5일간 진행되었다. 프로그램당 실시 시간은 회기당 80~100분 정도 소요되었으며 각 학급의 조회시간과 종례시간에 맞춰 프로그램을 시작하고 정리했다. 학교 집단상담실에서 주진행자 1인과 보조진행자 1인이 함께 진행했으며 진행자는 청소년 약물상담분야에서 2년 이상 약물교육을 진행한 경험이 있는 사회복지사이다.

② 목표 — 프로그램의 목적은 약물에 대한 지식을 높이고 수용적 태도를 감소시키며, 약물대처능력인 문제해결능력과 자기주장능력을 향상시키고 약물사용 중단에 대한 자신감을 향상시키는 것이다. 세부 목표를 이렇게 정한 이유는 첫째 약물에 관련된 지식과 태도는 약물이 인체에 미치는 영향에 대한 지식이 부족하고 약물사용에 대한 태도가 수용적일수록 약물사용경험과 높은 관계가 있으므로 여기서는 약물예방 프로그램을 통해 약물에 대한 지식과 태도를 변화시키고자 했다. 둘째, 문제의 상황에서 약물남용이 아닌 다른 효과적인 가능성을 생각해보고 대처하는 것이 문제해결능력과 밀접한 관련이 있을 것으로 생각되므로, 문제해결인식능력을 높이는 데 목적을 두었다. 또한 청소년의 경우 친구관계 등 사회적인 영향을 받는 상황에서 자신의 의견을 잘 말하고 거절하기 위한 기술이 반드시 필요하므로 자기주장능력을 향상시키고자 했다. 마지막으로 약물은 스스로의 의지가 매우 중요하므로 긍정적인 자아상을 갖고 미래를 계획하여 약물의 중단 자신감을 높이는 것이 필요하며 이것이 이후 다른 약물의 사용이나 재발을 예방하는 중요한 지점이라고 보았

기 때문이다.

③ 내용— 이 프로그램은 보트빈이 개발한 청소년의 약물예방교육을 위한 '라이프 스킬 매뉴얼(Life Skills Manual)'을 토대로 '청소년 대화의 광장' 상담프로그램을 참고하여 청소년들의 분위기를 충분히 반영한 참여활동 위주로 구성했다. 프로그램 구성은 준비단계, 오리엔테이션단계, 탐색과 시험단계, 문제해결단계, 종결단계의 집단발달 5단계에 따라 총 14세션으로 나누었다. 생활기술훈련과 관련된 주요 구성내용은 약물에 대한 정보교육 , 개인에 대한 기술로는 의사결정, 문제해결, 분노 대처, 자기향상, 자기관리기술 등을 실시하였고 대인관계기술을 위해서는 자기주장훈련, 친구관계 증진 프로그램을 실시하였다. 목표달성을 위해 자기소개, 자신의 성격과 장점 파악, 감정 표현, 분노 대처방식 탐색, 약물 유혹상황 거절하기, 좋은 친구사귀기와 유지하기, 결정내리기 등의 내용을 역할극, 집단토의, 발표, 시연 등의 기법을 활용하여 진행했다.

④ 효과성 측정도구와 분석방법— 이 연구의 효과성을 측정하기 위해서는 약물사용에 관한 지식, 태도, 문제해결인식과 자기주장행동의 검사를 실시하였고 사전·사후변화 값에 대해 SPSS/WIN을 사용하여 대응표본 t - 검증방법으로 차이를 살펴봤다. 또한 개인별 변화분석을 위해 집단진행자의 관찰과 참여자가 직접 기입한 자료를 통해 질적 분석을 했으며 종결평가서를 통해 목표성취정도와 만족에 대한 분석을 실시했다.

⑤ 연구결과— 사전·사후 차이검증과 참여자의 변화에 따른 질적 분석, 참여자의 자기평가를 통해 첫째, 약물예방 프로그램이 약물에 대한 지식을 통계적으로 유의미하게 향상시키는 것으로 나타났다(t=5.82, P=.000). 그러나 약물에 대한 태도에서는 통계적으로는 유의미한 결과를 나타내지 않았다. 이것은 짧은 시간의 프로그램으로는 약물에 대한 태도를 변화시키는 데 부족했던 것으로 평가된다. 이 결과는 프로그램에 참가한 청소년 자신은 약물사용

을 중단하겠다는 의지를 보인 것과 타인의 약물사용을 허용하는 것과는 일치되지 않는다는 것을 보여주는 결과이다. 즉, 아직 약물사용에 대한 태도가 확고하게 세워지지 않았기 때문에 자신과 타인의 문제를 동일하게 적용하지 못하기 때문인 것으로 보인다. 무엇보다 부모나 사회의 음주문화와 흡연행위를 보고 성장하는 청소년의 경우에는 성인의 행위를 어떤 시각으로 보아야 하는지 갈등과 혼란을 느꼈을 것이라 생각된다. 둘째, 약물대처능력인 문제해결인식과 주장행동을 유의미하게 향상시키는 것으로 나타났다(문제해결인식 t=5.66, 유의확률 .000 / 주장행동 t=4.44, 유의확률 .002). 셋째, 개인적 변화분석과 평가서에 의해 분석한 결과 약물중단에 자신감을 갖게 된 것을 알 수 있었다.

⑥ 평가 — 이 프로그램은 학교의 요청으로 5일간의 단기개입을 실시하게 되어 개인별 약물사용의 변화를 확인할 수 없는 한계가 있었으며 약물사용이 습관화되고 고위험을 가진 청소년에게 프로그램을 실시했기 때문에 그 효과성을 일반화하기에는 어려워 보인다는 제한점이 있다. 그러나 생활기술훈련을 통해 우리나라의 학교청소년에게도 효과적이라는 결과를 도출할 수 있었다. 또한 예방을 위해서는 무엇보다 학교현장이 효과적이라는 경험을 갖게 했다. 학교 내 또래와의 집단활동을 통해, 다양한 활동과 문제해결과정으로 지지와 동기부여가 될 수 있었기 때문이다. 학교 내 일반청소년에게 예방활동을 다양하게 실시한다면 추후 발생되는 청소년문제에 빠르게 대처할 수 있고 많은 에너지와 시간, 경제적인 비용을 줄일 수 있게 된다. 따라서 학교에서 방과 후 활동, 학급활동 등의 다양한 시간을 통해 프로그램을 시도하는 것이 좋을 것으로 보인다.

무엇보다 생활기술훈련은 청소년의 문제를 예방하고 직접 참여하는 프로그램으로 알려져 있으므로 다양한 방법을 통해 학교사회복지사업의 일환으로 활용한다면 학교청소년의 탄력성을 높이는 데 효과가 클 것으로 기대된다.

3. 맺는말

청소년의 위기는 복합적이며 초기에 개입하지 않으면 위험적인 결과를 가져온다. 무엇보다 학교를 중단하게 되고 이를 통해 청소년시기의 과업을 수행하지 못하면 성인으로서 살아가는 데 많은 어려움에 직면하게 된다. 특히 청소년들은 발달상의 특징으로 심리정서적인 변화와 다양한 환경의 영향을 받게 되고 위기는 청소년들의 삶 곳곳에서 발생된다. 따라서 환경의 변화를 통해 근본적인 문제를 해결하기 위한 노력과 더불어 청소년 스스로가 노출된 위기에 탄력적으로 대처할 수 있는 힘을 키울 수 있는 관점으로 지원을 전환해야 한다. 청소년의 삶을 탄력적으로 이끄는 데는 무엇보다 학교의 역할이 크다. 학교에 존재하는 교사와 친구는 청소년의 인생에서 가장 중요한 자원이며 그들과의 참여활동은 변화의 원동력이 될 수 있기 때문이다.

또한 학교는 대학으로 가는 통로만이 아닌 청소년들이 자신에게 겪은 위기를 현명하게 대처하고 그 위험으로부터 긍정적으로 적응해가는 힘을 키우는 일을 해야 하는 가장 책임 있는 곳임을 우리 모두 인식해야 한다.

따라서 이제는 학교와 가정, 지역사회의 모든 구성원이 학교 안에서 우리의 청소년과 소통하고, 대안적 문화를 만들고, 창조적으로 실천하면서 내일을 준비해나가도록 함께 움직여야 한다.

최근에는 학교사회복지와 교육(복지)투자우선지역 사업의 확대로 점차 전문적인 프로그램과 각종 사업이 도입되고 있다. 이는 학생의 복지와 학교환경을 개선할 수 있는 좋은 계기가 된다. 상담이나 문화체험활동, 기초학습 지원도 중요하지만 앞서 살펴본 사례에서처럼 환경을 탄력적으로 개선하기 위한 구체적 활동과 생활기술훈련을 제공한다면 우리 청소년들이 교과과정에서 해결하기 힘든 위기에 대처할 수 있는 다양한 기술을 배우고 익히게 될 것이다. 이러한 학교사회복지의 실천은 위기를 맞는 청소년들이 스트레스로 인한 약물 남용이나 인터넷 중독, 친구와 교사에 대한 폭력, 학교중단, 스스로 목숨을 포기하는 데 이르지 않도록 미리미리 예방하는 핵심적인 역할을 수행할 것으로 기대된다.

학교사회복지가 안정적으로 제도화되고 실천영역이 풍부해져서, 청소년들이 학교환경과 학생 개인의 삶의 변화를 통해 위기를 탄력적으로 이겨내고 자신의 삶에 긍정적으로 적응해나가며 스스로의 힘을 키워가기 위한 기회를 갖게 될 수 있도록 노력해야 할 것이다.

참고문헌

구본용 외. 2005. 『위기청소년 지원모델 개발연구』. 서울: 청소년위원회.

김은영. 2007. 「학교 분위기가 중학생의 또래폭력 피해경험에 미치는 영향」. 서울여대 박사학위논문.

보건복지가족부. 2008. 『2007 청소년백서』. 보건복지가족부.

알렌-미어스(P. Allen-Meares). 2008. *Social Work Services in Schools*(5th ed.). 성민선·이혜원·홍순혜·정규석·김혜래·김영미·고윤순 공역. 『학교사회복지론』. 서울: 시그마 프레스.

오승환. 2008. 「학교 밖 청소년과 진로」. 『청소년권리와 청소년복지』. 파주: 한울.

우리아이희망네트워크 사업지원단. 2008. 「민·관 파트너십에 기초한 지역사회 중심의 통합적 아동지원서비스 전달체계 구축을 위한 세미나」.

윤철경. 2006. 『위기청소년 지역사회 안전망 실태와 발전방안』. 서울: 한국청소년개발원.

윤철수·안정선·진혜경. 2006. 『학교교육과 복지』. 서울: 양서원.

이상균. 2008. 『한국학교사회복지학회·한국아동복지학회 추계공동학술대회 자료집』.

이해리·조한익. 2005. 「한국 청소년 탄력성 척도의 개발」. ≪한국청소년연구≫, 16호

이혜원·이봉주·김혜래·오승환·정익중·하승수·이지수·하경희·김성천·이상희·심한기·최은미. 2008. 『청소년권리와 청소년복지』. 파주: 한울.

정순둘·김경미·박선영·박형원·최혜지·이현아. 2007. 『사회복지와 임파워먼트』. 서울:학

지사.

정익중. 2008. 「보편적 아동복지관점에서 본 아동복지서비스의 현황과 분석」. 『한국아동
복지학회·한국아동권리학회 춘계 공동학술대회 자료집』.

조한범. 2006. 『북한이탈청소년 및 귀국청소년 문제행동 예방과 대책연구』. 서울: 한국청
소년개발원·통일연구원.

청소년위원회. 2005. 『위기청소년 통합지원체제 구축운영방안 연구』. 서울: 청소년위원회.

최경옥. 1997. 「학교청소년 약물남용 예방을 위한 집단활동 활용가능성에 관한 연구」.
숭실대학교 석사학위논문.

통계청. 2008. ≪2007 사망원인통계연보≫.

한국교육개발원. 2007. ≪교육통계연보≫.

한국청소년상담원. 2006. 『위기청소년 실태조사 연구』. 서울: 한국청소년상담원.

헨더슨·밀스타인. 2008. *Resiliency in Schools—making it happen for students and educators*.
장승욱 옮김. 『학교 사회복지와 탄력성』. 서울: 학지사.

Ann Marie PagIiaro and Louis A. Pagliaro. 1996. *Preventing and Treating substance
Use among children and Adolescents: Its nature, extent, and effects concepyion to
adulthood*. New York: John Wiley & Sons, Ins.

Beman. Deane Scott. 1995. "Risk Factors Leading Adolescent Substance Abuse."
Adolescence, Vol. 30. No. 117.

Botvin. Gilbert. J.. Eli Baker, Nancy. L. Renick & Anne. D. Filazzola. 1984. "A
Cognitive-Behavioral Approach to Substance Abuse Prevention." *Addictive
Behaviors*. Vol. 9.

Botvin. Gilbert. 2006. "Preventing Youth Violence and Delinquency through a
Universal School-based Prevention Approach." *Prevention Science*. No. 7.

Burt. 1992. *The young delinquents*. New York: Appleton

Dryfoos, Joy G. 1990. *Adolescents at risk*. New York: Oxford University Press.

Gerstein. Dean R. & Lawrence W. Green. 1993. *Preventing drug abuse: what do we
know?* Washington, D.C.: National Academy Press.

Goldstein. Arnold P. & W. Kenneth. 1990. *Refusal skills: Preventing drug use in
adolescents*. Campaingn: Research Press.

Hawkins, J. D., R. F. Catalano, & J. Y. Miller. 1992. "Risk and protective factors for alcohol and other drug problem." *Psychological Bulletin*, 112(1).

Olsson, c. a., Bond.l,Burns, J. M., Vella-Brodrick, D. A., Sawyer, S. M(2003) A doleescent resilience: a conceptual analysis. *Journal of Adolescence*. 26.

Werner, E. E., & R. S. Smith. 1992. *Overcoming the odds: High-risk Children from birth to adulthood*. New York: Cornell University Press.

www.lifeskillstraining.com

www.mw.go.kr

www.w-w-c.org

≪동아일보≫, 2008. 10. 22.

≪한국일보≫, 2008. 11. 3.

13장

학교폭력 예방과 인권교육

이상희 교사, 성공회대학교 사회복지학과 박사과정

1. 학교폭력을 바라보는 두 가지 시선
  — 아이들은 싸우면서 큰다? 명백한 폭력이다?

학교폭력[1]은 단순한 아이들의 싸움인가? 아니면 명백한 폭력인가? 「학교폭력 예방 및 대책에 관한 법률」까지 제정된 마당에 이 질문은 더 이상 의미없는 질문일지도 모른다. 그러나 법적으로는 명백한 폭력이라고 규정하고 있다 하더라도 현실에서 사람들의 실제 의식과는 괴리가 있을 수 있다. 그

---

[1] 이 장에서는 학교폭력, 왕따, 집단따돌림이라는 용어를 혼용해서 쓰기로 한다. 집단따돌림은 학교폭력의 주요 현상이고, 한국의 집단따돌림에 대한 용어 조사에서 '왕따'라는 용어가 가장 적합한 것으로 나타났으며, 외국 학회에 'Wang-ta'라는 용어가 소개된 이후, 왕따는 '한국형 불링(bullying)'을 대표하는 용어로서 세계적으로 알려져 있다(곽금주, 2008).

괴리는 드러내야 좁힐 수 있는 것이다. 법이 사람들의 의식을 끌고 가기도 하지만, 결국은 사람들의 의식이 바뀌지 않는 한, 법은 그저 선언적인 의미로 그칠 수도 있는 것이다.

먼저 학교폭력에 대한 이야기를 풀어가기 위해 구체적인 사례 2가지를 보려고 한다. 다소 길게 인용하는 느낌이 들지만, 구체적인 사례를 통해서만 실제 학교폭력이 어떤 양상으로 일어나고 있는지, 피해자가 겪는 상처와 후유증이 얼마나 심각한지, 또 학교폭력에 어떻게 대처해야 하는지 등에 대해 생생하게 드러낼 수 있기 때문이다.

▣ 사례 1. 철이의 왕따 이야기

심리학과 교수인 이훈구 교수(2000)를 비롯한 연구팀은 학교폭력을 근절하고 심리학적인 교육 프로그램을 실시할 목적으로 1999년 6월부터 서울에 있는 한 중학교에서 연구를 진행했다. 설문지를 통해 학교폭력의 현실을 조사하는 것은 한계가 있기 때문에 교실에서 실제로 어떤 일이 벌어지는지를 그대로 들여다보기 위해 학교와 학부모, 학생의 동의를 얻어 2학년 2개 반에 카메라를 설치했다. 그리고 카메라에 포착된 교실 풍경은 2000년 KBS 1TV에서 <교실이야기>라는 이름으로 방영되었고, 이훈구 교수는 같은 해에 같은 제목으로 책도 출간했다. 이 교실에서 벌어진 학교폭력을 잠깐 보기로 하자.

총 녹화 일수는 55일이었고, 녹화 불량 및 공휴일과 시험기간을 제외한 총 39일 중에서 27일간 집단따돌림이 나타났다. 이 중에서 <교실이야기>라는 책에서 소개한 몇 가지 왕따 행위를 옮겨 보겠다.

11월 1일(월)
12:54 S가 "야 문 닫아! 이 새끼(철이를 말함) 오늘 몰매다." 철이를 괴롭히다

가 비디오카메라를 의식하고는 그만둠.

12 : 56 L을 포함한 W(새로 등장한 왕따 가해자)가 합세하여 철이를 고문하기 시작함. 철이는 거의 부동자세로 경직되어 있고 그들이 하라는 대로 노래와 율동을 따라 한다. 철이는 드디어 운다.

14 : 11 석이가 철이를 못살게 구는데 철이가 저항함.

11월 2일(화)

13 : 16 석이가 철이의 목을 조름.

14 : 05 석이와 철이가 실랑이를 벌임. 철이가 주로 당함.

14 : 08 석이가 장난으로 간주할 수 없을 정도의 폭행을 철이에게 가함.

14 : 13 철이는 석이에게 시달리고 드디어 운다.

14 : 14 석이가 철이의 목을 조름.

11월 26일(금)

14 : 04 다른 반의 키가 큰 학생이 철이를 호되게 기합을 줌. 그가 시키는 대로 바보 같은 짓을 따라 함. 급우들이 말리기는커녕 웃기만 함.

14 : 20 S가 철이에게 이상한 짓을 하라고 소리침. 철이에게 책을 던짐.

12월 4일(토)

09 : 45 Y가 권투하는 모습으로 철이를 샌드백 치듯이 때리지만, S가 옆에서 노려보기 때문에 울지도 못함. 친구들이 "울어! 울어! 그까짓 것 가지고 울어 개새끼야." 석이가 철이를 괴롭힘.

09 : 56 석이가 철이를 집요하게 괴롭히지만 철이는 다른 급우로부터 당할 때보다는 덜 괴로워하는 표정(그도 같은 왕따라고 생각하기 때문인 것 같음).

10 : 41 Y가 철이를 샌드백 치듯이 괴롭히고 그래서 철이가 울지만 계속

구타당함. 석이를 포함한 주변 학생들이 가세함. 철이는 울다가 눈물을 닦는 모습이 보임. S가 카메라를 쳐다보면서도 계속 철이를 괴롭힘.

■ 사례 2. 대전 D고 집단따돌림 사건

1998년 대전 D고에서는 한 학생을 상대로 한 집단따돌림 사건이 발생했다. 이 사실을 알게 된 피해학생의 부모는 학교로 찾아가 담임교사에게 아들의 일기장을 전하며 문제해결을 부탁했다. 담임교사는 일기장에 나타난 가해학생들로부터 반성문을 받았고, 반성문은 일기장의 내용과 거의 같다는 것이 확인되었다. 서로 반성과 화해를 하면 끝나는 일이었다.

그러나 며칠 뒤 학교당국이 가해학생에게 벌을 주는 대신 피해학생을 '문제아', '정신병자'라고 몰고 가면서 일이 꼬이기 시작했다. 책임을 지지 않기 위해서였다. 학교 측은 나아가 가해학생들의 부모를 선동해 "아이들을 벌 받게 내버려둘 수 없는 일"이라며 문제를 왜곡했다. 학교에서는 일기장·중학교생활기록카드 등 이 군에게 불리한 자료를 배포했고, 가해학생에 대한 검찰 수사가 시작되자 학생들에게 허위진술서를 쓰게 했다.

학교와 가해부모의 폭력은 진저리나도록 집요했다. 시민단체를 찾아가 이 학생의 가족을 돕지 말 것을 요청했고, 이를 소재로 한 KBS 드라마 <학교>가 방송되자 KBS 사이트와 D고 사이트에 실명으로 이 가족을 비방하고 욕설과 저주를 올렸다. 상황이 이렇게 되자 이 학생의 아버지는 사건을 왜곡·날조한 교사들에게 반드시 책임을 물어야겠다고 생각했다. 결국 이 사건은 2000년과 2001년 연거푸 대전시 교육청 대상 국회 국정감사에서도 문제가 될 정도로 사회적 주목을 받았고 그 후 교육현장에는 학교폭력과 집단따돌림에 대한 다양한 대책이 나오게 됐다. 그리고 D고 교사 H 씨와 학부모 B 씨 등 5명은 집단따돌림을 당한 학생의 일기장과 학생지도기록부 등 자료를 묶어 학부모·언론기관·

사회단체 등에 배포했다가 명예훼손 혐의로 기소되었고, 결국 대법원에서 유죄 판결이 확정되었다.

재판부는 판결문에서 "해당 교사 등이 피해학생 측의 고소와 진정 등으로 명예가 실추되고 형사 처분을 받을 우려가 있었던 것은 사실이나 공공의 이익과 무관하게 피해학생이 비정상적인 정신 상태에서 피해의식을 느껴 '왕따' 주장을 한 것처럼 자료를 만들고 배포한 것은 명예훼손 행위로 봐야 한다"라고 밝혔다. 교내 집단괴롭힘에 대한 학교당국의 책임이 입증되는 순간이었다.

이번 판결이 나오게 된 것은 아들 문제를 계기로 학교현장의 비인간화·폭력화를 고치겠다는 아버지의 집념이었다.

"정말 그만두고 싶었고 아이 말처럼 이민을 떠나고 싶었던 때도 많았습니다."

그러나 아버지는 "가해학생도 따지고 보면 비인간화된 교육현실과 '남을 짓밟아야 내가 산다'는 입시경쟁의 피해자이고, 결국 이는 기성세대의 잘못이라는 생각이 들어 중도에서 포기할 수 없었다"라고 말했다. 아들은 지난해 고졸 검정고시를 거쳐 대학에 입학했지만 아직도 대인공포증을 앓고 있다. 고등학교 시절을 연상시키는 일이 있으면 불안 증세를 보이며 '이민 가자'라는 말이 입버릇처럼 나온다. 아버지는 아들 때문에 직장도 그만두어야 했고 그 후 교통사고를 당해 지팡이를 짚고 걸어야 했다.

자료: ≪서울신문≫, 2002. 7 .8에서 재구성.

<사례 1>을 보면, 피해자인 철이에게 일상적인 삶의 공간인 학교, 그것도 교실에서 거의 매일(촬영 일수의 약 70%) 따돌림이 행해졌다는 것을 알 수 있다. 가해자도 한 명이 아니라 집단이었고, 하루에도 몇 번씩 반복되었으며, 직접적인 가해자 이외의 나머지 아이들은 가해자의 괴롭힘 행동을 보면서도 침묵했다. 이 연구를 진행한 연구자는 철이에게 학교생활은 지옥이고 하루 일과는 고문의 연속이었으며, 어떻게 이런 지옥의 나날을 견딜 수 있었는지 감탄할

정도였다고 보고했다(이훈구, 2000).

학교 밖에서 폭력배에게 폭행을 당하거나 금품을 갈취당할 때는 그 피해가 아무리 심각하다고 하더라도 일회적인 경우가 많다. 그러나 철이 사례처럼 학교 안에서의 집단따돌림은 피해자가 학교를 그만두거나 옮기지 않는 한 지속적으로 일어날 가능성이 높기 때문에 어쩌면 더 심각할지도 모른다. 비록 신체상의 외상을 남기는 폭력이 아니더라도 정신적으로는 굴욕감이나 공포감과 같은 엄청난 상처를 주는 일이기 때문이기도 하다.

<사례 2>를 보면, 피해자가 겪는 정신적 상처가 얼마나 심각한지 알 수 있다. 피해자가 오히려 문제아로 둔갑하기도 했다. 사건이 발생한 지 몇 년이 흘렀어도 피해자는 대인공포증과 불안감에 시달리고 있으며, 피해자 가족 전체의 삶도 무너져버렸다. 피해자의 아버지는 아들 때문에 다니던 직장까지 그만두어 가족의 생계도 어려워졌을 것이고, 공포증과 불안감에 시달리는 아들을 바라보는 부모의 심정도 막막하기 그지없었을 것이다. 이 평범한 한 가족의 삶을 이렇게 송두리째 흔들리게 한 것은 과연 무엇인가?

대안학교 '별'을 운영하면서 학교폭력과 관련된 상담·치료를 하고 있는 정신과 의사 김현수 씨는 더 이상 학교에서 낭만적인 싸움은 사라지고 있다고 말한다. 그는 친구들과 한판 싸우고 나면 정이 더 붙고, 화해하면서 진정한 친구로 거듭난다고 말씀하시는 아버지의 예를 들어, 어른들이 요즘 아이들의 싸움을 낭만적인 태도로 보려고 한다는 것을 지적한다. 그렇지만 실제로 진료를 해보면 우정을 쌓아가기 위해 겪는 진한 몸부림이 아니라 잔혹한 괴롭힘이나 싸늘한 따돌림이 더 많다고 말한다(김대유·김현수, 2006).

이제 학교폭력은 그 명칭이 말해주듯이 명백한 폭력이라는 것을 분명히 해야 한다. '아이들은 싸우면서 자란다'는 사회적 통념이 진실이 되기에는 그 싸움이 너무나 공정하지 못하고 잔인하기까지 하다. 지금의 학교폭력 과정에서 행해지는 물리력은 또래 간의 흔한 갈등 과정에서 행해지는 물리력과는 엄연히 다른 것이다. 그리고 자라면서 겪는 하나의 성장통 정도로 받아들이기에는 그 고통이 너무 크다. 더구나 고통은 싸움의 당사자에게만 한정되는 것이 아니다. 가족에게까지 회복하기 어려운 고통을 주고 가족 전체의 삶을 흔들어버리는 명백한 폭력이고 범죄인 것이다.

2. 학교폭력의 정의와 실태

1) 학교폭력의 정의

"애들 싸움을 가지고 뭘 이렇게까지 심하게 문제 삼아요?"
"뭐요? 당신 자식이 이렇게 당했으면 가만히 있겠어요?"

이것이 학교폭력이 발생했을 때 부모들 사이에서 오갈 수 있는 대화라는 것은 누구라도 충분히 예상할 수 있다. 이것은 학교폭력을 바라보는 기준이 사람마다 달라서 어떤 사람에게는 폭력이 되는 일이 어떤 사람에게는 장난이 될 수 있기 때문이다. 또 학교폭력을 바라보는 기준이 다르면 정확한 실태를 파악하기도 어렵고 대책을 마련하기도 어려울 뿐만 아니라 학교폭력이 발생했을 때 해결하는 과정에서도 어려움이 따른다.

김대유·김현수(2006)는 학교폭력의 정의가 불분명하면 진위를 가리는 과정에서 또 다른 상처가 생기고 아이들에게도 비교육적일 뿐만 아니라 치명적인 결론을 낳기 때문에 학교폭력의 정의가 꼭 필요하다고 주장한다. 그들은 "학교폭력이 아니라고 목청을 높이면서 때로는 변명을 둘러대는 가해학생의 부모와 명백한 판정을 두고 우물쭈물하는 학교와 교사들의 머뭇거림 속에서 아이들은 무엇을 배우는가?"라는 물음을 던진다. 그리고 불공정한 해결과정에서 아이들이 배우는 것 다섯 가지를 들고 있다. 첫째, 힘이 있거나 목청을 높이거나 집단으로 덤비면 꼼짝 못 한다. 둘째, 억울하면 떠나면 그만이다. 셋째, 제 자식만 챙기면 그만이다. 넷째, 피해를 보면 피해보는 사람만 전적으로 손해다. 다섯째, 어른들은 믿어선 안 될 존재이다.

따라서 학교폭력의 정확한 실태를 파악하고 대책을 마련하기 위해서라는 이유 이외에도 학교폭력의 해결과정이 곧 교육적 과정이 되기 위해서도 학교폭력의 개념을 정의할 필요가 있다.

그러나 학교폭력을 정의하는 것이 쉬운 일은 아니다. 학교폭력은 학교와 폭력의 합성어로 '학교'와 '폭력'을 어떻게 정의하느냐에 따라 정의는 달라질 수밖에 없다. 먼저 '학교'를 어떻게 볼 것인가에 대해 생각해보자. '학교'를 단지 공간 개념으로 보아 학교 안에서 일어나는 폭력만을 학교폭력으로 볼 것인지, 아니면 학교를 오가기 위해 다니는 도중에 일어나는 폭력까지 학교폭력으로 볼 것인지 하는 문제가 생긴다. '학교'를 단지 공간 개념으로 보아 그 공간 안에서 발생한 폭력만을 문제 삼는다면, 교사의 눈을 피해 등하굣길 등 학교 주변에서 은밀하게 일어나는 폭력은 제외될 수밖에 없다. 폭력 피해자가 등하굣길에서 안전하지 않다는 조사결과를 볼 때, 학교 밖에서 일어나는 폭력도 학교폭력에 포함시켜야 한다고 본다. 다만 학생이 아닌 사람들 사이에서, 또는 학생과 학생이 아닌 사람 사이에서 일어나는 폭력은 학교폭력이라고 볼 수 없다.

또 '공간'으로서의 '학교'라는 측면에서뿐만 아니라 그 안에서 생활하고 있는 구성원의 측면에서도 학교폭력의 개념정의는 달라질 수 있다. 학교의 구성원에는 크게 학생과 교사, 학부모가 있다. 그리고 이들 사이에서는 학생과 학생 사이의 폭력, 교사가 학생에게 가하는 체벌, 학생이 교사에게 가하는 폭력, 교사와 학부모 사이의 폭력이 일어날 수 있다. 그렇다면 이 모두를 학교폭력이라고 보아야 하는가? 이에 대한 대답은 그렇게 간단한 문제는 아니다.

우선 학생과 학생 사이에서의 폭력이 학교폭력이라는 데에는 이견이 없을 것이다. 그러나 학생이 교사를 폭행하는 일도 심심찮게 일어나는 게 현실이다. 또 교사의 학생지도나 수업방식 등에 불만을 품고 학부모가 학교로 찾아가 교사를 폭행하는 일도 있다. 한국교총은 상담 건수 중에 교사폭행과 관련한 상담 건수가 차지하는 비율이 상당히 높다는 것을 들어 교권이 침해되고 있는 현실에 대해 성토하기도 했다.[2] 이처럼 교사에 대한 학생과 학부모의 폭력은 학교폭력이라고 볼 수 있는가? 미국의 일부 학자들은 교사에 대한 학생의 폭력도 학교라는 장소에서 발생하기 때문에 학교폭력으로 간주하기도 한다(김준호, 2006). 많이 희석되기는 했지만 '스승의 그림자도 밟지 않는다'나 '군사부일체'와 같은 사고방식을 가진 우리나라에서도 교사에 대한 폭력을 학교폭력으로 보는 데에 상당히 동의할 것 같다. 문제는 교사가 학생에게 행하는 체벌을 어떻게 볼 것인가이다. 체벌에 대해서는 교육을 위한 정당한 수단이냐 아니냐, 법적으로 금지해야 하느냐 마느냐 등의 문제로 사회적 논란이 끊이지 않았다. 합당한 절차와 수단에 따라 적절하게 행해지는 체벌이 교육적으로 정당하다고 생각한다면, 체벌을 학교폭력으로 보는 데에는 반대할 것이다. 그러나 절차와 수단이 아무리 합당한 체벌이라고 하더라도 인권침해의 소지가 있기 때문에 교육적 행위가 될 수 없다고 생각한다면, 체벌 또한 학교폭력으로 볼 수도 있을 것이다.[3] 따라서 체벌을 학교폭력으로 볼 것인지 말 것인지의 문제는 체벌을 어떤 시각으로 바라보느냐에 따라 다르다고 할 수 있다.

---

2) 2007년 교총에 접수된 교권 침해사건을 전체적으로 보면, 발생건수는 204건(2006년 179건)으로 이 중 교육주체(학부모) 등에 의한 부당행위 피해가 79건으로 전체의 38.7%로 가장 많이 차지했다(한국교총 보도자료. 2008. 6. 2. www.kfta.or.kr).
3) 체벌의 찬반양론에 대해서는 교육적·인권적 관점에서 다른 논의를 필요로 한다. 여기서는 체벌의 찬반양론에 대해서는 생략하기로 하고, 이 부분에 대해서는 이 책 1장을 참고하기 바란다.

그렇다면 폭력은 어떻게 보아야 할까? '폭력'은 의도에 따라 도구적 폭력과 증오적 폭력으로 나누기도 하며, 가시적 폭력과 비가시적 폭력, 유형적 폭력과 무형적 폭력으로 나눌 수도 있다. 도구적 폭력이 어떤 목적을 달성하기 위한 수단으로서의 폭력이라면 증오적 폭력은 폭력 그 자체가 목적이다. 가시적 폭력 혹은 유형적 폭력은 폭력이 행사되는 모습을 식별할 수 있을 뿐만 아니라 폭력의 결과 역시 경험적으로 인지가능한 폭력이다. 반면 비가시적인 폭력 혹은 무형적 폭력은 그렇지 않은 경우가 대부분이다(김준호, 2006). 모든 폭력이 이런 틀로 구분가능한 것은 아니지만, 이런 틀로 폭력이라고 의심되는 행위를 들여다보면서 그 행위가 폭력인지 아닌지에 대한 판단을 하는 데 도움을 얻을 수 있다. 예를 들어 친구의 돈을 빼앗기 위해 폭행하는 것은 그 목적이 뚜렷한 폭력이다. 이런 폭력은 도구적 폭력이면서 가시적·유형적 폭력이기 때문에 누가 봐도 폭력이라고 인정할 수 있다. 물론 도구적 폭력이라도 비가시적·무형적 폭력이라면 폭력행위를 인정하기 쉽지 않은 상황도 있을 수 있다. 학교폭력과 관련해 그 정도가 더 심각해지는 현실은 증오적 폭력의 증가와 무관하지 않다. 단지 '마음에 들지 않는다'거나 '그냥 싫어서'라는 이유로 집단따돌림을 한다. 그리고 이때 외관상 폭행 흔적이 남지 않는 언어폭력과 같은 정신적 고통을 주로 가하기 때문에 면밀히 관찰하지 않으면 폭력 상황이라고 진단하기도 쉽지 않다.

사카이 다카시(酒井隆史, 2006)는 <시티 오브 갓(city of god)>이라는 브라질 영화를 소개하며, 다음과 같이 서술하고 있다.

이 영화는 실화를 토대로 제작되었다. '신의 도시'라고 불리는 리우데자네이루의 게토를 배경으로 1960년대에서 1980년대에 걸친 무시무시한 폭력의 연대기를 보여주는데, 이유 없는 폭력으로 가득한 처참한 이야기이다. 무엇보다도 '신의 도시'에서는 폭력의 주체가 어린아이들이라는 점 때문에 놀라게 되는데,

아이들은 '마음에 들지 않는다'는 사소한 이유로 간단히 사람을 죽인다. 이곳에서 폭력은 목적에 대한 단순한 수단으로서 간단히 사용될 뿐만 아니라, 이 수단이라는 말조차도 무의미해 보일 만큼 과잉으로 흘러넘치고 있다. '폭력의 의미가 상실'되어간다는 말이다.

사카이 다카시가 예로 든 것은 증오적 폭력이면서 가시적 폭력이다. '폭력의 의미 상실'은 폭력 행위에 별 뚜렷한 이유가 없는 증오적 폭력과 가깝다. 이런 증오적 폭력이 앞의 예와 같은 가시적 폭력이 아니라 비가시적 폭력일 경우에도 폭력으로 인정해야 한다. 그러나 증오적 폭력이면서 비가시적 폭력일 경우, 어디까지를 폭력으로 인정할 것인가를 판단하기는 쉬운 일이 아니다.

학교폭력분야의 선구적인 연구자인 노르웨이의 올베우스[4]가 말한 '폭력'의 의미를 통해 이 문제를 생각해보자. 올베우스는 학교폭력을 '불링(bullying)'이란 말로 표현했고, '불링(괴롭힘)'에는 3가지 특징이 있다고 말한다. 그것은 공격적 행동 또는 의도적인 피해를 주는 행동(harmdoing), 반복적이고 지속적인 행동, 힘의 불균형이다(Smith et al., 2002에서 재인용). 결국 올베우스(1996)는 한두 번에 그치지 않고 반복적이고 지속적으로 다른 사람에게 피해를 주는 공격적이고 의도적인 행동을 강조한다. 또 힘이 불균형한 사람 사이에 일어나는 것이 학교폭력임을 강조한다. 이것은 피해학생은 폭력가해학생(또는 집단)에

---

4) 올베우스(1996)는 학교폭력을 'bullying(괴롭힘)'으로 표현했다. 1970년대가 되어서야 'bullying'에 대한 체계적인 연구가 시작되었는데, 'bullying'에 대한 사회적 관심은 1960년대 말과 1970년대 초에 스웨덴에서 최초로 일어났다. 그 후 관심은 스칸디나비아 반도로 퍼져나갔고, 1983년에 올베우스를 포함한 소수의 사람들과 교육부(ministry of education)에 의해 노르웨이에서 'bullying'을 막기 위한 캠페인이 진행되었다 (Olweus, 1988). 노르웨이에서 1983~1984년에 걸쳐 이루어진 전국조사 결과, 약 15%가 학교폭력과 관련되어 있었고, 이 중 약 9%는 희생자였고, 약 7%는 가해자였으며, 약 1.6%는 희생자이면서 가해자였다.

대해 자신을 방어하기가 어렵고 도저히 맥을 못 춘다는 것을 의미한다. 올베우스가 말하는 '폭력'의 의미로 보면, '마음에 들지 않아서' 또는 '그냥 싫어서'와 같은 이유로 비록 눈에 보이는 외상은 없더라도 힘의 비대칭적인 관계 속에서 의도적이고 지속적으로 따돌리는 것과 같은 행위는 폭력이라는 것이 명백해진다. 김대유·김현수(2006)는 올베우스의 개념정의를 학교에서 일어나고 있는 실제 상황을 통해 더 구체적으로 설명한다.

> 힘센 아이들 여럿이 한 아이를 일부러 괴롭히려고 신발주머니와 책가방을 감추고 돈을 뺏고 몸을 쿡쿡 찔렀다. 이것을 하루 이틀 한 것이 아니라 한 달 내내 했다면 명백한 따돌림, 괴롭힘, 학교폭력이다. 이것을 장난이나 우정을 위한 다툼으로 변명하기는 어렵다.
> 인기 있는 아이 몇 명이 소심한 한 아이에게 별명을 지어 놀리기 시작했다. 그 아이는 그런 별명을 싫어하고 괴로워했음에도 아이들은 교실, 운동장, 학교 바깥 놀이터에서 같은 방식으로 계속 놀렸다. 그래서 이 아이는 다른 친구들에게도 자신이 싫어하는 별명으로 불리게 되었고 따돌림을 받게 되었다.

여기서 여럿이 한 아이를 괴롭힌 것은 '힘의 불균형'이고, 피해자가 괴로워하는 것을 알면서도 행위를 계속한 것은 '의도성'에 해당되고, 한 번이 아니라 계속했다는 것은 '반복성'에 해당된다.

이 논의를 정리하면, 올베우스가 말한 '의도성', '반복성', '힘의 불균형'은 어떤 상황을 학교폭력으로 볼 것인지 아닌지를 판단하는 중요한 기준이 된다고 할 수 있다. 학급의 급우를 놀리는 행위가 그저 한두 번의 장난에 지나지 않는 것인지,[5] 아니면 학교폭력에 해당하는지 민감하게 들여다볼 필요가 있

---

5) 실제 교실 상황에서 가장 흔한 경우는 집단적으로 한 아이를 놀리는 것이다. 처음에

다. 이런 민감성을 가지지 않으면 '호미로 막을 것을 가래로도 못 막는' 상황으로까지 이어질 수도 있다는 것을 알아야 한다. 또 성인이 폭력을 판단하는 올바른 기준을 가지고 있어야만 현장에서 아이들에게 폭력과 폭력이 아닌 것의 구분을 명확하게 가르쳐줄 수 있다.

지금까지 '학교폭력'을 개념정의하기 위해 '학교'와 '폭력'을 구분하여 살펴보았다. 앞의 논의에서 "학교와 학교 주변6)에서 학생과 학생 사이에서 힘이 불균형한 상태로 의도적이고 반복적으로 일어나는 공격적 행위"를 학교폭력이라고 정의하는 데는 큰 이견이 없을 것이다. 그러나 교사에 대한 학생의 폭력과 학생에 대한 교사의 체벌을 학교폭력에 포함시킬 것인가의 문제는 사회적 합의가 필요한 부분이다. 특히 학생에 대한 교사의 체벌은 교사에 대한 학생의 폭력에 비해 더 민감하고 판단하기 어려운 사안이다. 이때 교사에 대한 학생의 폭력에 대해서는 명백한 폭력이고 '교권'이 침해되었다고 여기면서, 교사의 체벌은 학생의 '인권'을 침해하는 행위라고 여기지 않는 것은 아닌지 생각해볼 필요가 있다.

결국 학교폭력의 개념은 고정된 개념이라기보다는 사회적 합의에 따라 확장될 수 있는 개념이라고 보아야 한다.

어떤 아이가 놀리기 시작하면 다른 아이들도 별 생각 없이 싫어하는 별명을 부르는 등 놀리게 된다. 이때 교사가 제지하려고 하면 놀리는 행위를 주도한 아이들은 '장난이에요'라는 말을 하며 별것 아닌 상황인 것처럼 대응한다. 그리고 나머지 아이들은 이런 대응에 침묵하고, 놀림을 당한 아이도 아무런 저항도 하지 못한다. 교사의 제지로 그 상황은 일단 마무리되지만, 놀리는 행위는 다시 '장난'일 뿐이라는 집단최면의식 속에서 반복된다.

6) 여기서 주변이라고 하여 어떤 거리 제한을 두는 것은 가능하지도 않을 뿐만 아니라 의미가 없다. 따라서 구체적인 정황상 판단해야 할 것이다.

2) 학교폭력의 유형과 현황

(1) 학교폭력의 유형

학교폭력을 몇 가지 유형으로 나누는 것은 논리적 기준에 의한 유형화라기보다는 연구자의 시각에 의해 유형화된 것이 일반적이다(김준호·김선애, 2000; 김미영, 2007에서 재인용).

태툼과 허버트(Tattum and Herbert, 1993)는 주먹이나 무기로 폭력을 행사하는 신체적 폭력과 비꼬기 등의 언어적 폭력, 돈 등을 빼앗는 강탈, 특정 아동을 친구에게서 고립시키는 따돌리기를 포함한다고 했다(김미영, 2007에서 재인용).

올베우스(Olweus, 2001)는 '괴롭힘'이라고 표현한 학교폭력 속에 물리적 폭력, 욕설, 인상 쓰기와 거친 몸짓, 소문 퍼뜨리기나 집단에서 따돌리기를 모두 포함시켰다.

국내 연구에서 김준호·김선애(2003)는 금품 갈취와 협박 및 구타를 포함하는 협의의 폭력,[7] 억지로 심부름시키기와 놀림과 따돌림을 포함하는 괴롭힘, 사이버폭력, 성폭력으로 나누었다.

이처럼 학교폭력의 유형화는 고정된 작업이 아니라 연구자에 따라, 또는 시대적 상황에 따라 변한다고 보아야 한다. 정보화사회가 되면서 인터넷의 순기능뿐만 아니라 사이버상의 폭력이라고 하는 역기능적인 현상이 증가하고 있는 가운데 사이버폭력 또한 학교폭력의 한 유형이 되고 있는 것이다. 또 성폭력도 「학교폭력 예방과 대책에 관한 법률」이 처음 제정될 당시에는 학교폭력의 정의에 들어 있지 않았으나 2008년 3월 전면 개정으로 포함되었다.

---

7) 협의의 폭력은 의도적으로 타인에게 신체적 상해를 입히는 것을 말한다.

(2) 학교폭력의 현황

학교폭력은 비단 우리나라에만 국한된 문제가 아니다. 노르웨이와 영국 등 서양 여러 나라도 오랫동안 학교폭력 문제로 골머리를 앓아왔다. 외국의 학교폭력이나 우리나라의 학교폭력이나 기본적으로 올베우스가 말한 '의도성', '반복성', '힘의 불균형'이라는 특징을 가진다는 데서 공통적이다. 그러나 곽금주(2008)는 서양 국가와는 다른 한국의 왕따 현상의 특징을 세 가지로 들고 있다.

첫째, 집단성이라는 특징을 가진다. 가해행위의 범위를 어떻게 규정하는지에 따라 가해집단의 규모가 달라질 수 있지만, 가해행위를 적극적으로 왕따를 시키거나 괴롭히는 행동으로 한정하는 경우 대략 10% 정도가 포함되고, 주동자를 적극적으로 도와주거나 단순 동조하는 행위까지 포함시킬 경우 40%정도까지 늘어나는 것으로 나타났다(김현주, 2003; 곽금주, 2008에서 재인용). 이 숫자가 더 늘어나면 심지어 '전따' 현상까지 나타나는 것이다.

둘째, 왕따 피해의 '지속성'이다. 자살이나 정신병리와 같은 심각한 피해가 발생한 사례 중 대부분은 피해자가 지속적으로 폭력을 당한 경우가 많다. 특히 우리나라는 같은 교실에서 지내는 시간이 많아 한번 피해자가 되는 경우 벗어나기 힘들다고 할 수 있다. 또 한국의 발달한 통신수단과 좁은 국토는 왕따를 당한 아이에게는 불리한 여건이다. '한 번 왕따는 영원한 왕따'와 같은 말은 발달한 우리나라 인터넷의 영향을 반영하는 말이기도 하다(김대유·김현수, 2006).

셋째, 일반성이라는 특징을 가진다. 이제 왕따는 비행학생에 의해서만 이루어지는 것이 아니라 보통의 모든 학생에게서 쉽게 발견되는 행동이 되어가고 있다. 이 말은 학교폭력은 소수에 국한되는 것이 아니라 소위 모범생을 포함한 일반학생까지 학교폭력에 연관된다는 것이다.

이러한 특징 이외에도 좋은교사운동(2007)은 현장 교사를 인터뷰하고 그것을 분석하여 최근 학교폭력의 추이를 몇 가지 들고 있는데, 이것은 현장 교사들의 생생한 목소리를 반영하고 있다는 데 의의가 있다. 그것은 학교폭력의 보편화와 저연령화, 폭력의 다양화와 잔혹화, 폭력에 대한 무감각화 현상, 가상세계와 현실세계를 오가는 현상,[8] 연계화 또는 조직화된 폭력 양상이다. 이 중에 학교폭력의 저연령화 현상은 청소년폭력예방재단의 실태조사 결과에서도 드러난다. 청소년폭력예방재단에 따르면 전국 초등학생의 학교폭력 피해율은 2001년 8.5%, 2002년 11.2%, 2003년 17.5%, 2006년 17.8%로 꾸준히 늘어나고 있다. 또 여학생 중 학교폭력 가해자도 1999년 2.2%에서 2006년 14.2%로 6배가 증가하고, 피해자 비율도 1999년 4.4%에서 2006년 13.9%로 3배 이상 증가했다(www.wolyo.co.kr).

이처럼 실제로 학교폭력의 양상은 심각해지고 있는데, 학교폭력의 심각성에 대한 학교나 사회의 인식이 부족하고, 학교폭력 예방이나 해결 시스템이 제대로 갖추어져 있지 않다면 학교폭력을 당한 아이들에게 이 땅은 너무나 가혹한 곳이 될지도 모른다.

3. 학교폭력 상황의 구성원과 메커니즘

학교폭력이 벌어진 상황에 누가 관련되어 있는지를 살펴보는 것은 학교폭력이 일어나는 구조를 구체적이고 완전하게 이해하고, 학교폭력 예방과 해결을 위한 프로그램을 구성하는 데에 도움이 된다. 사실 학교폭력은 피해자와

---

8) 현피현상. '현실'의 앞 글자인 '현'과 PK(Player Kill)의 앞글자인 'P'의 합성어로 게임, 메신저 등과 같이 웹상에서 벌어지는 일이 실제로 살인, 싸움으로 이어지는 것을 나타내는 신조어(좋은교사운동, 2007).

가해자라는 둘(또는 두 집단)만의 상호작용이 아니라 역동적인 관계 속에서 일어난다고 봐야 한다.

또래집단 내에서 따돌림이 어떻게 일어나는지를 연구한 살미발리(Salmivalli, 1999)는 따돌림 상황에서 또래의 역할을 여러 가지로 구분했다. 예를 들어 '조력자(assistants)'는 가해자가 가해행위를 하는 것을 도움으로써 2차적인 역할을 하고 있는 사람이고, '강화자(reinforcers)'는 따돌림 상황에서 가해자를 지지하는 말을 하는 사람이다. '방관자'는 따돌림에 직접적으로 관여하진 않았지만 그저 따돌림의 관중이 되어 가해자의 따돌림행위를 암묵적으로 강화하는 사람이다(Smith et al., 2005에서 재인용).

이처럼 학교폭력 상황에는 크게 직접적인 가해자와 피해자 이외에도, 가해자를 도와주는 조력자와 강화자, 침묵하여 가해자의 행위를 암묵적으로 강화하는 방관자가 관련되어 있다. 이 장의 처음에 소개한 <사례 1>을 보면, S, L, W, 석이는 가해자이고 철이는 피해자, 폭력상황을 보고도 아무런 조치를 취하지 않은 같은 반 친구들이 다수의 방관자이다.

올베우스(1996)는 가해자와 피해자에 대해 "폭력 학생이나 희생자가 되는 것은 오랫동안 수년간 지속될 수 있는 특성"이라고 말하면서도, 그들 스스로 자신의 여건이나 행동양식을 변경하는 것이 불가능하진 않다고 말한다. 다만 변화시키려는 특별한 노력을 할 때 그런 여건에서 벗어날 수 있기 때문에, 더욱 적극적이고 목적지향적으로 학교폭력에 대처해야 함을 강조한다.

1) 가해자

어떤 부모라도 자신의 자녀가 학교폭력의 가해자라는 이야기를 듣는다면 쉽게 수긍하지 못할 것이다. 이것은 아이가 집 밖에서 맺는 관계에서 보이는 모습 중에는 부모가 모르는 모습이 있다는 얘기이다.

올베우스(1996)는 가해자가 여러 상황에서 공격적인 행동을 한다는 면에서 볼 때 어떤 성장여건 아래에서 공격적 행동이 나오는가라는 질문을 검토하는 것이 중요하다고 말한다. 이러한 질문은 기본적으로 가해자 또한 부적절한 성장 과정의 피해자라는 관점을 가지게 한다. 올베우스가 제시한 중요한 네 가지 요인을 보면 다음과 같다. 첫째, 따뜻하지 않은 부모. 다시 말해 부모가 아이에게 지니는 기본적인 정서적 태도가 중요하다. 둘째, 공격적 행동 양식에 대해 분명한 제한을 두지 않은 채 지나치게 허용적인 부모. 셋째, 육체적 처벌과 격렬한 감정 폭발 등 힘에 기초해 양육하는 부모. 넷째, 성미가 급한 기질의 아이. 이 요인은 다른 요인에 비해 덜 중요하다.

이 네 가지 요인을 정리하면, 사랑을 너무 적게 받거나 적절하고 명확한 한계 없이 자유가 무제한적으로 주어지는 것도 아이의 공격성을 키울 수 있다는 것이다. 또 폭력의 대물림이 개인의 의지와 상관없이 일어날 수 있다는 것을 암시한다. 김대유·김현수(2006)는 힘에 기초한 양육을 "좋은 습관을 길러주기 위해서는 때려서라도 가르쳐야 한다는 사고방식을 말한다"라고 지적했다. 보통 가정에서 아버지가 이런 역할을 도맡아 하기 때문에 아이들은 아버지를 두려움의 대상으로 생각하고, 집 밖에 나가서는 폭력적인 아버지를 흉내낸다는 것이다. 결국 자녀가 올바르게 자라기를 바라는 마음에서 비롯된 양육행동이 오히려 아이를 공격적이 되게 할 수 있다는 것이다. 아이는 부모의 거울이고, 아이의 행동을 통해 부모의 행동을 객관적으로 들여다보라는 아픈 진리를 다시 한 번 확인할 수 있다. 올베우스가 마지막 요인으로 든 아이의 기질은 성미가 급한 아이가 공격적이 된다고 단정적으로 결론짓지 말아야 한다. 성미가 급한 아이들이 그렇지 않은 아이에 비해 공격적이 될 가능성이 높다고 하더라도, 어떤 환경에 놓이느냐에 따라 기질이 발현되는 양상이 달라질 것이기 때문이다.

또한 가해자의 특징을 살펴보면 다음과 같다(곽금주, 2006). 여기서 가해자의 행동 특성을 규정하는 데는 편견과 낙인이라는 위험 요소가 있기 때문에 조심스럽게 접근할 필요가 있다. 그러나 "폭력문제를 인식하고 그에 대한 적절한 대처 방안에 관한 지식이 있는 것이 학교폭력 해결을 위해 대단히 중요하다"라는 올베우스의 지적처럼, 가해자의 전반적인 특징을 살펴보는 일은 학교폭력에 대한 민감성을 키우는 방법 중의 하나가 될 수 있을 것이다.

첫째, 급우나 학생을 대상으로 공격적인 행동을 가한다. 또 이들은 폭력을 즐기는 것으로 보이기도 한다. 이를 통해 자신의 위상을 높이려고 하고 좌절감을 해소하려고 한다. 또 피해자에 대한 감정이입이 일어나지 않고 죄의식이 없다. 둘째, 열악한 가정환경에서 성장한 경우가 많은데, 반항심이나 지배욕구가 비교적 강한 편이다. 또 부모의 양육 태도가 거부적이거나 지나치게 허용적이거나 힘에 기초한 양육을 하는 등 적절하지 못한 경우도 많다. 셋째, 필요한 물건이나 돈 등 긍정적인 이익이 제공되기 때문에 가해를 즐겨 행할 수 있다. 넷째, 약물, 흡연, 마약, 유흥업소 출입 등과 같은 비행에 연루된 경우가 많다. 경우에 따라서는 성인이 된 후에도 계속적인 비행과 연루되어 범법자가 되기도 한다.

특히 이 중에서 두 번째의 '열악한 가정환경'을 가해자의 특징으로 연결시키는 데는 신중함이 요구된다. 오히려 빈곤층에게는 가난이 대물림되어 가난의 순환 고리가 끊어지지 않고 삶에 대한 희망을 갖지 못하게 하는 사회구조에 근본적인 책임이 있는 것이다. 또 네 번째 특징이 의미하는 바는 학교폭력이 성인폭력으로 이어지지 않도록 하기 위해서 조기에 단호한 교육적인 개입이 필요하다는 것이라고 할 수 있다.

가해자 집단에서 유심히 봐야 할 것은 학교폭력의 피해자가 다시 가해자가 되기도 한다는 것이다. <사례 1>의 석이가 그런 경우인데, 석이는 자신도 왕따를 당해왔으면서도 철이에게는 가해자로 변신한다. 비디오 녹화기록에는 자세히 나오지 않지만, 석이는 자신이 왕따를 당하며 느낀 분노와 좌절감을 철이라는 다른 희생자를 통해 표출하고 있는 셈이다. 그리고 철이는 석이에 대해서는 다른 가해자와 다르게 맞서보려고도 한다. 아마도 석이와 개인적으로는 힘의 불균형이 덜하기 때문일 것이다. 그러나 석이는 홀로 가해를 하는 것이 아니라 가해자 집단 속에 있기 때문에, 철이에게는 거대한 산처럼 느껴졌을 수도 있다. 이런 사례를 통해 볼 때 피해자가 다시 가해자가 되지 않도록 지원하는 것도 중요한 개입방안 중 하나가 되어야 한다.

2) 피해자

올베우스는 학교폭력의 피해자를 '수동적 피해자'와 '도발적 피해자'로 구분했다(Olweus, 1988). '수동적 피해자'의 행동 양식은 전형적인 피해자의 그것을 보여주는데, 이들은 보통 예민하고 부끄러움도 많으며 조용한 편이고, 자기 자신에 대해 부정적으로 인식하는 편이다. 남학생의 경우 육체적으로 왜소한 편이기도 하다. 이런 특징들은 다른 학생들에게 피해자가 공격이나 모욕을 당해도 반격하지 않을 것 같고 불안정하고 무가치한 인간이라는 신호로 작용하기도 한다. 이런 수동적 피해자는 학교폭력 현장에서 흔히 볼 수 있는 피해자 유형이다. 흔히 남학생의 경우 육체적으로 왜소하다고 해서 반드시 피해자가 되는 것은 아니다. 육체적인 왜소함보다는 낮은 자아존중감으로 인해 위축된 모습이 가해자로 하여금 공격을 쉽게 하게 하는 신호가 된다. 따라서 육체적인 왜소함이나 기질적인 특성을 극복하도록 강점을 찾게 도와주는 것이 중요하다.

한편 '도발적 피해자'는 불안한 반응형태와 공격적 반응형태가 결합되었다는 것이 특징이다. 이들은 정신을 집중하지 못하고 충동적이고 자기 주위에 짜증과 긴장을 일으키는 행동을 자주 한다. 그러다 보니 주변에서 좋은 평판을 들을 리 없고 외면당하기 쉽다. 더구나 공격적 반응형태가 결합되어 있기 때문에 피해자이면서 동시에 자신보다 약한 학생에게는 가해자가 되기도 한다. 이들 중 일부는 과잉행동장애라는 진단을 받기도 한다. 이 질환은 전체 초등학생의 5% 정도에 해당되며 소아정신과 외래에서 가장 많은 비중을 차지한다. 최근 사례를 보면, 학교폭력과 이 질환이 높은 관련성을 가지고 있으므로 이 질환이 의심되면 유심히 관찰해볼 필요성이 있다(김대유·김현수, 2006).

이러한 올베우스의 '수동적 피해자'와 '도발적 피해자'라는 개념이 일반적인 피해자의 특성에 초점을 둔 개념이라면, 남녀의 성차를 고려하여 피해자의 특성을 유형화한 연구도 있다. 문용린·최지영·백수현·김영주(2007)는 학교폭력 피해자의 상담사례 분석을 통해 남학생 피해자의 특성으로는 '약함'을, 여학생 피해자의 특성으로는 '두드러짐'을 들고 있다. 여기서 남학생 피해자의 '약함'은 단지 신체적인 측면뿐만 아니라 심리적인 유약함도 포함한다. 신체적 특징으로는 키가 작고 왜소한 체격의 소유자, 심리적 특징으로는 내성적이며 소극적인 성격을 가진 경우와 여성적인 성격을 가진 남학생들이 피해자가 되는 경우가 많았다고 밝히고 있다. 반면 여학생은 신체적으로 왜소한 것은 부각되지 않았고, 성적이나 외모에서의 두드러짐, 잘난 척하는 성격으로 인한 두드러짐, 남학생들과의 친밀한 관계를 유지함으로 인한 두드러짐과 같이 평범한 학생 속에서 자신의 존재가 눈에 띄는 것으로 인해 학교폭력의 표적이 되는 경우가 많았다고 한다.

이처럼 학교폭력 피해자에 대한 일반적인 특성이든, 성차를 고려한 특성이든 간에 주의할 점은 자칫 잘못하면 피해자에 대해 "따돌림당할 만하네"라고 단정을 내릴 수 있다는 것이다. 그런 위험성이 있는데도 피해자의 특성을 살펴보는 이유는 그런 특성을 가진 아이를 더 섬세한 눈으로 들여다보고, 그들에게 더 깊은 관심을 가지기 위해서이다.

3) 방관자

2005년에 개봉되었던 임경수 감독의 <6월의 일기>라는 영화가 있다. 이 영화는 범죄 스릴러물로 분류되지만 학교폭력의 방관자에 대해 "왕따시키는 사람보다 방관자인 네가 더 나빠", "우리가 도울 수도 있었어. 그렇다면 그렇게까지 죽진 않았을 거야"라고 섬뜩하고 아픈 진실을 말한다. 영화의 줄거리는 자살한 중학생 아들의 일기장을 보게 된 엄마가 아들이 죽은 후 아들이 왕따를 당해왔다는 사실을 알게 되고, 분노와 죄책감 속에서 가해자를 연쇄적으로 살인해나가는 것이다. 그리고 영화의 후반부에 '마지막 살인을 한다. 그는 방관자다. 방관자는……'이라는 메모 쪽지를 통해 아이를 죽음으로까지 몰고 간 방관자에 대해 경고한다. 물론 이 영화는 왕따를 당하는 동안 아들이 보낸 신체적이고 심리적인 상처의 신호를 포착하지 못한 엄마에 대해 '방관자는 바로 엄마다'라고 하며 끝을 맺는다. 그러나 사실은 아이가 왕따를 당하고 있다는 것을 알면서도 그냥 지나쳤던 교사와, 왕따를 당하는 아이와 한 묶음으로 엮이는 게 싫어 가까이 지내기를 피했던 같은 반 친구, 괴롭힘당하는 장면을 곁에서 보고 있었던 다수의 아이들, 아이가 보내는 상처받은 몸과 마음의 신호를 예민하게 포착하지 못한 부모가 모두 방관자라고 말하고 있다.

결국은 영화에서 말하고 있듯이 왕따당하는 아이에게 손을 내밀지 못한 주변의 모든 이들이 방관자인 것이다. 그러나 이 글에서는 학교폭력이 일어나는 상황에서 직접적인 방관자 역할을 하는 또래집단에 초점을 두고 서술하고자 한다.

살미발리(Salmivalli, 1999)가 말한 대로 방관자는 학교폭력행위에 직접 관여하진 않았더라도, 그것을 보고도 침묵한다는 것 자체로 이미 가해자의 행위를 암묵적으로 동조하고 강화하고 있기 때문에, 방관자의 역할을 새롭게 하는 것이 학교폭력 해결에 무엇보다 중요하다. 어쩌면 다수의 방관자가 '내가 직접 괴롭힘을 당하는 것도 아닌데'라는 마음으로 모른 척하고 지내려는 경향을 깨는 것이 가해자의 가해행위를 멈추게 하는 첫걸음이 될지도 모른다. 다수의 침묵 속에 가해자의 행위는 강화되고 피해자의 고통과 두려움도 점점 커져 간다.

사실 다수의 방관자는 따돌림을 당하는 친구에 대한 불쌍한 마음을 가지기도 하고, 가해자에 대한 분노감을 가지기도 할 것이다. 그러나 따돌림을 당하는 친구와 가까이 지내다가는 자신도 따돌림의 대상이 될지도 모른다는 두려움과, 학급 안에 따돌림을 당하는 피해자가 한 명 있어서 자신은 따돌림의 대상이 아니라는 안도감, 그리고 따돌림당하는 친구와 비교해보면 그래도 내 처지가 낫구나 하는 자기만족감 등이 묘하게 섞이면서 결국 정의롭지 못한 현실에 대한 분노와 피해자에 대한 동정심은 수그러들게 된다.

이처럼 방관자 집단이 단지 구경꾼으로 있을 때는 가해자의 가해행위와 피해자의 고통을 자라게 하는 부정적인 역할을 하는 집단일 뿐이다. 그러나 가해자에게 "그 아이한테 그렇게 하지 마"라고 단 한 마디를 건네는 순간 가해행위를 멈추게 하고, 피해자를 인격적 죽음에서 살아나게 하는 건강한 집단이 되는 것이다. 이 순간 방관자 집단은 조정자가 되고 학교폭력이 더 심각해지는 것을 예방하는 중요한 역할을 한 것이다. 여기서 방관자 개인이 아닌 '집단'이란 말을 강조하는 이유는 방관자가 다수여서이기도 하지만, 학교폭력 상황에서 방관자의 마음속에 있는 두려움을 이기고 조정자로서의 역할을 하기 위해서는 개인적이 아닌 집단적으로 대응하는 것이 중요하기 때문이다.

이를 위해서는 방관자 집단을 학교폭력의 조정자로서 역할을 할 수 있게 하는 학급 또는 학교 시스템이 필요하다. 한 중학교에서 학교폭력이 일어나는 현실을 실증적으로 연구한 이훈구(2000)는 같은 반 친구가 피해를 당하는데도 아무도 가해자를 제지하거나 피해자를 도와주지 않는 현실을 보고, 연구과정

중에 피해자를 도와주는 '엔젤 집단'을 구성했다. 엔젤은 한 반에 한 명보다는 여러 명 있는 것이 효과적이었다. 엔젤이 한 명이었을 경우에는 따돌림을 당하는 친구를 도와주는 엔젤을 다른 친구들이 이상한 눈으로 쳐다보아 위축되는 경향이 있었다. 그리고 가능하면 학급에서 영향력이 있는 아이들이 '엔젤 집단'으로 활동하는 것이 좋다고 조언했다.

학교폭력을 예방하기 위해 학급 내 시스템을 활용한 다른 예로 김대유·김현수(2006)에서 김대유 교사가 제안한 '눈을 떠라 모둠'과 같은 모둠활동도 들 수 있다. 그는 눈을 뜨고 진실을 지킨다는 의미에서 임원이 아닌 아이들을 모아 임원활동을 상시로 체크하기 위한 취지로 모둠을 구성했다고 한다. 이런 모둠활동을 통해 학급의 학교폭력을 방관하는 임원을 감시하고, 학교폭력의 문제를 '우리'의 문제로 공론화하기 때문에 학교폭력은 더 이상 개인의 문제가 아닌 모두의 문제가 되고 해결의 실마리를 찾게 되는 셈이다.

4. 학교폭력에 어떻게 대처할 것인가

앞에서 살펴보았듯이 학교폭력은 단지 가해자와 피해자만의 단순한 관계가 아니라 방관자의 침묵이라는 변수가 얽혀 있는데다 일상 공간에서 일상적으로 일어나고 있기 때문에 발견하기 쉽지 않다. 물론 신체적 폭력과 같이 눈에 보이는 형태의 폭력은 쉽게 인지가 되지만 그 외의 폭력은 어지간한 민감성을 가지고 들여다보지 않으면 인지하기 어렵다. 그러나 또래 친구나 교사와 부모를 포함한 성인이 학교폭력이 일어나고 있다는 것을 빨리 감지해야만 가해자의 가해행위를 중단시킬 수 있고 더 큰 피해를 막을 수 있다. 여기서는 학교폭력의 피해 징후와 피해 사실을 알았을 때의 대처 방안에 대해 알아보기로 한다.

1) 학교폭력의 피해 징후는 무엇인가

앞서 소개한 <6월의 일기>라는 영화 속에서 엄마는 아들이 학교폭력을 당해온 사실을 아들이 죽은 후에야 아들이 남긴 일기장을 통해 알게 된다. 이처럼 뒤늦게 부모가 알게 되었을 때는 이미 되돌리기 어려운 상황에 처해 있을 경우가 많다. 이 영화처럼 극단적인 선택을 했을 수도 있고, 그런 극단적인 선택을 하지 않았더라도 피해를 당한 아이의 마음은 이미 회복하기 어려울 정도로 만신창이가 되어 영혼이 죽은 것과 같은 상태일지도 모른다. 그러나 학교폭력이 일어나고 있다는 것을 빨리 감지하기만 한다면 극한 상황까지 치닫는 것은 얼마든지 막을 수 있다. 이 과정에서 적절한 도움이 제공된다면 위기를 극복하는 경험을 통해 오히려 자신감을 회복할 수도 있다.

실제로 초등학교 때부터 7년 동안이나 왕따를 당했고, 도중에 자살 시도까지 했었던 어떤 여성은 "자살하고 싶다"라고 적힌 자신의 수첩 메모를 우연히 보게 된 엄마의 관심과 배려로 왕따 문제를 극복했다. 이 과정에서 인터넷 청소년상담 카페인 "학교가기 싫어"라는 곳에 가입하여 또래상담을 하며 비슷한 처지의 학생들이 왕따를 극복할 수 있도록 도와주었다. 또 상담가로 활동하는 과정에서 자신의 왕따 후유증도 자연스럽게 치유할 수 있었다고 한다(www.hani.co.kr). 그녀는 왕따 극복 과정에서 자신의 진로도 찾을 수 있었고, 청소년폭력예방재단에서 전문상담가 자격을 얻기도 했다.

이 사례는 학교폭력을 빨리 감지하는 것이 얼마나 중요한지 보여준다. 조기 감지를 위해서는 먼저 학교폭력 피해 징후가 무엇인지 알아야 한다. 이에 현장에서 오랫동안 학교폭력 사례를 다룬 교사와 정신과 의사가 제시한 학교 폭력 피해 징후를 정리해보겠다.

■ 징후 1. 비싼 옷, 고가의 소지품, 운동화 등을 가끔 잃어버린다.

왕따 가해자들이 가장 좋아하는 물품이 고가의 운동화이다. 여자아이는 비싼 옷을 빼앗길 때도 있다. 새 운동화를 헌 운동화로 바꿔 신고 오면 반드시 그 이유를 확인해야 한다.

■ 징후 2. 다친 상처나 멍 자국을 몸에서 가끔 발견하게 된다.

몸에 난 상처에 대해 물어보면 얼버무리는 경우가 많은데, 이 경우 폭력 피해를 의심해봐야 한다. 만약 상처가 심하면 병원에서 상해진단서를 받아놓는 것이 좋다. 나중에 진단서는 학교폭력 해결의 중요한 열쇠가 될 수 있다.

■ 징후 3. 교과서, 메모장, 일기장 등에 "죽이고 싶다", "죽고 싶다"와 같은 표현이 있다.

아이는 무의식중에 낙서 등을 통해 자기표현을 한다. 일기장에는 가해자에 대해 구체적인 복수 방법을 기록해두기도 한다. 이런 물증이 발견되면 꼭 원본을 보관하거나 복사를 해두어야 한다.

■ 징후 4. 용돈이 모자란다고 하거나 지나치게 많은 학용품 비용을 자주 달라고 한다.

이 경우 금품 피해의 가능성을 고려해야 한다.

■ 징후 5. 두통, 복통 등 몸이 좋지 않다고 호소하며 학교 가기를 싫어한다.

별 이유도 없이 학교 가기를 싫어하고, 지각이나 조퇴 등이 잦아지면 학교폭력 피해를 의심해봐야 한다. 아이가 견딜 수 없는 피해를 지속적으로 당하게 되면 당연히 피해 현장인 학교를 기피하게 된다.

■ 징후 6. 번개통신인 버디버디 등 인터넷 채팅이 부쩍 늘었다.

채팅을 통해 피해와 가해과정이 이루어질 수 있고, 의외로 피해자는 갑자기 평소에 쓰지 않던 공격적인 말씨나 행동을 보이기도 하기 때문에 채팅에서 변화된 모습이 보인다면 피해의 가능성을 고려해볼 수 있다.

■ 징후 7. 갑자기 전학을 보내달라고 하거나 자퇴를 하고 검정고시를 보겠다고
한다.
왕따에 대한 반응 중 하나로, 도피하려고 하는 경우도 있을 수 있다. 뚜렷
한 이유도 없이 전학을 가겠다거나 자퇴를 하겠다고 하면 그 이유를 잘
점검해봐야 한다.

자료: 김대유·김현수(2007)에서 정리.

2) 대처과정에서 학교역할의 중요성

이 장의 첫 부분에서 제시한 <사례 2>를 보면, 학교가 학교폭력 사실을
알게 된 후 어떻게 대처하느냐에 따라 그 결과가 판이하게 달라질 수 있다는
것을 알 수 있다. 이 사례에서 학교는 책임을 회피하기 위해 학교폭력 사실을
은폐하기에 바빴고 심지어는 피해학생을 학교폭력의 원인으로 몰아가면서
또래에게서 상처 입은 피해자에게 한 번 더 큰 상처를 남겼다. 학교가 무조건
사건을 최소화하려는 마음부터 버리고 더 책임 있는 자세로 합리적이고 전문
적인 식견을 가지고 처리했다면 법정까지 가지 않고도 해결될 수 있었을지도
모른다. 때문에 학교의 초기 대응은 무엇보다 중요하다.

교사운동단체인 사단법인 좋은교사운동(2007)은 '현장 교사들이 본 학교폭
력 문제'라는 정책토론회에서 학교폭력이 일어나는 가장 직접적인 공간인
학교가 학교폭력에 무력한 이유로 학교폭력에 대처하기 위한 교사들의 지도
여력과 역량 부족, 학교폭력의 예방과 체계적 해결을 위한 시스템 부실 등을
들었다. 결국 학교가 학교폭력 문제에 대해 적절하게 대처하기 위해서는 교사
들이 학교폭력과 관련된 법률적 지식은 물론 피해학생과 가해학생의 기초적

인 상담을 위한 심리적 지식과 피해학생 측과 가해학생 측을 중재할 수 있는 기초적인 능력까지 갖추어야 한다는 것이다. 또한 학교폭력이 발생했을 때는 교사 개인의 경험과 지혜에 의해 자의적으로 처리할 것이 아니라 공식적인 시스템이 가동되도록 함으로써 제대로 된 절차에 의해 처리해야 한다.

처리 과정에서 학교가 기본적으로 주의해야 할 것을 정리하면 다음과 같다. 첫째, 학교폭력 문제를 단순한 '생활지도'의 문제로 생각하지 말아야 한다. 단순한 '생활지도'의 문제로 보고 가해학생을 몇 대 때리거나 벌을 주는 정도로 봉합하려고 하는 순간 가해학생의 진정한 반성과 행동 개선, 피해 학생의 보호와 치유라는 근본적인 해결은 어려워진다. 둘째, 가해학생도 나쁘지만 피해학생에게도 폭력을 당할 만한 이유가 있다고 보는 양비론의 시각을 갖지 말아야 한다. 비록 피해학생에게 교육적으로 지도하고 개선해야 할 행동 특성이나 심리적 특성이 있다고 하더라도, 학교폭력 대처과정에서 교사가 보이는 양비론적 태도는 가해학생과 그 부모에게 사건을 은폐하고 왜곡하려는 빌미를 줄 뿐이다. 대신 피해학생과 피해부모가 호소하는 고통에 우선적으로 공감하고, 절차에 따라 공식적으로 대처하는 것이 중요하다. 셋째, 가해학생의 부모에게 휘둘리지 말아야 한다. 특히 평소 가해학생의 부모가 학교에 미치는 영향력이 컸을 경우에는 더더욱 휘둘리기 쉬우므로 주의해야 한다. 가해학생 부모의 행동 양상은 교사를 상대로 한 인터뷰에서도 드러난다(좋은교사운동, 2007).

일부 가해자 부모가 오히려 학교에 난리를 치는 경우가 20~30% 정도 된다. 가해자가 오히려 난리 친다. 명식이(가명)의 경우도 일부 학부모가 드세게 나왔다. 책임을 교사에게 떠넘긴다. 우리 애는 이런 짓을 하는 애가 아니라며 따진다. 학교 조사에 의해 증거물이 나오면 학교에서 관리를 안 해서 그런 거라며 그 책임을 학교에 떠넘기고 교장, 교감 선생님에게 직접 가서 항의를 하기도 한다.

그런 과정에서 교장 선생님이 처음에 단호했다가 점차 누그러진다. 아무래도 좋은 일이 아니고 나쁜 일이기 때문에 확대되는 것을 원하지 않기 때문인 것 같다.

넷째, 사건을 최소화하려 하지 말아야 한다. 앞의 인터뷰 사례에서도 알 수 있듯이 이것은 서로 간에 그 이유는 다를지라도 가해학생 부모와 학교의 이해관계가 일치하는 지점이기도 하다. 그러나 최소화하고 대충 봉합하려다가 더 큰 화를 부를 수 있으므로 오히려 공론화하는 것이 해결의 지름길이 될 수 있다.

학교폭력이 발생하면 학교는 가해자 측과 피해자 측, 그리고 사회에서 요구되는 책임에서 자유롭기 어렵다. 때문에 학교가 학교폭력에 대한 전문적인 지식을 가지고 공정한 절차에 따라 대응하는 것은 무엇보다 중요하다. 이를 위해서는 「학교폭력 예방 및 대책에 관한 법률」에 규정되어 있는 학교폭력대책자치위원회의 역할과 처리절차에 대해 알고 있어야 한다.

3) 「학교폭력 예방 및 대책에 관한 법률」

(1) 법의 전반적인 개요

「학교폭력 예방 및 대책에 관한 법률」(이하 법률)은 청소년폭력예방재단과 학교폭력피해자가족협의회 등 여러 단체의 노력에 의해 2004년에 공포·시행되었다. 그 후 몇 차례의 일부 개정을 거쳐 2008년 3월 14일에 전면 개정되었다. 전면 개정에서는 학교폭력의 정의 속에 성폭력을 포함시키고 피해자 치료비용에 대한 구상권이 신설되었으며, 가해학생을 조치할 때 그 부모도 함께 교육을 받게 할 수 있도록 했다.

이 법에서 정의하는 학교폭력은 "학교 내외에서 학생 간에 발생한 상해,

폭행, 감금, 협박, 약취·유인, 추행, 명예훼손·모욕, 공갈, 강요 및 성폭력, 따돌림, 정보통신망을 이용한 음란·폭력정보 등에 의해 신체·정신 또는 재산상의 피해를 수반하는 행위"를 말한다. 그리고 이 법의 목적은 학교폭력의 예방과 대책에 필요한 사항을 규정하여 피해학생을 보호하고, 가해학생을 선도·교육하며, 분쟁을 조정하기 위한 것이다. 즉 학교폭력 예방과 폭력에 대한 사후대처가 큰 골자라고 할 수 있다. 이를 위해 학교 내에 학교폭력대책자치위원회(이하 자치위원회)를 설치하도록 하고 있다.

(2) 학교폭력대책자치위원회

법률 12조 2항에서는 자치위원회의 기능9)을 규정하고 있는데 이것을 자세히 살펴보면 다음과 같다.

① 피해학생의 보호

학교폭력에 대처하는 과정에서 무엇보다 가장 중요한 것이 바로 피해학생을 보호하는 일이다. 법률 16조 1항에서는 자치위원회가 피해학생의 보호를 위한 조치10)를 학교장에게 요청할 수 있도록 하고 있다. 이 조항에 의하면 보호는 위급 상황에서의 일시 보호와 피해학생이 원할 경우 가해학생과 분리하기 위한 조치부터 피해학생이 입은 신체적·심리적 상처를 치유하는 것까지 모두 포함한다. 특히 심리적 상처는 외상과 다르게 눈에 잘 드러나지 않기

---

9) ② 자치위원회는 학교폭력의 예방 및 대책 등을 위해 다음 각 호의 사항을 심의한다. 1. 학교폭력의 예방 및 대책을 위한 학교의 체제 구축 2. 피해학생의 보호 3. 가해학생에 대한 선도 및 징계 4. 피해학생과 가해학생 간의 분쟁 조정 5. 그 밖에 대통령령으로 정하는 사항.

10) 1. 심리상담 및 조언 2. 일시 보호 3. 치료를 위한 요양 4. 학급 교체 5. 전학 권고 6. 그 밖에 피해학생의 보호를 위해 필요한 조치.

때문에 소홀히 하기 쉬우나 이것이 잘 치유되지 않으면 그 후유증은 심각하다. 다음 사례[11]에서 후유증의 심각성을 엿볼 수 있다.

수면 중 잠꼬대와 함께 집안을 서성거리며 돌아다니고 비명을 지르고 서럽게 흐느껴 운다. 엄마와 할머니에게 욕설을 퍼붓는다. 잡지책을 찢어 벽에 붙이고 뜯어내기를 반복하고, 양손에 먹을 것을 들고 누가 뺏어갈 세라 경계의 눈빛을 흐리지 않는다. 또 해만 지면 구석에 웅크리고 앉아 떨며 가족들조차 피하려고 뒷창문을 넘어 화장실을 다닌다. 그 횟수가 조금 줄긴 했지만 3년 6개월이 지난 지금도 발작을 할 때면 욕설과 비명으로 한 차례 큰 파도가 휩쓸고 지나간다. 학교에서의 스트레스가 계속 쌓이면 잠꼬대 중에 누군가에게 욕설을 퍼붓는 것으로 시작하고, 이런 위험 신호가 있고 며칠이 지나면 본격적인 게 시작된다. 그리고 이것은 가족 이외의 다른 사람에게는 하지 않는다. 간혹 자기보다 약자라는 것이 확인되면 그 사람을 계속해서 괴롭히는 경우가 있다.

이처럼 피해학생의 후유증은 겪어보지 않으면 상상하기 어려울 정도로 심각하다. 후유증이 이 정도라면 그저 시간이 흐른다고 해결될 수준의 것이 아니다. 피해학생의 심리적 상처를 가늠하기 위해서는 이러한 후유증을 자신과 자신의 가족이 겪고 있다고 가정해보는 것도 필요하다. 일단은 피해학생의 심리적 상처에 대해 민감성을 가지고 들여다보는 것이 우선이고, 그 다음은 구체적인 상담과 심리치료 프로그램을 지속적으로 제공해야 한다.

---

11) 신순갑(2005)에서 인용. 2000년 4월 피해자는 11명에게서 집단 폭행과 금품 갈취 등을 당한 후 외상 치료, 그리고 정신과에서 2년간 약물 치료를 받았다.

<그림 13-1> 중재 개입의 과정

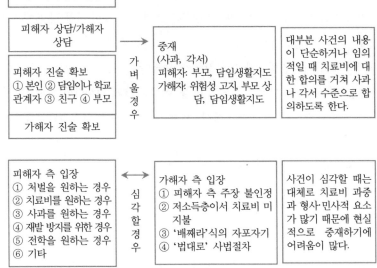

학교폭력사건 발생			
피해자 상담/가해자 상담	가 벼 울 경 우	중재 (사과, 각서) 피해자: 부모, 담임생활지도 가해자: 위험성 고지, 부모 상 담, 담임생활지도	대부분 사건의 내용 이 단순하거나 임의 적일 때 치료비에 대 한 합의를 거쳐 사과 나 각서 수준으로 합 의하도록 한다.

피해자 진술 확보
① 본인 ② 담임이나 학교
관계자 ③ 친구 ④ 부모

가해자 진술 확보

| 피해자 측 입장
① 처벌을 원하는 경우
② 치료비를 원하는 경우
③ 사과를 원하는 경우
④ 재발 방지를 위한 경우
⑤ 전학을 원하는 경우
⑥ 기타 | 심
각
할
경
우 | 가해자 측 입장
① 피해자 측 주장 불인정
② 저소득층이서 치료비 미
지불
③ '배째라'식의 자포자기
④ '법대로' 사법절차 | 사건이 심각할 때는
대체로 치료비 과중
과 형사·민사적 요소
가 많기 때문에 현실
적으로 중재하기에
어려움이 많다. |

자료: 신순갑(2006).

② 가해학생의 조치

학교폭력 대처과정에서 가해학생에 대해서는 잘못된 행동에 대한 응당한 책임을 지게 하는 징계와 가해자의 폭력행동을 근본적으로 개선하게 하기 위한 전문적인 조치가 병행되어야 한다. 이 때 가해학생에게 "우리는 폭력을 용납하지 않고, 폭력이 끝나는 것을 확인할 것이다"라는 분명한 메시지를 전달하는 것이 중요하다(올베우스, 1996). 또 가해행위의 원인은 단순히 가해학생 개인에게 있다기보다는 가정과 학교와 사회의 요인이 얽혀 있기 때문에 가해학생 또한 어떤 의미에서는 피해자로 볼 수 있고, 그렇기 때문에 제대로 된 전문적인 조치를 통해 폭력행동을 개선하고 올바르게 성장하도록 지원할 필요가 있다는 관점을 가지는 것도 중요하다. 특히 징계로서 교내봉사나 사회봉사를 할 때, 가해학생이 진정한 반성을 할 수 있는 계기가 되도록 하기 위해 어떤 징계프로그램을 실시해야 할지에 대한 고민이 필요하다. 그렇지 않으면 단순히 청소를 하게 하거나 반성문을 쓰게 하는 것이 자칫 시간 때우기 식으로 흐를 소지가 있다.

구체적으로 자치위원회가 학교장에게 요청할 수 있는 가해학생에 대한 조치[12]는 법률 17조 1항에 규정되어 있다. 이것은 크게 피해학생을 보호하기 위한 피해학생과의 분리 조치, 징계, 재발 방지를 위한 심리치료이다.

③ 피해학생 측과 가해학생 측 간의 분쟁 조정

피해학생의 상처를 치유하는 데에는 비용 문제가 생기기 때문에 자치위원회가 피해학생 측과 가해학생 측을 잘 중재하여 합리적으로 해결되도록 해야 한다. 가해학생 측이 가해 사실을 인정하고 치료비를 지불하겠다고 하면 다행이나 그렇지 않을 경우 피해학생 측에서는 법에 호소하고자 할 것이다. 그러나 가해학생도 피해학생과 마찬가지로 성장과정 중에 있는 아동이므로 가급적 법적인 분쟁으로 이어지지 않게 하는 것이 좋다. 특히 가해학생이 폭력 사실을 부인하고 책임을 회피하거나, 피해학생과 가해학생 학부모 사이에 감정적인 대립이 있거나, 그런 감정적인 대립으로 인해 피해학생의 부모가 가해학생이나 가해학생의 부모를 폭행하거나 또는 피해학생의 부모 측에서 과도한 보상 요구를 할 경우가 있다. 바로 이런 상황을 방지하고 해결하기 위해서도 자치위원회의 중재 역할은 중요하다. 중재 개입시 주의사항과 진행과정은 다음과 같다(신순갑, 2006).

---

12) 1. 피해학생에 대한 서면 사과 2. 피해학생에 대한 접촉 및 협박의 금지 3. 학급 교체 4. 전학 5. 학교에서의 봉사 6. 사회봉사 7. 학내외 전문가에 의한 특별교육 이수 또는 심리치료 8. 10일 이내의 출석정지 9. 퇴학 처분.

- 각 측의 주장에 대해 객관적인 설명과 함께 현 상황과 제도에 대한 한계점을 정확하게 주지시킨다.
- 피해자 측과 가해자 측의 주장을 모두 경청한다.
- 피해자 측과 가해자 측의 감정을 최대한 완화시킨다.
- 합의하지 않으면 각 측이 불리하다는 인식을 심어준다.
- 외상 전치 3주 이하는 가급적 합의유도(사법처리의 어려움)한다.

5. 학교폭력 어떻게 예방할 것인가

1) 학교폭력 예방을 위한 인권관점으로의 전환의 필요성

2005년에 일진회 문제가 사회적으로 파장을 일으킨 이후 교육부는 학교폭력이 발생할 가능성이 있는 학교의 취약지역에 CCTV를 설치하겠다고 발표했었다. 그 이후 각 교육청별로 희망하는 학교에 대해 CCTV를 설치하고 있다.[13] 또 학교에 퇴직 경찰을 배치하는 학교경찰제나 학교폭력 발생이 우려되는 학교 주변에 경찰을 배치하는 학교폭력전담경찰관제 등을 시범 실시하기도 했다. 학교폭력을 예방하고 근절하기 위한 이러한 감시 위주의 대책이 과연 실효성이 있고, 교육적인 방법인지에 대해서는 사회적으로도 논란이 있었다. 학교폭력의 피해를 입은 자녀를 둔 학부모는 우선 CCTV라도 설치하는 것이 폭력으로부터 자녀를 보호할 수 있는 방법이라고 생각할 수도 있다. 일정 정도 인권침해의 소지가 있다 하더라도 우선 학교폭력을 줄일 수 있다면 그

---

13) 2008년 9월 30일 현재 서울지역은 초·중·고교의 31.6%, 부산 18.8%, 대구 17.5%, 경기 16.3%에서 CCTV가 설치되었으며, 전국 평균은 11.9%이다(www.cjkorea.org).

정도는 감수해야 한다고 생각하는 것이다. 그러나 한 가지 원인이 아닌 복합적인 원인으로부터 비롯된 학교폭력을 과연 CCTV와 같은 감시와 통제라는 방식을 통해 해결할 수 있다고 보긴 어렵다. 근본적인 원인에 대한 성찰이 없고서는 우선 눈에 보이는 폭력이 줄어든다 하더라도 보이지 않는 곳으로 폭력은 숨어들어갈 뿐이다. 어차피 학교 내외의 모든 곳에 CCTV를 설치할 수 없는 것 아닌가? 또 감시와 통제라는 문제해결방식은 학교에서 발생한 학교폭력 문제를 학교 구성원 간에 공론화하는 과정을 통해 해결책을 스스로 모색하는 능력을 뿌리부터 잘라내는 일이다. 더구나 학교에서 이루어지는 교육활동의 기본이 교사와 학생 사이, 또 학생과 학생 사이의 신뢰라고 보면, 감시를 통한 방식은 교육활동의 기본을 허무는 일이다.

사실 학교폭력이 심각할 정도로 만연되어 있다는 것은 더 이상 학교폭력을 일으키는 개인의 문제로만 환원할 수 없다는 것을 보여준다. 학교폭력은 교실 내에서 벌어지는 일회성 사건이 아니라 학교가 만들어내는 구조적이고 비교육적인 산물이기 때문에 그러한 학교문화를 근본적으로 바꿔내려는 관점이 결여되어 있는 한 쉽게 사라지기 어렵다(한준상, 2002). 다양성을 수용하지 못하는 획일적인 교육제도와 갈수록 심화되는 경쟁적인 학교 분위기 속에서 남보다 잘나고 강한 자만이 살아남게 되고, 정작 타인에 대한 존중이나 의사소통과 의사결정능력 등 함께 살아가기 위해 꼭 배워야 하는 것들은 뒷전으로 밀려나 있다. 또 교사에서 학생으로 이어지는 수직적인 권위주의 문화는 누가 가르치지 않아도 학생 간에 그대로 투영되어 나타난다.[14] 교사의 권위에 의해

---

14) 교사의 교육 방식 또는 사는 모습이 학생에게 어떤 영향을 주는지에 대해 생각해보기 위해 간디의 일화를 소개한다. 간디가 미국을 방문했을 때 미국 국민에게 가르침을 달라는 미국 기자의 요청을 받고서 "내 삶이 곧 메시지"라고 답했다. 간디는 말하고 싶었고 가르치고 싶었던 삶을 실제로 살아 보임으로써 인류를 '교육'하고자 했던 것이다(고병헌, 2006: 185).

교육이라는 명분으로 행해지는 교사의 비교육적이고 반인권적인 행위에 대한 성찰이 있어야만, 자신보다 열등한 사람을 밟고 올라감으로써 자신의 존재감을 확인하려는 심리의 반영인 학교폭력 해결의 실마리를 찾을 수 있다.

이제 학교폭력은 억압적이고 경쟁적인 학교와 사회가 만들어낸 상처이며 다른 사람의 인권을 침해하는 행위임에 주목해야 한다. 거시적으로는 학교와 사회구조를 변화시키려는 노력과 함께 미시적으로 개개인의 인권의식을 키우는 인권교육이 이루어져야 한다. 인권교육은 그 효과가 눈에 쉽게 드러나지는 않지만, 비인권적인 일상의 문화를 바꾸는 힘이라고 할 수 있는 사회 구성원들의 인식을 변화시키는 강력한 수단이다(이상희, 2007). 그러나 사실은 억압적이고 경쟁적인 학교구조 속에서 인권교육을 한다는 것에는 상당한 어려움이 따른다. 이런 어려움에 대해 고병헌은 다음과 같이 말한 적이 있다(고병헌, 2006: 195~199).

평화교육15)이 생각만큼 쉽지 않은 근본적인 이유는 폭력적이고 반인권적인 학교와 사회환경 속에서 관용과 비폭력이라는 가치와 태도를 형성해야 하는 '역설적 교육환경'이 가장 큰 원인이다. 그러면 이처럼 반평화적이고 폭력적인 학교와 사회 분위기에서 아이에게 어떻게 평화를 경험하게 할 것인가? 축적된 경험이나 참고할 자료가 별로 없는 상황에서는 평화교육을 하려는 교사나 학부모의 평화 실현에 대한 강건한 의지와 개척자적인 실천이 중요하다. 현실적

---

15) 고병헌(2006)은 한국에서 평화교육은 일제 강점하에서는 민족해방을 위한 노동야학 등이, 광복 이후 군사독재 시기에는 '피억압자를 위한 교육'의 성격을 지닌 생활야학이나 노동야학, 민중교육 등이, 분단 현실에서는 통일교육이, 최근에서는 인권교육과 환경교육, 시민교육 그리고 정식으로 '평화교육'이라는 이름을 달고 실천하는 평화교육 등이 평화교육의 역사를 이룬다고 말하고 있다. 그리고 평화교육은 '갈등 해결을 위한 테크놀로지'가 아니라 '평화를 위한 교육'이 되어야 함을 강조한다.

평화교육의 실마리를 '개인'부터 풀어가야 하는 것은 평화교육에 '교육'이라는 보편성이 살아 있는 한 옳은 말이다. 평화는 그 평화를 실제 삶으로 살 때 비로소 실천될 수 있는 것이다. 평화교육은 학문적 관심의 대상 차원에 머물러 있어서는 안 되며 가르치는 사람이나 배우는 사람의 삶이 실려야 효과가 있는 그런 교육인 것이다.

결국 학교폭력 해결을 위한 인권교육도 단지 사람 사이의 갈등을 잘 해결하기 위한 기술적인 차원의 문제가 아니라 삶 전체를 변화시키는 의지와 실천력을 바탕으로 해야 한다. 더구나 인권교육을 행하는 사람이 인권적인 삶을 살고자 노력할 때 효과가 있는 것이다.

2) 학교폭력 예방을 위한 인권교육 예시

현재 학교폭력 예방을 위한 교육은 청소년폭력예방재단, 방배유스센터 등에서 초등학생용, 중학생용, 고등학생용 프로그램을 실시하고 있다. 그리고 지역시민단체인 학교평화만들기[16]에서는 근본적으로 인권의식이 증진되어야 학교폭력을 예방할 수 있다는 관점에서 평화감수성과 인권감수성 교육을 진행하고 있다. 짧게는 80분 정도에서 길게는 20시간 정도의 교육이 이루어지고 있다. 물론 이 교육 중에는 직접적으로 학교폭력에 대응하기 위한 교육도

---

16) 이 단체는 과천지역의 시민단체로 평화롭고 인권적인 지역사회를 만들기 위해 학생, 일반인 등을 대상으로 평화감수성 교육, 인권감수성 교육 등을 실시하고 있다. 특히 이 단체는 지역사회 내의 학부모들이 평화, 갈등해결, 인권 등에 대한 교육을 받은 후 직접 학교안팎에서 학생들을 상대로 교육을 하고 있다. 때문에 단지 학생들만의 변화가 아니라 평화로운 지역사회로의 변화를 꿈꾸고 있다는 데서 시사점을 얻을 수 있다고 보인다. cafe.daum.net/schoolpeace를 참고할 것.

있지만, 보다 근본적으로 평화감수성, 인권감수성을 키우기 위한 교육도 포함되어 있다.

여기서는 학교평화만들기에서 초등학생을 대상으로 80분씩 3회기에 걸쳐 실시한 프로그램을 예시한다. 이 프로그램은 크게 '차이와 차별', '평화로운 의사소통', '학교폭력'이라는 세 주제로 구성되어 있다. 먼저 학교폭력을 근본적으로 예방하기 위해서는 사람 사이의 차이와 다양성을 이해하고 인정하는 것이 중요하다는 것에서부터 출발한다. 즉 여기서 강조하는 것은 사람 사이의 차이는 세상을 풍부하게 해주는 개개인의 특성일 뿐이지 차별의 이유가 되지 않는다는 것이다. 두 번째 주제인 평화로운 의사소통에서는 잘 듣고 잘 말하기의 중요성을 강조한다. 사람 사이의 갈등이 상당 부분 듣고 말하는 것에서의 오해나 실수와 관련되어 있기 때문에 잘 듣고 잘 말하는 법을 배울 수 있는 프로그램을 구성했다. 특히 여기서는 비폭력대화법[17]을 활용했다. 마지막 3회기에는 학교폭력이 무엇인지에 대해 스스로 생각해볼 수 있는 기회를 제공하고, 학교폭력 영상물 시청을 통해 간접적으로나마 피해자, 가해자, 방관자, 그리고 그들의 가족의 입장이 되어보도록 했다. 구체적으로 프로그램을 소개하면 다음과 같다.

---

17) 비폭력대화(Nonviolent Communication)는 미국의 마셜 로젠버그가 1960년대에 미국 중앙정부의 후원으로 중재 및 대화기술 훈련을 위한 프로그램을 마련하면서 처음 적용한 대화법이다. 마셜 로젠버그는 비폭력대화가 단순한 의사소통방법이나 기술이 아니라 견디기 어려운 상황에서도 인간성을 유지할 수 있는 능력을 키워주는 대화방법이라고 말한다(로젠버그, 2004). 비폭력대화에 대해 더 알고 싶으면 한국비폭력대화센터 www.krnvc.org를 참고할 것.

<주제 1> 차이와 차별

목표	1. 차이와 다양성에 대해 이해하고 느낀다. 2. 차이가 차별로 이어지지 않아야 함을 이해할 수 있다. 3. 차별하지 않는 실천적 방법을 생각해보고 약속한다.
준비물	인원수만큼의 귤, A4 용지, 바구니 또는 접시 2개, 포스트잇, 청기, 백기, 손바닥 모양의 색지, 사인펜, A4 용지, 스탬프, 물휴지, 펀칭기, 지끈, 빵끈

진행 내용과 순서

1. 도입활동

1) 소개
- 학교 평화 만들기와 강사, 그리고 교육내용에 대해 간단히 소개한다.
- 수업 중에 지켜야 할 규칙에 대해 소개한다.
  (규칙 ① 진행자가 "학교"라고 말하며 손뼉을 세 번 치면, 학생들은 "평화"라고 말하며 집중한다.
  ② 다른 사람 말에 잘 귀 기울여준다. ③ 다른 사람이 말할 때 중간에 끼어들지 않고 끝까지
  들어준다.)
  * 평화를 배우고 느끼는 시간이 되기 위해 이 규칙들은 꼭 지켜주었으면 좋겠다고 부탁한다.

2) 그림 다르게 보기: 소요시간 5분
- 보는 방향에 따라 다른 그림으로 보이는 그림 카드 3장을 준비한다.
- 아이들이 그림 카드를 보고 무엇인지 얘기하도록 하고, 각자 다른 것으로 본 경우에는
  그 이유에 대해 간단히 얘기한다.
  * 같은 사물이라도 보는 시각, 생각에 따라 다른 것으로 보일 수 있다는 점을 짚어준다.

2. 나의 귤 찾기

1) 모든 귤은 ……이다. [전체 활동]
- 모둠마다 귤을 하나씩 나누어준다.
- 진행자가 학생들에게 모든 귤이 갖는 공통적인 특징에 대해 질문하면서 "모든 귤은 ……이다
  (하다)"라는 문장을 다섯 가지 정도로 정리한다.

2) 나의 귤 찾기
- 모둠원들에게 귤을 각자 하나씩 나누어준다.
- 자신의 귤을 자세히 관찰하고, 특징을 기록한다.
- 귤을 한 곳에 모은다.
- 모둠원들에게 자신의 귤의 특징에 대해 발표하고, 다른 모둠원들은 그 내용을 듣고 어떤
  귤인지 찾아본다.
- 두 모둠의 귤을 한 바구니에 섞어놓은 다음, 그중에서 자신의 귤을 찾아본다.

- 어떻게 비슷한 귤 속에서 자신의 귤을 찾을 수 있었는지 질문하고, 대답을 근거로 하여 공통점과 차이점에 대해 정리한다.

* 생각할 점
  모든 귤은 공통된 특징을 가지고 있지만 저마다의 다른 특징도 가지고 있다는 점을 경험으로 느끼고, 이를 통해 사람들 사이에도 공통점과 차이점이 있다는 점을 이해한다.

3. 차이와 차별
  - 진행자가 간단하게 차이와 차별의 개념을 구별하여 정리한다.
    (사람의 공통점과 다른 점, 다른 점들로 인해 다른 사람을 어떻게 다르게 대하는가, 차별적 행동이 상대방에게 미치는 영향 등에 대해 간략하게 이야기한다.)
  - 모둠별로 차이와 차별에 대해 "차이는 ……다, 그리고 차별은 ……다"라고 문장을 완성해 본다(포스트잇).
  - 완성한 문장을 발표하고, 다시 한 번 차이와 차별에 대해 정리하고 마무리한다.

4. 두개의 시선
1) <마녀의 성(프린스 & 프린세스 中)> 시청.
  - 영화를 보고 난 후 주인공이 어떻게 마녀의 성을 열게 되었는지에 대해 이야기 나누기.
  질문 1. 주인공이 마녀의 성에 들어가게 된 방법은 무엇이었나요?
  질문 2. 왜 왕자들은 마녀의 성을 폭력적인 방법을 통해 열려고 했을까요?
  질문 3. 주인공과 왕자들의 가장 큰 차이점은 무엇일까요?

  * 동일한 문제, 사건일지라도 바라보는 관점에 따라 전혀 다른 마음과 결과를 가져올 수 있다. 그러므로 다른 사람을 이해하려는 넓은 마음을 갖기 위해서는 내 생각만을 고집하지 않고 다른 사람의 입장을 이해하려는 노력이 필요함을 학생들이 이해할 수 있도록 한다.

5. 차이/차별 OX퀴즈
  - 아이들에게 청기, 백기를 하나씩 나누어준다.
  - 진행자의 문제를 듣고, ○면 청기를, ×면 백기를 들도록 한다.
  - 중간 중간 아이들이 답을 선택한 이유를 묻고, 이야기를 나누어본다.
  * ○×퀴즈 문항은 별첨

6. 평화로운 교실 만들기(차별하지 않는 방법)
  - 평화로운 교실을 만들기 위해 우리들이 할 수 있는 일을 A4 용지에 쓴다.
  - 모둠 안에서 가장 많은 의견이 나온 것을 4가지 정도로 정리해서 모둠의 약속으로 정한다.
  - 모둠의 약속을 손바닥 모양의 색지에 하나씩 쓰고 손도장을 찍는다.
  - 모둠의 약속을 발표하고 긴 끈에 매달아 본다.

\<주제 2\> 평화로운 의사소통

목표	1. 듣기의 중요성을 이해하고 잘 듣기 위한 방법에 대해 안다. 2. 말하기의 중요성을 이해하고 잘 말하기 위한 방법에 대해 안다.
준비물	A4지, 색연필, 전지, 그림 샘플, 색연필 또는 크레파스, 게임판, 주사위, 인형, 문제카드, 단어카드, 그림책, 손바닥 모양 색지, 사인펜, 끈

진행 내용과 순서

1. 단체와 강사 소개, 규칙 정하기

2. 듣기와 관련된 이미지 그리기
  - "듣기"하면 떠오르는 이미지를 자유롭게 그리도록 한다.
  - 모둠의 그림을 전지에 모아 붙이고 진행자가 정리한다.

3. 들은 대로 그리기
  - 모둠 대표가 앞으로 나와 그림을 보고 모둠으로 돌아가 자신이 본 내용을 모둠원들에게 말로 설명하고 모둠원들은 자신이 들은 대로 그린다.
  - 1회는 간단한 도형 그림으로 2회는 약간 더 복잡한 그림으로 2회 진행.
  - 1회째는 모둠대표에게 질문을 할 수 없고, 2회째는 각자 1번의 질문이 허용된다.

4. 단어를 몸으로 표현하기
  - 모둠 대표가 앞에 나와 단어카드에 쓰인 단어를 보고 몸으로 표현하면 모둠원들이 단어를 알아맞힌다.
  - 직접적인 말 이외에 신체적인 언어도 의사소통에서 중요함을 강조한다.

* 듣기의 단계
  ① 상대의 말을 무시하는 경우 - 전혀 듣지 않는다.
  ② 맞장구를 치며 듣는 척 하는 경우 - "응 그래. 그렇지 맞아".
  ③ 선택적 듣기: 듣고 싶은 것만 듣는다.
  ④ 신중한 경청: 상대가 하는 이야기에 주의를 기울이고 그 말에 집중하여 듣는다.
  ⑤ 공감적 경청: 이해하려는 의도를 가지고 듣는다.

5. 의사소통을 주제로 한 그림책 읽어주기(꼬마 돼지의 엄마 찾기)

6. 기린 말일까 자칼 말일까 알아맞히기 주사위 게임
  - 진행자가 인형을 활용해서 기린과 자칼의 특성과 함께 기린 말과 자칼 말에 대해 설명한다.
  - 두 팀으로 나누어 문제카드에 적혀 있는 말이 기린 말인지 혹은 자칼 말인지 맞추는 방식으로 주사위 게임을 진행(게임 방식은 차이/차별 주사위게임과 같다).

- 자칼 말 카드가 나왔을 경우, 이것을 기린 말로 바꿔보는 연습을 해본다.

* 비폭력 대화(기린 말-자칼 말)

비폭력 대화에서 기린은 비폭력을 상징하는 동물입니다. 기린은 육지 동물 중 심장이 가장 크기 때문에 따뜻한 마음을 상징하고, 또 초식동물로서 다른 동물들을 공격하거나 괴롭히지 않습니다. 하지만 사자의 공격에도 자신을 보호할 수 있는 힘이 있습니다.

따라서 기린의 언어는 다른 사람을 공격하거나 상처주지 않으면서도 자신이 원하는 것을 충분히 표현할 수 있는 말을 상징합니다. 반면 자칼은 삶을 소외시키는 대화를 상징합니다. 자칼의 언어는 다른 사람을 공격하고, 상처 주는 대화 방식입니다.

7. 평화의 약속 만들기
- 모두가 평화롭게 지낼 수 있는 방법을 찾아보고, 그것을 위해 내가 지킬 수 있는 약속을 손바닥 카드에 써본다.
- 손바닥 카드의 내용을 발표한다.

* 기린 말과 자칼 말 예시

1) 엄마가 차려주신 밥상에 내가 좋아하는 반찬이 없을 때
   자칼: "엄마! 반찬이 왜 이래? 먹을 게 하나도 없잖아."
   기린: "엄마, 나는 계란말이가 먹고 싶어요. 다음에 꼭 해주세요."

2) 영희가 쉬는 시간에 우유를 먹다 실수로 내 책상에 우유를 쏟았다.
   자칼: "야, 바보같이 우유도 못 마시냐? 빨리 닦아."
   기린: "책상에 우유가 흘러서 내 책이 젖을까 봐 걱정돼. 같이 빨리 닦자."

3) 친구랑 싸웠는데 선생님이 나만 혼내는 것 같다.
   자칼: "왜 나한테만 그래요. 쟤도 혼내주세요."
   기린: "선생님이 저만 혼내시는 것 같아 속상해요. 제 이야기도 들어주세요."

4) 엄마가 동생만 더 예뻐하는 것 같이 느껴질 때
   자칼: "엄마는 동생만 예뻐하고 나만 미워해."
   기린: "엄마가 동생을 더 예뻐하는 것 같아 속상해요. 엄마가 나를 조금만 더 사랑해주셨으면 좋겠어요."

5) 숙제를 하고 있는데 동생이 옆에서 자꾸 떠든다.
   자칼: "야, 조용히 좀 해. 너 때문에 숙제를 못 하겠잖아."
   기린: "동생아, 내가 숙제를 해야 하는데 집중이 안 돼. 숙제 끝날 때까지 조금만 조용히 해줄래?"

6) 텔레비전에서 내가 좋아하는 프로를 하고 있는데 아빠가 쓰레기를 버리고 오라고 하신다.
   자칼: "싫어. 나 이거 볼 거야. 아빠는 만날 나한테 심부름만 시켜."
   기린: "아빠, 저는 이 프로그램을 꼭 보고 싶어요. 보고 나서 하면 안 돼요?"

<주제 3> 학교폭력

목표	1. 각자가 생각하는 폭력의 종류와 개념을 구체적으로 이해하도록 돕는다. 2. 폭력 발생의 원인과 각각의 입장에 대해 이해할 수 있다. 3. 학교폭력 예방을 위해 내가 할 수 있는 일을 생각해본다.
준비물	규칙판, 평화/폭력 관련 이미지, 포스트잇, 전지, 사인펜, 테이프, 폭력 관련 영상, 활동지, 매직, 사과모양 색지

진행 내용과 순서

1. 주제 도입: 평화와 폭력에 관한 이미지
- 평화와 폭력에 관한 이미지, 기사 등을 보거나 읽고 떠오르는 느낌, 생각, 이유 등에 대해 이야기 나누기.

2. 폭력에 대한 브레인스토밍
- 학생 각각에게 포스트잇 5장을 나누어주고 폭력과 관련해 떠오르는 단어와 생각을 포스트잇에 적어보게 한다. 5장을 다 적은 후 모둠별로 학생 각자가 생각하는 폭력에 관해 이야기를 나누어본다.
- 모둠에서 나온 폭력과 관련한 단어들을 전지 위에 비슷한 것끼리 분류해 배열해본다.
- 각 모둠마다 돌아가며 발표한 후, 진행자는 각 모둠의 내용을 토대로 폭력에 대한 개념, 유형, 법적 처분에 대해 정리해준다.

* 폭력은 개인이나 집단의 경험, 역사, 성격 등에 따라 다르게 나타날 수 있으며 보편적으로 생각하지 못하는 것들이 또 다른 폭력이 될 수 있음을 기억하고, 각자 개인의 경험에 의한 폭력이 구체적으로 나올 수 있도록 도와준다.

3. 학교폭력 관련 영상 보기 - 〈제3교실, 학교폭력을 말하다〉
- 영상 관람 후 느낌이나 생각을 간단히 물어본다.
- '피해 예측판'을 칠판에 걸어놓은 후, '폭력의 피해'가 발생하는 네 가지 영역(피해학생, 가해학생, 지켜본 학생, 가족)을 모둠별로 할당한다.
- 각 모둠에 할당된 영역(예: 피해학생)의 입장에서 발생할 수 있는 피해를 생각해보고 각자 포스트잇에 적어보게 한 후 모둠에서 토의한다.
- 모둠에서 나온 이야기를 돌아가며 발표해본다.

4. 예방나무 만들기
- 학교폭력 예방을 위한 실천방법, 약속 등을 적은 사과 열매를 완성한다.

5. 느낌 나누기, 마무리

참고문헌

고병헌. 2006. 『평화교육사상』. 서울: 학지사.

곽금주. 2006. 「학교폭력과 왕따의 구조적 특징」. 『학교폭력 예방과 상담』. 서울: 학지사.

_____. 2008. 「한국의 왕따와 예방프로그램」. ≪한국심리학회지:사회문제≫, 14(1). 255~272쪽.

김대유·김현수. 2006. 『학교폭력, 우리 아이 지키기』. 서울: 노벨과 개미.

김준호. 2006. 「학교폭력의 정의 및 현상」. 『학교폭력 예방과 상담』. 서울: 학지사.

김준호·김선애. 2000. 「학교 주변 폭력에 대한 일 연구」. ≪한국청소년연구≫, 31. 89~110쪽.

_____. 2003. 「학교폭력 실태에 대한 종단적 연구」. ≪한국청소년연구≫, 14(2). 5~47쪽.

김미영. 2007. 「학교체계가 중학생의 학교폭력에 미치는 영향」. ≪한국청소년연구≫, 18(2). 287~314쪽.

김현주. 2003. 「집단따돌림에서의 동조집단 유형화 연구」. ≪청소년복지연구≫, 5(2), 103~119쪽.

올베우스(D. Olweus). 1996. 『바로 보는 왕따 대안은 있다』. 이동진 옮김. 서울: 삼신각.

사카이 다카시(酒井隆史). 2006. 『폭력의 철학』. 김은주 옮김. 서울: 산눈.

로젠버그, 마셜 B.(Marshall B. Rosenberg). 2004. 『비폭력대화』. 캐서린 한 옮김. 서울: 바오.

문용린·최지영·백수현·김영주. 2007. 「학교폭력의 발생과정에 대한 남녀 차이 분석: 피해자 상담사례분석을 중심으로」. ≪교육심리연구≫, 21(3). 703~722쪽.

신순갑. 2005. 「학교폭력의 이해」. 『청소년폭력예방 전문가 양성과정 자료집』. 서울: 청소년폭력예방재단.

_____. 2006. 「학교상담과 자치위원회 활동」. 『학교폭력 예방과 상담』. 서울: 학지사.

이상희. 2007. 「중학생의 인권감수성 향상을 위한 인권교육프로그램의 개발과 효과 성에 관한 연구」. 성공회대학교 석사학위논문.

이훈구. 2000. 『심리학자 이훈구 교수의 교실이야기 1』. 서울: 법문사.

좋은교사운동. 2007. 「현장 교사들이 본 학교폭력 문제」. 『좋은교사운동 정책토론회 자료집』.

한준상. 2002. 『집단따돌림과 교육해체』. 서울: 집문당.

Olweus. D. 1988. "Bullying in the schools: How educators can help." *Education Digest* 53(7). pp. 30~34.

_____. 2001. "Bullying at school: Tackling the problem." *Organisation for Economic Cooperation and Development.* The OECD observer. Paris: Mar 2001., Iss. 225; pg. 24, 3pgs.

Salmivalli, C. 1999. "Participant role approach to school bullying: Implications for intervention." *Journal of Adolescence*, 22. pp. 453~459.

Smith, J. David, J. Bradley Cousins and Rebecca Stewart. 2005. "Antibullying Interventions in Schools: Ingredients of Effective Programs." *Canadian Journal of Education/Revue canadienne de l'éducation*, 28(4). pp. 739~762.

Smith, Peter K., Helen Cowie, Ragnar F. Olafsson, Andy P. D. Liefooghe, Ana Almeida, Hozumi Araki, Cristina del Barrio, Angela Costabile, Bojan Dekleva, Anastasia Houndoumadi, Kenneth Kim, Ragnor P. Olajsson, Rosario Ortega, Jacques Pain, Lena Pateraki, Mechthild Schafer, Monika Singer, Andrea Smorti, Yuichi Toda, Helgi Tomasson, Zhang Wenxin. 2002. "Definitions of Bullying: A Comparison of Terms Used, and Age and Gender Differences, in a Fourteen-Country International Comparison." *Child Development*, 73(4). pp. 1119~1133.

Tattum, D. P., and G. Herbert. 1993. *Countering bullying : Initiatives in school and local authorities.* Stock-on-Trent: Trentham Books.

www.cjkorea.org

cafe.daum.net/schoolpeace

www.hani.co.kr(2004. 9. 20)

www.krnvc.org(한국비폭력대화센터)

www.wolyo.co.kr(2008. 9. 29)

≪서울신문≫, 2002. 7. 8

14장

미디어와 학생권리

김성천 교사, 깨끗한미디어를위한교사운동 정책실장, 성균관대 강사

1. 들어가며

우리의 삶에 영향을 미치고 있는 미디어 환경은 점점 더 복잡해지고 다원화되고 있다. 텔레비전, 라디오, 신문과 같은 매체가 주류이던 시대에서 이제는 인터넷과 DMB, 핸드폰 등 다양한 디지털 매체가 등장했다. 이 과정에서 일방향적이던 커뮤니케이션의 흐름에서 벗어나 쌍방향적인 커뮤니케이션의 흐름이 나타나고 있다. 그렇다고 해서 기존의 매체가 사라지고 새로운 매체로 완전히 대체되는 것도 아니다. 오히려 기존 매체의 콘텐츠와 새로운 매체가 융합되는 양상을 보이고 있다. 이러한 미디어의 빠른 환경 변화를 주도하고 있는 세력은 국가와 자본이다. 그렇기 때문에 미디어는 자본의 이해관계에서 일정한 영향을 받는 점을 고려해볼 필요가 있다. 그런 점에서 미디어에 대한 환상보다는 비판적 이해가 더욱 필요하다.

정보시대의 흐름을 빠르게 받아들이는 한국 사회의 역동적 특성은 새로운 매체의 개발과 수용, 확산의 과정에서도 나타난다. 매체 환경의 급격한 변화는 순기능과 함께 역기능을 초래하고 있으며, 이에 따른 사회적 논란이 촉발되고 있다.

인터넷과 같은 쌍방향적인 매체는 다양한 의사 표현을 가능케 하고, 기존의 주류 매체에서 담지 못했던 다양한 담론을 발산시킨다. 그것은 댓글과 게시판 등을 통해 즉시적인 의사표현을 할 수 있으며 또 다른 연쇄반응을 동시적으로 만들어낼 수 있는 매체적 특성으로 가능하게 된 것이다. 이러한 매체 특성에 기반을 두고 대중 커뮤니케이션의 역동성은 더욱 강하게 되었다. 이러한 매체 환경의 변화는 정치·경제·사회·교육 등의 다양한 분야에 변화를 만들어내고 그러한 변화가 매체의 변화를 동시에 촉발시킨다. 그것은 인터넷이라는 기술을 도입했다는 단순한 수준을 넘어서는 것이다. 문화의 총체성, 즉 문화 요소의 유기적 연계로 인한 총체적 변화를 만들어내는 것이 상상을 초월한다. 이른바 개방, 공유, 참여로 표현되는 웹 2.0의 소통 방식의 경우 기존의 일방향적인 매체로는 그러한 변화를 만들어내지 못했을 것이다.

그러나 현대 매체의 역기능에 주목하는 시각도 적지 않다. 다양한 매체가 출현하고 있지만, 그러한 변화를 주도하는 핵심 세력은 국가와 자본이기 때문에 기존의 매체에서 나타났던 '상업주의로 인한 왜곡'과 같은 역기능 문제가 해결될 것으로 기대하지 않는다. 특히 자본은 이윤추구를 목적으로 한다는 점에서 외형적으로는 공공성의 가치를 지향하는 것 같지만 실제로는 공공성을 담보하지 못한다. 수익 구조를 만들지 못하면 국영매체가 아닌 이상 존속하기 힘들기 때문이다. 그러한 매체 환경은 매체의 왜곡가능성을 더욱 높이게 된다.

자본에 종속된 미디어는 정보와 콘텐츠 보급의 왜곡을 가져오고, 이것은 동시에 대중에게 적지 않은 삶의 왜곡을 가져온다. 무엇보다 미디어의 가장 왕성한 소비자인 아동과 청소년의 경우, 그에 따른 희생자가 될 가능성이 있다. 이러한 과정에서 청소년 보호의 가치가 대두되고 있지만 그러한 청소년 보호의 가치가 언론의 자유나 표현의 자유와 같은 가치와 동시에 충돌을 일으키는다는 점에서 특정 매체의 선정성과 폭력성을 둘러싼 논란이 끊이지 않았다. 예를 들어 영화나 음반 등에 존재하는 등급제 하나만 보아도, 이를 더욱 강력하게 집행해야 한다는 청소년 보호의 가치를 중시하는 입장과 등급제 자체를 검열로 인식하면서 등급제를 폐지해야 한다는 표현의 자유를 중시하는 입장이 충돌하고 있기 때문이다.

이 장은 다매체 시대를 맞이하여 청소년은 미디어를 어떻게 수용하고 있는가를 살펴보면서, 동시에 어떤 요인이 미디어와 대중문화를 왜곡시키고 있는가를 살펴보고자 한다. 그러한 매체가 청소년에게 어떤 영향을 미치고 있는가를 살펴보면서 다매체 시대 속에서 우리 사회가 청소년에게 보장해야 할 권리가 무엇인가에 대한 논의를 전개하고자 한다.

2. 미디어 환경의 변화

1) 미디어 환경의 변화와 자세

미디어 환경의 급격한 변화는 정보사회의 출현과 밀접한 관련이 있다. 대량생산·대량소비의 양식인 산업화 체제는 곧 획일화를 의미했다. 그것은 단순한 물질의 획일화를 넘어 정신과 의식의 획일화를 의미하는 것이다. 그러한 획일화는 매스미디어에 의해 이루어진 것이었다. 그러나 정보사회는 쌍방향적인 미디어의 특성에 의해 획일화된 특성을 극복하고 보다 다원화되고 다양한 사회적 가치의 분출을 가능하게 할 것으로 기대되었다.

정보화란 정보를 생산·관리·전달·활용하는 인간 활동을 의미한다. 정보사회는 정보화가 사회 전체적으로 큰 비중을 차지하는 상태를 말한다. 이러한 정보사회에 대한 평가는 극단적 예찬론에서 부정론까지 다양한 형태로 존재한다. 정보사회를 바라보는 관점은 크게 산업화시대와 단절된 상태에서 새로운 변화가 나타났다고 보는 불연속적 관점과 그것의 본질은 산업화시대와 맥락이 같다고 보는 연속적인 관점으로 나누어진다.

우리가 일반적으로 많이 접한 다니엘 벨(Daniel Bell)이나 앨빈 토플러(Albin Toffler) 등은 산업화사회와 탈산업사회 혹은 정보사회를 제조업 중심에서 서비스업으로, '자본'과 '노동'에서 '정보'와 '지식'에 의한 부가가치 생산으로의 변화가 이루어진다고 보았다. 따라서 벨이라든지 토플러 등은 정보사회를 산업화와 별도로 구분된다고 보는 불연속적 관점을 가졌다. 이처럼 산업사회와 정보사회의 불연속성을 강조하는 이들은 사회를 움직이는 주된 동력이 기계기술에서 정보기술로 변화되면서, 궁극적으로 생산 방식과 의사소통 양식 전체가 질적으로 혁신될 것으로 예측했다. 이들은 결국 정보사회를 낙관적으로 전망한다.

반면에 정보사회론자의 주장에 대한 반론도 매우 다양하다. 베니거(Beniger, 1986)와 같은 정보사회 비판자는 정보사회론자가 산업사회와의 차이를 과장하고 있으며, 더 나아가 기존 지배질서를 옹호하는 새로운 지배이데올로기를 제시하고 있다고 비판한다.

로빈스와 웹스터(Robins & Webster, 1988)는 산업화시대에서의 테일러주의가 보다 세련된 형태로 변형되었을 뿐 노동자의 삶을 억압하고 인간을 소외시키는 본질적 모습에는 변화가 없다고 정보화사회를 비판한다.

실러와 간햄(Garnham, 1985; Schiller, 1986)은 정보사회론은 다국적기업이 이윤을 끊임없이 추구하는 과정에서 나타난 것이고, 정부는 자본의 이익이나 자본주의 경제체제 유지를 위해 종속되어 있는 것으로 분석한다. 정보화는 자본의 이윤추구의 논리가 경제·정치·사회 영역으로 확장된 것에 불과하다고 보고 있다.

푸코(M. Foucault)와 갠디(O. Gandy, Jr.)는 '정보사회'를 '감시사회'[1]와 일치시킨다. 국가 권력은 끊임없이 시민사회를 통제하고 관리하기를 원한다. 이러한 국가 권력의 시민사회 통제 욕구는 정보화사회의 대표적인 역기능으로 간주되고 있다(한국정보처리학회, 2000).[2]

이러한 연속론적 시각은 산업화시대에서 나타났던 독점의 문제, 노동의 통제에 관한 문제점이 정보화사회에서도 여전히 반복되며 오히려 심화될 것으로 보고 있다. 더 나아가 자본의 끊임없는 이윤추구 욕구를 강제하는 정보·통신기술이 인간의 삶의 본질을 가리거나 더욱더 왜곡하고 있다고 보는 것이다. 인터넷은 이러한 논의의 핵심에 있다. 인터넷이 기업의 이윤과 효율성만을 극대화시키는 이윤추구 유인도구로 자리매김할 때 자본주의에서 나타났던 노동과 생산의 문제점은 탈산업화시대에도 여전히 확대 재생산될 가능성이 많다는 시각을 연속론은 견지하고 있다. 동시에 정보사회가 매체에 관한 유토피아를 생산해내기보다는 오히려 감시와 통제를 강화하고, 친자본적·친기업

---

1) 인터넷과 같은 커뮤니케이션 테크놀로지의 발전은 민주주의의 발전을 가져올 것이라는 기대감을 주었지만 동시에 감시사회라는 비관적 전망도 동시에 제시되고 있다. 조지 오웰의 『1984년』이라든지 찰리 채플린의 <모던타임스>, 제레미 벤담의 『판옵티콘』 등은 국가 권력에 의해 시민이 감시당하거나 구속당하는 모습을 그려내고 있다. CCTV 설치의 확대라든지 '국가교육정보시스템(NEIS)'를 둘러싼 논쟁은 감시사회에 대한 불안을 반영한 것이다.
2) 푸코의 사상은 국가의 검열 철폐운동에 대한 사상적 토대가 된다. 인터넷 분야에서도 마찬가지이다. ISP(Internet Service Provider) 차단, 인터넷 등급제, 전자주민카드 등은 정부가 추진하려고 했던 정보화와 관련된 정책이었다. 정부가 제시한 정책들이 진보네트워크와 같은 시민단체에 의해 번번이 부딪혔던 이유는 국가에 의한 표현의 자유 침해, 사생활 침해, 시민의 자유와 권리 침해 가능성에 대한 우려가 있기 때문이다.

적 사회 분위기를 만드는 데에 기여할 것으로 보고 있는 것이다. 그런 관점을 놓고 보면 국가는 여전히 매체를 통제할 것이고, 미디어를 둘러싼 다양한 헤게모니 싸움이 전개될 가능성이 있다. 이른바 자본과 국가, 시민사회의 헤게모니 싸움이 전개되는데, 신자유주의 사회에서는 자본과 국가가 보다 공고히 결합되고 시민사회의 외로운 투쟁이 전개된다. 이러한 신자유주의 사회에서 매체는 더욱 규모의 경제를 지향하게 되고, 이는 곧 미디어 및 미디어 콘텐츠의 자본 내지는 권력으로부터의 예속을 의미하게 된다.

여기에서 우리는 정보화사회에 대해서 지나치게 낙관적으로 접근하거나 비관적으로 접근하는 방식을 지양하고, 더 바람직한 사회를 위해서 정보사회의 어두운 면을 예방하고 경계하는 비판적 자세가 요구된다. 그러나 한국 사회의 경우, IT 산업을 경제 성장의 주요 동력으로 여겼고, 이 과정에서 역기능 예방보다는 순기능만을 상대적으로 강조했던 것이다. 즉 불연속론적 관점에 입각하여 미디어 관련 정책을 전개해왔다. 오늘날 발생하고 있는 미디어 관련 각종 역기능도 어찌 보면 정책 입안자들이 균형을 상실한 채, 자본친화적 정책을 지나치게 폈던 측면이 있기 때문임을 지적하지 않을 수 없을 것이다.

2) 뉴미디어와 사이버 공간의 특성

컴퓨터 매개 커뮤니케이션(Computer Mediated Communication)의 대표적 형태인 인터넷은 기존의 다른 매스미디어와는 다르게 쌍방향의 커뮤니케이션을 가능케 한다는 점에서 커다란 차이를 보인다. 기존의 공중파 방송프로그램은 방송국에서 정한 시간에 정해진 내용을 일방적으로 보거나 들을 수밖에 없었다. 그러나 인터넷 방송의 경우는 자신이 원하는 프로그램을 원하는 시간에 원하는 부분만 보거나 들을 수가 있다. 또한 자신의 의견이나 의사표현을 쉽게 자유자재로 할 수 있다는 점에서 새로운 의사소통의 장을 제공한다. 전화의 경우 상대방과 자신의 커뮤니케이션 의지가 있거나 상황이 허락될 때 통화가 가능하지만, 인터넷은 그러한 동시성의 한계를 극복하면서 비동시성3)의 특성을 드러낸다. 아울러 주지하다시피 인터넷은 쌍방향성의 장점을 지니고 있다. 여기에 접근의 개방성을 또 다른 특성으로 들 수 있다. 기존의 매스미디어는 특정한 자본과 기술력이 있을 때에만 의사 표현을 위해 접근할 수 있었지만, 인터넷은 누구나 쉽게 접근하여 자신의 의사를 표현하고 전달할 수 있다. 과거에는 소비자의 위치에만 있었으나 이제는 생산자와 소비자의 역할을 동시에 감당할 수 있게 되었다. 통합성도 역시 인터넷의 중요한 특성이다. 인터넷은 멀티미디어 기능을 가지고 있다. 기존의 정보를 디지털화하여 라디오, 텔레비전 등이 가지고 있는 통신적인 모든 기능을 인터넷에 통합할 수 있다. 따라서 핸드폰과 인터넷, 텔레비전, 신문 등의 다양한 매체가 통합 또는 융합되고 있다.

인터넷의 또 다른 중요한 특징은 비선형적 사고가 가능하다는 점이다. 비선형적 사고는 기존 문자 매체의 읽기 방식과는 차원을 달리 한다. 하이퍼텍스트4)는 완전히 새로운 비순차적인 정보접근방법을 제공하는 시스템을 의미한

---

3) 기존의 전화는 상대방과 커뮤니케이션을 하는 시점이 일치해야만 했다. 이른바 동시성의 원리가 작동이 되어야만 한다. 그러나 인터넷의 경우는 다르다. 이메일, 쪽지, 메신저는 상대방이 컴퓨터를 꺼놓은 상태이거나 커뮤니케이션이 일치하지 않는 시점이어도 의사 전달이 가능하다. 비동시성의 원리가 작동된다.

4) 하이퍼텍스트는 기존의 전통적인 텍스트와는 달리 비연속적이라는 데 가장 큰 차이가 있다. 즉 인쇄된 것이든 컴퓨터 파일 형태이든, 텍스트를 읽는 순서를 규정해주는 단일한 선형적 연속체(linear sequence)의 구조를 가지고 있는 전통적 텍스트와 달리, 하이퍼텍스트는 그 구조가 비연속적(nonsequential)이어서 텍스트를 읽어나가는 순서가 하나가 아니다. 하이퍼텍스트의 특징을 설명하기 위해 쉬나이더만은 하이퍼텍스트의 세 가지 황금 규칙을 제시하고 있는데, 그것은 첫째, 커다란 정보 덩어리가 수많은 조각들로 나뉘어 조직된다는 것, 둘째, 그 조각들은 서로 연계된다는 것, 셋째, 이용자는 그 어떤 때에도 작은 부분만을 원한다는 것이다(이재현, 2000).

다. 한 주제어를 통해 다른 문서에 연결한다는 연결망의 개념을 생각해볼 때, 정보는 더 이상 순차성만으로 습득되지 않는다. 이처럼 하이퍼텍스트는 정보의 흐름이나 정보처리의 과정 자체가 전적으로 정보 이용자의 의지로부터 시작되고 활용된다(윤준수, 1998). 이러한 뉴미디어의 특성은 단순한 커뮤니케이션 차원의 변화를 뛰어넘어 인간의 의식과 생활, 문화에 지대한 영향을 미친다. 기존의 일방향 내지는 순차적 차원의 정보습득 방식과는 다른 차원의 커뮤니케이션 방식은 다른 차원의 사고 체계와 생활 습관을 만들어낼 가능성을 높이게 된다.

이러한 인터넷의 특성은 단순히 미디어의 발전을 넘어 정치·경제·사회·문화 등의 총체적인 변화를 유발했다. 그것은 문화의 한 요소가 다른 요소와 유기적인 연계체계를 갖는 문화의 총체적 관점에서 설명될 수 있다. 경제적으로는 기업의 생산과 판매 방식, 전자상거래로 인한 유통과 소비의 변화로 일컬어지는 디지털 경제가 출현하게 되었다. 정치적으로는 시간과 공간의 물리적 한계로 인해 불가능했던 직접 민주주의가 인터넷의 출현으로 인해서 '전자투표', '정치인 정보 공개', '자유로운 토론의 장', '네티즌의 즉각적인 여론 조사' 등으로 가능해지면서 유권자 혁명이 이루어지고 있다. 매스미디어의 측면에서도 신문과 텔레비전의 위상을 인터넷이 강력하게 흔들어놓았고, 기존 매체 역시 매스미디어를 넘어 뉴미디어의 특성을 흡수하기 위해서 부단한 노력을 기울이고 있다. 나아가 인터넷은 대인 커뮤니케이션의 주요 수단으로 발전하고 있다. 채팅, 이메일, 메신저와 같은 기능은 타인과의 끊임없는 교류를 가능하게 한다. 송수신 기능과 함께 핸드폰, 텔레비전, 라디오, 신문 등 타 매체와의 통합적인 성격을 가진 인터넷의 매력은 특히 청소년에게 중요한 커뮤니케이션의 수단으로 자리 잡았으며, 핵심적인 문화로 발전하게 되었다.

3. 현대 대중문화에 영향을 미치는 요소

미디어의 변동과 융합, 통합은 대중의 삶에 영향을 미친다. 무엇보다 미디어의 빠른 변동 속도를 가장 빠르게 받아들이고 왕성하게 활용하는 이들은 다름 아닌 아동과 청소년이다. 이들이 미디어를 어떻게 소비하고 활용하는가를 살피기 전에 대중문화에 영향을 미치는 요소를 먼저 살펴보고자 한다.

기본적으로 대중문화는 산업화시대의 획일성을 표상하기도 하지만 동시에 고급문화의 대중화를 통한 민주성을 확장시키기도 한다. 대중문화는 특정 권력에 의해 대중의식이 조작될 가능성도 보여주지만, 정치권력과 자본에 대해 견제하고 비판할 수 있는 장이 되기도 한다. 그런 점에서 대단히 복합적 성격을 가지고 있다. 또한 미디어 자체의 기능적 특성이 인간의 커뮤니케이션 방식에 적지 않은 영향을 미치게 된다. 매체가 인간의 삶을 규정짓고, 인간의 커뮤니케이션의 방향을 결정짓는 것은 이미 오래전에 맥클루언(McLuhan)이 지적한 바 있다.

결국 미디어를 즐기고 그것을 통해 생활을 하고 그것에 참여하는 존재를 수동적 존재로 규정지을 것인지 아니면 능동적 존재로 규정지을 것인가는 중요한 문제가 된다. 일방향적 성격의 매스미디어에 의해 조작당하는 수동적 대중으로서 바라볼 것인가 아니면 참여적 성격의 쌍방향 커뮤니케이션을 통해 사회에 적극 참여하고 사회구조를 변화시키는 능동적인 시민으로 바라볼 것인가에 관한 논의는 결국 대중문화와 미디어를 어떻게 규정할 것인가의 문제와 연계되지 않을 수 없다. 그러나 시민의 참여와 능동성을 별개로 규정한다고 해도 전통적으로 대중문화에 영향을 미쳐왔던 요소들이 현재의 변화된 미디어 환경 속에서 그 힘을 발휘하지 못한다고 말할 수 없다.

그 근거로는 첫째, 매체가 다양해진 것은 사실이지만 매체의 콘텐츠는 기존 매체인 텔레비전과 신문에 의해 상당히 많은 양이 재생산되기 때문이다. 포털 사이트의 서비스라든지 블로그의 콘텐츠들은 전통적인 매체였던 텔레비전과 신문, 책과 같은 내용에서 크게 벗어나지 않고 있음을 알 수 있다. 둘째, 매체 생산자는 결국 자본이 될 가능성이 크다는 점이다. 물론 뉴미디어는 대안 매체의 출현을 만들어내기도 했지만 그 영향력은 미미하다. 결국 누가 얼마나 많은 돈을 쏟아 부었느냐에 의해서 이용자 수에 많은 차이를 보이고, 그것은 곧 권력과 힘을 재생산한다. 셋째, 미디어는 제도의 통제를 받을 수밖에 없기 때문이다. 기존의 매스미디어는 이미 많은 법적·제도적 통제를 받고 있다. 뉴미디어의 출현은 그러한 제도적 정비를 어렵게 하지만 현실 공간에서 발생하는 여러 가지 문제에 의거해서 제도적 논의가 이어지게 된다. 예컨대 사이버 상의 명예훼손, 핸드폰 스팸문자 등의 문제가 심각해지면 국회나 정부 차원에서 제도적 논의가 시작된다. 뉴미디어 역시 제도권의 통제로부터 자유롭지는 않다는 것이다. 넷째, 뉴미디어도 특정 사회의 역사적·존재적 맥락에 의해 구속될 수밖에 없다는 것이다. 미디어는 곧 사람들의 삶의 문제를 다루게 되는데, 그러므로 동시대를 살아가는 사람들의 가치와 세계관, 철학 등이 미디어의 콘텐츠와 이용 행태에 반영될 수밖에 없다. 이러한 점에서 보면 뉴미디어의 출현이 분명 대중사회의 성격에 상당한 변화를 가져다주는 것은 틀림없지만, 대중사회의 본질적 성격이 전면적으로 수정되었다고 보기는 어렵다고 할 수 있다.

이러한 맥락에서 전통적으로 대중문화에 영향을 미쳐왔던 요소가 정보사회에서도 영향을 미치고 있으며, 그것은 곧 대중의 삶에 지속적인 영향을 미치고 있음을 의미한다.

1) 국가 권력

국가 권력은 매체에 영향을 끼쳐 자신을 정당화하고 국민을 지지 세력으로 만들기 위해 노력을 한다. 미디어는 여론에서 우위를 차지하기 위한 핵심적인 도구가 된다. 알튀세(Althusser)가 지적한 것처럼 국가는 군대라든지 경찰 등의 강제적 국가기구(Repressive State Apparatus, RSA)의 작동만으로 유지하기 어렵다. 국민들의 동의를 이끌어내기 위한 이데올로기적 국가기구(Ideological State Apparatus, ISA)를 필요로 한다. 이러한 이데올로기적 국가기구의 대표적인 예가 언론이다. 물론 군부 독재에서 나타난 것과 같이 노골적인 방송이라든지 언론 장악은 어렵지만 적어도 공영성을 기반으로 한 어느 정도의 국가 지분이 있는 방송의 경우, 합법적인 범위 내에서 영향력을 미치기 위한 노력을 기울이게 된다. 이명박 정부가 출범하고 KBS와 YTN 방송국 사장을 둘러싼 낙하산 인사와 독립성에 관한 논란은 국가 권력이 방송 및 언론을 자신의 헤게모니 창출의 핵심 도구로 여기고 있음을 직간접적으로 시사하고 있다.

미디어를 여론 선전의 장으로 여겼던 대표적인 인물은 히틀러이다. 그는 라디오라든지 다큐멘터리 등을 통해서 대중에게 자신의 생각을 주입시켰고, 자신에 대한 환상을 불러일으키게 했다. 히틀러가 제2차 세계대전을 일으키는 데 독일 국민들이 동조했던 것은 미디어를 통한 선전선동술이 먹혔기 때문이다.

우리나라의 경우, 군부 정권 때 3S 정책(Sex, Screen, Sports)이 대중을 통제하기 위한 주요 수단으로 사용되기도 했다. 주지하다시피 군부 정권 때 프로야구와 프로축구가 출범했고, 스포츠신문이 창간된 것이나 영화진흥공사라는 국가가 뒷받침하는 기구가 세워진 부분이 의미하는 것은 권력이 대중문화에 어떤 영향을 미치고 있는가를 알 수 있게 한다. 국가는 3S 정책을 펼쳐서 국민의 정치에 대한 지나친 관심을 돌리려는 면이 있다. 향락업소가 1980년대에 그렇게 번창한 면도 생각해봐야 할 것이다. 그 허가와 통제는 국가의 의지에 달려 있기 때문이다.

무엇보다 정부는 일정한 방송사의 지분을 확보하여 영향력을 행사하려

한다. 지금도 일부 언론과 방송사에 정부 내지는 공기업의 출자가 포함되어 있다. 실제로 방송통신위원회의 구조는 여야의 힘의 구조가 그대로 반영되었다고 볼 수 있다.

과거 광주민주화운동 때에 많은 언론이 오히려 광주 시민을 매도했고, 군부 정권과 독재정권을 옹호했다. 그것이 가능했던 이유는 정부의 언론과 매체 장악이 가능했기 때문이다. 그런 점에서 정부는 자신의 권력 기반을 공고히 하기 위해서 미디어에 관한 직간접적 영향력 행사를 위한 노력을 기울이지 않을 수 없다. 즉 국가 권력은 방송국과 언론경영구조라든지 심의 기구, 감사 등의 합법적 수단을 통한 일정한 영향력을 지속적으로 행사할 가능성이 있다. 그러한 것은 다매체 시대, 멀티미디어의 시대라고 해서 예외일 수는 없을 것이다. 인터넷 포털사이트에 대한 규제, 사이버범죄 수사대, 악성 댓글 네티즌 처벌 등은 탈중앙적 미디어인 인터넷이라고 해서 제도나 권력으로부터 완전히 자유로운 것은 아님을 보여준다.

2) 자본

언론과 방송은 공영성을 추구하면서도 수익성을 동시에 추구해야 하는 모순적 구조를 지니고 있다. 예컨대 KBS의 경우, 수신료를 통한 공영 방송의 가치를 추구하지만 동시에 수익 구조의 악화에 대해서는 적지 않은 부담을 져야 한다. 이 경우에 시청률 향상을 고민하지 않을 수 없고 그 과정에서 공영성의 가치가 다소 퇴색될 여지를 갖게 된다.

방송과 언론은 물론 영화, 가요 음반, 온라인 게임 등의 문화콘텐츠 생산업계는 수익성의 구조를 항상 고민한다. 이러한 고민은 기존 매체나 뉴미디어나 똑같이 하게 된다.

정보화시대에서 자본은 디지털의 장점을 극대화하여 새로운 비즈니스 모형 개발에 노력을 기울이고 있다. 디지털은 연속적인 아날로그 신호를 0과 1의 조합으로 나타낸 것으로 정보의 처리와 전달을 엄청나게 빠르게 만들 수 있다. 디지털 기술의 광속성은 빛과 같은 속도로 이동하면서 정보의 전달을 가능하게 한다. 디지털은 무한 복제가 가능하고, 아날로그와 달리 반복 사용해도 정보가 줄어들거나 질이 떨어지지 않는다. 이러한 디지털 기술은 기업과 기업 또는 기업과 소비자 간 전자상거래 확대, 재화와 서비스의 디지털 거래, 다품종 소량생산 방식을 확산시키고 있다(서정욱, 2000). 그러나 인터넷이라든지 디지털 기술의 도입 자체가 기업에 이윤을 저절로 남겨주는 것은 아니다. 인터넷을 예로 생각해보자. 인터넷의 포털 사이트가 이윤을 얻기 위해서는 많은 가입자 수를 확보해야 했고, 사람을 모은 뒤에도 수익을 어떻게 창출해 낼 것인가가 과제로 남게 된다. 인터넷 광고의 효과가 그리 크지 않았고, 인터넷은 '무료'라는 시각이 팽배해 있는 상태에서 초기에 많은 인터넷 기업이 도산을 했다. 결국 인터넷 기업이 사람을 끊임없이 가입시키고 수익을 창출해 내려면, 돈을 지불하고도 얻으려고 하는 유익한 고급 정보를 제공하거나 지속적인 만족감을 제공해야 한다는 사실을 깨닫기 시작한다. 그렇게 해서 인터넷 기업들은 '콘텐츠'에 관심을 가지게 된다. 기업들은 부가가치를 어떻게 창출할 수 있을 것인가를 고민하게 되고, 양질의 서비스를 위해서 많은 노력을 기울이게 된다. 이러한 과정은 기업 간 경쟁을 강화시켜서 소비자에게 만족을 극대화시키고 고급 정보를 창출해내는 순기능을 하기도 하지만, 유해 정보를 양산하거나 인터넷에 오래 머물게 하여 인터넷 중독자를 양산시킬 위험성을 내포하고 있다. 실제로 인터넷 게임업체의 경우, 게임 프로그램에 오랜 시간 머무르면 경험치를 올려주거나 사이버 머니를 축적시켜주기도 한다. 기업들의 이와 같은 이윤 창출을 위한 전략은 더 많은 아동과 청소년이 인터넷에 중독될 수 있는 가능성을 높이게 된다. 이런 시각에서 보았을 때 인터넷 중독을 개인의 특성이나 심리학적인 접근에서만 접근하는 것은 중독 예방·치료에 한계가 있을 가능성이 크다. 인터넷 문화의 상당 부분을 기업이 주도하고 있는 만큼 정보 또는 콘텐츠 업체의 사회적·도덕적 책임을 강화하는 것은 인터넷의 진정한 발전을 위해 필요한 부분이다.

동시에 대중문화에는 규모의 경제가 적용되는 면이 강하다. 즉 자본이 투입되면 투입될수록 수익이 증가하는 측면이 강하다는 것이다. 할리우드의 영화나 디즈니 만화가 대표적인 예에 해당한다. 대중문화는 대중의 호주머니 돈을 노리고 만들어진 것이다. 그러나 내용을 잘 만들지 않으면 그 호주머니를 공략하는 데 실패하게 된다. 오늘날의 대중문화는 결국 자본의 뒷받침 없이는 결코 생산될 수 없다. 제작, 기획, 연출, 마케팅, 배급, 광고 등의 모든 단계에 자본이 개입될 수밖에 없고, 철저한 자본의 기획력을 필요로 한다. 미국 애니메이션의 리얼하고 입체감이 있는 내용도 막강한 자본력의 뒷받침 속에서 가능해지는 것이다. 그런 점에서 대중문화는 일종의 상품적 가치를 지닌다. 대중의 호주머니를 공격하기 위한 다양한 전략을 자본은 끊임없이 구사한다. 예컨대 영화 자본은 영화 스타가 존재하면서 그 스타를 좋아하는 팬이 기본적인 영화 판매 수익을 만든다는 것을 깨닫고 이를 적극 활용했다. '빼빼로데이', '화이트데이' 등은 자신의 제품에 특정한 상징을 결합시키고, 그것을 적극적인 마케팅 전략으로 사용하면서 그 의미를 대중이 공유하게 만든다. 그 의미가 충분히 공유되면 안정적인 수익 구조를 창출하게 된다.

이렇게 대중문화에 자본이 개입하면서 질 높은 내용을 만드는 측면도 있지만, 그렇지 못한 측면도 나타나고 있다. 자본이 특정 문화상품에 개입할 때에는 곧 이윤 확보를 계산하게 된다. 어떻게 하면 대중의 시선을 사로잡고 이윤을 얻을 수 있을까 하는 점을 고민하는데, 세련된 작품성이라든지 영화감독이나 영화배우의 상품성을 기초로 투자를 결정하게 된다. 그러나 때로는 자극적인 소재로 대중의 눈길을 끌기도 한다. 그러다 보면 성이나 폭력과 같은 주제라든지 금기에의 도전, 윤리 파괴 등이 시도되기도 한다. 각종 영화에 금융

자본이 투자사로 나서는 것은 이제 흔한 일이 되고 있다. 러닝타임 5분이 되지 않는 뮤직비디오도 최근에는 억 단위를 넘기고 있다. 그런데 그 내용에 점점 폭력적이고 염세적인 요소가 가미되고 있다. 그것은 언론사 역시 예외가 아니다. 주요 언론사가 스포츠신문을 자회사로 두고 있다. 그러나 스포츠신문은 말초신경을 자극하는 내용이 적지 않고, 연예인의 사생활을 들추며, 선정적이고 폭력적인 내용이 많아서 사회 문제로 대두되기도 했다. 오늘날 대중문화 흐름의 기저에는 이윤추구를 목적으로 하는 자본의 논리가 흐르고 있고 그것이 문화의 상품적 특성을 강화하고 있음을 기억해야 할 것이다. 이러한 대중문화의 콘텐츠는 다매체를 통해 더욱 급속히 확산된다는 점을 고려해볼 때 자본의 영향력은 다매체 시대에 더욱 확장되고 있다는 것을 부인하기 어렵다.

3) 문화생산자

문화생산자라고 하면 영화배우, 영화감독, 프로듀서, 연출가, 작가 등을 일컫는 개념이다. 이 문화생산자는 표현의 자유를 가장 옹호하는 집단이다. 인간의 삶 자체를 다루고, 내면의 욕구를 솔직하게 다루고 싶어 하는 예술적인 욕구가 강한 집단이다. 청소년에게도 선망의 대상이 되는 직업이다. 이들은 문화콘텐츠의 기획, 실행, 보급을 하나의 유기적 시스템에 의해 생산해나간다. 하나의 문화콘텐츠는 이제 거대한 자본의 기획력에서 출발된다. 거대한 하나의 엔터테인먼트 사업은 대중문화를 움직이는 하나의 거대한 힘이 되고 있다. 가요계의 댄스그룹이 대중에 선보이게 될 때, 이미 기획사와 자본은 누구를 타깃으로 할 것이며, 어떤 점을 가지고 대중에 소구할 것인가를 철저히 기획한다. 온라인 게임 역시 기획사의 철저한 게임 구상과 기획력과 자본이 함께 결합되어 대중에게 파고드는 것이다.

자본의 결합은 문화생산자가 양질의 문화콘텐츠를 생산하는 데 도움을 주지만 또 하나의 제약이 될 수 있다. 그것은 이윤추구의 본질에 맞도록 기획되어야 하고, 그 과정에서 생산자는 일종의 타협을 해야만 한다. 아니면 자본의 가치에 철저하게 복속되거나 그것을 내면화해야 한다.

방송국의 프로듀서의 경우 자신이 제작하고 싶은 기획 의도가 있다고 해도, 시청률이라는 압박에서 자유로울 수는 없는 것이다. 방송된 모든 장면은 실시간으로 시청률의 잣대가 매겨진다. 시청률은 곧 광고를 많이 수주할 수 있는 핵심적인 기준이 된다. 광고는 곧 자본의 유입을 의미하고 방송 체제를 유지시키는 핵심적인 메커니즘이 된다. 이 과정에서 공영성과 수익성이라는 두 가지의 가치 충돌이 발생하는 것이다.

시장 경쟁체제가 더욱 강화되고 있는 방송 환경에서 지상파 방송국은 더이상 독점적 구조를 유지하지 못한다. 케이블 TV, 위성 TV, 인터넷 매체 등과 치열한 생존 경쟁을 벌여야 한다. 따라서 시청률은 곧 방송국의 생존과 직결된다. 그것은 자본의 직간접적 통제를 받고 있는 것이다.

문화생산자는 세 가지의 검열 과정에 놓이게 된다. 과거에는 국가의 검열이 강하게 작용했다. 언론 검열이 대표적인 예가 될 것이다. 두 번째는 자기 검열이다. 스스로 시대의 윤리라든지 이데올로기, 철학, 세계관 등의 문제를 고려하면서 작품의 질과 내용의 수위를 스스로 정하게 된다. 세 번째는 자본에 의한 검열이다. 오늘날 문화생산자는 국가보다는 자본에 의한 검열 과정에 놓이게 된다. 자본 검열은 아무리 순수하고 내용이 좋다고 할지라도 그것이 이윤을 낼 수 있는 가능성이 없다면 기획의 단계에서 배제된다는 것을 의미한다. 이러한 자본 검열은 문화상품의 대중화에 기여하게 만들었지만 그 이면에 물신주의적 가치가 내재된 문화상품의 저질화를 가져오게도 한다.

4) 철학

최근 영화, 대중가요, 드라마 등 많은 대중문화 작품은 포스트모더니즘의 관점에서 설명된다. 포스트모더니즘은 모더니즘이라고 불렸던 이성과 객관적 질서에 대한 해체과정을 의미한다. 포스트모더니즘은 이성과 과학을 맹신했던 현대 사회의 문제점, 예컨대 세계대전, 전쟁, 인간 학살, 환경 파괴 등의 모습을 지적한다. 그에 대한 반성과정에서 출발한 포스트모더니즘은 더 이상 낯선 개념이 아니다. 그러나 단일한 개념과 틀로 설명되지 않는 대단히 복잡하고 난해한 개념이다. 이러한 포스트모더니즘이 대중문화에 결합될 때는 인간이 윤리와 이성을 가졌다는 사실에 대해서 철저하게 해체를 시도한다. 특히 모든 사상·예술·문학 등의 영역에서 기존의 질서를 깨뜨리는 일련의 도전이 진행된다. 그 결과 다원성과 개성이 강조된다.

최근에 크로스 오버, 퓨전 현상이라든지, 클래식과 대중음악이 만나는 열린 음악회라든지, 기괴한 패션, 기괴한 건물들, 동성애 옹호, 테크노 음악 출현 등도 일종의 포스트모더니즘의 흐름과 무관하지 않다. 그 결과 상대주의 성향이 강하게 나타나고 동시에 작품들의 파편화 현상이 나타난다.

이러한 포스트모더니즘은 많은 장점을 가지고 있다. 기존의 틀과 사고를 과감하게 깨뜨리고, 기존의 질서에 대해서 도전을 하거나 전복을 시도한다는 점에서 새로운 문화 발전의 가능성을 던진다. 무엇보다 다양성과 창의성을 발현시키고 문화의 충격과 반성을 시도할 수 있다. 이러한 과정을 통해 문화 발전과 창조가 이루어진다. 그러나 주의해야 할 점은 절대주의와 객관주의, 이성주의를 부정함으로써 지나치게 상대주의적 흐름으로 나아가게 되고, 이 과정에서 기존에 아동과 청소년들이 체득해왔던 가치관에 좋지 못한 영향을 미칠 여지도 있다. 예컨대 가정과 건전한 성(性) 등의 관념은 기존의 교육 체제라든지 기성세대의 윤리 체계에서 지켜야 할 가치로 여겨졌지만 현대 매체에서는 그러한 관념이 거의 여지없이 무너지고 만다. 물론 지나치게 보수적 가치를 강조하면서 그것이 소수자에 대한 상처나 공격으로 이어지거나 타인에 대한 차별로 이어지는 것을 철저히 경계해야 할 것이다. 그러나 한편으로 지나친 관념과 가치의 해체가 아동과 청소년의 삶에 상당한 혼란을 가져올 여지가 있음을 기억해야 할 것이다.

4. 청소년에게 미디어는 무엇인가

1) 욕구 해소의 도구

청소년들은 그들의 일상을 미디어로 시작하여 미디어로 마무리한다. 고1 영철이의 일상을 들여다보자.

고등학교 1학년 영철이는 아침에 핸드폰 알람으로 하루를 시작한다. 텔레비전을 보면서 밥을 먹는다. 아버지는 신문을 보면서 주가가 떨어졌다면서 한탄을 하는 사이 영철이는 신문의 헤드라인을 잠시 훑어볼 수 있었다. 지하철을 타면서 지하철 무가지 신문을 한 부 쥐고 잠시 연예인에 관한 정보를 눈여겨봤다. 지하철에서 내리자 같이 등교하자는 수철이의 핸드폰 전화를 받고는 교문 앞 문구점에서 같이 만나서 함께 등교했다. 1교시에 선생님께서는 노트북을 들고 들어오셔서 수업과 관련된 영상을 보여주시고 PPT로 수업을 하셨다. 수업 도중에 영철이는 수철이와 문자를 몇 개 주고받았다. 점심시간에는 방송반에서 틀어주는 대중가요를 몇 곡 들으면서 친구들과 운동장에서 축구를 했다. 쉬는 시간에는 이어폰을 귀에 꽂고 MP3에 저장된 가수의 노래를 몇 곡 들었다. 오후 자율학습 시간에는 미리 다운을 받아놓은 EBS 강의 동영상을 PMP를 통해 들었다. 방과 후 학원 가는 길에 친구들과 PC방에 들러 게임을 했다. 학원 수업을 마치고 11시경 집에 와서는 오자마자 컴퓨터를 켰고 이메일 확인을 잠시 한 후 가볍게 온라인 게임을 했다. 게임을 하면서 동시에 친구들과 메신저를 한다. 핸드폰 사진으로 오늘 친구들과 찍은 사진을 미니홈피에 올려 놓고, 1촌 친구들 미니홈피에 들어가서 글 몇 줄 남겼다. 새벽 1시가 되자 잠자리에 들었다.

제시된 영철이의 일과는 특별한 청소년의 모습이라기보다는 일반적인 청소년의 모습을 그려놓은 것이다. 영철이의 경우, 하루 일상을 미디어로 시작해서 미디어로 마무리하고 있음을 알 수 있다.

영철이가 사용한 미디어의 용도는 다양하다. 일반적으로 미디어의 이용 목적은 크게 세 가지로 나뉜다. 관계형, 오락형, 정보획득형이다. 관계형은 친구들과 소통을 하고 만나기 위함을 목적으로 한다. 친구들과 핸드폰 통화를 하고, 이메일을 보내고, 채팅을 하고, 친구들 미니홈피에 들어가는 것도 관계를 유지하기 위한 목적에서 나타나는 행위로 분석할 수 있다. 오락형은 즐거움을 찾기 위해서 미디어를 활용하는 것이다. 영철이가 게임을 하고 음악을 즐기는 것은 오락의 도구로 미디어를 적극 활용하고 있음을 보여준다. 정보획득형은 그가 필요한 정보를 미디어를 통해서 얻는 것이다. 신문을 보고 EBS 강의를 수강하는 것은 정보를 획득하기 위해서 미디어를 활용하고 있는 모습을 보여준다.

이러한 영철이의 일상은 미디어와 거의 불가분의 관계를 이루고 있다. 그의 일상은 다양한 욕구로 구성되어 있다. 친구들과 만나고 소통하고 오락하고 학습을 하는 모습은 그가 가진 관계의 욕구, 유희의 욕구, 정보 탐색의 욕구를 보여주는 것이다. 이러한 개개인이 가진 욕구는 미디어를 통해서 달성되고 완성된다. 그런 점에서 미디어는 청소년에게 일상이 된 것이고, 자신의 하루 일상을 완성하는 중요한 도구가 된다.

2) 소비 촉매제

기성세대는 자신의 정체성을 생산의 관점에서 찾는 경향이 있었다. 자신의 직업이 무엇이고 어떤 재화와 서비스를 생산하는 사람인가를 놓고 자신의 정체성을 부여하는 경향이 있다. 기성세대의 관점에서는 가치 있는 생산과 그렇지 않은 생산이 있는 것이고, 어떤 생산을 하는 사람인가에 따라, 쉽게 말해 어떤 직업을 가지고 있는가에 따라 곧 사회적 지위, 부, 명예와 같은 희소가치의 배분 차이가 만들어진다. 그것은 기성세대가 산업화시대를 거치면서 생산의 역군으로서 자기 자신을 바라보던 관점이 강하게 작용하기 때문이다. 동시에 어렵게 살던 시대를 경험한 기성세대에게는 절약의 가치가 내면화되어 있다. 이러한 경향은 빈곤과 가난이 어떤 것인지를 알고 살아온 세대적 특성이 반영된 것이다.

그러나 지금의 아동과 청소년은 빈곤을 거의 경험하지 않은 세대이다. 물론 개인에 따라 가정 형편이 어려운 경우가 있지만, 과거의 기성세대가 경험한 보릿고개라든지 전쟁 이후의 상황 등을 고려해볼 때 절대적 빈곤의 수준 차이라기보다는 상대적 수준의 차이가 더욱 큰 것으로 봐야 한다. 그런 점에서 절대빈곤의 고통을 현재의 아동과 청소년 세대가 경험했다고 보기는 어렵다.

이러한 세대가 살아온 경험은 그들의 문화적 경험과 특성을 새롭게 형성시킨다. 청소년은 어릴 때부터 소비를 자연스럽게 접하면서 살아오게 된다. 대체적으로 자신이 원하는 것을 돈이 없어서 사지 못하는 좌절의 경험보다는 원하는 것을 얻은 경험을 훨씬 더 많이 가지고 있다. 그러한 소비의 촉발은 어릴 때부터 자연스럽게 접해온 매체를 통해서 이루어진다. 매체를 많이 접한다는 것은 자연스럽게 광고에 노출될 가능성을 높인다. 최근 광고의 특성은 제품 구매가 곧 자신이 어떤 사람인가를 부각시키는 중요한 요인으로 작용한다는 메시지를 끊임없이 반복하는 것이다. 실제로 청소년은 유행과 소비에 가장 민감한 세대가 된다. 예컨대 어른의 경우 핸드폰을 자주 바꾸지 않지만, 청소년의 경우 수시로 핸드폰을 바꾸는 경향이 있다. 이러한 세대 특성을 읽은 기업은 청소년들을 중요한 목표고객(Target Audience)으로 삼는다. 따라서 13~18세를 구매의 타깃으로 삼는 '1318' 전략이라든지 13~16세를 구매의 타깃으로 삼는 '1316' 마케팅 전략이 왕성하게 전개된다. 이러한 마케팅 전략은 유행을 만들게 되고 그러한 유행을 따라가지 않았을 때 아동과 청소년은 상당한 소외를 경험하게 된다. 따라서 남들에게 뒤처지지 않기 위해서라도 물건을 사고 미디어를 소비해야 하는 경우가 종종 발생한다.

옷, 신발, 영화, 음반, 패스트푸드, 교복, 핸드폰, 온라인 게임, MP3, 닌텐도 게임기 등은 상당 부분 아동과 청소년을 겨냥한 시장이 형성되고 있다. 이러한 흐름 속에서 청소년은 특성 브랜드와 제품을 소유하지 않았을 때 친구들과 비교하면서 상당한 열등감을 가지기도 한다. 즉 특정 제품을 소유하고 소비했을 때에 비로소 안정된 '자아'를 찾는 것이다. 소비는 그들의 삶에 중요한 에너지가 되고, 그것은 적어도 유행에 뒤지지 않는 것이어야 한다.

3) 놀이

호이징가는 인간의 삶을 놀이의 관점에서 해석했다. '호모루덴스'는 놀이하는 인간을 의미한다. 삶 자체가 놀이이고 놀이가 삶이라는 것이다. 이러한 놀이의 모습은 어찌 보면 보편성을 지닌다. 농경시대의 문화에서도 노동과 놀이는 분리되지 않았던 것을 볼 수 있다. 노래와 춤이 어우러진 노동요는 곧 고된 노동을 이기기 위한 인간의 지혜였던 것이다. 시대에 따라 놀이의 형태가 달라져온 것은 사실이지만 놀이의 본질은 지금도 유효한 것으로 보인다. 다만 과거의 기성세대가 운동장에서 동네에서 몸으로 부딪치면서 놀았던 경험이 갈수록 사라지고 있는 것으로 보인다. 우선 한 가정에 자녀 수가 1~2명에 불과하다는 것은 그만큼 동네나 마을에 아이들의 수가 그리 많지 않다는 것을 의미한다. 도시화가 상당히 진행되면서 가정의 고립적 특성과 익명적 특성이 강해진다. 한마디로 가정 자체가 원자화되는 경향이 있다. 친척과의 교류 자체가 약화되면서 동시에 한 동네에서조차도 누가 누구인지를 잘 모른 채 형식적이고 피상적인 관계를 맺어간다. 이러한 어른들의 분리된 삶은 공동체적인 삶의 상실을 의미한다. 공동체가 약화된다는 것은 그만큼 아동과 청소년들의 관계망 형성이 취약해짐을 의미하고, 이는 아이들 간의 놀이를 촉발시킬 수 있는 분위기가 만들어지지 않는다는 것을 시사한다. 더욱이 입시 경쟁이 가속화되면서 아동과 청소년은 주지주의 교육에 내몰리게 되고 학습량 자체가 늘어난다. 이렇게 고립된 채 상당한 학습량을 강요받고 있는 아동과 청소년의 경우, 놀이에 대한 요구를 결국 미디어로 해소하게 된다. 특히 맞벌이 부부가 늘어나면서 혼자 있는 경향이 많아진 아동의 경우, 자신에게 주어진 여가의 상당 시간을 텔레비전과 인터넷, 핸드폰으로 소비하게 된다.

과거 기성세대가 어릴 때부터 면 대 면 방식의 놀이를 배웠다면 지금의 아동과 청소년은 매체를 통한 놀이에 더 익숙하다. 어릴 때부터 애니메이션과 만화를 즐긴다. 특히 아동과 청소년은 인터넷을 통해 다양한 놀이 체험을 한다. 이미 유아시절부터 인터넷 게임을 즐긴다. 아동이 즐기는 포털 사이트에도 항상 게임 기능이 추가된다. 어릴 때부터 간단한 게임에 익숙해진 이들이 성장하면서 점차 규모가 큰 게임을 즐기게 된다. 무료 게임에서 유료 게임으로, 아케이드 게임에서 RPG 게임으로, 간단한 게임에서 복잡한 게임으로, 혼자 하던 게임에서 집단으로 하는 게임으로 옮기게 된다. 아동과 청소년은 핸드폰 역시 놀이의 차원에서 활용한다.

온라인 게임이 놀이 차원의 경험을 하게 하는 것은 그 안에서 성취감을 맛보기도 하고 친구를 만날 수 있기 때문이다. 무엇보다 승패를 즐기는 게임의 논리는 기존 놀이의 상당 부분과 일치한다. 재미와 흥미를 느끼게 만드는 요소가 각종 미디어에는 너무나도 많이 있다. 온라인 게임의 경우, 생생한 사운드 그래픽, 흥미진진한 스토리 구조, 게임상 무기인 아이템과 게임 캐릭터인 아바타에 관한 집착, 게임을 하면 할수록 실력이 늘어 레벨을 올리게 되고 그 가운데서 성취감을 경험하게 된다. 이러한 기존 놀이와 온라인 게임과의 유사한 공통 구조는 아동과 청소년에게 그들의 놀이 문화의 상당 부분을 미디어에 의존하게 만든다.

4) 관계 유지

청소년은 어릴 적부터 미디어를 통해서 친구와 소통하고 대화하는 법을 배우게 된다. 인터넷과 핸드폰 조작에 매우 익숙해진 세대이며, 각종 매체의 기능 조작에 두려움이 없다. 이들은 친구와 문자를 주고받고 이메일과 채팅, 메신저를 일상에서 즐긴다. 일상에서 친구관계는 인터넷과 핸드폰으로 확장된다. 핸드폰 문자와 메신저의 경우 끊임없는 소통의 통로가 된다. 이러한 소통은 또래 우정을 유지하는 핵심적인 방법이다.

싸이월드의 미니홈피라든지 사이버 카페, 게임 동호회 등은 개인 대 개인, 개인 대 집단 간 다양한 관계 형성을 가능하게 만든다. 특히 청소년의 경우, 현실 공간에서의 친구와의 관계가 미디어를 통해서 지속되고 확장된다.

청소년이 친한 친구와의 관계 속에서 지속적으로 안부 문자를 보내거나 자신의 감정과 신상에 관해서 친구들에게 알려주고 문답 문자를 주고받는다. 자신과 친한 친구와 메신저에 등록하는 모습이라든지, 미니홈피에서 일촌 맺기를 하고 지속적으로 방명록에 들러 글을 남기는 모습은 대인적인 관계의 욕구가 미디어를 통해서 더욱 강화됨을 의미한다.

미디어의 영향력은 광고라든지 드라마에서 나타난다. 청소년은 팬클럽을 형성하고 사이버상에서 활동을 한다. 스타의 모습을 직접 본 것만으로도 기분이 좋아서 어찌할 줄 모르기도 한다. 스타가 던져주는 "사랑해요"라는 메시지에 감격을 한다. 이러한 모습은 그들의 관계 맺기 욕구가 스타를 매개로 하여 진행되는 것임을 보여준다.

드라마의 영향력을 생각해보자. 의사에 관한 드라마가 나오면 의대 지원자수가 늘어난다. 파일럿에 관한 드라마가 나오면 항공대 지원자 수가 늘어난다. 만약 부모님이 잔소리로 의대 가라고 하면 통하지 않을 이야기가 멋진 영상 스토리와 화면 구성, 배경음악으로 잘 조합되면 아이들의 생각을 변화시킨다. 드라마 김삼순이 뜨고 나서 제빵학원에 수강생이 몰린 것이라든지, <눈의 꽃>에서 성유리가 입고 나온 옷이 잘 팔린다든지 하는 것은 미디어의 영향력으로밖에 설명할 수 없다. 이는 일정 부분 미디어에 나오는 스타가 청소년의 모델이 되기도 하고, 자신들의 정체성 형성에 일정한 영향을 미치고 있는 것을 의미한다. 그것은 미디어에 나타난 스타의 이미지가 그들의 삶을 살아가는데 중요한 동력으로 작용하기도 한다는 것이다. 이는 정체성과 친밀감을 미디어를 통해서 얻기도 함을 시사한다. 청소년의 관계 맺기는 현실 공간에서의 친구뿐만 아니라 스타와 스타가 던진 메시지, 영상과 이미지와도 이루어진다.

5) 사회 참여와 소통

"우리 교육에 불만이 많은 중학생입니다."
오늘은 인천 실업계 고등학교 전시를 보고 왔습니다. 얼마 안 있으면 원서도 써야 해서 말이죠. 근데 그것이……

"인문계 가서는 이것보다 몇 배는 더 열심히 해야 해."

"대학 들어가야 직장을 구할 수가 있어."

"대학 나오는 건 당연한 거 아니야?"

주위에서 이런 말들을 합니다. 학력우수사회, 과연 좋을까요? 시대가 시대이니 만큼 따라야 할 거라는 어른들의 말씀, 어느 정도 사회에 눈을 뜨기 시작한 저는 이해할 수 있습니다. 그렇지만 학력 위주로 사람을 본다는 건 이해 할 수 없습니다. 왜 그래야 하나요? 요즘 제 또래 아이들은 공부하느라 정신이 없습니다. 저희 동네는 딱히 그런 편은 아닌데, 하루 종일 학원에 매달려서 공부하는 아이들을 보면 저 아이들은 무슨 생각을 하며 공부를 하나, 나중에 뭐가 되려고 공부를 하나, 취미도 공부일까? 특기도 공부일까? 이러한 생각이 많이 듭니다. 공부를 잘한다는 건 저에게 있어서도 부럽습니다. 나보다 공부 잘하는 아이는 나보다 많은 것을 알고 이해하고 있으니까요. 학생에게 공부가 중요한 건 사실이지만 졸업하고도 학력을 따지는 건 옳지 않다고 생각합니다. 어느 정도 여유와 자유를 만끽하는 것도 내가 사는 날들 중에서 중요한 것 같거든요. 또 어른들의 이중적인 면에서도 많은 생각을 갖게 됩니다. 공부는 중요하다 vs. 사람 됨됨이가 있어야 한다. 주위에서 공부, 공부 외쳐대는 통에 머리가 아프다는 아이를 보면 그 아이가 과연 이 중요한 시기에 공부만 하면 사람 됨됨이는 어찌 될까? 사람 됨됨이가 중요하나요, 아니면 공부가 더 중요하나요? 이러한 생각이 겹치고 겹치다 보면 내가 왜 사나 하는 생각까지 가게 됩니다. 단지 내 평생직장을 위해 이 젊은 날, 하고 싶은 것과 할 수 있는 일이 많은 이러한 날들을 주위에서, 사회에서 부추기는 학력을 위해 쏟아 부어야 한다는 사실에 울기도 울었습니다. 이러한 사회를 고쳐야 하는데도 불구하고 고치지 않고 오히려 곪아간다는 사실에도 울컥, 됨됨이를 본다면서도 슬쩍 학력을 보시는 어른들에게도 울컥, 이제 어떻게 해야 하나요?

http://bbs1.agora.media.daum.net/gaia/do/debate/read?bbsId=D102&articleId=81384&RIGHT_DEBATE=R8&tnil_agora=uptxt&nil_id=5 (인출일자: 2008년 11월 1일)

청소년은 사회적으로 약자에 해당하고 자신들의 욕구가 현실적인 힘의 관계 속에서 좌절되는 것을 자주 경험한다. 적어도 학교라는 공간은 그들의 욕구가 거의 반영되지 않는다. 무엇보다 투표권을 행사할 수 없는 청소년의 경우, 그들의 관심사와 욕구가 정책에 거의 반영되지 않는다. 이러한 상황에서 청소년은 그들의 불만과 욕구를 미디어라는 매체를 통해서 드러내게 된다. 학교라든지 도교육청에 의한 강제 야간자율학습이라든지 보충수업, 체벌 등의 문제에 대해서 현실 공간 속에서 이야기를 하지 못하는 그들의 좌절이 인터넷을 통해 표출된다. 동시에 각종 포털 사이트에서 자신들의 관심 주제와 관련한 내용이 보도될 때 사이버 댓글을 달면서 의견을 직접 표명하기도 한다.

특히 학교의 불합리한 모습이라든지 개선을 요하는 경우에는 핸드폰 카메라로 동영상을 담아두어 나름대로 메시지를 담은 UCC 작품으로 승화시키거나 인터넷에 올려서 사회적 파장을 일으키기도 한다. 그런 점에서 청소년은 미디어를 통해서 자신의 감정과 분노와 좌절을 표출하는 방법을 알고 있다. 다만 그 과정에서 자신의 감정을 주체하지 못하여 악성 댓글이라든지 폭력적 언사를 담아내어 상대에서 상처를 입히거나 사회적 물의를 일으키는 경우도 종종 있다.

그러나 전반적으로 청소년이 미디어를 사회에 참여하며 소통을 꾀하는 도구로서 활용하고 있는 것은 분명해 보인다. 이른바 웹 2.0은 개방과 공유, 참여적 성격이 강화된 인터넷의 특성을 의미하는데, 그러한 중심적 세력에 청소년이 자리 잡기도 한다. 한국고등학교학생회연합회라는 단체는 전국 고등학교 학생회장단이 모임을 갖고 소통하는 단체이다. 이곳에서 학생회 임원들은 학생회의 역할, 올바른 회의 진행법 등에 관한 정보를 공유한다. 전국적인 단위이기 때문에 이들의 만남은 주로 사이버 공간을 통해서 이루어지며, 때로는 특정 사안에 대해서 자신들의 의견을 피력하기도 한다.

5. 미디어에 관한 청소년의 권리

1) 안전할 권리

미디어는 많은 순기능을 가지고 있지만 역기능을 가지고 있다. 앞서 설명한 것처럼 미디어는 자본의 영향을 많이 받기 때문에 이윤추구라는 목적에 저항하기 힘든 내적 특성을 가지고 있기 때문이다. 그로 인해 발생하는 역기능은 아동과 청소년의 신체적·정신적 발달을 저해할 여지가 있다.

신체적인 경우, 지나친 텔레비전 시청이나 인터넷 사용으로 인해 시력이 떨어진다든지, 손목이나 허리 등의 자세가 좋지 않아 통증을 수반하기도 한다. 온라인 게임에 중독된 학생의 경우, 장기간 수면 부족으로 인해 신체적 건강을 해치는 경우도 종종 발생한다. 핸드폰의 경우, 적지 않은 전자파에 노출되기 때문에 지나친 사용은 신체에 바람직하지 못한 결과를 만들 가능성도 높다.

미디어의 경우 일반적인 역기능에 관한 그동안의 논의를 종합해보면 대체적으로 폭력성·선정성·사행성·중독성·유해정보 등의 문제가 제기되었다. 텔레비전의 경우 시청률 경쟁에서 자유롭지 못하고, 신문은 판매 부수에 자유롭지 못하다. 영화는 흥행 실적과 연계되며, 인터넷 포털이나 온라인 게임 업체는 가입자 수를 고민하지 않을 수 없다. 미디어 제작진은 또 다른 경쟁 업체와 생존 경쟁을 벌이지 않을 수 없다. 미디어는 보다 빨리, 보다 재미있게, 보다 자극적으로 콘텐츠를 만들 수밖에 없는 외적 환경에 구속된다. 이 과정에서 때로는 유해한 정보나 청소년의 건강에 좋지 못한 내용이 쏟아져 나온다. 그것은 특정 매체의 문제가 아닌 전(全)매체적 환경으로 나아간다.

따라서 헌법에 보장된 언론과 표현, 예술의 자유라는 가치와 청소년 보호라는 가치의 충돌이 특정 문화상품을 기점으로 종종 발생하곤 한다. 이른바 선정성과 폭력성 논쟁이 그것이다. 그렇다고 해서 과거와 같이 국가가 모든 미디어의 내용과 문화상품을 사전 검열할 수는 없는 노릇이다. 그것은 헌법에 보장된 예술과 표현, 언론의 자유를 박탈할 수 있기 때문이다. 따라서 예술과 표현, 언론의 자유를 보장하면서도 청소년 보호의 가치를 동시에 보장할 수 있는 제도적 안전장치가 요구된다.

안전에 관한 권리는 두 가지 차원에서 논의할 수 있다. 먼저 신체적 안전에 관한 권리이다. 아동과 청소년은 미디어를 즐길 권리를 가지고 있지만 과도한 미디어 사용으로 인해 자신의 신체를 훼손해서는 안 될 것이다. 그런 점에서 시력 훼손, 과도한 전자파 노출, 잘못된 자세로 인한 신체 왜곡, 중독으로 인한 신체적 악영향 등의 문제를 예방하기 위한 부모의 노력이 일차적으로 요구된다. 동시에 생산자들이 아동과 청소년 소비자를 고려한 제품과 미디어 콘텐츠를 생산하도록 요구해야 한다. 아울러 정부 차원에서 방송국과 게임업계 등의 콘텐츠 생산자 측을 강제할 수 있는 제도적 수단을 강구해야 한다. 예컨대 약속된 일정 게임 시간을 초과할 경우 오히려 게임의 경험치를 낮추는 방식이라든지, 시간을 과도하게 초과한 경우 서버 접속을 잠시 막는 방법이라든지, 게임의 총량 시간을 정해주는 방식, 자신의 게임 총량 시간을 알려주는 방식 등이 다양하게 논의될 수 있을 것이다.

두 번째는 정신적 안전에 관한 권리이다. 이는 청소년의 정신적·정서적 성장을 방해하는 폭력성·선정성·사행성의 성격을 강하게 지닌 콘텐츠에서 벗어나거나 영향을 받지 않을 권리를 의미한다. 실제로 일부 아동이나 청소년의 경우, 인터넷상의 하드코어 포르노 수준의 영상을 보고 성 의식이 왜곡되거나 충격을 받기도 한다. 최근 영화나 드라마, 만화나 애니메이션, 뮤직비디오, 온라인 게임 등에서 폭력적 경향이 과도하다든지 노출이 심한 내용이 늘고 있다. 다매체 채널 시대가 오면서 케이블과 위성방송 등에서 거의 포르노를 방불케 하는 수준의 영상이 무방비 상태로 쏟아져 가정으로 들어오고 있다.

이를 위해서는 일차적으로 가정에서 등급을 준수하거나, 부모의 교육과 지도, 대화의 과정을 통해 조심스럽게 시청할 수 있어야 한다. 그러나 가정의 힘만으로는 그것을 감당하기 힘들 것이다. 각종 미디어를 심의하고 등급을 제대로 분류해야 한다. 심의라든지 등급의 취지는 청소년 보호와 특정 매체의 공공성과 윤리성을 담보하기 위함이다. 그런 점에서 특정한 미디어의 내용이 청소년들에게 어떤 영향을 미칠 것인가를 과학적으로 심의하고, 자본이나 생산자의 관점보다는 학생과 학부모의 관점에서 바라볼 필요가 있고, 표현의 자유나 예술의 자유는 등급제도하에서 이루어질 수 있도록 해야 한다. 다만 그런 방식은 과거의 검열 방식과는 다른 차원의 것임을 이해해야 한다.

과거의 검열 방식이 주로 권력의 입맛에 맞는 내용인가 여부를 판단했다면, 이제는 특정 매체의 내용을 여과 없이 아동과 청소년에게 보내도 괜찮은 것인가에 대한 판단이 필요하며, 자본의 돈벌이 수단으로 행여나 피해자가 발생하는 것은 아닌가에 관한 관점에서 심의가 진행된다는 점을 염두에 둘 필요가 있다. 이러한 맥락에서 청소년들이 자신의 정신적·정서적 안전을 지킬 수 있는 가정적·제도적·정책적 노력을 우리 사회는 강구해야 한다.

2) 자기 성장에 필요한 다양한 정보를 공급받을 권리

아동과 청소년은 커뮤니케이션을 필요로 하는 존재이다. 그것은 부모와 같은 중요한 타자라든지 또는 일반적인 타자와의 대면적 커뮤니케이션 속에서 자신의 정체성과 자아감을 형성한다. 그러나 현대 사회에서는 미디어를 통한 커뮤니케이션이 점차 중요하게 되었다. 복잡해지고 있는 세상에서 미디어는 그들의 성장과 성숙을 돕는 중요한 자양분이 되고 있기 때문이다. 그런 점에서 청소년들은 미디어를 통해서 삶을 살아가며 세상을 바라보고 해석하게 된다.

그러나 현대 매체는 성인을 대상으로 방송과 콘텐츠를 만드는 경우가 많고,

아동과 청소년은 점차 소외를 당하고 있다. 당장 텔레비전을 보아도 아동과 청소년에게 특화된 방송 프로그램을 찾는 것은 점점 쉽지 않게 되어간다. 아동과 청소년은 그들의 성장을 돕기에 적합한 다양한 콘텐츠를 충분히 접할 필요가 있다. 시청률이라든지 판매 부수, 흥행 성적, 가입자 수 등의 요인은 아무리 좋은 내용의 프로그램이라고 하더라도 청소년에게 도달되지 못하게 하는 주된 원인이 될 수 있다.

청소년은 지적·정서적·사회적으로 성장할 수 있는 양질의 미디어 텍스트를 접할 권리가 있다. 청소년은 성장과정에서 자신의 학업성취라든지 인성 계발에 도움이 되는 프로그램, 진로 개발 등에 도움이 될 수 있는 다양한 미디어 텍스트를 접해야 한다. 그것들은 가급적 아동과 청소년을 대상으로 하고, 그들이 쉽게 이해할 수 있는 내용과 언어로 표현되어야 하며, 그들의 욕구와 필요를 반영해야 한다. 동시에 그들이 살아가면서 경험하게 될 문제 상황 등을 잘 극복하는 데 도움을 줄 수 있는 정보와 지식, 커뮤니케이션이어야 한다.

그러나 현대 매체는 점차 악화가 양화를 구축하는 상황이 되고 있다. 기존 매체는 물론 뉴미디어 역시 아동과 청소년이 보기에 적합한 내용을 찾기 힘든 상황이다. 예컨대 텔레비전의 경우 아동과 청소년에게 도움이 되는 프로그램은 오히려 시청률 경쟁에 밀려서 자정이 지나서 방영되는 경우가 적지 않다. 황금 시간대는 주로 쇼프로그램과 드라마가 주류를 이룬다. 물론 그러한 프로그램이 때로는 청소년의 필요와 욕구에 부합되는 경우도 있고, 경우에 따라서 청소년 문화 트렌드에 영향을 미치기도 한다. 그러나 더욱 중요한 것은 문화적 가치의 다양성이 보존되어야 한다는 것이다. 청소년들이 미디어를 이용하는 동기를 관계 맺기, 오락 추구, 정보 제공이라는 측면에서 바라본다면, 이 세 가지 요소가 분명 균형을 이루어야 한다. 그러나 안타깝게도 오락 추구의 측면에서만 미디어가 활용되는 것은 일종의 미디어 편식이다. 청소년은 세상의 다양한 면을 보고, 생각하게 하고, 고민하게 만드는 양질의 프로그램과 콘텐츠를 많이 접할 수 있어야 한다. 이를 위해서 아동과 청소년에 관한 전문성을 갖춘 주체가 자본의 이해관계에서 자유로운 상태에서 다양한 지원체제에 의해 프로그램과 콘텐츠와 텍스트를 얼마든지 생산할 수 있어야 한다. 청소년은 자신들의 미래의 삶과 정서적·정신적·심리적 안정을 위해 도움이 되는 양질의 미디어 콘텐츠를 언제 어디서든 쉽게 접할 수 있는 권리를 보장받아야 한다.

3) 교육받을 권리

산업화시대의 양극화 현상이 정보화시대에 온전히 극복되는 것은 아니다. 정보 격차(Digital Divide)의 문제는 여전히 심각하다. 이러한 정보 격차는 단순히 하드웨어적인 장비가 집에 있느냐 없느냐의 차원을 뛰어넘는다. 정보 격차는 어릴 때부터 어떤 매체를 어떤 방식으로 수용했는가에서부터 그 차이가 나타난다. 계층 간에 존재하는 문화 자본의 차이는 결국 어떤 미디어를 어떤 방식으로 수용했는가의 문제에서 자유로울 수 없다. 동시에 현대 미디어 환경은 역기능적 요소가 적지 않다. 이런 상황에서 미디어의 기능적 접근뿐만 아니라 그 본질을 정확히 꿰뚫고 대응할 수 있는 리터러시적 접근이 중시된다.

미디어 효과의 크고 작음은 곧 수용자가 얼마나 능동적인가 혹은 수동적인가의 문제와 직결된다. 그러나 미디어의 결정론보다는 미디어에 대응하는 인간의 주체성을 강조하는 쪽이 중요할 것이다. 즉 어떤 콘텐츠를 개개인이 어떻게 해석하고 받아들일 것인가의 문제가 더욱 중요하다는 것이다. 그런 점에서 인간은 미디어의 수많은 자극에 대해서 나름대로 필터링을 하고 반응을 한다. 그러나 그러한 필터링 능력은 태어나면서부터 자연스럽게 터득되는 것이기보다는 미디어를 바라보는 관점과 태도, 습관을 훈련받거나 교육받으면서 길러지는 면이 강할 것이다. 따라서 아동과 청소년은 미디어의 본질이 무엇이고, 그것을 둘러싼 환경이 어떻게 구성되며, 어떤 문제점을 가지고 있는가를 철저하게 알 필요가 있다. 그것은 '매체를 통한 교육(education through media)'의 차원과 같은 시청각적 혹은 공학적 접근 이상의 것을 의미한다. 이는 '매체에 관한 교육(education about media)' 차원과 같은 미디어 교육 내지는 리터러시 접근을 요구한다. 예컨대 광고 한 편을 보더라도 '광고의 기능', '광고 제작기법', '효과적 광고를 위한 이미지와 영상 장치', '광고가 가진 순기능과 역기능', '광고가 인간의 삶에 미치는 영향' 등에 대해서 알고 보는 학생이라면 음미하는 내용이 달라질 것이다.

대부분의 아동과 청소년이 컴퓨터를 배우는 과정에서 자연스럽게 기능을 익힌다. 그러나 기능과 함께 미디어의 본질과 특성에 대한 학습이 중요하다. 신문의 경우, 보수 신문과 진보 신문이 어떻게 세상을 다르게 구성하는가를 안다면 그는 여론의 조작대상이 되지 않을 것이다.

그런 점에서 아동과 청소년은 자신의 발달 연령에 필요한 수준의 미디어에 관한 지식과 정보, 태도를 학습할 권리가 있다. 결국 이들이 미디어의 홍수 속에서 자신의 주체성과 비판능력, 창조성을 가지고 민주시민으로서의 삶을 영위할 수 있도록 가정과 학교, 청소년과 복지단체, 교육당국은 교육프로그램을 모색해야 할 것이다. 평생학습의 관점에서 본다면 이러한 '미디어 리터러시' 능력을 길러주는 것은 현대 시민의 성장과 성숙을 위해 매우 중요한 핵심 주제다.

청소년은 고도의 미디어 시대에 미디어를 기능적으로 익히고 배울 수 있는 기능적 학습을 필요로 하며, 동시에 미디어의 본질과 환경을 비판적으로 리터러시할 수 있는 미디어 교육을 필요로 한다. 이 두 가지가 통합될 때 청소년은 디지털 격차를 해소할 수 있으며 나아가 미디어 문맹으로부터 자유로워질 수 있다.

4) 자기 의사를 표현할 권리

청소년은 자신의 의사를 표현할 수 있는 권리를 가지고 있다. 그러나 현실적으로 아동이나 청소년은 권력과 정보의 비대칭적 불균형 상태에 놓여 있다. 그렇기 때문에 그들의 의사는 충분히 반영되지 못한 채 억압될 가능성이 있다. 현실적으로 학교 공간의 경우, 청소년이 학교장이나 교사를 대상으로 자신들의 요구 사항을 관철시키는 것은 매우 어렵다. 그뿐 아니라 자신들의 의사표현을 할 수 있는 통로조차 제대로 보장받지 못한 채 형식적인 수준의 소통을 보장받고 있을 뿐이다. 이런 상황에서 청소년은 미디어를 통해서 자신의 의사를 표현하게 된다. 그러나 많은 학교에서는 홈페이지상의 자유게시판을 폐쇄시키고 있는 상황이다. 이는 악플이라든지 학교 비판의 글이 올라오는 것을 막기 위한 것이다. 학교 교지나 신문의 경우, 학교 측을 비판하는 내용은 거의 담을 수 없다. 그런 점에서 현실적으로 청소년은 현실에 대한 불만과 비판을 미디어를 통해서 충분히 표출하지 못하고 있으며, 그것을 담아낼 만큼의 열린 마음을 성인이 갖지 못한 것도 사실이다. 이런 과정에서 아동과 청소년들의 불만은 계속 지하로 스며들게 되고 세대 간 소통의 단절은 더욱 심화된다.

이러한 문제를 해결하기 위해서는 우선 교내 신문, 교지와 같은 종이 매체를 포함하여 인터넷 등에서 청소년이 자신의 의사를 표현할 수 있는 권리를 충분히 인정해줘야 한다. 물론 그러한 과정에서 일부 학생의 경우, 악플이라든지 욕설, 명예훼손 등의 문제를 일으킬 소지가 있지만, 적절한 네티켓 교육이라든지 실명제 도입 등의 고민을 통해서 어느 정도 문제는 해결할 수 있으리라 본다.

그런 점에서 청소년은 청소년의, 청소년을 위한, 청소년에 의한 미디어를 제작하고 경험하고 표현하고 시청하고 이용할 권리를 보장받아야 한다. 안타깝게도 청소년들은 자신들의 생각을 적절히 표현할 수 있는 매체를 거의 가지지 못한 상태에 있다. 물론 일부 청소년 신문이 있기는 하지만 주류 미디어의 경우 대부분 성인을 대상으로 콘텐츠가 생산된다. 그러한 표현을 하는 기구의 경우, 실제로는 어른이 주도하고 있는 경우도 적지 않다. 그런 점에서 청소년들이 자신들의 생각을 글로 영상으로 사진으로 표현하고 그것이 나름대로 사회적 반향을 일으킬 수 있는 대안 매체가 다양한 분야에서 보다 많이 등장해야 한다. 예컨대 입시제도의 경우 많은 논란이 있지만 정작 입시의 문제로 고통을 받고 있는 아동과 청소년의 생각과 논의와 현실은 거의 다루어지지 못하고 있다. 성인들로 대변되는 학자군과 전문가의 생각으로는 도무지 청소년의 생각을 포착하기 어렵다. 이러한 맥락에서 아동과 청소년은 자신들의 생각과 느낌을 충분히 표현할 수 있는 미디어의 장을 필요로 한다.

따라서 청소년은 자신의 의사를 표현할 수 있는 권리를 가지며, 동시에 지속적으로 자신의 의사를 담아낼 수 있는 매체를 운영할 권리를 가진다.

5) 미디어 소비에 관한 정보제공권

아동과 청소년은 미디어를 시청하거나 활용하면서 생산자에게서 다양한 정보를 제공받을 권리를 갖는다. 핸드폰의 경우, 다양한 요금제 중에서 어떤 것을 선택하는 것이 자신에게 도움이 되는가를 알아야 한다. 인터넷에 가입을 할 때도 설명을 충분히 들어야 한다. 이는 일반적인 소비자의 권리와 같다. 청소년은 미디어와 관련해 비용을 많이 지불하지만 정작 약관이나 요금 체계 등에 관해 설명을 충분히 듣지 않고 가입을 하는 경우가 많아서 분쟁이 발생하곤 했다. 특히 핸드폰의 경우 부모 명의로 핸드폰에 가입하는 경우가 많아, 별도의 성인 인증절차 없이 유해 콘텐츠에 접촉하는 경우도 적지 않다. 어떤 청소년은 정액제라는 요금체계에 인터넷이나 게임, 영화서비스를 보는 것도 다 포함되어 있는 것으로 잘못 아는 경우도 있다. 이는 가입을 할 때에 사업자로부터 충분한 설명을 듣지 못했기 때문에 발생한 현상이다.

아울러 특정 미디어를 이용했을 때 자신이 특정 콘텐츠를 어느 정도로 접속했는가를 알 수 있어야 한다. 카드를 사용하면 한 달마다 이메일로 그 결과를 알 수 있듯이, 예컨대 온라인 게임의 경우 자신의 이용 시간에 대해서 충분히 고지받을 필요가 있다. 특히 청소년이 이용하는 각종 미디어 장비가 초래할 수 있는 부작용에 대한 주의 문구라든지 논란이 되는 지점에 대해서 사업자는 충분히 알려줄 필요가 있다. 그것이 과학적으로 명확한 검증이 되었는가 여부를 떠나서 논란이 되고 있는 지점에 대한 정보라도 충분히 제공하여, 학부모와 학생이 최선의 선택을 할 수 있도록 도와야 한다. 그런 점에서 청소년들은 미디어의 주요한 소비 타깃으로 인식되어왔지만 그에 걸맞은 권리를 충분히 보장받지 못했다. 기업은 미디어를 소비하는 청소년에게 소비자와 이용자로서 알아야 할 정보를 충분히 제공하고 설명해야 한다.

6) 공동체를 형성할 권리

청소년은 미디어를 통해 자신의 의견을 개인적으로 표현하는 수준을 넘어 집단적으로 표현하고 사회적 반향을 일으킬 수 있는 권리가 있다. 그러한 운동 방식은 청소년을 대상으로, 사회를 대상으로, 국민을 대상으로 가능해진다. 청소년들은 타인과의 의미 있는 상호작용을 통해 자아 성장을 이루기를 원한다. 동시에 자신들이 가진 관계의 욕구, 사회 변화와 비판의 욕구, 사회 참여의 욕구, 소통의 욕구를 미디어를 통해서 실현해나갈 수 있다. 이러한 운동인 모습은 개인의 의사 표현을 넘어서 조금 더 집단적이며 지속적이어야 한다. 그 목적은 단순한 친교의 수준이 될 수도 있고, 의사 표현이 될 수 있으며, 사회적 비판의 목소리를 담거나 사회의 변화를 꿈꾸며 대국민적 메시지를 담아내는 것일 수도 있다. 과거의 미디어가 일방향적인 성향을 가졌으며 사회의 주류 계층의 목소리를 담아냈다면, 뉴미디어는 새로운 상호작용을 가능하게 한다. 청소년들은 미디어를 자신들의 자아실현 도구로서 적절히 활용하고자 하며, 동시에 그것을 실현하기 위해서 일종의 사이버 커뮤니티 내지는 결사체를 만든다. 팬 카페, 동호회, 스터디 모임, 학급 반창회와 동창회, 이슈 파이팅, 연합회 등 다양한 형태의 모임을 만들 수 있다. 그러한 모임은 결과적으로 미디어를 통한 활동으로 귀결된다. 미디어 공동체를 통한 정보 교류, 표현, 관계 형성 등의 다양한 상호작용이 청소년 사이에서 일어날 수 있는 권리가 더욱 보장되어야 하며, 그것을 스스로 형성할 수 있도록 제 주체가 장을 열어주고 격려해줘야 할 것이다.

참고문헌

김성천. 2001. 「청소년 인터넷 중독 증후군에 관한 연구」. 성균관대 교육대학원 석사학위 논문.
서정욱. 2000. 『21C 디지털경제를 위한 정보화 전략』. 서울: 한국정보산업연합회.
윤준수. 1998. 『인터넷과 커뮤니케이션 패러다임의 대전환』. 서울: 커뮤니케이션북스.
이광석. 1996. 「정보공간(Information space)에 기반을 둔 초국적기업의 재생산 전략 연구」. 중앙대학교 석사학위논문.
이재현. 2000. 『인터넷과 사이버 사회』. 서울: 커뮤니케이션북스.
천정웅·이용교 엮음. 2007. 『적극적 관점의 아동·청소년복지』 서울: 인간과복지.
한국정보처리학회. 2000. 「현대 사회와 매스커뮤니케이션」 파주: 한울.

Beniger, James. 1986. *The Control Revolution:Technological and Economic Orgins of the Information society*. Cambridge, MA: Havard University Press.
Garnham. 1985. "Communication Technology and New Economics Paradigm." in H. I. Schiller. 1986. *Information and the Crisis Economy*. Norwood, NJ: Ablex.

Huizinga, J. 1955. *Humo Ludens —A Study of the Play Element in Culture*. Boston: The Beacon Press.

Robins, Kevin & Frank Webster. 1988. "Cybernetic Capitalism: Information, Technology, Everyday Life." in V. Moscov & J. Wasko(eds.). *The Political Economy of Information*. Medison: University of Wisconsin Press.

http://bbs1.agora.media.daum.net/gaia/do/debate/read?bbsId=D102&articleId= 81384&RIGHT_DEBATE=R8&tnil_agora=uptxt&nil_id=5(인출일자: 2008. 11. 1)

학교사회복지 관련 TV프로그램 목록

1. 학교폭력

1) <긴급출동 SOS 24> "학교폭력의 상처"

프로그램	긴급출동 SOS 24	방송사	SBS
제목	학교폭력의 상처	방영일자	2007. 1. 16

SOS팀으로 걸려온 한 어머니의 제보······. 중학생 아들의 폭력으로부터 구해달라는 것! 어머니는 아들의 폭력으로 걷기조차 힘든 상태······. 몸 곳곳에는 참혹한 멍 자국이 남아 있었다. 그런데 이상한 점은 아들이 도무지 엄마를 때리는 이유를 말하지 않는다는 것! 본인이 잘못을 스스로 인정하면서도 폭력의 이유만은 절대 말할 수 없다는 아들······. SOS팀의 거듭된 설득에도 굳게 입을 닫을 뿐이었는데······. 그런데 SOS팀이 지켜본 아들의 폭력의 형태가 특이했다. 아무 이유도 없이 갑자기 엄마에게 달려들어 폭력을 휘두르는데, 그 정도가 이종격투기나 레슬링, 복싱의 수준······. 마치 엄마가 싸움 상대인 양, 니킥, 하이킥······ 이종격투기 동작들을 하나하나 연습을 하는 듯하고, 매일 같은 동작을 반복하며 무엇보다 폭행 중에 내뱉은 말······. "똑같이 해주겠다······." 전문가는 폭행 피해자가 다시 가해자가 되는 경우가 많다며, 아들이 과거 자신이 당한 비슷한 피해 경험을 엄마에게 그대로 반복하는 것이라고 지적했다. 과연 아들에게는 무슨 일이 있었던 것일까?

제작진의 오랜 설득 끝에 아들이 비로소 꺼낸 말은 바로 "학교폭력!" 얼마 전 아들은 새벽에 소위 학교짱이라고 불리는 아이들에게 끌려가 모텔에서 1시간 동안 감금된 채 집단폭행을 당했다는것. 그 이후, 친구들이 무서워서 학교도 못 가고 아파트 베란다에서 뛰어내리거나 달리는 차에 뛰어드는 등 수차례 자살 시도까지 했다고 했다. 아들은 그 이후, 언젠가부터 자신도 모르게 친구들에게 당했던 학교폭력을 엄마에게 그대로 재연하게 됐다며 제발 자신과 엄마를 도와달라고 눈물로 호소했다. 당시 폭행 현장에 있던 학생들의 부모를 찾아가 봤지만 폭행 사실을 부인하며 엄마의 가정교육을 탓했다. 영세민인 엄마의 처지를 무시하기까지 했는데…… . 학교 측은 아들을 위해 최선을 다해 조사했지만, 폭행 현장에 있던 아이들이 폭행 사실을 부인해서 어쩔 수 없었다며 폭력사건에 대해 미미한 태도를 보였는데…… . 피해자의 상처는 더욱더 깊어만 가는데 가해자는 없다는 학교폭력! 과연, 이 모자는 폭력의 고리를 끊고, 행복했던 예전으로 돌아갈 수 있을까.

2) <취재파일 4321> "학교폭력, 백약이 무효?"

프로그램	취재파일 4321	방송사	KBS
제목	학교폭력, 백약이 무효?	방영일자	2007. 5. 6

학교폭력을 뿌리 뽑기 위해 정부가 대국민 담화까지 발표했지만 학교폭력은 여전히 수그러들 기미를 보이지 않고 있다. 오히려 집단화되고 한층 흉포해지는 양상이다. 피해학생에게는 평생 지울 수 없는 아픔이 되고 가해학생은 자칫 성인이 되어서도 폭력의 유혹에서 벗어나지 못하게 하는 학교폭력, 과연 그 근절책은 없는 것인지 알아본다.

3) <추적 60분> "집단 성폭행, 투신자살, 학교 왜 이러나?"

프로그램	추적 60분	방송사	KBS
제목	집단 성폭행, 투신자살, 학교 왜 이러나?	방영일자	2008. 5. 7

지난 달 경북 김천에 사는 중학생 엄마가 제작진 앞으로 한 통의 편지를

보내왔다. 아들이 중학교에 입학한 후 교사로부터 언어적 폭력과 체벌을 당해왔고 이를 참지 못해 13층 아파트에서 투신자살을 했다는 것이다. 그러나 학교와 교육청은 아이에게 문제가 있었고 집안 문제 때문에 자살했다는 결론을 내렸다. 엄마는 학교와 교육청이 진실을 은폐하고 있다며 경찰에 수사의뢰를 했다. 그로부터 일주일 후 대한민국을 충격으로 몰아넣은 사건이 발생했다 초등학생들이 음란물을 보고 학교에서 흉내를 내는가 하면 집단 성폭행까지 했다. 그러나 학교와 해당 교육청은 담장 밖으로 이 사실이 알려질까 쉬쉬 했다. 그러는 사이 피해자는 더욱 늘어났다. "어쩌다 학교가 이 지경이 됐습니까?", "무엇을 믿고 아이들을 학교에 보내란 말입니까?" 2008년 5월에 만난 학부모의 탄식과 걱정의 목소리이다. <추적 60분>은 두 사건의 진상을 심층 취재했다. 거기에는 공통점이 있다. 하루의 절반을 학교에서 보내는 아이들. 하지만 학교에서 아이들이 위험에 노출됐을 때, 학교는 제대로 된 바람막이는커녕 책임을 면하기 위해 사건을 숨기기에만 급급한 것이 현실이다. 교내에서 은폐되고 있는 사건을 투명하게 처리하기 위한 근본적인 대책이 무엇인지 모색해본다.

2. 따돌림

1) <긴급출동 SOS 24> "왕따 아이의 복수"

프로그램	긴급출동 SOS 24	방송사	SBS
제목	왕따 아이의 복수	방영일자	2008. 1. 22

무차별적인 폭력을 휘두르는 아들! 어느 날 갑자기 폭력적으로 변한 아들을 도와달라는 어머니의 다급한 SOS! 일단 주먹부터 휘두르고 본다는 아들은

지나가는 행인에게 시비를 거는가 하면 가만히 서 있는 사람에게 다가가 발길질을 서슴지 않는다는데…… 5개월 전 갑자기 폭력성을 드러냈다는 아들. 더욱이 문제 행동이 날로 심각해져 가면서 학교에서는 이미 등교 정지까지 당한 상황! 무엇이 아들을 이토록 변하게 했을까?

아들의 문제행동은 이뿐만이 아니었다. 화장실에서 거울을 보며 4~6시간씩 반복적으로 눈을 비빈다는 것! 샴푸, 비누 등으로 눈을 씻으면서 "울면 안 돼!"라는 말을 하기도 한다는데…… 형은 동생이 언제부턴가 울지 않는 법, 눈물 참는 법등을 찾으면서 유독 눈물에 집착하고 있다고 했다. 폭력과 함께 나타난 알 수 없는 행동! 전문가들은 아이가 보이는 행동이 일종의 강박증상이라고 했는데…… 착하고 평범한 여느 아이와 다를 바 없었다는 열여섯 현민이(가명). 무엇이 이 아이를 강박증상까지 몰고 갔을까?

폭력과 강박증, 그 뒤에 숨겨진 안타까운 사연……. 아이에게는 도대체 어떤 말 못 할 사연이 있는 것인지 그 원인을 찾아 나선 SOS팀은 학교 방문을 통해 놀라운 사실들을 알게 되는데…… 바로 아이가 선생님에게 도움을 요청하며 쓴 편지가 발견된 것! 아이가 세상을 향해 처음이자 마지막으로 한 SOS! 그러나 어머니도 학교도 아이에게 아무런 도움을 주지 못했는데…… 뒤늦게 아들의 사정을 알고 죄책감에 절규하는 어머니와 아이의 SOS에도 제대로 도움의 손길을 주지 못했다는 학교! 대체 아이에게는 무슨 말 못 한 속사정이 있었다는 것일까? 열여섯, 학교가 너무나 가고 싶다는 이 아이는 그간의 아픔을 딛고 다시 건강했던 삶으로 돌아갈 수 있을까? 긴급출동 SOS팀이 열여섯 아이의 숨겨진 분노를 해결할 방법을 함께 모색해본다.

2) <사랑의 가족> "어느 부모의 눈물, 내 아이는 죽어서도 왕따였습니다"

프로그램	사랑의 가족	방송사	KBS
제목	어느 부모의 눈물, 내 아이는 죽어서도 왕따였습니다.	방영일자	2007. 4. 25

미국 전역이 다시 전율하고 있다. 버지니아 총격사건 범인이 세상을 향해 거침없이 토해내는 적대감과 분노가 공개됐기 때문이다. 그 가운데, 눈길을 끄는 말이 있다. "너희는 내 머리에 암덩어리를 넣고 내 영혼을 갉아먹는 것을 즐거워했다. 너희는 내 마음을 파괴했고, 영혼을 파괴했으며, 의식을 불태웠다. 너희에게 고맙게도 나는 예수처럼 죽는다. 약하고 힘없는 사람들에게 영감을 주기 위해서." 은둔형 외톨이였던 그는 고등학교 때 정확하지 못한 영어 발음 때문에 '왕따'를 당했다고 한다. 집단 괴롭힘(왕따)은 인간의 영혼을 살해하는 행위이다. "You are my sunshine." 현수(가명)의 홈페이지에 흐르는 노래이다. 모두가 그러하듯, 현수 역시 누군가에게는 햇살이고 소중한 기쁨이었다. 고(故) 임현수(가명), 2005년 사망 당시 16세 현수는 2년 전 집단 괴롭힘을 견디다 못해 스스로 목숨을 끊었다. 집단 괴롭힘 때문에 스스로 삶을 포기하는 아이들이 있다. 그러나 기막힌 일은 그들이 죽은 후에도 계속되고 있다. <추적 60분>이 최근 왕따 문제로 자살한 학생 12명의 그 후를 추적해보니, 소송으로 이어진 것은 5건, 그나마 3건이 패소했다. 자식을 가슴에 묻고 뼈를 깎는 고통으로 살아가는 부모들. 그들은 진실을 밝히기 위해 법에 호소하고 있지만 학교의 은폐에 부딪혀 절규하고 있다. 그들의 가슴시린 사연을 <추적 60분>에서 취재했다.

3. 교육제도

1) <그것이 알고 싶다> "국제중 거쳐 특목고로 — 엄마들의 전쟁"

프로그램	그것이 알고 싶다	방송사	SBS
제목	국제중 거쳐 특목고로 — 엄마들의 전쟁	방영일자	2008. 8. 30

"우리의 소원은 특목고! 일단 국제중부터요." 중학교 1학년인 하나(13세, 경북)는 초등학교 6학년인 남동생과 함께 방학이 시작되자마자 아빠를 따라 대치동으로 유학을 왔다. 특목고 전문학원에 다니기 위해서이다. 대치동 인근에는 방이 없어 차로 20분가량 떨어진 교대역 앞 원룸에 자리를 잡았다. 대치동의 여름방학 특수용 단기 원룸이나 고시텔 등은 5, 6월이면 예약이 끝난다고 한다. 회사생활하는 엄마를 대신해 가게 문을 닫고 상경한 하나 아빠는 유난히 먹을거리에 신경을 쓴다. 체력이 효과적인 공부의 원천이라 믿는 아빠. 바람은 단 한 가지, 큰 아이는 특목고에, 둘째는 국제중을 거쳐 특목고에 진학하는 것이다. 제작진이 찾은 대치동의 한 특목고 입시전문학원은 학원생의 1/3이 지방에서 올라온 유학생이었다. 그들은 주로 고시원이나 원룸에서 생활하며 대입 수험생보다 더 살인적인 스케줄을 소화하고 있었다. 학년을 불문하고 그들의 소원도 역시 단 한 가지, 특목고 진학이었다. 2008년 여름, 대한민국 엄마들의 화두는 단연코 '특목고'이다. 특히 최근 2곳의 국제중 개교 계획이 발표되면서 초등학교 저학년을 둔 엄마들까지 특목고 열풍에 동참하고 있다. 국제중에 관심을 보이는 엄마들의 논리는 아주 단순했다. "국제중에 들어가면 특목고 가기가 한결 수월하지 않겠냐. 특목고에 가려면 먼저 국제중에 입학해야 한다"는 것이었다. 대치동 학원 관계자들도 국제중 특수를 놓치지 않기 위해 분주히 뛰고 있었다. 과열되고 있는 사교육 현장, 그 속에서 입시전쟁을

치르고 있는 엄마들의 여정을 동행 취재했다.

2) <그것이 알고 싶다> "우리들의 일그러진 교실 – 선생님들은 왜 침묵하는가?"

프로그램	그것이 알고 싶다	방송사	SBS
제목	우리들의 일그러진 교실 — 선생님들은 왜 침묵하는가?	방영일자	2007. 4. 7

대한민국의 아이들은 두 개의 학교를 다니고 있다. 해가 뜨면 학교에 가고 달이 뜨면 학원에 간다. 이것은 실화다. 매일 밤 12시에 집으로 돌아오던 서울의 한 초등학교 4학년 아이가 3월 초 '나의 하루'라는 발표를 하다가 제 인생이 피곤하고 슬프다며 울어버렸다. 벚꽃으로 유명한 지방의 한 고등학생에게 요즘 벚꽃이 예쁘겠다고 농담을 했더니 언제 꽃이 피고 지는지 본적 없어 모른다고 대답했다. 길거리 그 흔한 벚꽃이 그 아이 몰래 피고 진 것도 아닌데 현실 속의 아이는 공부가 꽃보다 진하고 귀하고 소중하단다. 우리들 모두는 교실에 대한 추억과 향수가 있다. 알고 보면 더 젊지만 늘 부모님보다 묵직했던 선생님 말씀이 절대적 위엄과 권위를 갖고 머릿속으로, 가슴속으로 빨려 들어가던 때가 있었다. 그런데 지금 대한민국 교실의 현실은 어떤가? 학교에 와서 조용히 잠을 청하는 아이에게 기꺼이 수면제와 자명종이 되어주는 우리 선생님. 학원에서 미리 배워오라고 선행학습을 권유하는 마음 넓은 우리 선생님을 아이들은 고마워할까? 똑같은 중복 수업에 예습도 복습도 학원에서 하고, 시험과 숙제도 학교보다는 학원 것이 우선인 요즘 아이들, 그들에게 스승은 과연 학교 선생님인가, 학원 선생님인가? 교사들은 과중한 수업으로 인간 녹음기처럼 되어가고, 정부의 지침에 따른 잡다한 업무에 너무나 지쳐 있으며, 비민주적이고 지시 일변도인 학교 운영 때문에 자율성과

궁지는 여지없이 박살나고 있다. 수업 종이 끝나면 즉시 수업을 끝내버리는 선생님은 교통정리하는 경관을 연상시킨다고 한다. 지금 학교 종은 누구를 위하여·울리는가? 학원 선생님이 기다리고 있다는 안내 방송은 아닐까? 공교육이 무너지고 위기라는 진단 앞에 정작 그 현실을 가장 직시하고 있는 선생님들은 우리들의 일그러진 교실에 대하여 왜 오늘도 침묵하고 있는 것일까?

3) <PD 수첩> "대한민국 0.4%, 영재(英才)인가, 범재(凡才)인가?"

프로그램	피디수첩	방송사	MBC
제목	대한민국 0.4%, 영재(英才)인가, 범재(凡才)인가?	방영일자	2007. 3. 12

강남 엄마들이 공교육으로 몰리고 있다? 지난 12월 9일 실시한 서울교대 초등 영재교육원 입학시험 평균 경쟁률 11:1. 공교육에 대한 불신으로 사교육의 열풍을 일으키고 있는 강남과 목동 지역의 아이들이 대거 응시한 서울교대 영재원 입학시험. 대한민국 교육 1번지 강남에선 지금 영재교육원 시험 열풍이 불고 있다. 영재교육원 대비반 개설은 기본이고, 영재교육원 시험 기출문제반 운영 등 대한민국 0.4%를 위해 빠르게는 0세부터, 늦게는 8세까지 이미 시작된 영재교육원 입시경쟁. 영재교육을 선택한 강남 엄마들의 영재교육 대계(大計)를 <PD수첩>에서 취재해봤다.

4) <시사매거진 2580> "영재도 만든다?"

프로그램	시사매거진 2580	방송사	MBC
제목	영재도 만든다?	방영일자	2008. 11. 2

최근 특목고, 국제중 외에 또 다른 광풍이 불고 있다. 바로 '영재교육'. 최근 정부에서 영재학교를 추가 지정해 "초·중·고생 100명 중 1명은 영재교육을 받게 한다"는 방침을 밝힌 뒤 학원마다 영재반이 신설되고 학부모들의 관심이 급증하고 있다. 또한 시·도 교육청과 각 대학의 영재교육원도 영재선발고사가 진행 중이다. 하지만 관계자들은 아이들이 진짜 영재인지 아닌지 헷갈린다고 하는데……. 또다시 사교육을 통한 귀족교육 코스만 늘어나게 될 것이라는 우려가 나오고 있다. 한 해 500억 원이 넘는 예산이 투입되고 있는 영재교육 프로젝트의 문제점을 취재한다.

5) <뉴스 추적> "영어로 영어수업 발표 2달…… 한 반이 사라졌어요"

프로그램	뉴스추적	방송사	SBS
제목	영어로 영어수업 발표 2달…… 한 반이 사라졌어요	방영일자	2007. 3. 26

경북 지역의 한 중학교는 새 학기를 맞아 비상이 걸렸다. 배정받은 신입생 가운데 37명이 인근 대도시로 빠져나간 것이다. 현지 교사들은 새 정부 영어정책 발표 때문이라고 했다. 도대체 영어정책 발표 이후 어떤 일들이 벌어지고 있는 걸까? 새 영어정책은 한마디로 영어수업을 영어만으로 진행한다는 것이다. 오는 2010년 초등학교 3, 4학년을 시작으로 2011년에는 초등학교 전체와 중·고등학교 일부에까지 확대된다. '영어로 영어 수업'은 어떤 형태이며 우리 아이는 과연 따라갈 수 있을까?

6) <시사매거진 2580> "집중취재 '특목고' 열풍"

프로그램	시사매거진 2580	방송사	MBC
제목	집중취재 '특목고' 열풍	방영일자	2008. 6. 29

초등학생과 중학생 자녀를 둔 학부모의 최대 화두인 '특목고', 특히 '외고' 진학 열풍이 거세게 불고 있다. 명문대 진학의 보증수표처럼 되어버린 특목고 치열한 경쟁 속에 영어 유치원부터 시작해 초등학교 고학년이면 고등학교 수학 과정을 시작하는 등 상상을 뛰어넘는 선행학습과 사교육이 벌어지고 있다. 이런 체계적인 코스를 위해서 부모들은 한 달에 수백만 원의 사교육비를 쓰고 있다. 부모의 소득에 따라 교육격차가 벌어진다는 논란 속에 '자율형 사립고'를 100개나 만든다는 이명박 정부. 과열된 특목고 진학 열풍 실태를 취재한다.

7) <시사매거진 2580> "아이들 잡겠어요"

프로그램	시사매거진 2580	방송사	MBC
제목	아이들 잡겠어요	방영일자	2008. 3. 23

초등학교, 중학생을 대상으로 한 일제고사가 10년 만에 부활했다. 학력 수준을 평가, 질 높은 교육을 제공해 학력 수준을 끌어올리겠다는 취지다. 그러나 10년 전 폐지 당시엔 주입식 암기교육만 조장할 뿐 21세기형 인재 육성과는 거리가 멀다는 비판을 받았는데…… 중간고사, 기말고사에 이젠 일제고사까지. 왜 부활한 것인지. 이런 가운데 학원의 심야 교습 허용, 지하 강의실 인정, 수강료 자율화 추진 등 사교육을 부추기는 정책이 쏟아지고

있다. 일제고사 부활과 맞물린 사교육 규제 완화, 질 높은 교육이 가능한지 따져본다.

8) <시사매거진 2580> "'내신'과 '수능' 사이"

프로그램	시사매거진 2580	방송사	MBC
제목	'내신'과 '수능' 사이	방영일자	2007. 3. 25

교육부는 2004년 고교교육을 정상화시키기 위해 2008학년도 대입에서부터 내신 비중을 50% 이상 반영한다고 밝혔다. 지난해(2006년) 5월 대학들은 "내신 비중을 50% 이상으로 높인다"고 발표했다. 내신에 자신 없는 학생들은 극단의 선택으로 자퇴를 결심하고 일부가 실천에 옮겼다. 검정고시로 대입 자격을 딴 뒤 수능을 잘 보면 그 성적이 내신으로 되기 때문이다. 서울에서 고교 1, 2학년 때 자퇴한 학생 수가 2005년 1,200명에서 2006년엔 1,600명으로 늘었다. 그런데 지난 21일 내신 비중을 50% 이상 반영하겠다던 주요 대학들이 많게는 신입생 정원의 1/3을 수능 성적만으로 뽑겠다고 밝혔다. 나머지 신입생에게 내신을 50% 이상 반영한다고는 하지만 실질반영비율이 매우 낮아서 사실상 내신을 무력화했다. 특수목적고와 지역 자치가 있는 상황에서 고교 내신을 많이 반영할 수 없다는 이유에서이다. 교육부의 '내신 강화'와 대학들의 '수능 강화' 사이에서 혼란스러운 수험생들의 이야기를 들어본다.

9) <시사기획 쌈> "자율화, 학교를 구할 수 있나?"

프로그램	시사기획 쌈	방송사	KBS
제목	자율화, 학교를 구할 수 있나?	방영일자	2008. 4. 8

지난 1974년 이후 지속되어온 고교 평준화제도가 큰 갈림길에 서게 됐다. 새 정부는 평준화가 입시 고통을 완화시키겠다는 명분으로 학교에 획일적인 규제를 가해 교육의 총체적인 위기를 가져왔다며 평준화의 수정을 계획하고 있다. 그 대안은 다양화와 자율화, 핵심 정책은 자율형 사립고를 비롯한 고교 다양화 300프로젝트, 정책 목표는 사교육비 절감이다. 현재 학교교육의 위기가 평준화 때문인지, 다양화와 자율화는 사교육비 절감의 효과적인 수단이 될 수 있는지, 예상되는 부작용은 무엇인지를 다각적으로 다룬다.

10) <시사기획 쌈> "이유 있는 아우성, 누구를 위한 논술인가?"

프로그램	시사기획 쌈	방송사	KBS
제목	이유 있는 아우성, 누구를 위한 논술인가?	방영일자	2007. 3. 12

2008학년 대학 입시의 화두는 '논술'이다. 논술 시험을 보는 대학이 21개에서 올해부터는 배가 넘는 45개로 늘어난다. 하지만 학생, 학부모, 교사 심지어 대학교수들까지도 현재 이뤄지고 있는 논술교육에 대해 우려를 나타내고 있다. KBS <시사기획 쌈>은 지난해 11월부터 넉 달 동안 전국의 고 2·3학년, 학부모, 교사, 학원 강사, 대학교수, 교육전문가, 국회의원, 일본의 대학 관계자 등 3,000여 명을 직접 만나 '논술과 우리나라 공교육의 문제점'을 심층 취재했다. 그리고 그들의 말을 통해 "준비 안 된 논술 교육의 현주소"와 "논술이

갖는 본래 취지를 어떻게 살릴지"를 모색했다.

11) <취재파일 4321> "사교육, 부추기면서 잡는다?"

프로그램	취재파일 4321	방송사	KBS
제목	사교육, 부추기면서 잡는다?	방영일자	2008. 10. 12

자녀가 공부를 잘하려면 엄마의 정보력과 아빠나 할아버지의 재력까지 필요하다는 우스갯소리가 학부모들 사이에서 유행이다. 그만큼 사교육 비용이 많이 든다는 얘기일 것이다. 그래서 정부가 최근 오를 대로 오른 사교육비를 반드시 잡겠다고 나섰지만 실효성에는 의문이 제기되고 있다. 정부가 한쪽에서는 국제중 신설과 자사고 확대, 학업 성취도 평가 공개 등 사교육을 부추길 수 있는 정책을 펴면서 단속만으로 과연 학원비를 잡을 수 있겠느냐이다. 학원비는 어떻게 부풀려져 있는지, 또 단속으로 효과를 거둘 수 있을지 점검해 본다.

12) <취재파일 4321> "대한민국은 영어공화국?"

프로그램	취재파일 4321	방송사	KBS
제목	대한민국은 영어공화국?	방영일자	2008. 2. 17

"고등학교만 졸업하면 모두가 생활영어로 대화를 할 수 있다. 그리고 영어 사교육 없이도 충분히 대학에 갈 수 있도록 한다." 대통령직인수위원회에서 내놓은 영어정책의 목표이다. 하지만 이를 두고 우리 사회에서는 영어교육의 일대 전환기를 맞는 새로운 패러다임이라는 기대와 함께 급격한 변화로 인한

예기치 않은 문제점에 대한 우려가 상존하고 있다. 인수위의 영어정책에 대한 기대와 우려의 목소리를 취재한다.

13) <취재파일 4321> "초등생부터 '특목고 열병'"

프로그램	취재파일 4321	방송사	KBS
제목	초등생부터 '특목고 열병'	방영일자	2008. 1. 20

초등학생들이 벌써부터 입시 지옥으로 내몰리고 있다. 대형 학원들이 초등 생을 대상으로 한 특목고, 자사고반을 앞 다퉈 편성하면서 상당수 초등학생이 이들 고등학교를 일차 목표로 삼고 사교육의 늪으로 빠져들고 있다. 각종 경시대회나 영재센터도 이런 현상을 부추기고 있고 특목고나 자사고도 사교 육 대열에 합류했다. 중고등학생 사교육만큼 심각한 초등학생 사교육의 실태 를 짚어본다.

14) <취재파일 4321> "방학은 사교육 전쟁터"

프로그램	취재파일 4321	방송사	KBS
제목	방학은 사교육 전쟁터	방영일자	2007. 7. 29

지난주 전국 대부분의 초·중·고등학교가 일제히 방학에 들어갔다. 원래 방학은 평소 읽고 싶었던 책도 읽고 가족들과 여행도 하며 휴식하는 시간이다. 그러나 요즘 학생들은 방학마저 입시 공부와 선행 학습 등에 얽매여 시간을 보내고 있다. 특히 지방에 있는 학생들은 서울로 원정 유학에 오르기도 한다.

15) <추적 60분> "조기유학, 그 후 이야기, 학교를 거부하는 아이들"

프로그램	추적 60분	방송사	KBS
제목	조기유학, 그 후 이야기, 학교를 거부하는 아이들	방영일자	2006. 12. 13

"옆집 영희는 미국으로 떠났고, 뒷집 철수도 떠났어요. 우리 아이만 뒤처지는 것 같아 불안한 마음뿐이죠. 한 달에 수백만 원이나 하는 과외비와 학원비……. 차라리 유학을 보내는 게 낫죠." 이런 이유로 지난해(2005년)만 무려 2만 명의 아이들이 한국을 떠났다. 그 후…… 조기유학 열풍을 타고 떠났던 아이들이 속속 돌아오고 있다. 귀국 유학생 한 해 1만 5,000명! 취재진은 유학을 선택했던 많은 아이들과 학부모를 만났다. 장밋빛의 부푼 꿈을 안고 떠났던 유학길, 하지만 돌아온 그들을 기다리고 있는 것은 떠날 때와는 사뭇 다른 현실이라고 한다. 세 번이나 전학을 가야 했던 희준이와 자퇴를 선택할 수밖에 없었던 혜주, 심지어 학교생활 적응에 실패해 한국을 다시 떠나는 아이들도 적지 않았다. 이런 아이들을 바라보는 부모님들은 과연 유학이라는 선택이 옳은 결정이었는지 되묻고 있다. <추적 60분>은 유학생들의 "귀국, 그 후 이야기"를 통해 무분별한 조기유학 열풍의 어두운 단면을 추적한다.

4. 학생권리

1) <PD 수첩> "학교 잔혹사, 죽음 부른 폭력선도"

프로그램	PD 수첩	방송사	MBC
제목	학교 잔혹사, 죽음 부른 폭력선도	방영일자	2008. 11. 4

학생 자치라는 명분을 앞세워 '학생에 의한 학생 지도' 형식으로 학생 통제의 수단이 되어버린 일명 지도부(선도부). 2008년 9월 1일부터 진행된 '학교폭력 집중단속기간' 중 벌어진 강릉의 한 고등학교 폭행치사 사건은 전근대적인 방식으로 학생들을 통제해온 학생인권 침해의 상징적 사건이었다. 한 고등학생의 갑작스런 죽음을 통해 그간 교육현장에서 묵인되어온 폭력으로 얼룩진 일상을 밀착 취재했다.

2) \<PD 수첩\> "2008 대한민국 학생인권보고서 '학생인권? 그쯤이야……'"

프로그램	PD 수첩	방송사	MBC
제목	2008 대한민국 학생인권보고서 '학생인권? 그쯤이야……'	방영일자	2008. 7. 8

광주교육청은 S 여상에 세 차례에 걸쳐 장학사를 파견했다. 지난 16일 벌어진 S 여상 학생들의 집단 수업거부의 원인을 조사하기 위해서였다. 그리고 23일, 광주교육청은 이번 사건의 원인과 처리 결과에 대해 발표했지만, 학생들은 이에 대해 강력히 반발하고 있다. 교사에 의한 일상적인 체벌과 언어폭력, 성추행, 그리고 강제 보충수업이 수업거부의 본질적인 원인이었음에도 학교의 의도적 축소, 은폐작업으로 진상 조사와 책임자 처벌이 제대로 이루어지지 않았다는 것이다. 하나의 사건을 보는 학생과 학교, 교육청의 세 가지 다른 시각. 학교 내에서 벌어지는 학생인권 침해사례를 살펴본다.

서울의 한 고등학교는 올해(2008년)부터 한층 강화된 벌점제도를 시행하고 있다. 벌점누계 50점이면 전학과 자퇴가 권유되고, 1년 이내에 60점이면 퇴학처분이 되는 이 제도에 학생들의 반발이 거세다. 4·15 학교자율화 조치 이후 몇몇 고등학교에서는 우열반이 시행되고 있으며 한 지방자치단체에서는 지방인재를 양성한다는 목적으로 국가 예산을 투입해 '성적우수 학생'만을 위한 차별적 교육 환경을 제공하고 있다. 체벌의 대안책, 우수 학생 양성 등의 근거를 대고 있지만, 근본적인 문제는 학생인권 침해에 대한 문제의식이 없는 교육기관에 있다. 국가인권위원회의 권고가 있어도 교권 보호와 성적 경쟁의 명분으로 개선의 여지가 없어 보이는 교육현장의 실상, 학생인권의 현주소를 <PD 수첩>이 취재했다.

3) <추적 60분> "'푸른교실'을 아십니까? 개학이 두려운 아이들"

프로그램	추적 60분	방송사	KBS
제목	'푸른교실'을 아십니까? 개학이 두려운 아이들	방영일자	2008. 8. 27

"학교가 아니라 감옥 같아요. 학교 교복이 아니라 죄수복을 입은 느낌……." 경기도의 한 고등학교 운동장, 오리걸음에서부터 PT체조, 앉았다 일어서기까지 수십 명의 학생들이 한데 모여 기합을 받고 있다. 매일같이 1시간 20분 동안 진행되는 훈련, 지각생이나 복장이 불량한 학생들에게 벌을 주는 이 학교의 선도 프로그램, '푸른교실'이다. 그런데 이 '푸른교실'이 생기면서 학생들은 학교가 교도소처럼 변했다고 말한다. 단추 하나, 양말의 무늬 하나로 군대식 기합을 받아야 하고 도를 넘는 선생님의 체벌도 심해졌다고 한다. 심지어 생리통을 호소하며 '푸른교실'을 면해달라는 학생에게 선생님이 직접 생리 여부를 검사하는 충격적인 일도 벌어지고 있다. 공포로 변해버린 단속과 체벌, 어느 고등학교의 빗나간 선도 실태를 <추적 60분>이 고발한다.

4) <사랑의 가족> "통합교육 정책을 위한 과제는?"

프로그램	사랑의 가족	방송사	KBS
제목	통합교육 정책을 위한 과제는?	방영일자	2008. 4. 8

　지난 2005년, 한 국회의원이 전국의 초등학교를 상대로 실시한 취학유예 아동 현황과 취학유예 사유에 대한 실태 조사에 따르면 전체 취학유예 아동 중 약 20% 이상이 장애를 이유로 취학이 유예된 것으로 나타났다. 취학유예 조치는 질병 등의 사유가 아닌 경우 취학유예 신청을 할 수 없는 것으로 법률에 제시되어 있지만, 일선 학교에서는 여전히 장애를 취학유예의 사유로 인정하고 장애아동을 자연스럽게 취학유예 조치하고 있는 것으로 밝혀졌다. 장애아동을 둔 대부분의 부모님들은 아이의 입학통지서를 받고 혼란에 빠진다고 한다. 특수학교와 일반학교 사이에서의 선택을 고민할 뿐 아니라, 아이의 장애를 어떻게 학교에 알려야 할지, 아이에게 어떤 준비를 시켜야 할지 모르기 때문에 입학 유예를 최선책으로 선택하는 것이다. 이에 따라 장애인 부모회에서는 각 지역별로 장애학생 취학설명회를 통해 학교 입학을 앞둔 부모들의 지침을 알려주고 있고, 또한 먼저 입학한 장애아동의 부모님과의 만남도 주선하고 있다. 각 지역별 복지관에서는 장애아동 취학준비반을 운영하며 장애아동들이 학교에 입학하여 잘 적응할 수 있도록 돕고 있다. 함께 사는 세상 만들기에서 2008년 「장애인 등에 대한 특수교육법」 시행을 앞두고, 장애아동과 비장애아동의 동등한 교육권을 위해 필요한 것은 무엇인지 살펴본다.

5. 성폭력

1) <추적 60분> "최초 분석! 아동 성범죄 오후 3시 스쿨존이 위험하다"

프로그램	추적 60분	방송사	KBS
제목	최초 분석! 아동 성범죄 오후 3시 스쿨존이 위험하다	방영일자	2008. 2. 20

지난(2008년) 2월 2일. KBS에 특별한 손님들이 찾아왔다. 성폭력 피해를 당한 아이들과 그 어머니들이다. 이날 참석한 13명의 어머니는 고통의 시간을 눈물로 호소했다. "우리가 피해자라서 피해 다녀야 합니까?", "또 다른 적, 법(法)과의 싸움에 지쳤습니다", "이 나라에 아이들의 인권은 없습니다" 하루 평균 3명의 아이가 성폭력 피해를 당하고 있습니다. 피해 아동의 수는 해마다 증가하고 있어 근본적인 원인 분석을 통한 대책 마련이 시급하다. <추적 60분>은 국가청소년위원회에 의뢰하여 지난 7년간 법원의 유죄판결을 받은 성범죄 사건 중 13세 미만의 아동을 대상으로 한 2,802건의 자료를 분석했다. 지리정보시스템(GIS)을 통해 국내 최초로 밝혀지는 가해자 거주지의 분포! 가해자 집, 피해자 집, 유인 장소, 범행 장소, 피해자 학교 간의 위치를 분석했다. 그 결과는 충격적이었다. 아이들을 노리는 성범죄자는 아주 가까이에 있었다.

2) <시사매거진 2580> "초등생 집단 성폭력 사건"

프로그램	시사매거진 2580	방송사	MBC
제목	초등생 집단 성폭력 사건	방영일자	2008. 5. 11

한낮에, 그것도 교정 안에서 초등학생들의 집단 성폭행 사건이 발생했다.

가해자와 피해자가 100명이 넘는다고도 하고, 도대체 어떻게 이런 일이 벌어진 것인지. '음란물 흉내 내기'가 빚어낸 충격적인 사건에 인근 지역학교까지 파장이 확산되고 있다. 이 사건이 일어날 수밖에 없었던, 우리 아이들을 둘러싼 일그러진 환경과 사건의 전말을 취재한다.

3) <PD 수첩> "수학여행! 아이들에게 남은 것은 무엇인가?"

프로그램	PD 수첩	방송사	MBC
제목	수학여행! 아이들에게 남은 것은 무엇인가?	방영일자	2007. 9. 11

지난(2007년) 8월, <PD 수첩> 제작진 앞으로 현직 교사의 충격 제보가 접수되었다. 올 봄 중국으로 수학여행을 다녀온 A 고등학교의 남학생들이 현지 호텔 퇴폐업소에서 성매매를 했다는 내용이었다. 게다가 이는 한 학교만의 문제가 아니라는 것! 과연 중국 수학여행에는 어떤 함정이 있는 것일까? 성(性)의 사각지대에 무방비로 노출된 고등학생들! <PD 수첩>에서 밀착 취재해본다.

6. 학교 밖 청소년

<그것이 알고 싶다> "나는 18살이었다 − 자퇴, 그 행복의 조건"

프로그램	그것이 알고 싶다	방송사	SBS
제목	나는 18살이었다 — 자퇴, 그 행복의 조건	방영일자	2008. 1. 5

'서태지 세대' 그 후 10년, 1990년대 중반 "학교에서 더 이상 꿈꿀 수 없다" 며 당당하게 자퇴하는 아이들이 이목을 끌었다. '서태지 세대'라고 불렸던 이들은 제도권 교육의 틀을 도발적으로 비판하며 사회적 이슈를 낳았는데, 그로부터 10여 년이 지난 지금, 자신의 꿈을 찾아 씩씩하게 떠났던 그들은 과연 꿈을 이루었을까? 하고 싶은 것을 하고 사는 것이 꿈이라고 말하는 아이들이 있다. '자퇴'라는 선택은 단지 자신들이 원하는 것이 학교 밖에 있었 기 때문이라고 말하는 이들. 그러나 자퇴생이라고 불리는 이들에 대한 사회적 인식은 여전히 학교 부적응자라는 싸늘한 시선에 멈추어져 있다. 노란머리, 힙합바지, 피어싱의 반사회적 이미지로 둘러싸여 감춰져 있던 탈학교아이들 의 다양한 삶의 모습을 쫓아가 보고 우리 사회가 이들과 소통할 수 있는 방법은 무엇인지 고민해본다.

지은이 소개

이혜원 성공회대학교 사회복지학과 교수. 1996년부터 성공회대학교 사회복지학과
에서 아동복지, 학교사회복지, 사회복지윤리와 철학을 가르치고 있다. 2003년부터
2005년까지 제네바 유엔인권센터와 웹스터대학교에서의 연구년 이후, 유엔 아동권
리협약에 기초하여 아동·청소년의 권리 증진과 지역사회 네트워크 구축을 위한 연
구에 집중하고 있다.
『아동권리와 아동복지』(2006), 『아동과 가족(공저)』(2008), 『청소년권리와 청소년복
지(공저)』(2008), 『학교사회복지론(공역)』(2008), 「가족특성이 아동결식에 미치는 영
향(공동)」(2008), 「아동권리보장을 위한 친권상실 관련 판례분석(공동)」(2007) 외.

김성천 교사, 깨끗한미디어를위한교사운동 정책실장, 성균관대학교 강사(교육학 박
사). 미디어 교육과 청소년 문화를 연구하는 깨끗한미디어를위한교사운동 활동가이
다. 좋은교사운동 정책실장과 게임물제도개선연대 사무국장을 역임했으며, 성균관
대학교에서 교육사회학으로 박사학위를 취득했다. 청소년문화 및 사이버 문화, 미
디어교육, 대중문화, 교육정책 등에 관심을 가지고 있다.
「희한한 수업」(2001), 「미디어로 여는 세상」(2005), 「생각나무 논술열매」(2007).

김혜래 꽃동네현도사회복지대학교 사회복지학부 부교수. 1986년부터 현대고등학교
에서 영어교사·진로상담주임으로 활동하다가 2003년 8월부터 꽃동네현도사회복지
대학교 사회복지학부 교수로 재직 중이다. 사회복지학 석사학위를 취득한 후 교사

와 사회복지사로서 학교에서 학교사회복지 활동을 전개해왔으며, 아동복지·청소년 복지·학교사회복지에 관련된 연구를 하고 있다.

『학교사회복지의 이론과 실제』(2004), 『가족복지론』(2005), 『아동복지론』(2005), 『영화와 사회복지』(2006), 『청소년권리와 청소년복지(공저)』(2008) 등.

노혜련 숭실대학교 사회복지학과 부교수. 1995년 3월부터 숭실대학교 사회복지학과 교수로 재직 중이다. 아동·가족복지와 학교사회복지가 주 관심분야이고, 강점관점 실천방법론으로서 해결중심적 접근에 대한 교육과 훈련을 해왔다.

『현대 사회와 인권』(1998), 『현대 사회와 아동: 아동복지의 시각에서(개정판)』(2001), 『해결을 위한 면접(개정판)』(2004).

배경내 인권교육센터 '들' 상임활동가. 1998년부터 인권운동사랑방에서 활동하다 2008년 인권교육센터 '들'을 창립해 상임활동가로 일하고 있다. 인권주체들의 역량강화를 위해 인권교육에 힘쓰고 있으며, 청소년이 온전한 '시민'으로 인정받는 사회를 위해 강연, 글쓰기, 청소년모임을 지원하고 있다.

『인권은 교문 앞에서 멈춘다』(2000), 『뚝딱뚝딱 인권짓기』(2005), 『인권교육길잡이 2: 인권교육 날다』(2008), 『1%의 대한민국(공저)』(2008).

변귀연 호남대학교 사회복지학과 교수. 이화여자대학교 영문학과, 서울대 사회복지학과 석, 박사. 정신과사회사업, 가족치료연구소, 서울시교육청 청소년상담센터 등 실천현장에서 일해오다 2003년 3월부터 호남대학교 사회복지학과 교수로 재직 중이다. 아동, 청소년, 가족 등의 분야에 관심을 갖고 있으며, 특히 학교사회복지에 많은 애정을 갖고 제도화를 위해 노력하고 있다.

『사회복지실천 기법과 지침』(1998), 『가족복지론』(2005).

우수명 한신대학교 사회복지학과 초빙교수. 1995년부터 청소년폭력예방재단, 서울특별시 녹색서울시민위원회, 녹번종합사회복지관, HS 리서치센터, 한국사회복지사협회 등을 거친 후 현재 한신대학교에서 학생들과 소통을 통해 복지세상의 꿈을 실현하고 있다. 사회복지 욕구·평가 전문가로 지역사회 네트워크 연구자로 사회복지

전문화와 지역화를 위해 노력하고 있는 사회복지사이다.

『청소년문화복지(공저)』(2004), 『마우스로 잡는 SPSS 14.0~8.0』(2007), 『TP사회복지Program 개발과 평가』(2007), 『TP사회복지조사』(2008) 등.

이상희 교사, 성공회대학교 사회복지학과 박사과정. 학교와 지역사회에서 아동을 대상으로 실천할 수 있는 평화·인권교육에 관심을 가지고 있다.

『청소년권리와 청소년복지(공저)』(2008).

이지수 군산대학교 사회복지학과 조교수. 장애인복지관에서 6년간 사회복지사로 일하면서 장애학생의 학교적응 지원프로그램을 수행했다. 통합교육이 확대되는 우리나라에서 장애학생이 일반학교에 잘 적응하고 행복할 수 있도록 학교체계를 변화시키는 것, 이를 위한 학교사회복지실천의 기능과 역할에 관심이 많다.

『한국장애인복지의 이해(공저)』(2002), 『청소년권리와 청소년복지(공저)』(2008), 「장애아동의 학교적응을 위한 지지적 학교프로그램의 개발과 효과(서울대학교 박사학위논문)」(2002).

정익중 이화여자대학교 사회복지전문대학원 교수. 2004년 위스타트운동이 처음 출발할 때부터 직접 관여하여 포괄적인 한국형 빈곤아동 조기지원서비스가 자리 잡는 데 기여했다. 이후 보건복지부가 위스타트 모형을 국가정책화한 희망스타트의 홍보평가사업단 단장을 역임하는 등 빈곤아동의 삶의 질을 높이는 데 기여하고 있다. 또한 지역아동정보센터 자문위원, 아동복지교사중앙지원센터 자문위원, 전국지역아동센터협의회 이사 등으로 활동하면서 빈곤아동의 최일선 사례관리기관인 지역아동센터의 내실화와 전문화에 힘쓰고 있다.

『빈곤아동과 삶의 질(공저)』(2005), 『아동과 가족(공저)』(2008), 『청소년권리와 청소년복지(공저)』(2008), 『아동복지론(공저)』(2008), 『아동청소년복지네트워크의 이론과 실제(공저)』(2008), 등.

최경옥 성공회대학교 사회복지학과 박사과정. 1996년부터 상담센터와 지역사회복지관에서 아동과 청소년, 가족들을 만나왔다. 부스러기사랑나눔회에서 가족기능사업과 교육상담팀장을 역임했으며 빈곤, 위기아동청소년의 역량강화를 위한 실천에 관심을 갖고 있다.
「학교청소년의 약물남용 예방을 위한 집단활동 활용가능성에 대한 연구」(1997).

최승희 평택대학교 사회복지학부 부교수. 서울시교육청 전문상담원으로 활동하다가 2001년 3월부터 평택대학교에 재직 중이다. 미혼모 및 다문화 학생들에 대한 사회복지실천을 중점적으로 연구하고 있으며, 한국학교사회복지학회의 총무로 활동 중이다.
『다문화가족복지론』(2007), 『다문화사회복지론』(2007).

하승수 제주대학교 법학부 부교수, 변호사. 1998년부터 변호사로 활동하다가 2006년 4월부터 제주대학교 법학부 교수로 재직 중이다. 변호사로 활동할 당시부터 어린이·청소년의 인권문제에 관심이 많아 책이나 글을 쓰기도 하고 강연도 해왔다. 민주주의, 지방자치, 시민운동 등의 주제에도 관심이 많다.
『교사의 권리, 학생의 인권』(1999), 『지역, 지방자치, 그리고 민주주의』(2007), 『청소년권리와 청소년 복지(공저)』(2008).

홍순혜 서울여자대학교 사회복지학전공 교수. 1995년부터 서울여자대학교에 재직하고 있으며 현재 학내 교육복지연구센터장을 맡고 있다. 대외적으로는 한국아동복지학회 부회장, 한국학교사회복지학회 회장을 역임했다. 교육부 주관의 학교사회복지사를 활용한 연구학교와 시범학교 및 위스타트 학교사회복지사업에서의 자문활동을 통해 학교사회복지 이론과 실천을 접목시키는 작업을 수년간 해오고 있다.
『학교와 사회복지실천(공저)』(2004), 『학교사회사업: 효과적 개입방법과 실천기술(공역)』(2004), 『가족복지론(공저)』(2005), 『빈곤아동과 삶의 질(공저)』(2005), 『개입연구: 프로그램 개발의 새로운 패러다임(공저)』(2007), 『해결중심상담 ― 학생, 교사, 학부모와 함께하는 실천적 해결중심 프로그램(공역)』(2008), 『학교사회복지론(공역)』(2008) 외.

한울아카데미 1109

학생권리와 학교사회복지

ⓒ 이혜원 외, 2009

지은이 | 이혜원·김성천·김혜래·노혜련·배경내·변귀연·우수명·이상희·이지수·
          정익중·최경옥·최승희·하승수·홍순혜
펴낸이 | 김종수
펴낸곳 | 도서출판 한울
편집책임 | 김경아
편   집 | 박록희

초판 1쇄 인쇄 | 2009년 2월 17일
초판 1쇄 발행 | 2009년 3월 2일

주소 | 413-832 파주시 교하읍 문발리 507-2(본사)
       121-801 서울시 마포구 공덕동 105-90 서울빌딩 3층(서울 사무소)
전화 | 영업 02-326-0095, 편집 02-336-6183
팩스 | 02-333-7543
홈페이지 | www.hanulbooks.co.kr
등록 | 1980년 3월 13일, 제406-2003-051호

Printed in Korea.
ISBN (양   장) 978-89-460-5109-6 93330
    (학생판) 978-89-460-4012-0 93330

* 이 도서는 강의를 위한 학생판 교재를 따로 준비하였습니다.
  강의 교재로 사용하실 때에는 본사로 연락 주십시오.
* 가격은 겉표지에 있습니다.